Kommentar
zum Schweizerischen Zivilgesetzbuch

unter Mitwirkung von

Dr. V. Aepli
Privatdozent und Lehrbeauftragter an der Universität Freiburg (Schweiz)

Dr. R. Bär
Professor an der Universität Bern

Dr. E. Bossard
Titularprofessor an der Hochschule St. Gallen

Lic. iur. V. Bräm
Oberrichterin in Zürich

Dr. W. F. Bürgi
Professor an der Hochschule St. Gallen

Dr. A. Egger
Professor an der Universität Zürich

Dr. A. Escher
Professor an der Universität Zürch

Dr. A. Escher
Handelsgerichtsschreiber in Zürich

Dr. P. Gauch
Professor an der Universität Freiburg (Schweiz)

Dr. M. Gutzwiller
Professor an der Universität Freiburg (Schweiz)

Dr. R. Haab
Professor an der Universität Basel

Dr. F. Hasenböhler
Professor an der Universität Basel

Dr. P. Higi
Gerichtsschreiber/Ersatzrichter in Zürich

Dr. A. Homberger
Professor an der Universität Bern

Dr. P. Jäggi
Professor an der Universität Freiburg (Schweiz)

Dr. P. Liver
Professor an der Universität Bern

Dr. U. Nordmann-Zimmermann
Lausanne

Dr. K. Oftinger
Professor an der Universität Zürich

Dr. H. Oser
Bundesrichter in Lausanne

Dr. W. Scherrer
Professor an der Universität Basel

E. Schmid
Bundesrichter in Lausanne

Dr. J. Schmid
Professor an der Universität Freiburg (Schweiz)

Dr. W. Schönenberger
Bundesrichter in Lausanne

Dr. H. Schönle
Professor an der Universität Genf

Dr. M. Schraner
Kantonsrichter in Freiburg (Schweiz)

Dr. A. Siegwart
Professor an der Universität Freiburg (Schweiz)

Dr. E. Spirig
Oberrichter in Zürich

Dr. A. Staehelin
Appellationsgerichtspräsident in Basel
Professor an der Universität Basel

Dr. W. von Steiger
Professor an der Universität Bern

Dr. A. Simonius
Professor an der Universität Basel

Dr. A. Troller
Professor an der Universität Freiburg (Schweiz)

Dr. F. Vischer
Professor an der Universität Basel

Dr. D. Zobl
Professor an der Universität Zürich

V. Band:
Obligationenrecht

ZÜRICH 1994 SCHULTHESS POLYGRAPHISCHER VERLAG

Obligationenrecht

(Bundesgesetz vom 30. März 1911 und 8. Dezember 1936,
samt den seitherigen Änderungen)

Kommentar zur 1. und 2. Abteilung (Art. 1–529 OR)
Erste Auflage von H. Oser. Zweite Auflage von Oser/Schönenberger.
Dritte Auflage herausgegeben von Wilhelm Schönenberger und Peter Gauch

Teilband V 1k

Die Abtretung von Forderungen und die Schuldübernahme

Zweite Lieferung
Art. 175–183 OR

Dritte, völlig neu bearbeitete Auflage

Herausgegeben von

Dr. Peter Gauch
Professor an der Universität Freiburg/Schweiz

Bearbeitet von

Dr. Eugen Spirig
Oberrichter in Zürich

ZÜRICH 1994 SCHULTHESS POLYGRAPHISCHER VERLAG

Zitiervorschlag: Spirig

© Copyright 1994 by Schulthess Polygraphischer Verlag AG, Zürich
ISBN 3 7255 3204 4

Vorwort

Seit dem Erscheinen der zweiten Auflage des Zürcher Kommentars zum allgemeinen Teil des Schweizerischen Obligationenrechts sind rund 60 Jahre vergangen. Dies allein rechtfertigte es, eine Überarbeitung zu wagen. Dazu kommt, dass sich dieses im Allgemeinen Teil des Obligationenrechts randständige Gebiet offenbar sowohl im Rechtsleben – abgesehen von den Spielformen der Geschäftsübernahme und des Verkaufs verpfändeter Grundstücke mit zu übertragenden Aktiven –, als auch in Gesetzgebung und Literatur bisher nicht besonderer Beliebtheit erfreute.

Der hier erscheinende Teil des fünften Titels enthält eine völlige Neubearbeitung des in den Art. 175–183 OR geregelten Rechts der Schuldübernahme, mit welcher Literatur und Judikatur übersichtlich – dem Gesetzestext möglichst folgend – geordnet werden sollten. Es wurde dabei versucht, die Überschneidung von Zustimmung zu Befreiungsversprechen und Schuldübernahme zu analysieren und die reziproken Rechtsbeziehungen der Abtretung nachzuvollziehen, wie z.B. stille Zahlung beim Befreiungsversprechen, notwendige und abgeschwächte Schuldübernahme, Beiordnung eines Schuldners sowie Kettenschuldübernahme.

Mein Dank geht wiederum an den Herausgeber, Herrn Professor Dr. PETER GAUCH, dessen freundliche Unterstützung mir stets gewiss war, an meine Oberrichterkollegen der II. Zivilkammer und an das Zürcher Obergericht, welches erneut die Infrastruktur für die Arbeit grosszügig zur Verfügung stellte. Auch hier stütze ich mich auf die Übersetzung der Lia Rumantscha für den romanischen Text der einschlägigen OR-Artikel. Überaus verdankenswerte Verdienste erwarben sich Herr RA lic. iur. URS ROHNER um IPR und rechtsvergleichenden Teil, Herr lic. iur. DAVID ASCHMANN, Zürich, welcher neben der Literatursammlung und der Durchsicht auch das Register besorgte, wie auch Frau RA lic. iur. CHRISTINA NIGGLI für die wiederum sorgfältigen Korrekturen.

Schliesslich geht mein Dank an die Herren WERNER STOCKER und BÉNON EUGSTER vom Verlag Schulthess für die erspriessliche Zusammenarbeit bei der Herausgabe des Buches.

Zürich, den 30. März 1994   EUGEN SPIRIG

Inhaltsübersicht

	Seite
Abkürzungsverzeichnis	IX
Allgemeines Literaturverzeichnis	XIII
Zitierweise	XIX
Vorbemerkungen zu Art. 175–183	3
Vorbemerkungen zu Art. 175–176	70
Art. 175	71
Art. 176	99
Art. 177	123
Art. 178	138
Art. 179	162
Art. 180	185
Art. 181	204
Art. 182	273
Art. 183	290
Sachregister	307

Abkürzungsverzeichnis

a.a.O.	am angeführten Ort
ABGB	Allgemeines (österreichisches) bürgerliches Gesetzbuch von 1811
Abs.	Absatz
Abschn.	Abschnitt
AcP	Archiv für civilistische Praxis, Tübingen
a.E.	am Ende
AGVE	Aargauische Gerichts- und Verwaltungsentscheide
AHVG	BG über die Alters- und Hinterbliebenenversicherung vom 20. Dezember 1946
al.	Alinea
allg.	allgemein
Anm.	Anmerkung
a.M.	anderer Meinung, es sei denn: Frankfurt «a.M.» (= am Main)
aOR	BG vom 14. Juni 1881 über das Obligationenrecht
aOR-ZH	Privatrechtliches Gesetzbuch des Kt. Zürich, in Kraft ab 1. Heumonat 1855, Forderungen und Schulden
Art.	Artikel
ASA	Archiv für schweizerisches Abgaberecht
Aufl.	Auflage
AVIG	BG über die obligatorische Arbeitslosenversicherung und die Insolvenzentschädigung vom 25. Juli 1982
BBl	Bundesblatt der Schweizerischen Eidgenossenschaft
BauR	Baurecht (Mitteilungen des Seminars für Schweizerisches Baurecht), Freiburg i.Ue.
Bd.	Band
Bde.	Bände
BG	Bundesgesetz
BGB	Deutsches bürgerliches Gesetzbuch vom 18.8.1896/1.1.1900 (mit bisherigen Änderungen)
BGE	Bundesgerichtsentscheid (ohne weitere Angabe: amtliche Sammlung)
BGH	Deutscher Bundesgerichtshof
BGHZ	Entscheidungen des deutschen Bundesgerichtshofes in Zivilsachen
BlZüR	Blätter für zürcherische Rechtsprechung
BR	Bundesrat
BVG	BG über die berufliche Alters-, Hinterlassenen- und Invalidenvorsorge vom 25. Juni 1982
CCesp	Código civil español vom 24./27. Juli 1889
CCfr	Code civil français von 1804

Abkürzungsverzeichnis

CCit	Codice civile italiano vom 16. März 1942
DAGBG	Deutsches Gesetz zur Regelung der Allgemeinen Geschäftsbedingungen von 1976
Diss.	Dissertation
E	Entwurf (zu Gesetz)
EGG	BG über die Erhaltung des bäuerlichen Grundbesitzes vom 12. Juni 1961
EGV	Entscheide der Gerichts- und Verwaltungsbehörden des Kt. Schwyz
Einl.	Einleitung
EOG	BG über die Erwerbsersatzordnung für Dienstleistende in Armee und Zivilschutz vom 25. September 1952
Erg.	Ergänzung
Erw.	Erwägung
Extraits	Extraits des principaux arrêts rendus par les divers sections du tribunal cantonal de l'état de Fribourg, Fribourg
ff., (ff)	folgende (Reg.)
FN	Fussnote
GBVO	Verordnung des Bundesrates betreffend das Grundbuch vom 22. Februar 1910
D-HGB	(Deutsches) Handelsgesetzbuch vom 10. Mai 1897 mit den bisherigen Änderungen
IVG	BG über die Invalidenversicherung vom 19. Juni 1959
i.e.S.	im engeren Sinne
i.w.S.	im weiteren Sinne
i.V.m.	in Verbindung mit
JdT	Journal des Tribunaux (Kt. Waadt)
JR	Juristische Rundschau, Berlin
Komm.	Kommentar
Kt.	Kanton
KUVG	BG über die Kranken- und Unfallversicherung vom 13. Juni 1911
LGVE	Luzernische Gerichts- und Verwaltungsentscheide (Maximen), Luzern
lit.	Buchstabe
Masch.	Maschinenschriftlich
Max	Entscheidungen des Obergerichts des Kt.Luzern (Maximen); ab 1974: LGVE
MSchG	Markenschutzgesetz vom 28. August 1992
MVG	BG über die Militärversicherung vom 20. September 1949
N	Note (Randnote); ohne weitere Angabe: Note dieses Kommentars
NAG	Bundesgesetz betreffend die zivilrechtlichen Verhältnisse der Niedergelassenen und Aufenthalter vom 25. Juni 1891
NJW	Neue juristische Wochenschrift (Deutschland)
NR	Nationalrat

Abkürzungsverzeichnis

Nr.	Nummer
öEO	österreichische Executionsordnung vom 27.5.1896
OR	Bundesgesetz über das Obligationenrecht vom 30. März 1911/18. Dezember 1936
PfG	Pfandbriefgesetz vom 25. Juni 1930
Pra	Die Praxis des Schweizerischen Bundesgerichts, Basel
Reg.	Register
Rep	Repertorio di Giurisprudenza Patria (Kt.Tessin)
Rev	Revision
RGZ	Entscheidungen des (deutschen) Reichsgerichts (Zivilsachen)
RO	Rechenschaftsbericht des Zürcher Obergerichts (jährlich)
RVJ	Revue Valaisanne de jurisprudence/Zeitschrift für Walliser Rechtsprechung (Kt. Wallis)
Rz	Randziffer
s.	siehe
S.	Seite
SAG	Schweizerische Aktiengesellschaft (Schweizerische Zeitschrift für Wirtschaftsrecht), Zürich
SchKG	Bundesgesetz vom 11. April 1889 betr. Schuldbetreibung und Konkurs (mit seitherigen Änderungen)
SGGVP	St.Gallische Gerichts- und Verwaltungsentscheide (Kt. St.Gallen)
SJ	Semaine judiciaire (Kt.Genf)
SJK	Schweizerische Juristische Kartothek, Genf
SJZ	Schweizerische Juristen-Zeitung, Zürich
SPR	Schweizerisches Privatrecht, Basel/Stuttgart
ST	Systematischer Teil
StGB	Schweizerisches Strafgesetzbuch vom 21. Dezember 1937 (mit seitherigen Änderungen)
StR	Ständerat
Suppl.	Supplement
Tit.	Titel
UCC	Uniform Commercial Code von 1978 (USA)
URG	Bundesgesetz betreffend das Urheberrecht an Werken der Literatur und Kunst vom 7. Dezember 1922
UVG	BG über die Unfallversicherung vom 20. März 1981
Vorbem.	Vorbemerkungen
VVG	Bundesgesetz über den Versicherungsvertrag vom 2. April 1908
ZBGR	Schweizerische Zeitschrift für Beurkundungs- und Grundbuchrecht, Wädenswil
ZBJV	Zeitschrift des Bernischen Juristenvereins, Bern
ZG	Zürcher Gesetzessammlung

Abkürzungsverzeichnis

ZGB	Schweizerisches Zivilgesetzbuch vom 10. Dezember 1907/1. Januar 1912 (mit seitherigen Änderungen)
ZHR	Zeitschrift für das gesamte Handelsrecht, Heidelberg/BRD
Ziff.	Ziffer
Zit.	Zitate
ZSR	Zeitschrift für schweizerisches Recht, Basel,
ZvglRWiss	Zeitschrift für vergleichende Rechtswissenschaft, Heidelberg
ZWR	Zeitschrift für Walliser Rechtsprechung, Sion

Allgemeines Literaturverzeichnis

AEPLI	Zürcher Kommentar zum OR, Art. 114–126, Zürich 1991
AMMON	Grundriss des Schuldbetreibungs- und Konkursrechts, 5. Aufl., Bern 1993
BECKER	Berner Kommentar zum OR, Art. 1–183, 2. Aufl., Bern 1941/45, Nachdruck 1974
BUCHER	Schweizerisches Obligationenrecht, Allgemeiner Teil ohne Deliktsrecht, Zürich 1979
VON BÜREN	Schweizerisches Obligationenrecht, Allgemeiner Teil, Zürich 1964
ENGEL	Traité des obligations en droit suisse (Dispositions générales du CO), Neuchâtel 1973
ESCHER	Zürcher Kommentar zum ZGB, Art. 457–640, 2 Bde., 3. Aufl., Zürich 1960
FICK	Das schweizerische Obligationenrecht, Bd. 1 (Titel 1–22), Zürich 1915
FRIEDRICH	Berner Kommentar zum ZGB, Art. 1–10, Bern 1962
FRITZSCHE/WALDER	Schuldbetreibung und Konkurs nach schweizerischem Recht, 3. Aufl., Zürich 1984
GAUCH	Der Werkvertrag, 3. Aufl., Freiburg i.Ue. 1985
	Der Zweigbetrieb im schweizerischen Zivilrecht, Zürich 1974 (zit.: Gauch, Zweigbetrieb)
GAUCH/SCHLUEP	Schweizerisches Obligationenrecht, Allgemeiner Teil, 5. Aufl., Zürich 1991
GIGER	Rechtsfolgen norm- und sittenwidriger Verträge, Zürich 1989
GUHL/MERZ/KOLLER/DRUEY	Das Schweizerische Obligationenrecht, 8. Aufl., Zürich 1991 (zit.: Guhl/Merz/Koller bzw. Guhl/Merz/Druey)
GUHL/MERZ/KUMMER	Das Schweizerische Obligationenrecht, 7. Aufl., Zürich 1980
GULDENER	Schweizerisches Zivilprozessrecht, 3. Aufl., Zürich 1979
HAAB/SIMONIUS/SCHERRER/ZOBL	Zürcher Kommentar zum ZGB, Art. 641–729, Zürich 1977
HABSCHEID	Schweizerisches Zivilprozess- und Gerichtsorganisationsrecht, Basel/Frankfurt a.M., 1986
HEINI/KELLER/SIEHR/VISCHER/VOLKEN	Kommentar zum IPRG, Zürich 1993 (zit.: Keller/Girsberger)
HIS	Berner Kommentar zum OR, Art. 927–964, Bern 1940
HOMBERGER	Zürcher Kommentar zum ZGB, Art. 919–977, Zürich 1938

Literaturverzeichnis

HONSELL/VOGT/WIEGAND	Kommentar zum schweizerischen Privatrecht, Zürich/Bern/Basel 1992 (zit.: OR-Tschäni)
JÄGGI	Berner Kommentar zum ZGB, Art. 3, Bern 1962
	Zürcher Kommentar zum OR, Art. 965–989, 1145–1155, Zürich 1959
JÄGGI/GAUCH	Zürcher Kommentar zum OR, Art. 18, 3. Aufl., Zürich 1980
KELLER/SCHÖBI I	Das schweizerische Schuldrecht (Allgemeine Lehren des Vertragsrechts), Bd. I, 3. A, Basel und Frankfurt a.M. 1988
KELLER/SCHÖBI IV	Das schweizerische Schuldrecht (Allgemeine Lehren des Vertragsrechts), Bd. IV, Basel und Frankfurt a.M., 1982
KRAMER/SCHMIDLIN	Berner Kommentar zum OR, Art. 1–18, Bern 1986, und Art. 19–22, Bern 1991
LEMP	Berner Kommentar zum (a)ZGB, Art. 159–251, Bern 1963
MEIER-HAYOZ	Berner Kommentar zum ZGB, Art. 1, Bern 1962
	Berner Kommentar zum ZGB, Art. 641–654, 5. Aufl., Bern 1981,
OFTINGER/BÄR	Zürcher Kommentar zum ZGB, Art. 884–918, 3. Aufl., Zürich 1981
OSER	Zürcher Kommentar zum OR, Art. 1–529, 1. Aufl., Zürich 1915
OSER/SCHÖNENBERGER	Zürcher Kommentar zum OR, Art. 1–529, 2. Aufl., Zürich 1929
REHBINDER	Berner Kommentar zum OR, Art. 319–330a, Bern 1985
RIEMER	Berner Kommentar zum ZGB, Art. 60–79, Bern 1990 und Art. 80–89bis, Bern 1975
SCHÄTZLE	Berner Kommentar zum OR, Art. 516–529, Bern 1978
SCHNEIDER/FICK	Schweizerisches OR mit Erläuterungen, Zürich 1891
SCHNYDER	Das neue IPR-Gesetz, Zürich 1988
SCHÖNENBERGER/JÄGGI	Zürcher Kommentar zum OR, Art. 1–17, 3. Aufl., Zürich 1973
SCHRANER	Zürcher Kommentar zum OR, 3. Aufl., Art. 68–83, Zürich 1991
SPIRIG	Zürcher Kommentar zum OR, 3. Aufl., Art. 164–174, Zürich 1993
SPIRO	Die Begrenzung privater Rechte durch Verjährungs-, Verwirkungs- und Fatalfristen, Bern 1975
STAEHELIN	Zürcher Kommentar zum OR, Art. 319–330a, 3. Aufl., Zürich 1984
STRÄULI/MESSMER/(WIGET*)	Kommentar zur Zürcherischen ZPO, 2. Aufl., Zürich 1982 (* Schiedsverfahren)

Literaturverzeichnis

Tschäni	s. bei Honsell/Vogt/Wiegand
Tuor/Picenoni	Berner Kommentar zum ZGB, Art. 537–640, 2. Aufl., Bern 1964
von Tuhr/Escher	Allgemeiner Teil des Schweizerischen Obligationenrechts, Bd. II, 3. Aufl., Zürich 1974
von Tuhr/Peter	Allgemeiner Teil des Schweizerischen Obligationenrechts, Bd. I, 3. Aufl., Zürich 1974/78
von Tuhr/Peter/Escher	Allgemeiner Teil des Schweizerischen Obligationenrechts, Supplement, Zürich 1984
Vischer	Internationales Vertragsrecht, Bern 1962
Weber	Berner Kommentar zum OR, Art. 68–96, Bern 1983
Zäch	Berner Kommentar zum OR, Art. 32–40, Bern 1990
Zobl	Berner Kommentar zum ZGB, Art. 884–887, Bern 1982

Sonderliteratur

A. Zu schweizerischem Recht

Arndt	Die Wirkung der Fusion insbesondere auf gegenseitige Verträge, Diss. Zürich 1933
Barandun	Die Übernahme eines Geschäftes mit Aktiven und Passiven, Diss. Bern 1993
Briner	Die Schuldübernahme im schweizerischen IPR, Diss. Zürich 1947
Buchli	Die Übernahme eines Vermögens oder eines Geschäfts nach Art. 181 OR, Diss. Zürich 1953
Bühler	Die Vermögens-, Geschäfts- und Unternehmensübernahme nach schweizerischem Recht, Diss. Zürich 1947
Deppeler	Die Schuldübernahme im schweizerischen Grundpfandrecht, Diss. Bern 1925
Des Gouttes	Cession et fusion des patrimoines et des fonds de commerce en droit suisse et en droit comparé, thèse Genève 1938
Dolder	Haftung aus Geschäftsübernahme, Diss. Basel 1923
Früh	Die Vertragsübertragung im schweizerischen Recht, Diss. Zürich 1944

Literaturverzeichnis

GAUCH	Der Zweigbetrieb im schweizerischen Zivilrecht, Zürich 1974
GIGER	Die Einbringung eines Geschäfts in eine Kollektivgesellschaft, Diss. Freiburg i.Ue. 1940
HASLER	Die Schuldübernahme in der Theorie und im schweizerischen Recht, Diss. Zürich 1911
HINDERMANN/GYGAX	Leitfaden für Geschäftsübertragungen, Verkauf, Pacht, Erbfolge, Umwandlung, Zürich 1953
KLINGLER	Die Unternehmungspacht, Diss. Zürich 1943
KNAPP	Le transfert de la propriété immobilière et la reprise des dettes garanties par les immeubles transférés, in Festschrift zum 70. Geburtstag von Prof. Dr. Theo Guhl, Zürich 1950
LENZ	Der Wechsel des Passivsubjekts in der Realobligation, Diss. Basel 1986
MEZGER	Die Schuldübernahme kraft Mitteilung bei der Geschäfts- und bei der Vermögensübernahme, Diss. Basel 1955
REICHEL	Schuldmitübernahme (kumulative Schuldübernahme), München 1909
SCHNYDER	Das neue IPR-Gesetz, Zürich 1988
SCHWEIZER	Die Geschäftsübernahme, Diss. Basel 1927
STUDER	Die Quasifusion, Diss. Bern 1974
TSCHÄNI	Unternehmensübernahmen nach schweizerischem Recht, 2. Aufl., Basel und Frankfurt a.M. 1991
VISCHER	Internationales Vertragsrecht, Bern 1962
WALDER	Veräusserung eines Unternehmens, Zürich 1959
WICKI	Übernahme und Fortsetzung des Geschäfts, Bern 1956

B. Zu ausländischem Recht

1. Allgemein

DES GOUTTES	Cession et fusion des patrimoines et des fonds de commerce en droit suisse et en droit comparé, thèse Genève 1938
HENRICH	Einführung in das englische Privatrecht, Darmstadt 1971

Literaturverzeichnis

MEIER	Die Vermögensübernahme nach französischem, englischem, schweizerischem und österreichischem Recht, Zeitschrift für vergleichende Rechtswissenschaft 84/1985 S. 54 ff.
PARKER	Das Privatrecht der Vereinigten Staaten von Amerika, Wien 1960
VISCHER	Die allgemeinen Bestimmungen des schweizerischen intertemporalen Privatrechts, Diss. Zürich 1986 (zit.: Vischer M.)
ZÜLLIG	Die internationale Fusion im schweizerischen Gesellschaftsrecht unter bes. Berücksichtigung des deutschen und italienischen Rechts, Diss. Basel 1973

2. BGB

ENNECCERUS/LEHMANN	Lehrbuch des bürgerlichen Rechts, Recht der Schuldverhältnisse, 15. Aufl., Tübingen 1958
LARENZ	Lehrbuch des Schuldrechts, Bd. 1, 11. Aufl., München 1976
NÖRR/SCHEYING	Sukzessionen, Zession, Vertragsübernahme, Schuldübernahme, Schuldbeitritt (Handbuch d. Schuldrechts 2), Tübingen 1983 (Mohr)
PALANDT	BGB in Beck'sche Kurzkommentare, Bd. 7, 50. Aufl., München 1991
SCHLEGELBERGER	Handelsgesetzbuch, 4. Aufl., Berlin und Frankfurt a.M. 1960
SOERGEL/ZEISS	BGB, Bd. 2/1, 12. Aufl., Stuttgart/Berlin/Köln/Mainz 1990
STAUDINGER	Komm. zum BGB, 10./11. Aufl., Berlin 1978

3. ABGB

EHRENZWEIG/MAYRHOFER	System des österreichischen allgemeinen Privatrechts, Bd. 2/1, 8. Aufl., Wien 1986
GSCHNITZER	Lehrbuch des österreichischen bürgerlichen Rechts, Schuldrecht, Allg. Teil, Wien/New York 1965
KAPFER	Das ABGB, 15. Aufl., Wien 1987
RUMMEL	Komm. zum ABGB, 2. Bd., Wien 1984

Literaturverzeichnis

4. CCfr

Goudemet/Desbois/Goudemet	Théorie générale des obligations, Paris 1965
Planiol/Ripert	Traité pratique de droit civil français, 2. Aufl., Bd. X, Paris 1956

5. CCit

Cian/Trabucchi	Commentario breve al CC, Padova 1988
De Ruggiero/Maroi	Istituzioni di diritto civile, Milano/Messina 1967

6. CCesp

Peuster	Das spanische Zivilgesetzbuch, Köln 1979

7. Anglo-amerikanischer Rechtskreis

Krebs	Das Bulk Transfer Recht in den Vereinigten Staaten, Diss. Bern 1960

Zitierweise

a) Werke und Kommentare, die im vorstehenden allgemeinen Literaturverzeichnis oder in Literaturhinweisen aufgeführt sind, werden mit dem Namen des Verfassers, allein oder mit weiteren Angaben, zitiert.

b) Werke, welche nicht im Literaturverzeichnis aufgeführt sind, werden mit dem Namen des Verfassers, dem Titel und dem Erscheinungsort und -jahr zitiert.

c) Ohne nähere Angabe zitierte Gesetzesartikel sind solche des OR. Verweisungen auf Noten beziehen sich, wo kein Verfasser angegeben ist, auf solche dieses Kommentars.

d) Die 1. Auflage dieses Kommentars wird hier zitiert: Oser; die 2. Auflage: Oser/Schönenberger.

e) Der vorliegende Teilband V/1k der 3. Auflage soll von den Benützern zitiert werden: Spirig.

Schuldübernahme

Reprise de dette

Assunzione di debito

Surpigliada dal daivet

Vorbemerkungen zu Art. 175–183

Inhaltsübersicht

	Note
A. Systematik	1
B. Historisches	7
C. Sprachliches	18
D. Begriffliches	27
I. Schuldnerwechsel	27
II. Schuldübernahme	36
III. Rechtsgeschäft	46
IV. Verfügungs- und Verpflichtungsgeschäft	47
V. Erwerbsgeschäft	50
E. Rechtsbeziehungen	52
I. Allgemeines	52
1. Befreiungsversprechen	52
2. Schuldübernahme	54
II. Abstraktheit oder Kausalität?	59
1. Befreiungsversprechen	76
2. Schuldübernahme	87
F. Vertrag	96
I. Allgemeine Voraussetzungen	96
II. Übertragbarkeit der Schuld	106
1. Grundsatz	106
2. Unübertragbarkeit	111
3. Vertrag über die Übertragbarkeit	119
G. Form	121
I. Grundsatz	121
II. Auswirkung der übernommenen Schuld	126
1. Grundstückkauf	126
2. Schenkungsversprechen/Bürgschaftsschuld	127
III. Formbedürftigkeit von Befreiungsversprechen/Schuldübernahme	129

Vorbemerkungen zu Art. 175–183

		Note
H.	**Erscheinungsformen**	134
	I. **Vertragliche**	134
	II. **Gesetzliche Erscheinungsformen**	165
	1. Allgemeines	165
	2. Schuldübernahme als Unterbegriff	180
	3. Auswirkungen auf andere Rechtsnormen	189
	a) OR	189
	b) SchKG	190
	aa) Betreibung	190
	bb) Zwangsverwertung eines Grundstücks	197
	cc) Konkurs	199
	c) Prozessrecht	205
	III. **Schuldübertragung durch amtliche Anordnung**	209
	1. Richterspruch	209
	2. Sonstige Anordnung	215
I.	**Abgrenzung**	216
	I. **Universalsukzession**	217
	II. **Eintritt ins Vertragsverhältnis**	226
	1. Allgemeines	226
	2. Vertraglicher Eintritt in ein Vertragsverhältnis	228
	a) Vertragsübernahme	228
	b) Vertragsbeitritt	238
	3. Gesetzlicher Eintritt in ein Vertragsverhältnis	243
	a) Vertragsübergang	243
	b) Beiordnung eines Schuldners	251
	4. Amtliche Vertragsübertragung	256
	III. **Erfüllungsversprechen**	257
	IV. **Notwendige Schuldübernahme**	261
	V. **Vertrag zugunsten Dritter**	270
	VI. **Vertrag auf Leistung an einen Dritten**	273
	VII. **Neuerung**	274
	VIII. **Garantievertrag**	277
	IX. **Schuldbeitritt**	278
	1. Regelung im Gesetz	278
	a) Art. 143 OR	278
	b) Art. 112 Abs. 2 OR	279
	2. Begriff des Schuldbeitritts	281
	3. Zweck	284
	4. Erscheinungsformen	286
	a) Vertraglicher Schuldbeitritt	286
	b) Schuldbeitritt von Gesetzes wegen	292

Vorbemerkungen zu Art. 175–183

Note

	5. Form		296
	6. Wirkung		298
	7. Abgrenzung		300
		a) Zur privativen Schuldübernahme	300
		b) Abgrenzung zum Vertragsbeitritt	301
		c) Abgrenzung zur Bürgschaft	303
		aa) Allgemeines	303
		bb) Schuldinteresse und damit Schuldübernahme	309
		cc) Sicherungsinteresse und damit Bürgschaft	312
	8. Einreden		314
X.	Anweisung		316
XI.	Wechsel		318
K. Verjährung			319
L. IPR/Rechtsvergleichung			323
I.	IPR		323
II.	Rechtsvergleichung		328
	1. Germanischer Rechtskreis		340
		a) BGB	340
		b) ABGB	347
	2. Romanischer Rechtskreis		352
		a) CCfr	352
		b) CCit	354
		c) CCesp	356
	3. Anglo-amerikanischer Rechtskreis		357
M. Intertemporales Recht			359

A. Systematik

Art. 175 OR befasst sich mit dem *Vertrag zwischen Schuldner und Schuldübernehmer*, was einerseits im Marginale unvollständig umschrieben wird und anderseits keinen Fall der Schuldübernahme, sondern ein blosses Befreiungsversprechen darstellt (vgl. BUCHER S. 581). Dessen Erfüllung durch Zahlung an den Gläubiger steht die eigentliche Schuldübernahme unter Zustimmung des Gläubigers gegenüber (N 53 Vorbem. zu Art. 175–83 OR), im Marginale wiederum nicht erwähnt, insbesondere aber auch nicht in bezug zur Schuldübernahme des folgenden Artikels

1

Vorbemerkungen zu Art. 175–183

gesetzt. Art. 175 Abs. 2 OR gibt überflüssigerweise und ungenau Art. 82 OR wieder (von Tuhr/Escher S. 382 N 19).

2   Sodann regeln zwei Artikel unter der nächsten Ziff. II den – von den allgemeinen Regeln abweichenden (Gauch/Schluep N 3709) – *Vertragsschluss (des Übernehmers) mit dem Gläubiger* bezüglich der zu übernehmenden Schuld (Art. 176/177 OR). Unter Wirkung des Schuldnerwechsels (Ziff. III) sind die Nebenrechte (Art. 178 OR) und Einreden (Art. 179 OR) behandelt (in umgekehrter Reihenfolge zu den Bestimmungen betreffend die Abtretung: Art. 169/170 OR), während der nächste Artikel bloss die Folgen des Dahinfallens eines Schuldübernahmevertrags enthält (Ziff. IV/Art. 180 OR).

3   Schliesslich sind in zwei Ziffern (V/VI) die – *im Rechtsleben bedeutendsten* (vgl. N 15 Vorbem. zu Art. 175–83 OR) – *Fälle* behandelt, in denen Vermögen oder Geschäfte auch mit den Aktiven nebst den Passiven übernommen bzw. vereinigt oder umgewandelt werden (Art. 181/182 OR), gefolgt von einem blossen Vorbehalt bestimmter Sondervorschriften (Ziff. VII), nämlich neben denjenigen für die Schuldübernahme bei Erbteilung diejenigen bei Veräusserung verpfändeter Grundstücke (Art. 183 OR). Als systematisch eigenartig erweist sich, dass der praktische Hauptfall der Schuldübernahme, die Übernahme der persönlichen Schuld durch den Erwerber eines pfandrechtlich belasteten Grundstücks (sog. Hypothekenübernahme), im Zivilgesetzbuch einer speziellen Regelung unterzogen wurde (ZSR 36 S. 1, N 31 ff. zu Art. 183 OR).

4   Dass die Regeln des OR bloss «deskriptiv» seien, d.h. eine infolge der Vertragsfreiheit ohnehin geltende (recte: mögliche) Lösung formulierten (Bucher S. 581), teilt die Schuldübernahme mit zahlreichen anderen Rechtsinstituten, soweit hier nicht sogar Sondervorschriften aufgestellt werden (Art. 177/181 und 182 OR) bzw. auf solche verwiesen wird (Art. 183 OR). Einzelne Elemente der Vermögens- und Geschäftsübernahme (eine gewisse Annäherung an die Universalsukzession, Regelung der Verhältnisse in Publizitätsvorschriften) liessen sich ohne gesetzliche Grundlage und durch einfache Parteiabrede nicht erreichen (Bucher S. 581; im einzelnen s. dazu N 3 ff. zu Art. 181 OR).

5   Die gesetzliche Ordnung des an sich schon komplizierten Rechts der Schuldübernahme (von Tuhr/Escher S. 384 N 32) lehnt weder an diejenige beim vorhergehenden Teilabschnitt über die Abtretung an (vgl.

OSER/SCHÖNENBERGER N 6 Vorbem. zu Art. 175–83 OR), noch erweist sie sich insbesondere bezüglich der Gliederung in sieben Ziffern für neun Artikel als in sich schlüssig (vgl. GUHL/MERZ/KOLLER S. 262/63). Lässt sich aus der Gesetzessystematik schon grundsätzlich (MEIER-HAYOZ N 189 zu Art. 1 ZGB) wenig ableiten, so trifft dies hier in besonderem Masse zu.

Die Schuldbefreiung und -übernahme, die Übernahme eines Vermögens oder eines Geschäfts und die jeweils zugehörigen Wirkungen wären *zweckmässigerweise je gesondert (Ziff. I–III) zu regeln*; überflüssig ist der selbstverständliche Vorbehalt besonderer Bestimmungen. 6

B. Historisches

Im *römischen Recht*, welches keine Sondernachfolge in die passive Seite der Obligation kannte (WINDSCHEID, Lehrbuch der Pandekten Bd. II S. 396/98, BUCHER S. 580; vgl. für die Abtretung: SPIRIG N 8 Vorbem. zu Art. 164–74 OR), diente die *Novation mit Schuldnerwechsel* als Schuldübernahme; damit kam ein neuer Vertrag des Gläubigers mit dem neuen Schuldner unter Aufhebung des alten mit dem alten Schuldner zustande (auf Veranlassung des Schuldners: delegatio debiti, sonst expromissio: VON TUHR/ESCHER S. 380/81, OSER/SCHÖNENBERGER N 6 Vorbem. zu Art. 175–83 OR; zu dem auf der Einrichtung eines Hausbuches des pater familias u.a. über dessen Schulden beruhenden Litteralkontrakt s. HAUSMANINGER/SELB, Römisches Privatrecht, 6.A., 1991, Wien/Köln/Weimar, Kap. III). 7

Möglich war auch die Übernahme der Klage als *Stellvertreter des Schuldners* (procurator in rem suam: VON TUHR/ESCHER S. 381 N 8e), wobei für den Übernehmer dem Gläubiger gegenüber keine Verpflichtung erwuchs, weshalb dieses Institut wenig verfing (OSER/SCHÖNENBERGER N 6 und zit. Vorbem. zu Art. 175–83 OR). 8

Im *gemeinen Recht* hat sich das Institut der Schuldübernahme später entwickelt als dasjenige der Abtretung (OSER/SCHÖNENBERGER N 6 Vorbem. zu Art. 175–83 OR, GUHL/MERZ/KOLLER S. 262), und zwar mit verschiedenen Theorien, nämlich: 9

Vorbemerkungen zu Art. 175–183

10 – Theorie eines *Vertrags zugunsten Dritter* mit Wahlrecht des Gläubigers zwischen altem und neuem Schuldner (dazu: VON TUHR/ESCHER S. 383 N 28).

11 – Genehmigungs- bzw. *Verfügungstheorie* (Vertrag zwischen Schuldner und Übernehmer mit Genehmigung – Zustimmung – des Gläubigers; dazu: VON TUHR/ESCHER S. 383/84 N 29, BECKER N 1 zu Art. 175–83 OR, BUCHER S. 584; für das deutsche Recht: JR 1969 S. 202/204/206 und 208).

12 – Theorie eines Vertrags zwischen Übernehmer und Gläubiger mit einer Nebenwirkung zugunsten des Schuldners (*Vertragstheorie*, VON TUHR/ESCHER S. 383, OSER/SCHÖNENBERGER N 7–9 Vorbem. zu Art. 175–83 OR, vgl. insbesondere ZSR NF 20 S. 303 ff.; dazu N 16 Vorbem. zu Art. 175–83 OR).

13 – Nach der sog. *Angebotstheorie* enthält § 415 BGB nur die Verpflichtung des Übernehmers zur Schuldübernahme, in der Mitteilung an den Gläubiger ein Vertragsangebot und in dessen Genehmigung die Annahme desselben (VON TUHR/ESCHER S. 384 N 29; SOERGEL/SCHMIDT N 2 zu §§ 414/15 BGB, dazu kritisch: ESSER, Schuldrecht, 6.Aufl., Bd. I § 56 I 2).

14 Bei der Schaffung des *OR von 1881* bestanden bereits die Art. 375 ff. des Dresdner Entwurfs zu einer – novatorischen (ZSR NF 20 S. 371) – Schuldübernahme (VON TUHR/ESCHER S. 380 N 2), indessen blieb es bei blossen Versuchen einer schweizerischen Regelung derselben (OSER/SCHÖNENBERGER N 5 Vorbem. zu Art. 175–83 OR). Eine Einzelnachfolge in das Schuldverhältnis ohne Neuerung (vgl. § 1063 OR-ZH) blieb fraglich, wobei die Praxis diese namentlich in Anlehnung an kantonale Hypothekarrechte bejaht hatte (Prot. Exp. Komm. 1908, 8. Sitzung S. 1, StenBull NR XIX S. 553, ZSR NF 20 S. 306). Die Übertragung der Aktiven und Passiven eines Handelsgeschäfts wurde nach allgemeinen Rechtsgrundsätzen als zulässig betrachtet, obwohl im aOR nicht vorgesehen (SJZ 2 S. 9 Nr. 22, 3 S. 263 Nr. 89, BlZüR 1 Nr. 93).

15 Dringende *wirtschaftliche Bedürfnisse* führten zur heutigen Regelung der Schuldübernahme, so bei der Veräusserung verpfändeter Grundstücke und der Übertragung eines Geschäfts als Ganzes (OSER/SCHÖNENBERGER N 6 Vorbem. zu Art. 175–83 OR). Die Schuldübernahme ohne Novationswirkung war auch im ZGB für einige Hauptfälle – Erbteilungsvertrag (Art. 639) und Übertragung von Grundstücken mit darauf haftenden Pfandrechten (Art. 832–34 und 846) – schon zur Anerkennung gelangt (StenBull NR XIX S. 553).

16 Mit der Revision des *OR von 1911* (Art. 1204–12 E-OR, BBl 1905 II S. 126/27, 1909 III S. 737/806/1204) erfuhr die Schuldübernahme eine gesetzliche Regelung (VON TUHR/ESCHER S. 380, GUHL/MERZ/KOLLER S. 262). Nach vielen Schwankungen (ausführlich dazu: OSER/SCHÖNENBERGER N 12 Vorbem. zu Art. 175–83 OR) entschied man sich für die *Vertragstheorie* (StenBull NR XIX 1909 S. 460, 551–53, StenBull StR XX S. 186, VON TUHR/ESCHER S. 384; N 12 Vorbem. zu Art. 175–83 OR, vgl. BUCHER S. 581/83, DAEPPEN, Bundesgerichtliche Praxis zum OR, Zürich 1936, S. 271). Das frühere ungeregelte und daher unsichere Recht der Schuldübernahme wurde fixiert (VON TUHR/ESCHER S. 397).

17 Neben der eigentlichen, gegenüber dem Gläubiger vom Übernehmer erklärten, *Schuldübernahme* (Art. 176 OR) wurde das *Befreiungsversprechen* des Übernehmers gegenüber dem Schuldner geregelt, welches bei Zustimmung des Gläubigers ebenfalls zu einer Schuldübernahme führen kann (Art. 175 OR). Von den *Hauptanwendungsfällen* wurde neben der Vermögens- die *Geschäftsübernahme* immerhin im 5. Titel geregelt, während für die Schuldübernahme bei grundpfändlich *belasteten Grundstücken* ein Verweis auf das ZGB genügte.

C. Sprachliches

18 Im *deutschen Sprachraum* ist vom Befreiungsversprechen auch als von interner oder uneigentlicher Schuldübernahme oder vom Zahlungs-/Erfüllungsversprechen, Erfüllungsübernahme bzw. Erfüllungsübernahmeversprechen, vom Vertrag über Schuldbefreiung die Rede (VON TUHR/ESCHER S. 381, BECKER N 1 zu Art. 175 OR, OSER/SCHÖNENBERGER N 1 und 5 zu Art. 175 OR, GAUCH/SCHLUEP N 3693, KELLER/SCHÖBI IV S. 74, BUCHER S. 581 und N 4, OR-TSCHÄNI N 1 zu Art. 175, SJK Nr. 365 S. 1, BGE 73 II 177), im übrigen von privativer (auch «privater»: z.B. SJK Nr. 365 S. 2, STAUDINGER N 30 Einl. vor § 414 BGB), translativer oder schlicht von Schuldübernahme (vgl. OSER/SCHÖNENBERGER N 2 Vorbem. zu Art. 175–83 OR, STAUDINGER N 30 Einl. vor § 414 BGB, Titel über § 1404 ABGB; ungewöhnlich SJK Nr. 365 S. 1: «Schuldabtretung» und VON BÜREN S. 341/Jherings Jahrbücher Bd. 6 S. 171: «passive Zession»), aber auch von einem Sukzessionsvertrag (OSER/SCHÖNENBERGER N 1 zu Art. 176 OR).

Vorbemerkungen zu Art. 175–183

Ausgerechnet für die Schuld*übernahme* besteht kein gängiger *Übername*, wie «Zession» für die Abtretung.

19   Zur *Schuldübertragung* s. N 35 Vorbem. zu Art. 175–83 OR.

20   Schuldmitübernahme steht für die kumulative Schuldübernahme, den *Schuldbeitritt*, das constitutum debiti alieni (N 278 ff. Vorbem. zu Art. 175–83 OR; GAUCH/SCHLUEP N 3755, VON BÜREN S. 342, SJK Nr. 365 S. 2 N 3), «la reprise cumulative»: ENGEL S. 599/604, SJK Nr. 365 S. 2 N 3, ZSR 36 S. 3: bestärkende Schuldübernahme).

21   Der erste lässt sich als bisheriger, früherer (VON TUHR/ESCHER S. 388, BUCHER S. 585), Ur- (VON BÜREN S. 342) oder Alt- bzw. alter *Schuldner* bezeichnen. Der *Übernehmer* wird der Dritte, neuer Schuldner (BECKER N 1 Vorbem. zu Art. 175–83 OR, VON BÜREN S. 344), Schuldner (SJK Nr. 365 S. 1), Befreiungsübernehmer (VON TUHR/ESCHER S. 383 N 21) genannt. VON BÜREN unterscheidet den *Intervenienten*, der die Schuld sogleich bezahlt (N 47 zu Art. 175 OR), vom Übernehmer als dem *Interzedenten* (S. 343/44). Für den *Gläubiger* wird kein Synonym verwendet (z.B. GAUCH/SCHLUEP N 3703).

22   Zum verfehlten Begriff der «*Urschuld*» (VON BÜREN S. 343/44) s. N 36 ff. Vorbem. zu Art. 175–83 OR.

23   Die *französischen* Formulierungen der «promesse de libération» und der «reprise de dette» (ENGEL S. 599) haben nur in der Schweiz Bedeutung (N 352 Vorbem. zu Art. 175–83 OR), während der *CCfr* die Schuldübernahme nicht kennt (BUCHER S. 580, N 352 Vorbem. zu Art. 175–83 OR). «Le tiers» oder «le reprenant» stehen für den Übernehmer (ENGEL S. 604).

24   «L'assunzione di debito» findet sich dagegen auch in Art. 1272 Abs. 1/1273 *CCit*. Der neue Schuldner heisst entsprechend assuntore.

25   Im *anglo-amerikanischen Rechtskreis* ist von assumption of a debt/of an obligation bzw. von promise to answer for debts die Rede, vom contract of indemnity und vom Schuldübernehmer als transferee of debt.

26   In diesem Kommentar wird dem Gesetzeswortlaut entsprechend vom *Befreiungsversprechen* (VON TUHR/ESCHER S. 381), der *Schuldübernahme* sowie der *Geschäfts-* bzw. *Vermögensübernahme* die Rede sein, und

es werden die Beteiligten gleichermassen durchwegs als (bisheriger) *Schuldner, Übernehmer* dieser auch, wenn er beim Befreiungsversprechen nur möglicherweise ein solcher wird (N 12 zu Art. 175 OR) – und als erster bzw. neuer Übernehmer im Lichte von Art. 177 Abs. 2 OR sowie als *Gläubiger* bezeichnet.

Sodann lassen sich mit *Erfüllungsversprechen*, (gesetzlichem) *Schuldübergang* und (behördlicher) *Schuld-/Vertragsübertragung* und *Beiordnung eines Schuldners* sowie *Schuldbeitritt* eindeutige Begriffe bilden.

D. Begriffliches

I. Schuldnerwechsel

Im *Normalfall* bleibt die Obligation bis zu ihrem Untergang in der Weise unverändert, dass dem Gläubiger immer der gleiche Schuldner gegenübersteht (GAUCH/SCHLUEP N 3684). 27

Wechsel auf der Passivseite der Obligation (OSER/SCHÖNENBERGER N 1 Vorbem. zu Art. 175–83 OR, GUHL/MERZ/KOLLER S. 262) kommen in folgenden Ausnahmefällen vor: 28

– *Universalsukzession* (Art. 602/03 ZGB, N 217 Vorbem. zu Art. 175–83 OR; GAUCH/SCHLUEP N 3686, KELLER/SCHÖBI IV S. 72/73: erweiterte Nachfolge). 29
– Schuldnerwechsel bei *Übernahme eines Vermögens oder Geschäfts* (Komm. zu Art. 181 OR, GAUCH/SCHLUEP N 3684). 30
– *Vertragsübernahme*, Übergang durch Vereinbarung (N 229 ff. Vorbem. zu Art. 175–83 OR, KELLER/SCHÖBI IV S. 72/38). 31
– Schuldnerwechsel bei Auswechslung einer Vertragspartei (GAUCH/SCHLUEP N 3684, KELLER/SCHÖBI IV S. 72/73, vgl. N 214 und 143 Vorbem. zu Art. 175–83 OR: *Vertragsübertragung*). 32
– Interne Schuldübernahme (*Befreiungsversprechen*), soweit der Übernehmer die Zustimmung des Gläubigers erhält, nicht aber bei Zahlung (N 47 Vorbem zu Art. 175–83 OR/N 50 zu Art. 175 OR). 33
– Externe *Schuldübernahme* (N 2 ff. zu Art. 176 OR) für eine einzelne Schuld, welcher eine einzelne Forderung entspricht (GAUCH/SCHLUEP N 3684). 34

Vorbemerkungen zu Art. 175–183

35   – *Schuldübertragung*, Übergang eines bestimmten Schuldverhältnisses von einer Vertragspartei auf einen Dritten von Gesetzes wegen (N 165 ff. Vorbem. zu Art. 175–83 OR).

II. Schuldübernahme

36   *Schuldübernahme ist Eintritt in die Schuldnerstellung eines fremden Schuldverhältnisses* (BECKER N 1 Vorbem. zu Art. 175–83 OR) *unter Aufrechterhaltung der Obligation* (vgl. OSER/SCHÖNENBERGER N 1 Vorbem. zu Art. 175–83 OR).

Streitig war die Theorie, ob im – mit Zustimmung des Gläubigers (Art. 175 Abs. 1 und Art. 176 Abs. 1 OR) erfolgenden – Eintritt in das fremde Schuldverhältnis eine *Sukzession* liege oder ob eine neue, aber mit der alten in wesentlichen Beziehungen übereinstimmende Schuld begründet werde. Die erste Auffassung entspricht der heute herrschenden Meinung (BECKER N 6 und 10 Vorbem. zu Art 175–83 OR, VON TUHR/ESCHER S. 390, GUHL/MERZ/KOLLER S. 262, GAUCH/SCHLUEP N 3716, SJK Nr. 365 S. 1; a.M. STROHAL in: Jherings Jahrbücher Bd. 21 S. 43). Es gibt daher keine Unterscheidung zwischen einer «*Ur-*»*Schuld* des Schuldners (a.M. VON BÜREN S. 348) und der übernommenen Schuld des Übernehmers. Es geht um das Fortbestehen der Obligation (SJK Nr. 365 S. 1), nicht um eine Veränderung des Schuldverhältnisses (a.M. GUHL/MERZ/KOLLER S. 262), der Beziehung zwischen den beteiligten Vertragsparteien (vgl. VON TUHR/PETER S. 10/11).

37   Die *Schuld* ist eine konkrete, und es muss ihr der gleiche rechtliche Charakter zukommen wie der Verpflichtung des bisherigen Schuldners; z.B. bewahrt die Lohnschuld ihre rechtlichen Besonderheiten, insbesondere bezüglich der Verrechnung (BECKER N 8 Vorbem. zu Art. 175–83 OR, N 54 zu Art. 179 OR).

38   Die «alte» Schuld bleibt mit *allen Schwächen* bestehen, auch mit ihren *Nebenrechten*, vorbehältlich Art. 178 OR (BECKER N 4 Vorbem. zu Art. 175–83 OR, N 23 ff. zu Art. 178 OR). Der Übernehmer haftet daher grundsätzlich nicht nur für künftig verfallende, sondern auch für die bei der Schuldübernahme schon verfallenen Konventionalstrafen und Zinsen (BECKER N 8 Vorbem. zu Art. 175–83 OR).

Vorbemerkungen zu Art. 175–183

War die Schuld bereits erfüllt oder hatte sie gar nie bestanden, so 39
ist ein *Nichts übernommen* worden (VON BÜREN S. 344), d.h. eine
Schuldübernahme ist unmöglich und damit – von Amtes wegen zu beachten – nichtig (Art. 20 Abs. 1 OR; a.M. SJK Nr. 70 S. 13: nichtig
zu erklären).

Der Übernehmer (der Schuld) beim *zweiseitigen* Vertrag hat nur 40
die Schuldnerpflichten, kann aber nicht auch die Rechte aus dem
Vertrag geltend machen (BECKER N 3 Vorbem. zu Art. 175–83 OR).

Es bestehen folgende im *fünften Titel* des OR gesetzlich geregelte 41
Möglichkeiten einer Schuldübernahme:
- *Befreiungsversprechen, soweit der Gläubiger der Schuldübernahme* 42
  zustimmt (dazu N 52 Vorbem. zu Art. 175–83 OR/N 50 zu Art. 175
  OR, VON TUHR/ESCHER S. 381, GUHL/MERZ/KOLLER S. 263),
- eigentliche oder privative *Schuldübernahme* (dazu N 2 zu Art. 176 43
  OR),
- *Geschäfts- und Vermögensübernahme* (Komm. zu Art. 181/82 OR). 44

Das davon zu unterscheidende *Erfüllungsversprechen* ist im zwei- 45
ten Titel teilweise (Art. 68/110 Ziff. 2/112 OR; N 257 ff. Vorbem. zu
Art. 175–83 OR), der *Schuldbeitritt* unter Art. 143 OR im vierten
Titel angesiedelt (N 278 ff. Vorbem. zu Art. 175–83 OR).

III. Rechtsgeschäft

Befreiungsversprechen (BECKER N 4 zu Art. 175 OR), aber auch 46
die Schuldübernahme, sind Rechtsgeschäfte, und zwar liegt stets, nicht
nur beim entgeltlichen Befreiungsversprechen, ein *zweiseitiger* Vertrag
vor (VON TUHR/ESCHER S. 383/84, a.M. ENGEL S. 600). Die beiden
Rechtsgeschäfte erweisen sich als *selbständige Verträge* (SJZ 24 S. 173
Nr. 41).

Vorbemerkungen zu Art. 175–183

IV. Verfügungs- und Verpflichtungsgeschäft

47 Das *Befreiungsversprechen* ist kein Verfügungs- (SJK Nr. 365 S. 5), indessen ein *Verpflichtungsgeschäft*.

48 *Bei der eigentlichen, privativen Schuldübernahme verfügt der Gläubiger über seine Forderung, da er den Schuldner befreit* (SJK Nr. 365 S. 5, BECKER N 5 Vorbem. zu Art. 175–83 OR, OSER/SCHÖNENBERGER N 5 zu Art. 176 OR, vgl. LARENZ, Schuldrecht Bd. I S. 472; a.M. VON TUHR/ESCHER S. 384 N 29: Verfügung «der beiden Schuldner», VON BÜREN S. 341 und N 115, und Jherings Jahrbücher Bd. 6 S. 172 Anm. 1: Unmöglichkeit einer Verfügung).

49 Im weiteren besteht ein *Verpflichtungsgeschäft zwischen dem Übernehmer und dem Gläubiger* (LARENZ Bd. I S. 412). Ein *Schulderlass* zugunsten des bisherigen Schuldners wäre nur bei einem Vertrag des Gläubigers mit diesem gegeben (Art. 115 OR; a.M. GAUCH/SCHLUEP N 3704).

V. Erwerbsgeschäft

50 Die Auffassung, dass die Schuldübernahme für den Gläubiger zugleich ein Erwerbsgeschäft sei, insofern er eine Forderung gegenüber dem Übernehmer begründe (VON TUHR/ESCHER S. 389, OR-TSCHÄNI N 6 zu Art. 176 OR), verkennt, dass es sich um dieselbe Forderung wie schon gegenüber dem bisherigen Schuldner handelt (N 36 ff. Vorbem. zu Art. 175–83 OR). Es liegt eine blosse *Verstärkung der Erfüllungserwartung* vor.

51 In der Schuldübernahme liegt für den Schuldner zwar *keine Erfüllung*, denn bei jener findet nur ein Schuldnerwechsel statt (WEBER N 15 zu Art. 68 OR), indessen wird er mit einem Schlage befreit (VON TUHR/ESCHER S. 383 OR), d.h. dass die Erfüllung von ihm nicht mehr gefordert werden kann.

Vorbemerkungen zu Art. 175–183

E. Rechtsbeziehungen

I. Allgemeines

1. Befreiungsversprechen

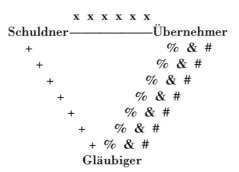

52

x = Befreiungsversprechen
− = Rechtsgeschäft in Zusammenhang mit dem Befreiungsversprechen
+ = zu übernehmende Schuld
% = Zahlung Übernehmer an Gläubiger
& = Zustimmung des Gläubigers zu Schuldübernahme
# = Rechtsgrundgeschäft für Zustimmung

Das Befreiungsversprechen, welchem eine *Zahlung* an den Gläubiger folgt, stellt ein lediglich vom Übernehmer gegenüber dem Schuldner abgegebenes Versprechen dar, während die *Zustimmung des Gläubigers zum (präparatorischen) Befreiungsversprechen zu einer eigentlichen Schuldübernahme* führt (N 50 zu Art. 175 OR; vgl. OSER/SCHÖNENBERGER N 9 zu Art. 179 OR).

53

Vorbemerkungen zu Art. 175–183

2. Schuldübernahme

54

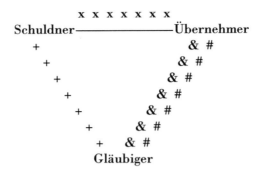

```
xxx  Rechtsgeschäft in Zusammenhang mit dem Befreiungsversprechen
—    präparatorisches Befreiungsversprechen
+    zu übernehmende Schuld
&    Schuldübernahmevertrag
#    Rechtsgrund für Schuldübernahme
```

55   Was vom Gläubiger einer Obligation im Zusammenhang mit der *Abtretung* einer Forderung gesagt wurde, gilt *sinngemäss* auch für den Schuldner bei der Schuldübernahme (GAUCH/SCHLUEP N 3683, vgl. OSER/ SCHÖNENBERGER N 1 Vorbem. zu Art. 175–83 OR: Gegensatz, bzw. VON BÜREN S. 341, GUHL/MERZ/KOLLER S. 262, BUCHER S. 580 und SJK Nr. 365 S. 1: Gegenstück der Abtretung). Davon ist insbesondere das Befreiungsversprechen hinsichtlich des Rechtsgrundgeschäfts zu unterscheiden (N 76 Vorbem. zu Art. 175–83 OR).

56   Die Schuldübernahme kann gewissermassen als *Nachfolge in die Verpflichtung* aufgefasst werden, entsprechend der Sukzession des Erwerbers in das Recht des abtretenden Gläubigers (VON TUHR/ESCHER S. 390); der Schuldner – nicht der Gläubiger – wechselt, und die Schuld, nicht die Forderung, geht über (BUCHER S. 580).

57   Das *wirtschaftliche Motiv* einer Schuldübernahme kann nicht nur in der unterschiedlichen Finanzkraft des bisherigen Schuldners und des Übernehmers liegen (vgl. BECKER N 1 Vorbem. zu Art. 175–83 OR), vielmehr auch in den Beziehungen zwischen dem Übernehmer und dem – z.B. im Hinblick auf andere Geschäfte zu begünstigenden – Gläubiger.

Vorbemerkungen zu Art. 175–183

Zu den besonderen Rechtsbeziehungen bei der Vermögens- und Geschäftsübernahme s. N 17 zu Art. 181 OR. 58

II. Abstraktheit oder Kausalität?

Niemand bezahlt die Schuld eines andern willentlich, ohne dazu verpflichtet zu sein oder in rechtsgeschäftlichem Zusammenhang diese Zahlung zu leisten bzw. eine Verpflichtung übernehmen zu wollen und sei es nur schenkungshalber (vgl. zum analogen Problem bei der Abtretung: SPIRIG N 56 Vorbem. zu Art. 164–73 OR). Das Befreiungsversprechen erfolgt daher im Rahmen eines entsprechenden *Rechtsgeschäfts*, wie auch bei der Schuldübernahme ein *Rechtsgrund* für die getroffene Verfügung vorliegt. 59

In der Regel wird die Befreiung im Blick auf eine *Gegenleistung* des Schuldners versprochen. 60

Schenkungsweise Befreiungsversprechen sind selten (GAUCH/SCHLUEP N 3693, vgl. BUCHER S. 581); zur Frage des Einverständnisses des Schuldners s. N 26/27 zu Art. 176 OR. 61

Denkbar sind:
— eine Schuldübernahme zwecks Tilgung einer eigenen Schuld des Übernehmers gegenüber dem bisherigen Schuldner durch Verrechnung (Art. 120 OR), 62
— Darlehensgewährung durch den Übernehmer an den bisherigen Schuldner in Höhe der zu tilgenden übernommenen Schuld (vgl. HONSELL S. 264: Personalkredit), 63
— eine Schenkung des Übernehmers 64
    = an den bisherigen Schuldner durch Befreiung von der übernommenen Schuld (vgl. BGE 78 II 326, N 51 Vorbem. zu Art. 175–83 OR),
    = an den Gläubiger
        == in Höhe entfallender ungedeckter Kosten der Eintreibung,
        == zwecks Verschaffung sofortiger Liquidität unter Abtretung der Forderung an den Übernehmer zahlungshalber oder an Zahlungsstatt (SPIRIG N 4 und 14 zu Art. 172 OR),

Vorbemerkungen zu Art. 175–183

65 – Kaufvertrag (SJK Nr. 365 S. 3 N 8), insbesondere über eine verpfändete Liegenschaft (BECKER N 2 zu Art. 175 OR, N 24 ff. zu Art. 183 OR),

66 – Bestandteil eines gegenseitigen Vertrags, z.B. eines Kaufgeschäftes, indem der Käufer (=*Übernehmer* und Kaufpreisschuldner) dem Verkäufer (=Kaufpreisgläubiger und seinerseits *Schuldner*) verspricht, für dessen Befreiung von einer Schuldpflicht gegenüber einem Dritten besorgt zu sein (GUHL/MERZ/KOLLER S. 263).

67   Bei der Frage der Kausalität von Befreiungsversprechen und Schuldübernahme ist folgendes zu prüfen:

1. Hängt die Gültigkeit des Befreiungsversprechens bzw. der Schuldübernahme von den damit verbundenen Rechtsgeschäften ab?

2. Kann einer der Beteiligten die Ungültigkeit seines oder eines Rechtsgeschäfts der anderen beiden mit Erfolg geltend machen?

3. Wie gestaltet sich das Verhältnis von (Konkurs-)Gläubigern der einen zu denjenigen der anderen Parteien des Befreiungsversprechens/Schuldübernahmevertrags oder zu einer solchen Partei selbst?

68   Im Vergleich mit den sich bei der Abtretung stellenden Fragen (SPIRIG N 37 Vorbem. zu Art. 164–73 OR) ergeben sich Unterschiede wegen der komplizierteren Rechtsbeziehungen (N 52/54 Vorbem. zu Art. 175–83 OR).

69 *Begrifflich* geht es

– zunächst darum, ob die Gültigkeit des Verfügungsgeschäfts (Schuldübernahmevertrag: N 48 Vorbem. zu Art. 175–83 OR) von derjenigen des ihm zugrunde liegenden Verpflichtungsgeschäfts abhängt (Kausalität, SPIRIG N 38 Vorbem. zu Art. 164–74 OR) oder nicht (Abstraktheit, SPIRIG N 65 Vorbem. zu Art. 164–74 OR),

70 – zudem um das Verhältnis der Rechtsgeschäfte des Übernehmers mit dem Gläubiger einerseits und dem befreiten Schuldner anderseits (KELLER/SCHÖBI IV S. 84, vgl. SPIRIG N 93 Vorbem. zu Art. 164–74 OR).

71   Die *Interessenlage* der drei an der Schuldübernahme Beteiligten gestaltet sich wie folgt:

– Der *Übernehmer* kann sich von der übernommenen Schuldpflicht zu befreien suchen, indem er gegenüber dem Schuldner oder dem Gläubiger geltend macht, die Forderung sei nicht geschuldet, das

Vorbemerkungen zu Art. 175–183

Befreiungsversprechen bzw. das damit zusammenhängende Rechtsgeschäft oder der Schuldübernahmevertrag bzw. dessen Rechtsgrundgeschäft seien ungültig,
- der *Schuldner* ist im Verhältnis zum Gläubiger und zum Übernehmer an der Gültigkeit von Befreiungsversprechen oder Schuldübernahmevertrag interessiert (zur Ausnahme s. N 27 zu Art. 176 OR), welche – teils sofort – zu seiner Entlastung führen, aber auch am Nichtbestehen der Forderung,
- des *Gläubigers* Interesse geht auf die gültige Forderung und gegenüber
  = dem solventen Übernehmer und dem insolventen Schuldner auf die Gültigkeit des Schuldübernahmevertrags,
  = dem insolventen Übernehmer und dem solventen Schuldner auf die Ungültigkeit des Schuldübernahmevertrags, während ihn der Bestand des ihn nicht bindenden Befreiungsversprechens nicht zu interessieren braucht, sofern nicht Kausalität vereinbart wird (N 91 Vorbem. zu Art. 175–83 OR).

72

73

Wo Interessen Dritter, die *Verkehrssicherheit*, berührt sind, hat der Gesetzgeber, insbesondere bei der Geschäftsübernahme, Publizitätsvorschriften (N 136 ff. zu Art. 181 und N 24 ff. zu Art. 182 OR) erlassen oder bei Übertragung verpfändeter Grundstücke eine Amtsperson eingeschaltet (N 38 zu Art. 183 OR).

74

Die Fragen sind für Befreiungsversprechen und Schuldübernahmevertrag gesondert zu prüfen, aber auch bei der Vermögens- und Geschäftsübernahme (dazu N 4 zu Art. 181 OR).

75

1. Befreiungsversprechen

Das Befreiungsversprechen, bei welchem es sich nicht um ein Verfügungsgeschäft handelt, erfolgt im Rahmen eines Rechtsgeschäfts (N 47/59 Vorbem. zu Art. 175–83 OR, a.M. BECKER N 2 zu Art. 175 OR: «im Zweifel kausales Rechtsgeschäft»). Daher kann der Übernehmer die Erfüllung des Befreiungsversprechens verweigern, solange der Schuldner seinen Verpflichtungen aus dem «Schuldübernahmevertrag» nicht nachgekommen ist (Art. 175 Abs. 2 OR, BECKER N 2 zu Art. 175 OR), womit einerseits richtigerweise das Befreiungsversprechen (N 27 zu Art. 175 OR) und anderseits genauer das dabei beabsichtigte Rechtsgeschäft angesprochen wird.

76

Vorbemerkungen zu Art. 175–183

Zum Befreiungsversprechen als Nebenpunkt s. N 29 Vorbem. zu Art. 175–83 OR.

77 Der *Schuldner* und seine Gläubiger müssen sich die Ungültigkeit des mit dem Befreiungsversprechen abgeschlossenen Rechtsgeschäfts entgegenhalten lassen.
Zur paulianischen Anfechtung s. N 180 Vorbem. zu Art. 175–83 OR.

78 Der *Gläubiger*, welcher Zahlungen des Übernehmers und des Schuldners entgegennimmt, ist im die Forderung übersteigenden Betrag ungerechtfertigt bereichert (Art. 62 OR). Ob der Bereicherungsanspruch dem Übernehmer oder dem Schuldner zusteht, entscheidet sich aufgrund der Gültigkeit des Befreiungsversprechens, andernfalls nach Art. 63 Abs. 1 OR (freiwillige Bezahlung einer Nichtschuld).

79 Hat der Gläubiger der Schuldübernahme i.S. von Art. 175 OR zugestimmt, so traf er eine Verfügung (N 48 Vorbem. zu Art. 175–83 OR). Der *Rechtsgrund für seine Zustimmung zum Schuldnerwechsel* (N 56 zu Art. 175 OR) erhält damit kausale Bedeutung.

80 Eine Pflicht des Gläubigers, sich über das Rechtsgeschäft des Befreiungsversprechens zu *erkundigen*, besteht von Gesetzes wegen so wenig, wie eine solche der beiden anderen Beteiligten, ihn darüber aufzuklären. Denkbar ist aber, dass der Gläubiger auch das Rechtsgrundgeschäft des Befreiungsversprechens als eine wesentliche Grundlage seiner Zustimmung billigt und damit die *Kausalität auch vereinbart* ist (vgl. N 91 Vorbem. zu Art. 175–83 OR).

81 Eine dem Schutz des Gläubigers dienende «*Hinterlegung*» der Leistung entfällt grundsätzlich, da sich die beiden potentiell dazu Verpflichteten im Streitfall gerade über die Schuldnereigenschaft nicht einigen können (vgl. Art. 168 OR).
Zur Hinterlegung bei Ablehnung der Schuldübernahme seitens des Schuldners s. N 27 ff. zu Art. 176 OR.

82 Die Prozessrisiken sind für den Gläubiger – nach dem zufolge dessen Zustimmung eintretenden Schuldnerwechsel – wie bei der Schuldübernahme gesetzlich in Art. 179 Abs. 3 OR insoweit beseitigt, als der Übernehmer Einreden, die ihm gegen den Schuldner aus dem der Schuldübernahme zu Grunde liegenden Rechtsverhältnis zustehen, gegen den Gläubiger nicht geltend machen kann. Dies bedeutet,

dass *die dem Befreiungsversprechen folgende Schuldübernahme diesbezüglich abstrakt* gestaltet ist (vgl. N 89 Vorbem. zu Art. 175–83 OR).

Der Gläubiger könnte das Risiko auch mit einer *gleichzeitigen Klage* 83
gegen Schuldner und Übernehmer – abgesehen von Schwierigkeiten bei auseinanderklaffender örtlicher und sachlicher Zuständigkeit (z.B. gemäss §§ 14 ZPO-ZH und 65 GVG-ZH) – nicht gänzlich vermeiden, soweit nicht eine prozessrechtliche Bestimmung die Auferlegung der Kosten bei in guten Treuen gegebener Veranlassung zur Prozessführung an die obsiegende Partei gewährt (z.B. Art. 156 Abs. 3 OG, § 64 Abs. 2 ZPO-ZH, Sträuli/Messmer N 9 zu § 64 ZPO).

Die Vertragsparteien können das Befreiungsversprechen *abstrakt* 84
gestalten; auf eine solche Parteiabsicht weist z.B. hin (Becker N 3 zu Art. 175 OR),

– wenn die übernommene Schuld fällig wird, bevor eine der Erfüllungs- 85
übernahme beigefügte Bedingung sich (recte:) erfüllt haben muss,
– wenn eine Bank dem Käufer zur Tilgung seiner Kaufpreisschuld im 86
Rahmen eines Blankokredits ein Akkreditiv zur Verfügung zu stellen verspricht.

2. Schuldübernahme

Auszugehen ist davon, dass bei der Schuldübernahme – im Gegensatz 87
zur Abtretung, wo nur Verträge zwischen Gläubiger und Erwerber (Abtretung) bzw. Gläubiger und Schuldner (betreffend die übertragene Forderung) vorkommen (Spirig N 28 Vorbem. zu Art. 164–74 OR) – *vertragliche Beziehungen zwischen allen drei Beteiligten* möglich sind (dazu N 54 Vorbem. zu Art. 175–83 OR), wenn auch nicht unbedingt ein Befreiungsversprechen zwischen Schuldner und Übernehmer vorangehen muss.

Der *Rechtsgrund* für den vom Übernehmer zugunsten des Schuldners 88
mit dem Gläubiger geschlossenen Vertrag besteht im allenfalls präparatorischen (N 7 zu Art. 176 OR) Befreiungsversprechen (N 54 Vorbem. zu Art. 175–83 OR) oder in einem ohne Mitwirkung des Schuldners abgeschlossenen Rechtsgeschäft (N 62 ff. Vorbem. zu Art. 175–83 OR).
Schliesst der Gläubiger den Schuldübernahmevertrag, so trifft er eine Verfügung (N 48 Vorbem. zu Art. 175–83 OR), für die ein Rechtsgrundgeschäft vorliegt.

Vorbemerkungen zu Art. 175–183

89   Die Schuldübernahme, welche nicht vom Verhältnis des Übernehmers zum Schuldner abhängt, ist in dieser Beziehung *abstrakt* (VON TUHR/ESCHER S. 397 N 127, vgl. S. 392/390 N 76, OSER/SCHÖNENBERGER N 3 zu Art. 176 OR [unter Hinweis auf Art. 172 [recte: 179] Abs. 3 OR] und N 9 zu Art. 179 OR, GUHL/MERZ/KOLLER S. 267, SJK Nr. 365 S. 7, ZSR NF 20 S. 335; a.M. ZBJV 69 S. 134: analog Abtretung, BUCHER S. 586 N 38 stellt in Frage, BARANDUN S. 55: generell; vgl. PALANDT N 5 zu § 417 BGB), nämlich *insoweit, als Art. 179 Abs. 3 OR Einreden des Übernehmers aus dem Rechtsverhältnis zum Schuldner (Befreiungsversprechen) gegen den Gläubiger ausschliesst.*

90   Die Schuldübernahme ist *im übrigen ein kausales Rechtsgschäft* (VON TUHR/ESCHER S. 390, SJK Nr. 365 S. 4: generell für Art. 175 ff. OR), d.h. insbesondere abhängig von der Gültigkeit des Rechtsgrundgeschäfts zwischen Gläubiger und Übernehmer (N 54 Vorbem. zu Art. 175–83 OR). Wie bei der Abtretung lässt sich im übrigen Abstraktheit nicht begründen (vgl. SPIRIG N 106 Vorbem. zu Art. 164–74 OR).

Dass sich die Schuldübernahme nach der Verpflichtung des Schuldners richtet, beschlägt dagegen nicht die Kausalitätsfrage, sondern diejenige nach dem Inhalt der übernommenen Schuld (a.M. VON TUHR/ESCHER S. 390).

91   Dass der Vertrag zwischen Gläubiger und Übernehmer auf das Rechtsverhältnis zwischen letzterem und dem bisherigen Schuldner Bezug nimmt und dieses zur Grundlage der Vereinbarung gemacht wird, ist zulässig (BECKER N 11 zu Art. 179 OR, Extraits 1978 S. 40, vgl. SPIRIG N 66 Vorbem. zu Art. 164–74 OR), womit *Kausalität vereinbart* wird.

92   Eine dem Schutz des Schuldners dienende *Hinterlegung* der Leistung entfällt, beruft sich der bisherige Schuldner auf die befreiende Schuldübernahme (s. aber N 27 ff. zu Art. 176 OR).

93   Die Rechtsstellung der *jeweiligen Gläubiger* der an der Schuldübernahme konkursiten Beteiligten ist – aus gegenüber der Abtretung umgekehrten Gründen, nämlich dass keine solchen für eine Benachteiligung der Gläubiger vorliegen – gleich wie bei den Parteien der Schuldübernahme selbst zu beurteilen (SPIRIG N 97/99 Vorbem. zu Art. 164–74 OR).

94   Die *Schuldübernahme nach Art. 181 OR* ist infolge ihrer Abhängigkeit von der Gültigkeit der Vermögens- oder Geschäftsübernahme (N 28

zu Art. 181 OR) ein *kausales Rechtsgeschäft* (anders: VON TUHR/ESCHER S. 397 N 127: Vermögens-«übertragung»).

Damit ergeben sich folgende Antworten auf die bezüglich der Frage 95 nach der Kausalität/Abstraktheit gestellten Fragen:

1. Von der Gültigkeit
   - des Rechtsgeschäfts, im Rahmen dessen das Befreiungsversprechen abgegeben wird,
   - des dem Schuldübernahmevertrag zugrunde liegenden Rechtsgeschäfts,
   - der Vermögens- oder Geschäftsübernahme hängt diejenige des Befreiungsversprechens bzw. des Schuldübernahmevertrags ab.

2. Ausgeschlossen sind nur Einreden des Übernehmers aus seinem Rechtsverhältnis mit dem Schuldner gegenüber dem Gläubiger, der dem Befreiungsversprechen zugestimmt oder den Schuldübernahmevertrag abgeschlossen hat.

3. Die Ansprüche der am Befreiungsversprechen oder der Schuldübernahme Beteiligten und diejenigen ihrer Konkursgläubiger beurteilen sich gleich.

F. Vertrag

I. Allgemeine Voraussetzungen

Diese gelten sowohl für das Befreiungsversprechen im Verhältnis 96 Schuldner/Übernehmer und evtl. zustimmendem Gläubiger (Art. 175 OR) als auch für den Schuldübernahmevertrag zwischen Übernehmer und Gläubiger (Art. 176 OR).

Zu weiteren *speziellen Bestimmungen* des Schuldübernahmevertrags siehe aber N 6 und Zit. zu Art. 177 OR.

Art. 175 ff. OR finden nur Anwendung, wenn das Übernahme- 97 geschäft gültig ist (SJK Nr. 365 S. 4).

Vorbemerkungen zu Art. 175–183

Voraussetzungen sind allgemein (OR-Tschäni N 4 zu Art. 175 und N 5 zu Art. 176 OR) für die beteiligten Vertragsparteien:

98 – *Rechtsfähigkeit* (Art. 11 ZGB, SJK Nr. 365 S. 5, Engel S. 600/602).

99 – *Handlungsfähigkeit* (Art. 13 ZGB, von Tuhr/Escher S. 388, von Büren S. 264), beim Schuldübernahmevertrag nur für den Übernehmer und den Gläubiger (Oser/Schönenberger N 5 zu Art. 176 OR).

100 Die Zustimmung der Vormundschaftsbehörde war unter altem Eherecht (N 361 Vorbem. zu Art. 175–83 OR) grundsätzlich notwendig, wenn eine Ehefrau die Schuld ihres Mannes übernahm (Art. 177 Abs. 3 aZGB, von Tuhr/Escher S. 388 N 59, Becker N 1 zu Art. 176 OR, SJK Nr. 365 S. 5 N 20), indessen nur bei mangelnder Gegenleistung (Lemp N 73 und 75 zu Art. 177 aZGB).

101 – *Vertretungsmacht*: Bei Verpflichtung einer juristischen Person bedarf es der Mitwirkung der zeichnungsberechtigten natürlichen Personen (Becker N 1 zu Art. 176 OR, BGE 60 II 334). Wenn der Schuldner oder der Übernehmer Vertreter des Gläubigers ist, steht die Schuldübernahme unter den Beschränkungen des Selbstkontrahierens (von Tuhr/Escher S. 388 N 60a, von Tuhr/Peter S. 364, BlZüR 23 Nr. 184 S. 329).

102 – *Verfügungsmacht*: Bei der Schuldübernahme muss der Gläubiger die Fähigkeit haben, über seine Forderung zu verfügen (Becker N 1/2 zu Art. 176 OR: «Dispositionsmacht», Keller/Schöbi IV S. 77), da er ja den Schuldner befreit. Er muss bei Abschluss des Schuldübernahmevertrags Gläubiger der Forderung sein, über welche er durch Entlassung des Schuldners verfügt. Hat er seine Forderung bereits abgetreten, so kann er keine Schuldübernahme verabreden, auch wenn die Abtretung fiduziarisch (Spirig N 118 Vorbem. zu Art. 164–74 OR) erfolgte. Eine solche Verfügung des Gläubigers über seine ehemalige Forderung ist unwirksam, ausser wenn sie vom Erwerber genehmigt wird oder wenn der Schuldner keine Kenntnis von der Abtretung hatte (von Tuhr/Escher S. 388/89, SJK Nr. 365 S. 5, OR-Tschäni N 6 zu Art. 176 OR).

103 Ist der Gläubiger in der Verfügung über die Forderung beschränkt (z.B. durch eine Nutzniessung oder ein Pfandrecht an der Forderung), so kann er die Schuldübernahme nur mit Zustimmung (N 50 zu Art. 175 OR) des Nutzniessers oder Pfandberechtigten bewilligen (von Tuhr/Escher S. 389, Becker N 2 zu Art. 176 OR, Strohal in: Jherings Jahrbücher Bd. 2 S. 79, SJK Nr. 365 S. 5).

104 Bei Beschränkung in der Verfügungsmacht zufolge Konkurses (Art. 204 SchKG, Keller/Schöbi IV S. 77, OR-Tschäni N 6 zu

Art. 176 OR) entfällt die Möglichkeit der Abgabe eines Befreiungsversprechens oder des Abschlusses eines Schuldübernahmevertrags durch den Schuldner (N 197 Vorbem. zu Art. 175–83 OR, N 66 ff. zu Art. 183 OR).
– Abwesenheit von *Willensmängeln* kann nicht verlangt werden (a.M. SJK Nr. 365 S. 5); es gelten die allgemeinen Regeln (ENGEL S. 600; dazu N 17 ff. zu Art. 180 OR). 105

II. Übertragbarkeit der Schuld

1. Grundsatz

Es stellt sich unter diesem Gesichtspunkt – ausnahmsweise (KELLER/ SCHÖBI IV S. 75, OR-TSCHÄNI N 3 zu Art. 175 OR) – die Frage, ob eine Schuld vom Übernehmer übernommen werden kann, während der Schuldübergang *von Gesetzes wegen* und die Übertragbarkeit durch *Richterspruch* an einschlägiger Stelle zu behandeln sind (N 165/209 Vorbem. zu Art. 175–83 OR). 106

Die aufgrund eines Befreiungsversprechens erfolgende – nicht persönlich geschuldete – *Zahlung muss der Gläubiger annehmen* (N 47 zu Art. 175 OR). 107

Auch die *persönliche Leistungspflicht* steht der Gültigkeit eines Befreiungsversprechens nicht entgegen, denn sie wirkt sich nur auf die Erfüllbarkeit des Versprechens aus (GAUCH/SCHLUEP N 3695/3712, vgl. KELLER/SCHÖBI IV S. 77), wenn der Gläubiger auf der persönlichen Erfüllung durch den Schuldner beharrt (KELLER/SCHÖBI IV S. 75). Es ist gleichgültig, ob die Obligation eine persönliche in dem Sinne ist, dass sie ihrer Natur nach oder auf Grund eines Vertrags nicht abtretbar (SPIRIG N 146/160 zu Art. 164 OR) ist und nur vom Schuldner erfüllt werden kann. Denn die Zustimmung des Gläubigers – die als Voraussetzung einer den Schuldner befreienden Übertragung unentbehrlich ist – schliesst einen Verzicht seinerseits auf die Geltendmachung dieses persönlichen Charakters in sich (vgl. SJK Nr. 365 S. 5, VON TUHR/ESCHER S. 388, BECKER N 6 zu Art. 175 OR, OSER/SCHÖNENBERGER N 2 zu Art. 176 OR, GAUCH/SCHLUEP N 3712, KELLER/SCHÖBI IV S. 75/76, OR-TSCHÄNI N 4 zu Art. 176 OR). 108

Vorbemerkungen zu Art. 175–183

109   *Familienrechtliche* Unterhaltspflichten (BGE 78 II 326), welche Zahlungen eben gerade nicht mit der Höchstpersönlichkeit der Verpflichtung begründet werden können (a.M. von Büren S. 342 N 116, SJZ 50 Nr. 98 S. 192, OR-Tschäni N 4 zu Art. 176 OR: generell; vgl. auch N 118 Vorbem. zu Art. 175–83 OR), sind übertragbar (vgl. N 64 Vorbem. zu Art. 175–83 OR).

110   Auch *öffentlich-rechtliche* Schulden können grundsätzlich übernommen werden (dazu aber N 114 Vorbem. zu Art. 175–83 OR). Dass eine Steuerschuld Gegenstand eines Befreiungsversprechens bilden kann (BGE 92 III 57 = Pra 56 Nr. 13 S. 44 = JdT 114 II S. 108 = BlfSchKG 31 S. 162), muss nicht heissen, dass die Übertragung nur nach Art. 175 OR, nicht auch mittels eines Schuldübernahmevertrags nach Art. 176 OR möglich sein könnte (a.M. Engel S. 600, Keller/Schöbi IV S. 77, OR-Tschäni N 4 zu Art. 176 OR), muss doch auch beim Befreiungsversprechen der Gläubiger mit dem Schuldnerwechsel einverstanden sein (Art. 175 Abs. 2 OR; N 6 zu Art. 175 OR).

2. Unübertragbarkeit

111   Eine *nichtige Schuld* kann nicht übernommen werden (Becker N 6 zu Art. 175 OR, Engel S. 600, OR-Tschäni N 3 zu Art. 175 OR, BGE 95 II 40 = Pra 58 S. 268 = JdT 118 I S. 77 = ZBGR 51 S. 63 = ZBJV 107 S. 124), z.B. Unterhaltspflicht im Hinblick auf die Zustimmung zur Scheidung wegen Verstosses gegen die guten Sitten (SJZ 50 Nr. 98 S. 194, vgl. aber N 109 Vorbem. zu Art. 175–83 OR).

112   *Familienrechtliche Pflichten*, ausgenommen diejenige auf Unterhalt (N 109 Vorbem. zu Art. 175–83 OR), sind unübertragbar.

113   Den *Betreibungs-, Konkursbeamten und -angestellten* sind gemäss Art. 11 SchKG Rechtsgeschäfte bezüglich einer einzutreibenden Forderung unter der Rechtsfolge der Ungültigkeit untersagt, damit auch eine Schuldübernahme.

114   Der strafrechtliche Zweck der *Busse* steht deren Übernahme entgegen, weshalb der Gläubiger (Staat) sie nicht gestattet (vgl. SJK Nr. 365 S. 5 N 22, Becker N 8 zu Art. 175 OR, Keller/Schöbi IV S. 75/77, Engel S. 600, OR-Tschäni N 3 zu Art. 175 OR, BGE 86 II 77: Zoll-, 79 II 153: Fiskalbusse). Keine Erfüllung einer sittlichen Schuld (Art. 63 Abs. 2 OR)

liegt vor beim Befreiungsversprechen des einen Mitgebüssten gegenüber einem zweiten (BGE 79 II 153).

Faktisch kann der Gebüsste allerdings – wie es bei Familien- oder Betriebsangehörigen vorzukommen pflegt – durch eine in seinem Namen von einem Dritten – Familienmitglied, Betriebsinhaber – geleistete stille Zahlung aufgrund eines Befreiungsversprechens (N 138 Vorbem. zu Art. 175–83 OR) von der Bussenschuld befreit werden (Art. 32 Abs. 3 i.V.m. 175 Abs. 1 OR), wenn das wirkliche Vorgehen der mit dem Busseninkasso befassten Behörde gar nicht zur Kenntnis gebracht wird. 115

Bei *mittelbarer Vertretung* entfaltet das fragliche Geschäft keine direkte Wirkung zwischen dem Gläubiger und dem mittelbar vertretenen Schuldner (BGE 100 II 211). Es entstehen daher keine Bereicherungsansprüche zwischen dem (mittelbar) vertretenen Schuldner und dem Gläubiger (ZÄCH N 178 zu Art. 32 OR, VON CAEMMERER, Gesammelte Schriften, Bd. I, Tübingen 1968, S. 321; zu § 164 BGB: AcP 180 S. 241), indessen zwischen diesem und dem vertretenden Übernehmer, welcher eine von ihm nicht geschuldete Leistung erbracht hat (Art. 63 Abs. 1 OR). 116

Die Übertragung von Schulden aus *Dauerschuldverhältnissen* kann nur dann abgelehnt werden, wenn es sich um i.S. von Art. 68 OR persönliche Schulden handelt (OR-TSCHÄNI N 6 zu Art. 181 OR, N 41 zu Art. 181 OR). 117

Das mangels Übertragbarkeit der Schuld unzulässige Befreiungsversprechen ist *nichtig* (GAUCH/SCHLUEP N 3695, BGE 86 II 78), was gleichermassen für den Schuldübernahmevertrag gilt (Art. 20 Abs. 1 OR). 118

3. Vertrag über die Übertragbarkeit

Die Übertragung einer Schuld kann durch Vereinbarung zwischen Schuldner und Gläubiger *nicht erfolgreich ausgeschlossen* werden (vgl. SPIRIG N 146 ff. zu Art. 164 OR), soweit der Schuldner auch gegen seinen Willen befreit werden kann (N 47 zu Art. 175 OR, N 27 zu Art. 176 OR), da der Gläubiger mit seiner Zustimmung zum Befreiungsversprechen bzw. der Annahme des Schuldübernahmeantrags auf einen vorherigen Ausschluss verzichtet (mit gleichem Ergebnis: OSER/SCHÖNENBERGER N 2 zu Art. 176 OR; HASLER S. 75 lässt offen). 119

Vorbemerkungen zu Art. 175–183

120 Eine Verpflichtung der *(Anleihens-)Obligationäre* als Gläubiger, mit einem neuen Schuldner einen Schuldübernahmevertrag zu schliessen, kann sich bei Anleihensobligationen aufgrund der ursprünglichen Anleihensbedingungen, welche die federführende Bank ermächtigen und verpflichten, einem Schuldnerwechsel zuzustimmen, ergeben (SAG 62 S. 146, Gauch/Schluep N 3739).

Zur klagbaren, diesbezüglich notwendigen Schuldübernahme s. N 261 Vorbem. zu Art. 175–83 OR.

G. Form

I. Grundsatz

121 Grundsätzlich gilt Formfreiheit (von Tuhr/Escher S. 387, Becker N 9 zu Art. 175 OR und N 5 zu Art. 176 OR, Oser/Schönenberger N 2 Vorbem. zu Art. 175–83 OR und N 17 zu Art. 111 OR, Guhl/Merz/Koller S. 263/268, von Büren S. 264, Keller/Schöbi IV S. 74, OR-Tschäni N 5 zu Art. 175 und N 7 zu Art. 176 OR, Engel S. 600 und Bucher S. 581 N 7 für das entgeltliche Befreiungsversprechen; Engel S. 601, Oser/Schönenberger N 4 zu Art. 176 OR und Bucher S. 584 für den Schuldübernahmevertrag), d.h. richtigerweise, dass die *mündliche Vereinbarung* genügt (SJK Nr. 365 S. 5) für Befreiungsversprechen und Schuldübernahme.

122 Zur Form der *Bekanntgabe bei Übernahme eines Vermögens oder Geschäfts* s. N 162/166 zu Art. 181 OR.

123 Formfrei ist auch der *Schuldbeitritt* (Honsell S. 266).

124 Zur Abgrenzung gegenüber der formbedürftigen *Bürgschaft* s. N 127 ff. Vorbem. zu Art. 175–83 OR und N 82 zu Art. 178 OR betreffend die notwendige Zustimmung in Schriftform seitens des Dritten bezüglich einer die übernommene Schuld sichernden Bürgschaft.

Eine letztwillige Verfügung mit der *Auflage einer Schuldübernahme* 125
(Art. 482 ZGB, vgl. SJK Nr. 365 S. 5 N 20) bedingt die Beachtung
einer möglichen testamentarischen Verfügungsform (Art. 498 ff. ZGB).

II. Auswirkung der übernommenen Schuld

1. Grundstückkauf

Das Befreiungsversprechen wie die Schuldübernahme sind aber form- 126
bedürftig, wenn die übernommene Schuld einem Vertrag entstammt, für
den wegen der *besonderen Natur des Leistungsgegenstandes* eine Form
vorgeschrieben ist (vgl. VON TUHR/ESCHER S. 382 N 18 und S. 387 N 54,
BECKER N 9 zu Art. 175 OR, OSER/SCHÖNENBERGER N 4 zu Art. 176 OR,
GAUCH/SCHLUEP N 3694, GUHL/MERZ/KOLLER S. 263, KELLER/SCHÖBI IV
S. 75, BUCHER S. 581 N 7, ENGEL S. 600, BGE 110 II 342 = Pra 74
S. 224 = ZBJV 122 S. 164 = SJ 107 S. 270), da die *Formvorschrift auch
für eine Änderung des Vertrages* gilt (Art. 12 OR, VON TUHR/ESCHER
S. 382 N 18/S. 387 N 54, BUCHER S. 584 N 24). Dass mit der Auswechslung des Schuldners keine neue Verpflichtung entstehe, trifft zwar zu,
beeinflusst aber die Form nicht (a.M. LEEMANN N 19 zu Art. 657 ZGB,
MEIER-HAYOZ N 48 zu Art. 657 ZGB). Die Formvorschrift gilt allgemein
für solche Verträge, auch bezüglich des Grundstückkaufpreises (SJK
Nr. 365 S. 5 N 19).

2. Schenkungsversprechen/Bürgschaftsschuld

Die Übernahme eines Schenkungsversprechens bedarf *nicht der Form* 127
des Art. 243 Abs. 1 OR, da der Übernehmer durch sein Versprechen nicht zum Schenker wird (VON TUHR/ESCHER S. 387/382 N 18,
BECKER N 9 zu Art. 175 OR, VON BÜREN S. 343/347, KELLER/SCHÖBI IV
S. 75, BUCHER S. 584 N 24). Dasselbe gilt für die *Bürgschaftsschuld*. Denn,
wenn die Übernehmer erklären, wie der Schenker oder wie der Bürge
haften zu wollen, geben sie doch nicht ein Schenkungs- oder Bürgschaftsversprechen ab (VON BÜREN S. 343/347, KELLER/SCHÖBI IV S. 75).

Vorbemerkungen zu Art. 175-183

128   Zur Schenkung, welche in der Schuldübernahme selbst liegt, s. N 64 Vorbem. zu Art. 175-83 OR und N 27 zu Art. 176 OR = WIDER WILLEN.

III. Formbedürftigkeit von Befreiungsversprechen/ Schuldübernahme

129   Vorab ist zu klären, ob mit der Schuldübernahme eine *sittliche Pflicht* erfüllt werden soll, weil diese nicht als Schenkung behandelt wird (Art. 239 Abs. 3 OR, BGE 79 II 153 = Pra 42 Nr. 131 = JdT 102 Bd. I S. 114 = Rep 86 S. 312 = SJZ 50 S. 147 = ZBJV 91 S. 262).

130   Der Schenkungs-(Schrift-)form unterliegt ein *unentgeltliches Versprechen* des Übernehmers an den Schuldner, ihn von einer Schuld zu befreien (VON TUHR/ESCHER S. 387 N 52 und 383, GAUCH/SCHLUEP N 3694). Das *Befreiungsversprechen* ist ungültig, wenn es, obwohl unentgeltlich, nicht gemäss Art. 243 OR in schriftlicher Form abgegeben wurde (VON TUHR/ESCHER S. 383, OSER/SCHÖNENBERGER N 7 zu Art. 175 OR, BUCHER S. 529 N 7/8, BGE 92 III 62, 79 II 153 = Pra 42 Nr. 131, ZBJV 91 S. 260 = SJZ 50 S. 147 = JdT I S. 112 = Rep 86 S. 310).

131   Erfolgt die *Schuldübernahme* unentgeltlich, stellt sie zwar gleichzeitig eine Schenkung dar, besteht indessen in einer sofortigen Befreiung des Schuldners, nicht in einem Schenkungsversprechen (VON TUHR/ESCHER S. 387, OSER/SCHÖNENBERGER N 4 zu Art. 176 OR, GUHL/MERZ/KOLLER S. 263, KELLER/SCHÖBI IV S. 74, VON BÜREN S. 342, BUCHER S. 581 N 7/ S. 584 N 24, HASLER S. 78, SJK Nr. 365 S. 5 N 18, BGE 79 II 153).

132   Der nachträglich erfolgende Verzicht auf Regress (N 68 zu Art. 175 OR) stellt den *Vollzug einer Schenkung* dar und ist damit nicht formbedürftig (VON BÜREN S. 347, REICHEL S. 172/73).

133   Mit der Auffassung, dass die Übernahme von Schuld eine Geschäftsbesorgung und das unentgeltliche Übernahmeversprechen *unentgeltliche Mandatsannahme* (Art. 394 OR) seien und damit nie ein Schenkungsversprechen, so dass nur der nachträglich erfolgende Verzicht auf Regress, d.h. der formlos mögliche Vollzug (N 132 Vorbem. zu Art. 175-83 OR), diesen Schenkungscharakter habe (REICHEL S. 172/73,

VON BÜREN S. 347/48), wird willkürlich die Schenkung in der durchaus möglichen und gängigen Form der Schuldübernahme (N 64 Vorbem. zu Art. 175–83 OR) ausgeschlossen.

H. Erscheinungsformen

I. Vertragliche

Das Befreiungsversprechen und die Schuldübernahme können: **134**

- *bedingt* abgegeben bzw. geschlossen werden (vgl. BECKER N 10 zu Art. 176 OR, ENGEL S. 600),
- eine *Konventionalstrafe* umfassen (vgl. ENGEL S. 600), **135**
- im Rahmen des *Factoringvertrags* vorkommen (Übernahme des Delcredererisikos; GUHL/MERZ/KOLLER S. 245; KÄFER, Kommentar zu Art. 957–64 OR, Zürich 1984, N 190/259 zu Art. 958, DJZ 1990 S. 1008, vgl. SPIRIG N 121 Vorbem. zu Art. 164–74 OR), **136**
- *zahlungshalber* erfolgen (SPIRIG N 4 zu Art. 172 OR), indessen nur mit der dem Befreiungsversprechen unmittelbar folgenden Zahlung (Art. 175 Abs. 1 OR), **137**
- beim Befreiungsversprechen als *stille Zahlung* (vgl. SPIRIG N 135 Vorbem. zu Art. 164–74 OR) – der die Befreiung versprechende Übernehmer bezahlt unter dem Namen des Schuldners (Art. 175 Abs. 1 OR; vgl. N 115 Vorbem. zu Art. 175–83 OR) – vorkommen, während angesichts der mangelnden Beteiligung des Gläubigers daran nicht etwa von einer «stillen Schuldübernahme» gesprochen werden kann, **138**
- als *Schuldrückübernahme* notwendig werden, bei der Verfügung durch den Schuldübernahmevertrag des Gläubigers angesichts des kausalen Charakters (N 90 Vorbem. zu Art. 175–83 OR) indessen nur aufgrund einer Parteiabrede (VON TUHR/ESCHER S. 394, GAUCH/SCHLUEP N 3737, vgl. SPIRIG N 73 Vorbem. zu Art. 164–74 OR). **139**

Der Schuldbeitritt (N 278 Vorbem. zu Art. 175–83 OR) könnte als *abgeschwächte Schuldübernahme* (vgl. SPIRIG N 134 Vorbem. zu Art. 164–74 OR) bezeichnet werden. **140**

Vorbemerkungen zu Art. 175–183

141 Die Übernahme einer *Solidarschuld als Alleinschuldner* erweist sich dagegen als eine – besondere – Form der Schuldübernahme und ändert an der Schuld nichts (BGE 60 II 333).

142 *Mehrfache* Verfügungen sind – nebeneinander – denkbar (SJK NR. 365 S. 3 N 11). Im Verhältnis zwischen den Vertragsparteien bleibt jedes Befreiungsversprechen für sich selbständig bestehen (Hasler S. 71, BlZüR 1 Nr. 41 zum aOR), was auch für den Schuldübernahmevertrag gilt (vgl. Becker N 17 zu Art. 175 OR).

143 Eine – sukzessive – *Kettenschuldübernahme* (vgl. Spirig N 116 Vorbem. zu Art. 164–74 OR) kommt insbesondere im Liegenschaftenhandel vor (BlZüR 1 Nr. 41 zum aOR, vgl. Palandt N 6 zu § 415 BGB). Vgl. dazu Kommentar zu Art. 177 Abs. 2 OR.

144 Eine *globale Schuldübernahme* ist insbesondere bei der Vermögens-/Geschäftsübernahme und der Vereinigung und Umwandlung von Geschäften (Komm. zu Art. 181/82 OR) gegeben.

145 Befreiungsversprechen und Schuldübernahme können bei Obligationen auftreten, welche ihrem Inhalte nach:
— aus einem *einseitigen* Rechtsgeschäft (vgl. N 125 Vorbem. zu Art. 175–83 OR) oder

146 — einem *zweiseitigen* Vertrag herrühren,

147 — eine *Verpflichtung, etwas nicht zu tun*, darstellen,

148 — *persönlich zu erfüllen* sind (vgl. N 108 Vorbem. zu Art. 175–83 OR),

149 — eine natürliche *(Natural-) Obligation* darstellen,

150 — aus einer *unerlaubten Handlung* erwachsen,

151 — aus *ungerechtfertigter Bereicherung* oder

152 — aus *Nichterfüllung* einer Verbindlichkeit stammen,

153 — eine *akzessorische* Schuld, wie Zinse oder Konventionalstrafe, umfassen (SJK Nr. 365 S. 5 N 20).

154 Befreiungsversprechen und Schuldübernahme sind bei *allen Obligationen* möglich (von Tuhr/Escher S. 388, Keller/Schöbi IV S. 77, SJK Nr. 365 S. 5), auch bei folgenden Schulden:

155 — bedingten (Art. 151 OR, BGE 21 S. 150/52),

156 — künftigen (Becker N 6 zu Art. 175 OR, SJK Nr. 365 S. 5 N 20, vgl. Engel S. 605: für den Schuldbeitritt), insbesondere betagten, d.h. noch nicht fälligen bestehenden Forderungen (von Tuhr/Peter S. 479, Keller/Schöbi IV S. 75, Art. 76 OR; zur sog. *Konvaleszenz*

in den Grenzen von Art. 27 ZGB (GAUCH/SCHLUEP N 3695) s. N 59 Vorbem. zu Art. 175–83 OR),
- streitigen oder durch Urteil festgesetzten, 157
- alternativen (Wahlobligation, Art. 72 OR), 158
- Teilschulden (BJM 1957 S. 271), 159
- solidarischen (Art. 143 OR), 160
- mit einer Nutzniessung oder einem Pfandrecht (Art. 178 Abs. 2 OR) 161 belasteten oder vertraglich nicht pfändbaren,
- verjährten Schuld (GAUCH/SCHLUEP N 3695, KELLER/SCHÖBI IV S. 75). 162

Auch für die Schuldübernahme muss *Bestimmbarkeit der übernom-* 163 *menen Schuld* gefordert werden (GAUCH/SCHLUEP N 3695, Extraits 1978 S. 40), dies um so mehr, als Formfreiheit gegeben ist (N 121 Vorbem. zu Art. 175–83 OR). Eine unbestimmte Schuld kann nur insofern übernommen werden, als dies schriftlich *blanko* geschieht (a.M. SJK Nr. 365 S. 5, vgl. SPIRIG N 8 zu Art. 164 OR und N 132 Vorbem. zu Art. 164–74 OR).

Zum *massgeblichen Zeitpunkt* der Schuldübernahme s. N 36 ff. 164 Vorbem. zu Art. 176 OR.

II. Gesetzliche Erscheinungsformen

1. Allgemeines

Dass das Gesetz dem Gläubiger einen Schuldner rauben und einen 165 andern aufdrängen könne, ist auf dem Gebiete des Zivilrechts nicht denkbar (ZSR 20 S. 355: «Säkularisation»). *Damit fehlt es grundsätzlich an einem gesetzlichen Schuldübergang* analog demjenigen bei Forderungen (Art. 166 OR).

Ausnahmen sind die folgenden:
- Die Einzahlungspflicht für die nicht voll liberierte *Namenaktie* geht 166 gemäss Art. 687 Abs. 3 OR auf den Erwerber derselben über, sobald der Eintrag im Aktienbuch erfolgt ist (FORSTMOSER, Einführung in das Aktienrecht, Bern 1976, S. 267 N 18, BGE 90 II 170). Eine einem Befreiungsversprechen ähnliche Rechtshandlung des Erwerbers der Aktie liegt nicht vor (a.M. SJK Nr. 365 S. 1 N 2).

Vorbemerkungen zu Art. 175–183

167 — Nur der *Zeichner einer nicht voll liberierten Namenaktie*, welcher diese veräussert – nicht allgemein der Veräusserer (so: FORSTMOSER a.a.O. S. 267 N 18) –, bleibt von Gesetzes wegen bei Konkurs der AG und Verzugsfolge nach Art. 681 Abs. 2 OR subsidiärer Schuldner des nicht einbezahlten Betrages (FORSTMOSER a.a.O., unscharf: VON TUHR/ESCHER S. 388, ENGEL S. 605; BÜRGI, Komm. zum OR, Zürich 1957, N 15/16 zu Art. 687: «subsidiäre bzw. solidarische Haftung»).

168 Wird einem Erben bei der *Erbteilung* eine *verpfändete Sache* zugewiesen, so wird ihm auch die Pfandschuld überbunden (Art. 615 ZGB), d.h. dass das richterliche Gestaltungsurteil der Zuweisung diese gesetzliche Folge hat. Dies ist aber nur im internen Verhältnis der Erben – analog dem Befreiungsversprechen – von Bedeutung, während die allgemeine Solidarhaftung der Erben gegenüber dem Gläubiger bestehen bleibt (ESCHER N 1 zu Art. 615 ZGB, TUOR/PICENONI N 2 zu Art. 615 ZGB).

Bezüglich der gesetzlich vorgesehenen *Fristen für die Zustimmung des Gläubigers* s. N 47 zu Art. 183 OR.

169 Wird die *Schuld aus Grundpfandverschreibung oder Schuldbrief im Konkursverfahren* dem Erwerber des Grundstücks überbunden, so wird der Gemeinschuldner – im Gegensatz zur Betreibung auf Pfändung (Art. 135 SchKG) – ohne weiteres frei und kann nicht als Schuldner beibehalten werden (Art. 130 Abs. 4 VZG, BGE 47 III 145/47; a.M. offenbar: GUHL/MERZ/KOLLER S. 266: kein Schuldnerwechsel i.S. von Art. 178 OR).

170 Als von einem Schuldübergang *abgegrenzte Institute* erweisen sich:
171 — Die Verpflichtung zur, d.h. *die notwendige Schuldübernahme* (N 261 Vorbem. zu Art. 174–83 OR),
172 — die am Grundstück haftende Forderung ohne jegliche persönliche Haftbarkeit, Gült (Art. 847 Abs. 2 ZGB, N 63 zu Art. 183 OR),
173 — die *Universalsukzession* (N 217 Vorbem. zu Art. 175–83 OR) und
174 — der *Schuldbeitritt* (N 278 ff. Vorbem. zu Art. 175–83 OR).

175   *Zu verweisen ist*:
— zur Vermögens- und Geschäftsübernahme/Vereinigung und Umwandlung von Geschäften, welche globale Schuldübernahmen nach sich ziehen, auf die Kommentierung zu Art. 181/82 OR (BECKER N 7

Vorbemerkungen zu Art. 175–183

zu Art. 179 OR: Schuldübergang, SJZ 21 S. 212 Nr. 54: gesetzlich unterstellte Schuldübernahme);
- zur anders gearteten Vertragsübernahme s. N 229 Vorbem. zu Art. 175–83 OR; **176**
- auf Art. 183 OR bezüglich der besonderen Bestimmungen bei der Veräusserung von Grundstücken, welche pfandbelastet sind (N 24 ff. zu Art. 183 OR). **177**

Nichts mit einem Schuldübergang haben zu tun: **178**
- die Begründung der ehelichen Gütergemeinschaft nach Art. 215 aZGB, da sie die Schulden nicht umfasste, womit keine Schuldübernahme von Gesetzes wegen vorlag (LEMP N 4 zu Art. 215 aZGB, HEGNAUER, Grundriss des Eherechts, 2.A., S. 264 N 28.10; a.M. KELLER/SCHÖBI IV S. 73). Gleichermassen vereinigten sich nur das Vermögen und die Einkünfte bei der allgemeinen und fortgesetzten Gütergemeinschaft nach Art. 222 Abs. 1 und 229 aZGB (a.M. FRÜH S. 13).
- Da die AG gemäss Art. 645 Abs. 2 OR Verpflichtungen aus vor ihrem Eintrag ins Handelsregister ausdrücklich in ihrem Namen getätigten Geschäften zu übernehmen hat, liegt kein Fall gesetzlichen Schuldübergangs vor (vgl. SIEGWART N 174 zu Art. 645 OR; a.M. GAUCH/ SCHLUEP N 3740). **179**

2. Schuldübernahme als Unterbegriff

Befreiungsversprechen und Schuldübernahmevertrag können eine der *paulianischen Anfechtung* gemäss Art. 285–288 SchKG unterliegende Rechtshandlung des konkursiten Übernehmers darstellen, so: **180**
- ein Rechtsgeschäft, bei welchem der Schuldner eine Gegenleistung angenommen hat, die zu seiner eigenen Leistung in einem Missverhältnis steht (Art. 286 Abs. 2 Ziff. 1 SchKG), insbesondere bei unentgeltlicher Schuldübernahme, **181**
- Tilgung einer Geldschuld durch ein unübliches Zahlungsmittel i.S. von Art. 287 Ziff. 2 SchKG, nicht etwa Zahlung einer nicht verfallenen Schuld i.S. von Art. 287 Ziff. 3 SchKG, **182**
- eine Rechtshandlung, welche in der Absicht, Gläubiger zu benachteiligen, vorgenommen wird (Art. 288 SchKG, BGE 21 S. 152). **183**

Vorbemerkungen zu Art. 175–183

184   Eine *deliktische Handlung* des Übernehmers i.S. des Strafgesetzbuches ist denkbar:

185   – bei ungetreuer Geschäftsführung als Schädigung am Vermögen (Art. 159 Abs. 1 StGB),

186   – beim betrügerischen Konkurs und Pfändungsbetrug als Verminderung des Vermögens, allenfalls zum Scheine (Art. 163/164 Ziff. 1 Abs. 1 und 2 StGB),

187   – bei schriftlicher Vereinbarung als Urkundenfälschung i.S. von Art. 251 Ziff. 1 Abs. 2/3 und Ziff. 2 StGB, letzterer Tatbestand betreffend die eigenhändige letztwillige Verfügung (N 125 Vorbem. zu Art. 175–83 OR),

188   – bei der aktiven und passiven Beamtenbestechung als Geschenk oder Vorteil i.S. von Art. 288/315 StGB (dazu N 27 ff. zu Art. 176 OR).

3. Auswirkungen auf andere Rechtsnormen

a) OR

189   Art. 493 Abs. 5 2. Satz OR regelt die Wirkung der Übernahme der Hauptschuld bei der Bürgschaft.

b) SchKG

aa) Betreibung

190   Die beim Befreiungsversprechen vom Übernehmer vor Fälligkeit der Schuld verlangbare Sicherheit (Art. 175 Abs. 3 OR) kann als Anspruch auf *Sicherheitsleistung* vom Schuldner in Betreibung gesetzt werden (Art. 38 Abs. 1 SchKG, vgl. BJM 1960 S. 122).

191   Für die Leistung einer Geldsumme greifen die Vorschriften des SchKG Platz (Art. 97 Abs. 2 OR, Art. 67 Ziff. 3 SchKG).
Bei der Zwangsvollstreckung über den materiell-rechtlichen Befreiungsanspruch (BGE 65 II 115) ist bei einer fälligen Forderung in der Betreibung *Zahlung an einen Dritten* zu verlangen (SJZ 39 S. 411, VON TUHR/ESCHER S. 382). Dass der Übernehmer immer noch an das Betreibungsamt oder den Schuldner leisten kann (Art. 12, 69 Abs. 2

Vorbemerkungen zu Art. 175–183

Ziff. 2 SchKG, BlZüR 44 Nr. 90 S. 196), tut dem keinen Abbruch, ist seine Zahlung dem Gläubiger doch vom Betreibungsamt antragsgemäss zu überweisen. Die Säumnisfolgen treffen den zur Befreiung verpflichteten Übernehmer, der nicht unmittelbar den Gläubiger befriedigt (Art. 102 ff. OR).

Ein Befreiungsversprechen stellt nur dann einen *Rechtsöffnungstitel* **192** dar, wenn eine andere Befreiung als durch Zahlung oder Sicherheitsleistung nicht in Frage kommt (ZBJV 96 S. 200), insbesondere beim Zahlungsversprechen (N 47 zu Art. 175 OR).

Die *Zahlung eines Übernehmers* für den betriebenen Schuldner **193** (Art. 175 Abs. 1 OR) ist vom Betreibungsamt entgegenzunehmen (Art. 12 Abs. 1 SchKG) und allenfalls zu verteilen (Art. 144 SchKG).

Die Zahlung bezüglich einer in Betreibung gesetzten Forderung führt **194** auf Antrag des Schuldners zur *Aufhebung der Betreibung* durch den Richter, wie auch die Schuldübernahme unter Zustimmung des Gläubigers (Art. 175 OR) oder der Schuldübernahmevertrag (Art. 176 OR), durch welche beiden der Schuldner befreit wird (vgl. BGE 72 III 8 oben), da in der Zustimmung zur Schuldübernahme eine Stundung liegt, was – sofern schriftlich erfolgt – zur Einstellung der Betreibung führt (Art. 85 SchKG).

Der an der Pfändung interessierte Gläubiger, wie auch der Schuld- **195** ner, der einen Rückgriff bzw. einen weiteren Prozess befürchtet, kann sich einer *Zahlung durch einen Dritten widersetzen* (BGE 72 III 8/9, 83 III 102).

Die *Zustimmung des Schuldners zur Zahlung eines Dritten wird* **196** *vermutet*, indessen nicht etwa bei der ungewöhnlichen Intervention durch Ablieferung ungepfändeten Lohns seitens des Arbeitgebers an das Betreibungsamt (BGE 76 III 84, 83 III 102).

bb) Zwangsverwertung eines Grundstücks

Im Konkurs des Schuldners ist bei der Versteigerung von Grund- **197** stücken die *Schuldpflicht aus Grundpfandverschreibungen und Pfandtiteln* dem Erwerber zu überbinden, sofern diese Forderungen nicht fällig sind und soweit der Steigerungserlös dies gestattet (Art. 135/259

Vorbemerkungen zu Art. 175–183

SchKG, GUHL/MERZ/KOLLER S. 266). *Will der Ersteigerer eines zwangsverwerteten Grundstücks eine bar zu zahlende Pfandforderung durch Schuldübernahme tilgen*, so bedarf es einer «Erklärung des Gläubigers über dessen anderweitige Befriedigung» (Art. 47 VZG), d.h. dessen Zustimmung (N 50 zu Art. 175 OR).

Bürgen haften für die (in diesem Zusammenhang) übernommene Schuldpflicht weiter, ohne dass deren Zustimmung zum Übergang eingeholt werden müsste (BGE 47 III 141).

198 Eine *Ausnahme* vom Erfordernis der Zustimmung des Gläubigers besteht beim zwangsweisen Schuldnerwechsel bei der Zwangsverwertung eines Grundstücks *im Konkurs*, wo gemäss Art. 130 Abs. 4 VZG die für die Betreibung auf Pfändung aufgestellte Bestimmung von Art. 135 Abs. 1 Satz 2 SchKG nicht anwendbar ist (BGE 47 III 144 = Pra 10 S. 443, LEEMANN N 56 zu Art. 832 ZGB, SCHÄTZLE N 8 zu Art. 509 OR).

cc) Konkurs

199 Der Befreiungsanspruch ist ein *Aktivum* des Schuldners in dessen Konkurs (ENGEL S. 600, BGE 92 III 57).

200 Befindet sich der Übernehmer eines Befreiungsversprechens im Konkurs, beschränkt sich der Anspruch auf Sicherstellung auf die ausbezahlte Konkursdividende (BGE 53 III 123).

201 Der kausale Charakter beim Befreiungsversprechen und – abgesehen vom Einredenausschluss gemäss Art. 179 Abs. 3 OR (N 89 Vorbem. zu Art. 175–83 OR) – beim Schuldübernahmevertrag (N 90 Vorbem. zu Art. 175–83 OR) erfordert hinsichtlich solcher von konkursitem Schuldner, Übernehmer oder Gläubiger eingegangener Verträge immer einen gültigen Rechtsgrund für die Aufnahme als *Passivum* der Konkursmasse in das Inventar (Art. 221 SchKG, vgl. BlZüR 1 Nr. 202).

202 Die Anerkennung einer Forderung im *Kollokationsplan* der beklagten Masse erscheint als Übernahme einer fremden Schuld, wenn es sich nicht um eine Verpflichtung des Kridaren handelt (BGE 29 II 79 zum aOR).

203 Der Gläubiger kann beim Befreiungsversprechen gegen den Übernehmer vorgehen, wenn er den Befreiungsanspruch seines Schuldners im Konkurs durch *Abtretung* (Art. 260 SchKG) oder bei der Pfändung durch *Überweisung* (Art. 131 SchKG) erworben hat (VON TUHR/ESCHER S. 383).

Vorbemerkungen zu Art. 175–183

Der Konkursgläubiger, dem der Masserechtsanspruch aus dem Befreiungsversprechen an ihn selbst abgetreten wird, kann direkt auf Zahlung an sich selbst klagen (BGE 49 II 250 = JdT 72 S. 34 ff.).

Zur *paulianischen Anfechtung* s. N 180 ff. Vorbem. zu Art. 175–83 OR. **204**

c) Prozessrecht

Beim Befreiungsversprechen kann der Schuldner die Zahlung an den **205** Gläubiger einklagen. Mit einer in der Folge trotzdem vereinbarten *Schuldübernahme stundet* dieser die Schuld, was zur Abweisung der Klage – allenfalls zur Zeit (vgl. STRÄULI/MESSMER N 5 zu § 188 ZPO ZH) – führt.

Betrifft das Befreiungsversprechen eine prozesshängige Schuld, so zieht es keinen Parteiwechsel nach sich (vgl. OR-TSCHÄNI N 14 zu Art. 175 OR).

Auch *im rechtshängigen Prozess* über eine Forderung kann die **206** zugehörige Schuld des Beklagten oder Aberkennungsklägers (Art. 83 Abs. 2 SchKG) übernommen werden. Der frühere Schuldner kann Abweisung der Klage beantragen. Der Eintritt des Übernehmers in den Prozess richtet sich nach der Prozessordnung (VON TUHR/ESCHER S. 388, OR-TSCHÄNI N 11 zu Art. 176 OR, vgl. Art. 17 Abs. 1 BZPO, § 49 Abs. 1 ZPO-ZH, BlZüR 74 Nr. 75 betr. Übernahme von Aktiven und Passiven).

Ein *Urteil*, das der Gläubiger gegenüber dem bisherigen Schuldner **207** erwirkt hat, kann gegenüber dem Übernehmer nicht vollstreckt werden, denn dieser Vollstreckungstitel erstreckt sich nicht auch auf die Schuldübernahme (BECKER N 3 zu Art. 178 OR), da die Bindung nur zwischen den gleichen Parteien eintritt (vgl. § 190 Abs. 1 ZPO-ZH).

Zur Einrede des Übernehmers bezüglich eines für den bisherigen **208** Schuldner günstig lautenden Urteils s. N 60 zu Art. 179 OR.

Vorbemerkungen zu Art. 175–183

III. Schuldübertragung durch amtliche Anordnung

1. Richterspruch

209 Hat der Richter die Teilung von mit Schulden belastetem Gemeinschaftsvermögen – eheliches Gut, Erbnachlass, Gesellschaftsvermögen (VON TUHR/ESCHER S. 292) – vorzunehmen, ohne dass diese vorab gedeckt werden müssen, so weist er die Schulden einzelnen Mitgliedern der betreffenden Gemeinschaft zu.

210 Dass der Richter die Schuld analog einer Forderung übertragen könnte (vgl. Art. 166 OR), erweist sich grundsätzlich als unmöglich (N 165 Vorbem. zu Art. 175–83 OR; a.M. OSER/SCHÖNENBERGER N 4 Vorbem. zu Art. 175–83 OR). Er kann eine *interne Schuldübertragung* anordnen, wenn nicht gar – allerdings nur aufgrund gesetzlicher Regelung – einen *Schuldner beiordnen* (N 251 ff. Vorbem. zu Art. 175–83 OR) und seitens der Prozessparteien – Eheleute, Mit-/Gesamteigentümer, insbesondere Miterben – abgegebene *Befreiungsversprechen vormerken*, z.B. bei der Liquidation des Gesamtgutes in der altrechtlichen (vgl. LEMP N 59 zu Art. 225 aZGB), aber auch bei der Auflösung der heutigen Gütergemeinschaft nach Art. 238 ZGB, bei welcher im Zweifel das Gesamtgut mit einer Schuld belastet ist (Abs. 2, vgl. HEGNAUER, Grundriss des Eherechts, 2.A., S. 270 Ziff. 28.41).

211 Besteht keine gesetzliche Pflicht zur Schuldentilgung gegenüber den Gläubigern beim *Gesamthandverhältnis* (MEIER-HAYOZ N 44 zu Art. 654 ZGB) und ist ein Ausgleich in Geld bei der Teilung von Miteigentum möglich (a.a.O. N 31 zu Art. 651 ZGB), so kann der Richter entsprechend Schulden auf die vorherigen Gesamt- oder Miteigentümer gemäss ihrem internen Verhältnis und nur mit solcher Wirkung übertragen.

212 Bei der *Erbteilung* kann jeder Miterbe verlangen, dass die Schulden des Erblassers vor der Teilung der Erbschaft getilgt oder sichergestellt werden (Art. 610 Abs. 3 ZGB). Grundsätzlich gilt im übrigen auch bei den Passiven die Naturalteilung (TUOR/PICENONI N 18 zu Art. 607 ZGB), und der Ausgleich der Lose kann durch Schuldbekenntnis erreicht werden (vgl. a.a.O. N 11 zu Art. 611 ZGB: «Schuldverschreibung», VON TUHR/PETER S. 268).

Es bedarf der *Zustimmung des Gläubigers*, dessen Recht durch die rein interne Schuldübernahme nicht berührt wird (ESCHER N 4 zu Art. 639 ZGB), zur Schuldübernahme, ansonst die solidarische Haftung der Erben gemäss ausdrücklicher Gesetzesregel bestehen bleibt (Art. 639 Abs. 1 OR; a.M. SPR VI/1 S. 105: Schuldbeitritt). Sie entfällt erst mit der Zustimmung des Gläubigers (ESCHER N 5 zu Art. 639 ZGB).

Gerichtliche Anordnung folgt auch, wenn auf *notwendige Schuld-* **213** *übernahme* geklagt wird (N 261 Vorbem. zu Art. 175–83 OR).

Eine gerichtliche *Vertragsübertragung* (N 256 Vorbem. zu Art. **214** 175–83 OR) findet sich ausnahmsweise beim Verlagsvertrag im Falle des Todes oder Unfähigwerdens des Urhebers vor Vollendung seines Werkes (Art. 392 Abs. 2 OR).

2. Sonstige Anordnung

Eine anderweitige *amtliche Schuldübertragung* (vgl. SPIRIG N 59 ff. **215** zu Art. 166 OR) ist – auch mit lediglich interner Wirkung – nicht ersichtlich. Auch nicht etwa dann, wenn der Betreibungsbeamte eine Schuld als zu Recht bestehend auf Rechnung des Kaufpreises einer Liegenschaft dem Ersteigerer derselben überbindet und dieser die Überbindung annimmt (SJZ 13 S. 200 Nr. 169).

I. Abgrenzung

Vom Befreiungsversprechen und der Schuldübernahme sind folgende **216** Rechtsinstitute zu unterscheiden:

Vorbemerkungen zu Art. 175–183

I. Universalsukzession

217 Die erweiterte Nachfolge von einem Rechtssubjekt auf ein anderes lässt nicht nur ein bestimmtes Vertragsverhältnis bzw. eine bestimmte Schuld, sondern *alle Rechte und Pflichten* übergehen, sog. Universalsukzession (KELLER/SCHÖBI IV S. 73, OSER/SCHÖNENBERGER N 4 Vorbem. zu Art. 175–83 OR).

218 Dies betrifft im einzelnen:

219 – den *Anfall des Vermögens einer aufgehobenen juristischen Person an die Gemeinde* gemäss Art. 57 Abs. 1 und 3 ZGB (FRÜH S. 13), indessen mit auf das Vermögen beschränkter Schuldhaftung (EGGER, Komm. zum ZGB, 2. Aufl. Zürich 1930, N 3 zu Art. 57, BGE 83 III 151: Stiftung, BGE 110 Ib 115: AG), was sich jedenfalls daraus ergibt, dass dem Staat die zweckentsprechende Verwendung des Vermögens überbunden wird (Art. 57 Abs. 2 ZGB; ausdrücklich: § 46 BGB);

220 – den *Erbschaftserwerb* (Art. 560 Abs. 2);

221 – die *Übernahme einer Aktiengesellschaft oder einer Genossenschaft durch eine andere* i.S. von Art. 748/914 OR (KELLER/SCHÖBI IV S. 73). Die Haftung von Verwaltungsmitgliedern gemäss Ziff. 3 dieser Bestimmungen erstreckt sich nur auf die getrennte Vermögensverwaltung (vgl. Art. 826 Abs. 4 OR; anders Art. 750 OR).

222 – die *Übernahme einer AG durch eine Kommandit-AG* i.S. von Art. 750 OR (KELLER/SCHÖBI IV S. 73), was sich aus der Haftung der Kommanditaktiengesellschafter gemäss Art. 764 Abs. 1 OR erklärt (BÜRGI, Komm. zum OR, Zürich 1957, N 2 zu Art. 750); zum Schuldbeitritt von Gesetzes wegen für die Mitglieder der Verwaltung der Kommandit-AG s. N 293 Vorbem. zu Art. 175–83 OR.

223 – die *Umwandlung einer AG in eine GmbH* i.S. von Art. 826 Abs. 2 OR (JANGGEN/BECKER, Komm. zum OR, Bern 1939, N 3/4 zu Art. 826, REHBINDER S. 103), aber nur, wenn die Gläubiger nicht binnen anzusetzender Frist widersprechen;

224 – die *Übernahme einer Genossenschaft durch eine andere* i.S. von Art. 914 OR (KELLER/SCHÖBI IV S. 73). Die Haftung von Verwaltungsmitgliedern gemäss Ziff. 3 dieser Bestimmung erstreckt sich nur auf die getrennte Vermögensverwaltung (vgl. Art. 826 Abs. 4 OR; anders Art. 750 OR).

— die *Übernahme einer Genossenschaft durch eine Körperschaft öffentlichen Rechts* i.S. von Art. 915 Abs. 3 OR (KELLER/SCHÖBI IV S. 73), aber nur, falls die Liquidation aufgrund eines Beschlusses der Generalversammlung (Art. 915 Abs. 1 OR) unterbleibt. 225

II. Eintritt ins Vertragsverhältnis

1. Allgemeines

Der Eintritt eines Schuldners in ein Vertragsverhältnis kann *vertraglich* (N 228 ff. Vorbem. zu Art. 175–83 OR) erfolgen oder *im Gesetz* vorgesehen sein (N 243 Vorbem. zu Art. 175–83 OR). Sodann ist der Ersatz des bisherigen Schuldners (ausnahmsweise: N 214 Vorbem. zu Art. 175–83 OR) möglich oder nur das Dazutreten des neuen (N 255/278 Vorbem. zu Art. 175–83 OR). 226

Vertragsübernahme und -beitritt sind einander nicht gleichzusetzen (a.M. wohl OR-TSCHÄNI N 2 zu Art. 175). 227

2. Vertraglicher Eintritt in ein Vertragsverhältnis

a) Vertragsübernahme

Die Vertragsübernahme ist nicht im OR geregelt, indessen aufgrund der *Vertragsfreiheit* zulässig, wie denn auch im OR analoge gesetzliche Regelungen vorkommen (vgl. FRÜH S. 1/2: Vertragsübertragung und S. 83) bzw. verschiedentlich vorgesehen sind (BUCHER S. 580/592, OR-TSCHÄNI N 2 zu Art. 175 OR, FRÜH S. 89, BARANDUN S. 71). 228
Zur Rechtsgeschichte s. FRÜH S. 33–38.

Es handelt sich um einen *dreiseitigen (tripartiten) Vertrag sui generis*, der zwischen der verbleibenden, der ausscheidenden und der neu eintretenden Vertragspartei geschlossen wird, oder durch einen Vertrag zwischen zwei der genannten unter nachträglicher Zustimmung der dritten Partei (BUCHER S. 592/93, GUHL/MERZ/KOLLER S. 248, VON BÜREN 229

Vorbemerkungen zu Art. 175–183

S. 356, vgl. FRÜH S. 1, SJK Nr. 365 S. 6, ZBGR 59 S. 280; BGE 47 II 421; a.M. OR-TSCHÄNI N 2 zu Art. 175 OR: übertragen einzelner Forderung und Schuld).

230   Ein Eintritt in das ganze Rechtsverhältnis – *Einheitstheorie* (FRÜH S. 42, ZBGR 59 S. 278) – ist gegeben (BECKER N 5 Vorbem. zu Art. 164–74 OR: Vertragsübertragung, GUHL/MERZ/KOLLER S. 248, GAUCH/SCHLUEP N 3713/3672, VON BÜREN S. 356, BUCHER S. 592/93, FRÜH S. 4, BlZüR 46 Nr. 107).

231   Zur älteren, heute insbesondere wegen der Missachtung der vertragsändernden oder -aufhebenden Gestaltungsrechte (SPIRIG N 48 ff. zu Art. 170 OR, vgl. BlZüR 46 Nr. 107) abgelehnten Lehre und Rechtsprechung zur *Zerlegungstheorie* als einer Kombination von Abtretung und Schuldübernahme: BECKER N 6 Vorbem. zu Art. 164–74 OR, GAUCH/SCHLUEP N 3674, BUCHER S. 592, FRÜH S. 40, ZBGR 59 S. 273, vgl. ENNECCERUS/LEHMANN S. 349, LARENZ S. 483/84; nachklingend: «Zusammenspiel von Schuldübernahme- und Abtretungsrecht» (VON BÜREN S. 356) und BGE 88 II 243 Erw. 2 lit.f.

232   Die Vertragsübernahme hat erhebliche *praktische Bedeutung*, insbesondere in Verbindung mit Geschäftsübernahmen, bei denen Dauervertragsbeziehungen, wie sie sich z.B. aus Miet-, Liefer-, Bezugs- und Lizenzverträgen ergeben, nicht gestützt auf Art. 181 OR übertragen werden können (BUCHER S. 592 N 85, VON BÜREN S. 356, N 40 zu Art. 181 OR). Ein Übergang der geschäftlichen Vertragsverhältnisse kann nur durch Vertragsübertragung erfolgen (BECKER N 10/21 zu Art. 181 OR, vgl. ZBJV 92 S. 377 «entrer dans les rapports contractuels»; a.M. SJK Nr. 365 S. 6 N 24), wobei das Verbleiben der *Gestaltungsrechte* beim bisherigen Schuldner meist für den Vertragsgegner nachteilig wäre (FRÜH S. 126 N 9).

233   Der Vertragseintritt kann *ein- oder doppelseitig* erfolgen (FRÜH S. 1 N 2 und S. 3), d.h. nur in die Stellung der einen oder in diejenige beider Vertragsparteien.

234   Der Eintritt ist auch *in zweiseitige Verträge* möglich (BGE 47 II 421 = JdT 77 S. 77, zu Art. 264 aOR s. SPIRIG N 18 zu Art. 164 OR, FRÜH S. 19/29, SJ 98 S. 541 ff.), z.B. gemeinsamer Mietvertrag der Ehegatten (SJZ 87 S. 350/352, VON BÜREN S. 348, vgl. TSCHÄNI S. 25 Ziff. 21) oder Einzelarbeitsvertrag (BGE 108 II 265, TSCHÄNI

Vorbemerkungen zu Art. 175–183

S. 27 Ziff. 27) sowie Leasing-, Lizenz- und Versicherungsverträge (TSCHÄNI S. 28 Ziff. 32/33 und S. 30 Ziff. 39).

Sinngemäss sind die *Vorschriften über Abtretung und externe Schuldübernahme* anzuwenden (BECKER N 6 Vorbem. zu Art. 164–74 OR, vgl. ENNECCERUS/LEHMANN S. 351; KELLER/SCHÖBI IV S. 72: nicht unmittelbare Anwendung). **235**

– Für den Übernahmevertrag gelten damit die *Formerfordernisse* der zu übertragenden Vertragsbeziehung (BUCHER S. 593, FRÜH S. 135 N 5, SJZ 61 S. 221 Nr. 106 = S. 95 Nr. 54). **236**

– *Stillschweigende* Vertragsübertragung ist insbesondere anzunehmen, wenn ein Gestaltungsrecht, z.B. Mahnung, Kündigung erklärt, ein Wahlrecht ausgeübt wird (BECKER N 7 Vorbem. zu Art. 164–74 OR). **237**

b) Vertragsbeitritt

Dieser ist – anders als der Schuldbeitritt (N 286 Vorbem. zu Art. 175–83 OR; a.M. LARENZ S. 485) – im OR nicht geregelt, indessen aufgrund der *Vertragsfreiheit* zulässig (BUCHER S. 592/93). **238**

Es beteiligt sich ein *Dritter nachträglich* als weiterer Kontrahent auf der einen Seite eines bestehenden Vertragsverhältnisses. Das erfordert einen Vertrag des Beitretenden nicht nur mit dem Partner, an dessen Seite er sich beteiligen soll, sondern auch mit der Gegenpartei (BUCHER S. 593/587 N 53, GAUCH/SCHLUEP N 3672: *tripartiter Vertrag*, vgl. BGE 47 II 423, SJZ 87 S. 354: Vertragsbeitritt bei Miete durch beide Ehegatten; a.M. VON BÜREN S. 343, BGE 82 II 530, ZBJV 40 S. 388 Nr. 39: kumulative Schuldübernahme). **239**

Der neue Schuldner hat die gleiche Stellung wie der bisherige (GAUCH/SCHLUEP N 3676, LARENZ S. 485) und kann – wenn auch nur *gemeinschaftlich* mit dem bisherigen – vertragsändernde oder -aufhebende *Gestaltungsrechte ausüben* (BUCHER S. 593). **240**

In Ermangelung einer abweichenden Abrede verpflichtet sich der Beitretende zusammen mit der bisherigen Vertragspartei als *Solidarschuldner* i.S. von Art. 143 OR (a.M. BUCHER S. 593: nur «meist»). **241**

Dass vom Beitrittsvertrag und von der geschuldeten Leistung abhänge, in welcher Weise der bisherige und der neue Vertragspartner **242**

Vorbemerkungen zu Art. 175–183

berechtigt werden sollen (BUCHER S. 593), trifft auch für eine partielle Beteiligung nicht zu, es liegt dann eben *kein 1Vertragsbeitritt* vor; solidarische bzw. gesamthänderische Berechtigung entsprechen dagegen einem Vertragsbeitritt.

3. Gesetzlicher Eintritt in ein Vertragsverhältnis

a) Vertragsübergang

243   Ein gesetzlicher Vertragsübergang – mit einem dem Gläubiger aufgezwungenen Schuldner – besteht im Rahmen der *Universalsukzession*:

244   – beim *Erbgang* (N 220 Vorbem. zu Art. 175–83 OR, vgl. FRÜH S. 14 N 49).

245   – Einen Eintritt in das *Mietverhältnis* durch den Erwerber der Liegenschaft gab es – nach altem Recht – zunächst nicht (SCHMID, Komm. zum OR, Art. 253–60, Zürich 1974, N 15 zu Art. a259 OR); dem Mieter wurde lediglich ein Anspruch auf Fortsetzung der Miete verliehen (BGE 79 II 386), und ohne seine Zustimmung bestand ein Befreiungsversprechen des neuen gegenüber dem alten Vermieter (OSER/SCHÖNENBERGER N 10 zu Art. 259 aOR; a.M. BECKER N 5 Vorbem. zu Art. 164–74 OR, BUCHER S. 582, FRÜH S. 83, SJK Nr. 365 S. 6 N 24).

246   Entsprechend stand dem Erwerber kein Kündigungsrecht im technischen Sinne zu (SCHMID a.a.O. N 20, BECKER N 9 zu Art. 259 aOR, SJZ 21 S. 96 Nr. 27, Max IX S. 93 Nr. 100, SJ 71 S. 428, 98 S. 541).

Erst *bei Fortführung des Mietvertrags durch den Erwerber der Mietsache* geht der Vertrag nach Art. 259 aOR/261 OR auf diesen über (BGE 60 II 347/48; ungenau BGE 82 II 529 = BlZüR 56 Nr. 99 S. 194: Schuldübernahme, BGE 110 II 314). – Zur Beiordnung des Veräusserers als Schuldner s. N 252 Vorbem. zu Art. 175–83 OR.

247   – Einen Vertragsübergang sieht Art. 54 VVG *bei Veräusserung des versicherten Gegenstandes* vor (MAURER, Schweizerisches Privatversicherungsrecht, 2. A. Bern 1986, S. 259/60, KELLER/SCHÖBI IV S. 72 und 37, BGE 42 II 289 = Pra 5 S. 380; widersprüchlich: JAEGER, Komm. zum Versicherungsvertrag, Bern 1932, N 2 und 4 zu Art. 54).

Zur Beiordnung des Veräusserers als Schuldner s. N 255 Vorbem. zu Art. 175–83 OR und zum Schuldbeitritt N 294 Vorbem. zu Art. 175–83 OR.

Vorbemerkungen zu Art. 175–183

Keinen Vertragsübergang stellt dar: 248

— die *Umwandlung der AG in eine GmbH*, wo die Gläubiger Widerspruch erheben können (N 223 Vorbem. zu Art. 175–83 OR, a.M. REHBINDER S. 103).

Nach Art. 333 Abs. 1 und 2 OR findet ein Übergang des *Arbeits-* 249 *verhältnisses* auf den Übernehmer des Betriebs, sofern dies zwischen diesem und dem bisherigen Arbeitgeber vereinbart wurde, statt. Selbst wenn der Arbeitnehmer den Übergang ablehnt, ist der Arbeitsvertrag bis zum Ablauf der gesetzlichen Kündigungsfrist durch den Übernehmer zu erfüllen (STREIFF N 5 zu Art. 333 OR, REHBINDER S. 104); dabei bedarf es für den Übergang des Arbeitsverhältnisses gerade nicht der Vereinbarung aller Beteiligten (a.M. REHBINDER S. 103, OR-TSCHÄNI N 2 zu Art. 176 OR: kumulative Schuldübernahme), d.h. einer Vertragsübernahme (N 228 ff. Vorbem. zu Art. 175–83 OR).

Art. 401/425 OR betreffend den *Übergang der durch einem Beauf-* 250 *tragten erworbenen Rechte* enthalten eine Legalabtretung (SPIRIG N 19 zu Art. 166 OR), keinen gesetzlichen Vertragsübergang (a.M. BECKER N 5 Vorbem. zu Art. 164–74 OR: Vertragsübertragung).

b) Beiordnung eines Schuldners

Gesetzlich ist verschiedentlich vorgesehen, *entsprechend dem vertrag-* 251 *lichen Schuldbeitritt* den bisherigen Schuldner dem Übernehmer – allerdings nur für fällige Forderungen – beizuordnen (a.M. BUCHER S. 592 N 83: Sukzession in Schuldverhältnis, KELLER/SCHÖBI IV S. 72: Übergang Vertragsverhältnis, FRÜH S. 17: kein Vertragsbeitritt).

Im einzelnen geht es um folgende Bestimmungen:

— Bei Fortführung des *Mietvertrags* durch den Erwerber der Mietsache 252 wird diesem der Veräusserer als Schuldner beigeordnet (Art. 259 Abs. 2 aOR und 261 OR; ungenau BGE 82 II 529 = BlZüR 56 Nr. 99 S. 194: Schuldübernahme; a.M. VON BÜREN S. 349: gesetzliche Vermutung).
— Der Eintritt in das *Pachtverhältnis* erfolgt analog demjenigen des 253 Erwerbers der Mietsache (Art. 281 Abs. 2 aOR und 290 OR, BECKER N zu Art. 281 aOR, BGE 39 II 470 = Pra 2 S. 355).

Vorbemerkungen zu Art. 175–183

254 — Der bisherige *Arbeitgeber* wird dem Erwerber des Betriebes als solidarisch Haftender für die vor dem Übergang fällig gewordenen und nachher bis zum Zeitpunkt, auf den das Arbeitsverhältnis ordentlicherweise beendigt werden könnte oder bei Ablehnung durch den Arbeitnehmer beendigt wird, fällig werdenden Forderungen beigeordnet (Art. 333 Abs. 3 OR).

255 — Art. 54 Abs. 3 VVG ordnet den bisherigen *Versicherungsnehmer* dem Erwerber als Schuldner fälliger Prämien bei (JAEGER, Komm. zum Versicherungsvertrag, Bern 1932, N 4 zu Art. 54 VVG).

4. Amtliche Vertragsübertragung

256 Eine solche ist *nur gestützt auf eine gesetzliche Bestimmung*, insbesondere durch den Richter, denkbar (vgl. N 214 Vorbem. zu Art. 175–83 OR).

III. Erfüllungsversprechen

257 Das Erfüllungsversprechen ist im OR nicht erwähnt; *dem Gläubiger eines Dritten wird das Versprechen abgegeben, die Schuld dieses Dritten zu erfüllen* (GUHL/MERZ/KOLLER S. 264, OSER/SCHÖNENBERGER N 6 zu Art. 175 OR, vgl. BUCHER S. 477, BGE 73 II 177, 46 II 245: Übernahme der Zahlung/Zahlungsversprechen; BGE 29 II 318 und SJZ 30 S. 264: Erfüllungsübernahmeversprechen, dazu s. N 340 Vorbem. zu Art. 175–83 OR).

258 Die *Abgrenzung* vom Befreiungsversprechen des Art. 175 OR ergibt sich daraus, dass nicht der Schuldner das Versprechen erhält, diejenige gegenüber der Schuldübernahme, dass die sofortige Zahlung versprochen wird.
Zum Vertrag zugunsten Dritter s. N 279 Vorbem. zu Art. 175–83 OR.

259 Das Erfüllungsversprechen *wirkt nur zugunsten des Gläubigers* (OSER/SCHÖNENBERGER N 6 zu Art. 175 OR).

Zu Einreden beim Erfüllungsversprechen im privaten *Kompensationsgeschäft* zwischen schweizerischen und ausländischen Firmen s. BGE 73 II 179. 260

IV. Notwendige Schuldübernahme

Diese erweist sich als *Gegenstück zur cessio necessaria* (SPIRIG N 8 zu Art. 166 OR). 261

Bei *Stellvertretung* bedarf es zur Verpflichtung des Vertretenen einer Schuldübernahme, sofern sich der Vertreter nicht als solchen zu erkennen gegeben hat und der andere weder aus den Umständen auf das Vertretungsverhältnis schliessen musste, noch es ihm gleichgültig war, mit wem er den Vertrag schliesse (Art. 32 Abs. 2 OR; ZÄCH N 179 zu Art. 32 OR). 262

Dem Geschäftsführer steht ein Befreiungsanspruch von im gebotenen Interesse des Geschäftsherrn eingegangenen Verpflichtungen bei der *Geschäftsführung ohne Auftrag* zu (Art. 422 Abs. 1 OR). Dieser geht auf privative Schuldübernahme – welche indessen vom Willen des Gläubigers abhängt (GAUTSCHI, Komm. zum OR, 2.A., Bern 1964, N 9d zu Art. 422 OR) –, Sicherstellung (BGE 88 II 169: Garantie) oder Zahlung (BECKER N 7 zu Art. 422 OR, OSER/SCHÖNENBERGER N 6 zu Art. 422). 263

Grundsätzlich kann der Geschäftsführer damit *nicht Zahlung an sich selbst* verlangen (a.M. GAUTSCHI a.a.O.). 264

Ausgenommen sind folgende Fälle:

– Eine Leistung an den alten Schuldner ist gegeben, wenn eine Gefährdung des Übernehmers ausser Betracht fällt (BGE 65 II 115). 265
– wenn der Übernehmer eine Hinterlage geleistet hat, welche er stehen zu lassen sich verpflichtet, und sich der Schuldner weigert, selber diese Hinterlage (ein zweites Mal) zu leisten, auf dass eine Rückerstattung der ersten an den Geschäftsherrn möglich werde (BlZüR 22 N 121 Erw. 8). 266

Vorbemerkungen zu Art. 175–183

267 — Die AG hat gemäss Art. 645 Abs. 2 OR Verpflichtungen aus vor ihrem Eintrag ins Handelsregister ausdrücklich in ihrem Namen getätigten Geschäften zu übernehmen (vgl. N 179 Vorbem. zu Art. 175–84 OR, SIEGWART N 174 zu Art. 645 OR; a.M. GAUCH/ SCHLUEP N 3740).

268 — Zur Verpflichtung der Anleihens-Obligationäre als Gläubiger, mit einem neuen Schuldner einen Schuldübernahmevertrag zu schliessen, s. N 120 Vorbem. zu Art. 175–83 OR.

269 Auf notwendige Schuldübernahme kann *geklagt* werden (vgl. SPIRIG N 8 zu Art. 166 OR, N 213 Vorbem. zu Art. 175–83 OR).

V. Vertrag zugunsten Dritter

270 Bei der Schuldübernahme bleibt der Rechtsbestand der alte, während beim Vertrag zugunsten Dritter eine *zusätzliche Rechtsbeziehung*, eine Berechtigung oder Ermächtigung, dazukommt. Wirtschaftlich betrachtet will bei der Schuldübernahme der bisherige Schuldner durch Substituierung des Übernehmers leisten; der Destinatär der Leistung ist selbst Vertragskontrahent. Beim Vertrag zugunsten Dritter will der alte Schuldner durch die Anweisung dem Dritten leisten; der Destinatär der Leistung ist nicht Vertragskontrahent (vgl. BECKER N 4 Vorbem. zu Art. 175–83 OR, BlZüR 11 Nr. 20; unscharf BUCHER S. 583: «Art. 112 OR zeichnet die Vertragstheorie vor, welche Art. 176 OR voraussetzt»). Die Befreiung des Schuldners kann nach den Regeln des Vertrages zugunsten Dritter ohne dessen Zustimmung erfolgen (BUCHER S. 583).

271 Die Begründung eines Vertrags zugunsten Dritter darf *nicht vermutet* werden (SJK Nr. 365 S. 2 N 5, z.B. BGE 88 II 360/61); zur ausnahmsweisen Beiordnung eines Schuldners von Gesetzes wegen s. N 255 Vorbem. zu Art. 175–83 OR.

272 Ein Vertrag zugunsten eines Dritten, der auch ohne ausdrückliche Ankündigung der Übernahme ein selbständiges Forderungsrecht des Gläubigers zu begründen vermöchte, kann in einem Übernahmevertrag (bezüglich eines Vermögens oder eines Geschäftes) im allgemeinen nicht erblickt werden (SJ 64 S. 472).

Vorbemerkungen zu Art. 175–183

VI. Vertrag auf Leistung an einen Dritten

Beim Vertrag auf Leistung an einen Dritten verpflichtet sich jemand, **273**
eine *Schuld statt an seinen Gläubiger an den Gläubiger desselben* zu
bezahlen (REICHEL S. 310 ff.: «Drittgläubigerleistungsvertrag»). Hier
wird die Tilgung einer eigenen Schuld, nicht derjenigen des Gläubigers
(gegenüber dem Dritten) versprochen (OSER/SCHÖNENBERGER N 4 zu
Art. 175 OR, vgl. Art. 1121 CCfr).

VII. Neuerung

Dass man es bei der Schuldübernahme mit der gleichen Schuld **274**
wie vorher zu tun hat, unterscheidet diese von der Neuerung (Novation, VON TUHR/ESCHER S. 381, OSER/SCHÖNENBERGER N 1 Vorbem. zu
Art. 175–83 OR, GUHL/MERZ/KOLLER S. 262, GAUCH/SCHLUEP N 3716,
KELLER/SCHÖBI IV S. 79, ENGEL S. 601, OR-TSCHÄNI N 2 zu Art. 175
OR). Die Schuldübernahme soll im Gegensatz zur Neuerung nichts
anderes bewirken als einen Wechsel in der Person des Schuldners
(VON TUHR/ESCHER S. 390). Von der Neuerung unterscheidet sich die
Schuldübernahme dadurch, dass die alte Schuld mit allen Schwächen
bestehen bleibt, auch mit ihren Nebenrechten (BECKER N 6 Vorbem. zu
Art. 175–83 OR, SJK Nr. 365 S. 1 N 1, ZBJV 66 S. 22), vorbehältlich
Art. 178 Abs. 2 OR (N 75 ff. zu Art. 178 OR; vgl. § 1410 ABGB).

Weil *Neuerung nicht zu vermuten* ist (Art. 116 Abs. 1 OR), ist **275**
im Zweifel für Schuldübernahme zu entscheiden: Auch dann, wenn
ein Solidarschuldner, unter Entlassung des Mitschuldners aus dem
Schuldverhältnis, die Verpflichtung als Alleinschuldner übernimmt
(BECKER N 4 Vorbem. zu Art. 175–83 OR).

Ein unzweideutiger Neuerungswille – z.B. Vereinbarung zwecks **276**
Klarstellung, nicht nur zwischen Gläubiger und neuem Schuldner (vgl.
BUCHER S. 585 N 34: Gläubiger und «Übernehmer») – muss vorliegen.
Parteiäusserungen und Interessenlage stehen im Vordergrund, insbesondere spricht der Verlust bestehender Sicherheiten für eine Neuerung (BGE 107 II 482).

Vorbemerkungen zu Art. 175–183

VIII. Garantievertrag

277 Beim Garantievertrag i.e.S. ist der *Garantieschuldner zum Ersatz des Schadens verpflichtet, der dem Gläubiger durch die Nichterfüllung des Erstschuldners erwächst* (Art. 111 OR), während bei der Schuldübernahme der Übernehmer die Leistung selber zu erbringen sich verpflichtet (KELLER/SCHÖBI IV S. 87, GUHL/MERZ/KOLLER S. 166, BGE 113 II 436). – (Zur Abgrenzung von der Bürgschaft s. BGE 64 II 350, 111 II 447 und ZBJV 123 S. 211, BGE 113 II 434, Rep 103 S. 87, SAG 89 S. 100 r72).

IX. Schuldbeitritt

1. Regelung im Gesetz

a) Art. 143 OR

278 *Das Gesetz regelt den Schuldbeitritt* (N 20 Vorbem. zu Art. 175–83 OR zu den Synonyma) zwar nicht wörtlich, indessen *inhaltlich* in Art. 143 OR, wo die dem Gläubiger von mehreren Schuldnern abgegebene Erklärung, einzeln für die Erfüllung der ganzen Schuld haften zu wollen, erwähnt wird (vgl. BlZüR 61 Nr. 57, OR-TSCHÄNI N 2 zu Art. 176 OR; a.M. GAUCH/SCHLUEP N 3755, VON BÜREN S. 348, BUCHER S. 587: Verweis auf Vertragsfreiheit, ENGEL S. 599/604, OR-TSCHÄNI N 13 zu Art. 175 OR: aufgrund Vertragsfreiheit, SJZ 86 S. 62).

b) Art. 112 Abs. 2 OR

279 Ausnahmsweise kann ein Schuldbeitritt auch durch einen i.S. von Art. 112 Abs. 2 OR *zugunsten des Gläubigers abgeschlossenen Vertrag zwischen dem Schuldner und dem Übernehmer* begründet werden (KELLER/SCHÖBI IV S. 88, VON TUHR/ESCHER S. 301/02 N 32a, GAUCH/SCHLUEP N 3756, BUCHER S. 477/587, ENGEL S. 604/05, OR-TSCHÄNI N 2 zu Art. 175 OR).

Vorbemerkungen zu Art. 175–183

Zur grundsätzlichen Abgrenzung von Art. 112 OR von der Schuldübernahme s. N 270 Vorbem. zu Art. 175–83 OR. 280

Zu einer analogen Vereinbarung beim Befreiungsversprechen s. N 5 zu Art. 175 OR.

2. Begriff des Schuldbeitritts

Es handelt sich um einen *Vertrag zwischen dem Gläubiger oder* 281 *dem Schuldner und einem Dritten, worin dieser die Schuld solidarisch übernimmt.* Der Dritte verspricht dem Gläubiger, die Verpflichtung des Schuldners zu erfüllen, ohne dass der Schuldner durch diese Verpflichtung befreit werden soll (GAUCH/SCHLUEP N 3755, VON TUHR/ ESCHER S. 383, VON BÜREN S. 348, GUHL/MERZ/KOLLER S. 267/68, KELLER/ SCHÖBI IV S. 87, BUCHER S. 587, ENGEL S. 599/604, SJK Nr. 365 S. 1).

Der Schuldbeitritt ist dadurch charakterisiert, dass er zwar die 282 Rechtsstellung des Schuldners der Forderung grundsätzlich nicht tangiert, aber zu einer *Verstärkung der Rechtsstellung des Gläubigers* – dieser kann die Forderung gegenüber zwei solidarisch verpflichteten Schuldnern geltend machen – führt (KELLER/SCHÖBI IV S. 87, GAUCH/ SCHLUEP N 3755, BUCHER S. 587).

Der Fortbestand des Übernahmevertrages hängt vom Fortbestand 283 der übernommenen Schuld ab; der Schuldbeitritt hat *kein selbständiges rechtliches Schicksal* (BlZüR 45 Nr. 141; a.M. KELLER/SCHÖBI IV S. 87/88).

3. Zweck

Der Zweck des Schuldbeitritts liegt in der *Verminderung der Ver-* 284 *lustgefahr* bezüglich der Forderung, nicht in der Erhöhung der Kreditwürdigkeit des Schuldners durch die Verstärkung der Rechtsstellung des Gläubigers (KELLER/SCHÖBI IV S. 87), da die mangelnde Kreditwürdigkeit des Schuldners ja gerade zur Einschaltung des Übernehmers führt (a.M. BECKER N 4 zu Art. 175 OR).

Der Schuldbeitritt ist im allgemeinen für den Übernehmer günstiger 285 als die privative Schuldübernahme (BECKER N 4 zu Art. 175 OR).

Vorbemerkungen zu Art. 175–183

4. Erscheinungsformen

a) Vertraglicher Schuldbeitritt

286   Der Schuldbeitritt kann bloss *vertretbare Leistung* zum Gegenstand haben (VON BÜREN S. 350: Schuldmitübernahme).

287   Die Gültigkeit des Schuldbeitritts setzt voraus, dass die zu übernehmende *Schuld übertragbar* ist. Dies ist dann ausnahmsweise nicht der Fall, wenn die Verpflichtung nach einer zwingenden – in der Regel öffentlich-rechtlichen – Vorschrift ausschliesslich vom Schuldner erfüllt werden kann (KELLER/SCHÖBI IV S. 88, vgl. aber N 111 ff. Vorbem. zu Art. 175–83 OR).

288   Beispielsweise war der Schuldbeitritt ein typisches *altrechtliches Interzessionsgeschäft* der Ehefrau (Art. 177 Abs. 3 aZGB, BGE 41 II 636).

289   Eine *Patronatserklärung* kann u.a. als Schuldbeitritt vorkommen (SAG 50 S. 110), z.B. im Verhältnis Mutter-/Tochtergesellschaft (HONSELL S. 265, SJZ 86 S. 57), womit sie selbstverständlich zur «*Matronatserklärung*» wird (Art. 4 BV Abs. 2).

290   «La reprise cumulative peut avoir lieu dès la naissance de l'obligation entre le débiteur et le créancier» (ENGEL S. 605). Sie kann zugleich mit der Begründung der Schuld erfolgen (sog. *simultane Mitübernahme*) oder hinterher (sog. *nachfolgende Mitübernahme*; VON BÜREN S. 348, GAUCH/SCHLUEP N 3756, REICHEL S. 38, BGE 44 II 129).

291   Dass die Schuldübernahme kumulativ und nicht privativ sei, muss im *Zeitpunkt des Abschlusses* des Schuldübernahmevertrags erklärt werden (SJZ 27 Nr. 32 S. 49).

b) Schuldbeitritt von Gesetzes wegen

292   – Art. 569 Abs. 1 OR: Die solidarische Haftung *des einer Kollektivgesellschaft Beitretenden* erstreckt sich – von Gesetzes wegen – auf sämtliche Schulden, auch auf unbekannte bzw. verschwiegene (HARTMANN, Komm. zum OR, Bern 1943, N 4 zu Art. 569), auch wenn dies «d'un acte juridique entre le reprenant (dem neuen

Gesellschafter) et le débiteur (der Kollektivgesellschaft)» resultiert (ENGEL S. 605). – Eine einem Befreiungsversprechen ähnliche Rechtshandlung des beitretenden Gesellschafters liegt nicht vor (a.M. SJK Nr. 365 S. 1 N 2).

- Art. 750 OR: Von Gesetzes wegen findet eine solidarische Haftung (Schuldbeitritt) für die Mitglieder der *Verwaltung der Kommandit-AG, wenn diese eine AG übernimmt*, für deren Verpflichtungen statt (s. auch N 222 Vorbem. zu Art. 175–83 OR).

293

- Art. 54 Abs. 1 VVG: Im Rahmen des Übergangs eines bestimmten *Versicherungsvertrags*verhältnisses von einer Vertragspartei auf einen Dritten (N 247 Vorbem. zu Art. 175–83 OR) entsteht solidarische Haftung für den Übernehmer neben dem bisherigen Schuldner bezüglich fälliger Prämien (JAEGER, Komm. zum VVG, Bern 1932, N 61 zu Art. 54); es handelt sich um einen Schuldbeitritt des Schuldners zum grundsätzlich allein – z.B. bezüglich der künftig fällig werdenden Prämien – verpflichteten Übernehmer.

294

- Zum Schuldbeitritt von Gesetzes wegen
    = bei *Vermögens- und Geschäftsübernahme* s. N 6 zu Art. 181 OR,
    = bei *Erbteilung* s. N 21 zu Art. 183 OR und
    = bei *Veräusserung verpfändeter Grundstücke* s. N 31 ff. zu Art. 183 OR.

295

5. Form

Auch für den Schuldbeitritt besteht Formfreiheit (GUHL/MERZ/KOLLER S. 263/268, VON TUHR/ESCHER S. 383/387 und N 49, OSER/SCHÖNENBERGER N 2 Vorbem. zu Art. 175–83 OR, GAUCH/SCHLUEP N 3758, BUCHER S. 587, HONSELL S. 266), d.h. richtigerweise, dass die *mündliche Vereinbarung* genügt.

296

Zur Bedeutung bei der Abgrenzung gegenüber der formstrengen *Bürgschaft* s. N 127 ff. Vorbem. zu Art. 175–83 OR.

297

Vorbemerkungen zu Art. 175–183

6. Wirkung

298 «Les effets de la reprise cumulative sont les suivants:
1. Le reprenant est tenu de la dette comme son coobligé. Il ne peut opposer au créancier que les exceptions résultants de la dette ou de leurs rapports personnels. Il n'est pas fondé à invoquer celles qui appartiennent au codébiteur personnellement.
2. Le consentement des garants du débiteur n'entre pas en ligne de compte: l'adhésion d'un tiers à la dette ne saurait en rien compromettre leur position; art. 178 OR est donc inapplicable à la reprise de dette cumulative.
3. Le paiement effectué par l'un des codébiteurs libère l'autre à due concurrence. Le recours interne est fondé sur leur rapport juridique. La solidarité a pour effet que le débiteur qui jouit d'un recours est subrogé aux droits du créancier jusqu'à concurrence de ce qu'il lui a payé (art. 149 OR)» (ENGEL S. 606).

299 Ein Schuldbeitritt, den ein *Erblasser* vordem erklärt hat, unterliegt nicht der Haftungsbeschränkung für die Bürgschaft gemäss Art. 591 ZGB (ESCHER N 5 zu Art. 591 ZGB).

7. Abgrenzung

a) Zur privativen Schuldübernahme

300 Besteht bei der Auslegung ein Zweifel darüber, ob eine kumulative (Schuldbeitritt) oder eine privative Schuldübernahme (N 4 zu Art. 176 OR) vorliegt, und sind weder die Motive noch die sonstigen Umstände des Geschäftes schlüssig, so muss im Interesse des Gläubigers eine kumulative Schuldübernahme angenommen werden, da nicht vermutet werden darf, dass dieser auf seinen ursprünglichen Schuldner verzichten will (SJK Nr. 365 S. 4, GUHL/MERZ/KOLLER S. 268, BGE 46 II 68). Es besteht indessen keine Vermutung, sondern nur die *Frage der Beweiswürdigung* (VON BÜREN S. 348, ENGEL S. 605); allenfalls ist – bei gegebenem Vertragsschluss und mangelndem Nachweis eines übereinstimmenden wirklichen Willens (Art. 18 Abs. 1 OR) bei der Auslegung – aufgrund des *Vertrauensprinzips* zu entscheiden (GAUCH/SCHLUEP N 3759).

b) Abgrenzung zum Vertragsbeitritt

Der Vertragsbeitritt bedarf der *Willenseinigung aller drei Beteiligten* (N 238 ff. Vorbem. zu Art. 175–83 OR, Bucher S. 587 N 53, BGE 47 II 420/21). 301

Da der Schuldbeitritt dem Gläubiger nur Rechte bringt und keine nimmt, bedarf er nicht seiner Zustimmung (Oser/Schönenberger N 2 Vorbem. zu Art. 175–83 OR). «Le créancier demeure libre de refuser l'attribution [Zuwendung] qui lui est faite» (Engel S. 605/288). Erfolgte der Schuldbeitritt ohne Wissen des Gläubigers (Bucher S. 587), so könnte er sich nur analog einem Befreiungsversprechen mit stiller Zahlung auswirken (N 115/138 Vorbem. zu Art. 175–83 OR). 302

Schuldbeitritt ist ohne Wissen, ja sogar gegen den Willen des Schuldners möglich (Bucher S. 587, Engel S. 605).

c) Abgrenzung zur Bürgschaft

aa) Allgemeines

Formloser Schuldbeitritt und formbedürftige Bürgschaft sind strukturell grundverschieden und haben *nur äusserliche Ähnlichkeit*. Der Übernehmer tritt als prinzipaler Schuldner **in** fremde Schuld ein, der Bürge als subsidiärer, akzessorischer Hilfsschuldner **für** fremde Schuld (vgl. von Büren S. 349/50, Keller/Schöbi IV S. 87, SJK Nr. 365 S. 1; BGE 26 II 338). «La caution souscrit un engagement accessoire, le reprenant un engagement qu'il fait sien. La caution s'oblige pour un débiteur, le reprenant comme débiteur; le plus souvent la caution rend un service au débiteur principal, alors que le reprenant poursuit un intérêt personnel en adhérant à l'obligation» (Engel S. 605, SJK Nr. 365 S. 3 N 3; dazu auch: Kleiner, Bankgarantie, 4. Aufl., Zürich 1990, Nr. 11.17 ff.). 303

Es besteht die Gefahr, dass die strengen Formen des Bürgschaftsrechts *umgangen* werden (Guhl/Merz/Koller S. 268). Die formungültige Bürgschaft darf nicht in einen Schuldbeitritt umgedeutet werden, weil sonst der Schutz des Bürgen aufgehoben würde (Bucher S. 588, Engel S. 605; vgl. Gauch/Schluep N 3758: «existentielle Bedeutung»). 304

Vorbemerkungen zu Art. 175–183

305   Vorab gilt es zu prüfen, ob der Wortlaut der Willenserklärungen dem *übereinstimmenden wirklichen Willen* der Parteien entspricht (Art. 18 Abs. 1 OR, BGE 69 II 322/23, BlZüR 58 Nr. 62, ZBJV 84 S. 141).

Durch *Auslegung* der von den Vertragsparteien im Einzelfall abgegebenen Willenserklärungen ist zu ermitteln, ob Schuldbeitritt oder aber Bürgschaft vorliegt. Massgebend sind der von den Parteien angestrebte wirtschaftliche Erfolg, d.h. der Zweck des Vertragsschlusses und die Interessenlage (vgl. GUHL/MERZ/KOLLER S. 268, KELLER/SCHÖBI IV S. 88, BUCHER S. 587, DJZ 1990 S. 997 ff.; zur älteren Rechtsprechung: BUCHER S. 588 N 60 und Zit., z.B. ZBJV 78 S. 333) im massgeblichen Zeitpunkt der betreffenden Willenserklärungen (vgl. GAUCH/SCHLUEP N 3758). Auf den Wortlaut der Verpflichtung kommt es dabei nach bekannten Rechtsgrundsätzen nicht allein an (Art. 18 Abs. 1 OR; OSER/SCHÖNENBERGER N 2 Vorbem. zu Art. 175–83 OR: Beweggrund; JÄGGI/GAUCH N 13 ff. zu Art. 18 OR, vgl. BGE 101 II 325, 40 II 402: Wortlaut und versprochene direkte Zahlung; BGE 66 II 29 = Pra 29 Nr. 29 = ZBJV 77 S. 537 = JdT 88 I S. 551 = SJ 62 S. 257 = Rep 73 S. 252 und BGE 81 II 525: gesamte Umstände; SJZ 34 S. 202 Nr. 150).

307   Zur Abgrenzung von Bürgschaft und *Garantievertrag* s. BGE 56 II 379, BlZüR 73 Nr. 94, SJZ 34 S. 363 Nr. 70, ZBJV 75 S. 521, 93 S. 278, PKG 1976 Nr. 6.

308   Der *Wortlaut* «solidarisch» schliesst jede Auslegung i.S. einer Bürgschaft aus (BGE 111 II 287, a.M. 64 II 350: dem Laien nicht bewusste juristische Unterscheidung zwischen «garantie» und «caution»).

bb) Schuldinteresse und damit Schuldübernahme

309   Die Schuld erscheint unter *wirtschaftlichem Aspekt* auch als Sache des Übernehmers (VON BÜREN S. 350), welcher ein eigenes Interesse am Beitritt hat (OSER/SCHÖNENBERGER N 2 Vorbem. zu Art. 175–83 OR, REICHEL S. 265/176, HONSELL S. 266, BGE 42 II 260, BlZüR 41 Nr. 100 S. 305: Interessengemeinschaft, SJZ 21 S. 7/8 Nr. 8, 30 S. 332 = ZBJV 72 S. 232, SJZ 57 S. 61 Nr. 10, Rep. 94 S. 101, ZBJV 50 S. 261 Nr. 38; zu Unrecht verneint in BGE 39 II 772/dazu VON BÜREN S. 350).

Vorbemerkungen zu Art. 175–183

Eine *deutliche Abmachung* ist erforderlich, wenn der Übernehmer geringere Sicherheit als der Schuldner bietet (GUHL/MERZ/KOLLER S. 268, SJ 98 S. 541). **310**

Zu Zweifelsfällen s. N 313 Vorbem. zu Art. 175–83 OR. **311**

cc) Sicherungsinteresse und damit Bürgschaft

Erhält der hinzutretende Verpflichtete *keine Gegenleistung* und hat er auch *kein eigenes Interesse* an der Erfüllung der mitübernommenen Schuldpflicht, so wird eher Bürgschaft anzunehmen sein (GUHL/MERZ/KOLLER S. 268), insbesondere wenn er nur ein Interesse daran hat, die Forderung des Gläubigers zum Zwecke der Erhöhung der Kreditwürdigkeit des Schuldners sicherzustellen (KELLER/SCHÖBI IV S. 88, REICHEL S. 259, BlZüR 58 Nr. 62, 61 Nr. 57, SJ 102 S. 480). Der Schuldbeitritt ist eben nicht akzessorischer Natur (ZOBL, N 356 ST vor Art. 884 ZGB, vgl. Rep 103 S. 77). **312**

In Zweifelsfällen ist eher Bürgschaft anzunehmen, um nicht den vom Gesetz angestrebten Schutz für den Mitverpflichteten zu vereiteln (VON TUHR/ESCHER S. 302/03, OSER/SCHÖNENBERGER N 50 zu Art. 492 OR, GUHL/MERZ/KOLLER S. 268, BGE 46 II 68, 66 II 29 = Pra 29 Nr. 29, SJ 62 S. 257 = JdT 88 S. 551 = Rep 73 S. 252, dazu ZBJV 77 S. 537, BGE 81 II 525, 101 II 328, BlZüR 58 Nr. 62, PKG 1976 S. 41, SJ 118 S. 479, ZBJV 78 S. 330). **313**

8. Einreden

Dazu OSER/SCHÖNENBERGER zu Art. 145 OR. **314**

Im Schuldbeitritt liegt *keine Anerkennungshandlung* i.S. von Art. 135 Ziff. 1 OR. Denn nur hypothetisch erklärt der Übernehmer schulden zu wollen, unter der Voraussetzung nämlich, dass der bisherige Schuldner ein solcher war (VON BÜREN S. 343 N 123, REICHEL S. 395). **315**

Vorbemerkungen zu Art. 175–183

X. Anweisung

316 Von der (Zahlungs-)Anweisung i.S. von Art. 466 OR unterscheidet sich die Schuldübernahme dadurch, dass bei ersterer die *Schuld des Anweisenden gegenüber dem Anweisungsempfänger bis zur Zahlung bestehen bleibt*, so dass das Erlöschen der Schuld dem Anweisenden zugute kommt (BECKER N 4 Vorbem. zu Art. 175–83 OR). Wenn eine Zahlungsanweisung vorliegt, so wird nicht Befreiung von der Schuld vereinbart (BlZüR 32 N 4, vgl. VON BÜREN S. 346).

317 Der Hinweis von Bürens auf die annähernde Funktionsgleichheit der drei Institute Abtretung, Anweisung und Schuldübernahme sowie seine Feststellung, dass im einzelnen die Übereinstimmung zwischen Schuldübernahme und (akzeptierter) Anweisung grösser als zwischen Abtretung und Anweisung (dazu SPIRIG N 229 Vorbem. zu Art. 164–74 OR) sei (VON BÜREN S. 345/346), belegen lediglich, dass *die Unterscheidung im konkreten Fall genau zu treffen ist.*

XI. Wechsel

318 Es liegt *keine Schuldübernahme* vor, wenn z.B. ein neuer Wechsel ausgestellt und vom Übernehmer als Wechselschuldner unterzeichnet wird (Art. 991 ff. OR, BECKER N 8 Vorbem. zu 175–83 OR unter Hinweis auf STROHAL in: Jherings Jahrbücher Bd. 2 S. 31). Art. 116 Abs. 2 OR greift hier nicht, beschlägt er doch die Frage der Neuerung bei Ausstellung eines Wechsels durch den Schuldner selbst (dazu VON TUHR/ESCHER S. 181/82).

Zur Übernahme der wechselmässigen Haftung im Rahmen derjenigen von Geschäften s. N 271 zu Art. 181 OR.

Vorbemerkungen zu Art. 175–183

K. Verjährung

Die Übernahme einer *verjährten Schuld* beseitigt die Verjährung 319
nicht, da die Schuld immer die gleiche bleibt (N 36 zu Art. 175 OR;
vgl. VON BÜREN S. 344, der allerdings von einer «Ur-»Schuld spricht).

Die Verjährung wird durch den Abschluss des Schuldübernahme- 320
vertrags, in welchem eine Anerkennung der Forderung gemäss Art. 135
Ziff. 1 OR liegt, *unterbrochen* (BUCHER S. 585; a.M. SJZ 35 S. 199:
einschränkend auf Einzelschuld).
Bestand gar *keine Schuld*, so fehlt es am Objekt der Übernahme
(N 39 zu Art. 175 OR; a.M. VON BÜREN S. 344: Anerkennung unter
der Voraussetzung des Bestehens der Schuld).

Die *Befreiung* des bisherigen Schuldners kann auch durch die all- 321
gemeine Verjährung – der Forderung – eintreten (Art. 127 ff. OR).

Zur *speziellen Regelung der Dauer der Haftung* 322
– des bisherigen Schuldners bei der Vermögens-/Geschäftsübernahme
  s. N 241 zu Art. 181 OR,
– des Grundpfandschuldners bei Veräusserung des Grundstücks s. N 60
  zu Art. 183 OR.

L. IPR/Rechtsvergleichung

I. IPR

Das *IPRG* regelt die Schuldübernahme nicht ausdrücklich (OR- 323
TSCHÄNI N 17 zu Art. 175 OR, ZvglRWiss 88 S. 43), auch nicht den
gesetzlichen Übergang von Schulden (KELLER/GIRSBERGER N 5 und 22
nach Art. 146 IPRG). Im 9. Kap./4. Abschn. ist in Art. 143 unter
dem Marginale «Mehrheit von Schuldnern» vom *Aussenverhältnis* die

Vorbemerkungen zu Art. 175–183

Rede (BBl 1983 I 432/505 zu Art. 139 E-IPRG, SCHNYDER S. 109); das Recht, dem das Rechtsverhältnis zwischen dem Gläubiger und dem in Anspruch genommenen Schuldner unterstellt ist, wird als darauf anwendbar erklärt. Abzulehnen ist eine Anknüpfung des Übernahmegeschäfts an das Recht der (recte:) übernommenen Schuld, wie sie der gestrichene Art. 145 Abs. 1 VE-IPRG 1978 für die privative Schuldübernahme vorgesehen hatte, da eine enge Verbindung zu deren Recht in den seltensten Fällen besteht (KELLER/GIRSBERGER N 12 nach Art. 146 IPRG).

Das Innenverhältnis beschlägt der vom Kumulationsstatut geprägte Art. 144 IPRG. Der Schuldner soll nicht einem Regress ausgesetzt werden, mit dem er im Hinblick auf das Recht, dem seine Verpflichtung untersteht, nicht zu rechnen braucht; seine Stellung soll nicht verschlechtert werden (BBl 1983 I 433, SCHNYDER S. 110, KELLER/GIRSBERGER N 8 und 16 nach Art. 146 IPRG, BGE 107 II 493–95, 109 II 73).

324   Zu berücksichtigen ist vorab die Möglichkeit der *Rechtswahl* aufgrund der Bestimmung von Art. 116 IPRG, nicht gemäss Art. 145 IPRG, welcher nach klarem Wortlaut die Abtretung beschlägt (OR-TSCHÄNI N 17 zu Art. 175 OR, vgl. SPIRIG N 241 Vorbem. zu Art. 164–74 OR; a.M. VISCHER S. 218).

325   Bei Fehlen einer Rechtswahl unterstehen Befreiungsversprechen und Schuldübernahmevertrag damit dem *Recht des Staates, mit dem sie am engsten zusammenhängen* (Art. 117 Abs. 1 IPRG). Unter dem nicht abschliessenden Katalog charakteristischer Leistungen figuriert diejenige des Garanten bzw. Bürgen (Art. 117 Abs. 3 lit. e IPRG), woraus sich der massgebende Anhaltspunkt dafür ergibt.

326   Die *Vermutung* dieses Zusammenhangs mit dem Staat, in welchem die Partei, welche die charakteristische Leistung erbringt, Wohnsitz hat, ist gegeben bei Befreiungsversprechen mit Ausnahme untrennbarer Verbundenheit mit dem Übernahmegeschäft (ZvglRWiss 88 S. 38), bei der Schuldübernahme (a.a.O. S. 37) und beim Schuldbeitritt (a.a.O. S. 36).

Die Vermutung erweist sich aber als *widerlegbar* (Art. 117 Abs. 2 IPRG, BBl 1983 I 411).

327   Die *Vertragsübernahme* richtet sich nach dem Recht des übernommenen Vertrags, es sei denn, dass dieses sie nicht kennt, womit eine kollisionsrechtliche Aufspaltung in Abtretungen und Schuldübernahmen

vorgenommen werden muss (ZvglRWiss 88 S. 41, KELLER/GIRSBERGER N 20 nach Art. 146 IPRG).

Die *Vermögensübernahme* folgt dem Vertragsstatut, welches die Übertragung ordnet (ZvglRWiss 88 S. 42, KELLER/GIRSBERGER N 21 nach Art. 146 IPRG).

Das Befreiungsversprechen bzw. der Schuldübernahmevertrag ist gemäss der allgemeinen Bestimmung von Art. 124 Abs. 1 IPRG *formgültig* (ZvglRWiss 88 S. 43 N 68), wenn er dem auf den Vertrag anwendbaren Recht oder dem Recht des Abschlussortes entspricht. Befinden sich die Parteien im Zeitpunkt des Vertragsabschlusses in verschiedenen Staaten, so genügt es, wenn die Form dem Recht eines dieser Staaten entspricht (Art. 124 Abs. 2 IPRG). 328

Eine zu beachtende Schutzvorschrift i.S. von Art. 124 Abs. 3 IPRG besteht nach schweizerischem Recht bei Grundstückkauf (BECKER N 3 zu Art. 216 OR, vgl. BGE 39 II 226) und Schenkungsversprechen (OSER/SCHÖNENBERGER N 5 zu Art. 243 OR), welche hier von Bedeutung werden können (N 126/130 Vorbem. zu Art. 175–83 OR, VON TUHR/PETER S. 235).

Zur vertraglich *vorbehaltenen Form* (Art. 16 OR) sei insbesondere auf das sog. SWIFT-System (Society for Worldwide Interbank Financial Telecommunications) verwiesen, welches, 1973 in Brüssel geschaffen, in den internationalen Beziehungen der Banken die Telex-Meldungen ersetzt (GIOVANOLI in: Mélanges Piotet, Bern 1990, S. 445). 329

Die Frage der Schuldübernahme betreffende *völkerrechtliche Verträge*, welche nach Art. 1 Abs. 2 IPRG vorbehalten bleiben, sind zur Zeit nicht ersichtlich; vgl. insbesondere: 330

– Übereinkommen betreffend das auf internationale Kaufverträge über bewegliche körperliche Sachen anzuwendende Recht vom 15. Juni 1955/27. Oktober 1972 (SR 0.221.211.4),
– Übereinkommen der Vereinten Nationen über Verträge über den internationalen Warenkauf vom 11. April 1980 (SR 0.221.211.1),
– Übereinkommen von Lugano vom 16. September 1988 über die gerichtliche Zuständigkeit und die Vollstreckung gerichtlicher Entscheide in Zivil- und Handelssachen (SR 0.275.11).

Das **IPRG** trat am 1. Januar 1989 in Kraft (BBl 1988 II 1111). Zum *Übergangsrecht* s. N 365. 331

Vorbemerkungen zu Art. 175–183

332 Zum *bisherigen Recht* nach aNAG (vgl. KELLER/GIRSBERGER N 1–4 nach Art. 146 und Zit.):

- Befreiungsversprechen: SCHÖNENBERGER/JÄGGI N 385 Allg. Einl. zu Art. 1–17 OR, SJ 104 S. 57, ZvglRWiss 88 S. 35,
- externe Schuldübernahme: SCHÖNENBERGER/JÄGGI N 386 Allg. Einl. zu Art. 1–17 OR, VISCHER S. 216, SJ 104 S. 58/59,
- kumulative Schuldübernahme: SCHÖNENBERGER/JÄGGI N 372 Allg. Einl. zu Art. 1–17 OR, VISCHER S. 216,

333 - Vertragsübernahme: SCHÖNENBERGER/JÄGGI N 187 Allg. Einl. zu Art. 1–17 OR, VISCHER S. 217,

334 - gesetzlicher Schuldübergang: BlZüR 45 Nr. 141 S. 255, VISCHER S. 217; a.M. SCHÖNENBERGER/JÄGGI N 384.
- gesetzlicher Vertragsübergang: SCHÖNENBERGER/JÄGGI N 388 Allg. Einl. zu Art. 1–17 OR,
- Universalsukzession: VISCHER S. 217, BRINER S. 84.

335 - Wurde ein Unternehmen in der Schweiz mit Aktiven und Passiven übernommen, so fand für die Schuldübernahme Art. 181 OR (*Geschäftsübernahme*) Anwendung, selbst wenn sich unter den Schulden solche befanden, welche einem ausländischen Recht unterstanden (OR-TSCHÄNI N 19 zu Art. 181 OR, BGE 108 II 109 = Pra 71 S. 374 = JdT 130 1 S. 383).
- Vertragsübernahme im Rahmen einer Geschäftsübernahme: SJ 104 S. 59, dazu aber N 229 Vorbem. zu Art. 175–83 OR,

336 - zum Erfüllungsversprechen in privaten Kompensationsgeschäften zwischen schweizerischen und ausländischen Firmen s. BGE 73 II 177 = Pra 37 Nr. 19 = JdT 96 I S. 226 = ZBJV 84 S. 543 = BlZüR 46 Nr. 153.

337 - Anwendbares Recht bei strittiger Frage, ob eine Bürgschaft, ein Vertrag zugunsten Dritter oder eine Schuldübernahme vorliege, war dasjenige des Wohnsitzes des Verpflichteten (BGE 111 II 276).

II. Rechtsvergleichung

338 Hier werden nur die *Grundzüge* der einzelnen gesetzlichen Regelungen dargestellt, und es wird versucht, die typischen Unterschiede herauszuarbeiten; im übrigen folgt eine Rechtsvergleichung – soweit ergiebig – im Rahmen der Kommentierung der Art. 175–180 OR und

Vorbemerkungen zu Art. 175–183

insbesondere bezüglich der Vermögens-/Geschäftsübernahme sowie derjenigen von Grundpfandschulden beim Kommentar zu den Art. 181–183 OR.

Allgemein lassen sich *verschiedene Rechtskreise* unterscheiden: einerseits der germanische der BRD, Österreichs und des Fürstentums Liechtenstein, der Schweiz, der skandinavischen Staaten, sowie der ost-/ südosteuropäischen Länder, welche dieses Recht – teils unvollständig – rezipiert haben; anderseits derjenige der romanischen Länder, einschliesslich Lateinamerikas, und schliesslich der anglo-amerikanische (RÜEGSEGGER S. 7 N 8, S. 8 N 11, S. 11/12, vgl. GULDENER (IPR) S. 2–4 und BEUTTNER S. 54–57 für Einzelheiten). 339

1. Germanischer Rechtskreis

a) BGB

Das BGB kennt eine *Verpflichtung zur Befriedigung* eines Gläubigers eines anderen, ohne dass die Schuld übernommen würde (§ 329 BGB, vgl. BECKER N 2 Vorbem. zu Art. 175–83 OR, VON TUHR/ESCHER S. 242 N 36/S. 381 N 22; vgl. N 257 Vorbem. zu Art. 175–83 OR: Erfüllungsversprechen). Dies hat den Sinn, den Schuldner vor Inanspruchnahme zu bewahren, ohne die Rechtsposition des Gläubigers zu verbessern (LARENZ Bd. I S. 181). 340

Eine solche Verpflichtung ist auch gegeben, solange der Gläubiger seine Zustimmung zum Vertrag zwischen Schuldner und Übernehmer nicht erteilt hat (§ 415 Abs. 3 BGB, PALANDT N 9 zu § 415 BGB, BRINER S. 27). 341

Das BGB hat entsprechend der Vertrags- und der Genehmigungstheorie (N 11/12 Vorbem. zu Art. 174–83 OR) *zwei Arten der – befreienden* (PALANDT N 1 Überblick vor § 414 BGB) – *Schuldübernahme* aufgestellt:

- § 414: **Vertrag** zwischen Gläubiger und Übernehmer (vgl. Art. 176 OR, BRINER S. 27) und 342
- § 415: Vertrag zwischen Schuldner und Übernehmer mit **Genehmigung** des Gläubigers (VON TUHR/ESCHER S. 384, BUCHER S. 583; 343

Vorbemerkungen zu Art. 175–183

vgl. Art. 175 Abs. 1 OR: Zustimmung des Gläubigers, dazu VON TUHR/ESCHER S. 384 N 31).

344 Als Verfügungsgeschäft ist die Schuldübernahme *abstrakt* (PALANDT N 1 Überblick vor § 414 BGB, ENNECCERUS/LEHMANN S. 338/40; LARENZ Bd. I S. 476: nur zwischen Übernehmer und Gläubiger).

345 Bekannt sind Fälle *gesetzlichen Schuldbeitritts*, während der *rechtsgeschäftlich zulässige* nicht geregelt ist (PALANDT, N 2 Überblick vor § 414 BGB, ENNECCERUS/LEHMANN S. 336, DJZ 1990 S. 997), gleich wie die Vertragsübernahme (a.a.O. N 38 zu § 398 BGB).

346 In der Rechtslehre wird auch die *Vertragsübernahme* für zulässig erachtet (STAUDINGER N 27 Einl. vor § 398 BGB).

b) ABGB

347 § 1404 ABGB regelt die *Erfüllungsübernahme* (GSCHNITZER S. 346, vgl. § 1405 Satz 2 ABGB; N 257 Vorbem. zu Art. 175–83 OR).

348 Die *eigentliche Schuldübernahme* kann aufgrund eines Vertrags von Schuldner und Übernehmer mit Zustimmung des Gläubigers (GSCHNITZER S. 345, § 1405 ABGB, vgl. Art. 175 Abs. 1 OR) oder aufgrund eines solchen des Übernehmers mit dem Gläubiger erfolgen (§ 1406 Abs. 1 ABGB). Sie ist als Verfügung abstrakten Charakters (GSCHNITZER S. 346/48).

349 Im Zweifel sieht § 1409 Abs. 2 ABGB die Haftung des Übernehmers neben dem Schuldner, einen *Schuldbeitritt*, vor (GSCHNITZER S. 348, ZvglRWiss 84 S. 67).

350 Ausdrücklich weist § 1410 ABGB bei Änderung der zu übernehmenden Verpflichtung auf den *Neuerungsvertrag* hin (§§ 1377/78 ABGB).

351 Das *liechtensteinische ABGB* enthält diese Bestimmungen nicht.

2. Romanischer Rechtskreis

a) CCfr

Der CCfr kennt nur die *Neuerung* (Art. 1271 Ziff. 2), nicht die Schuldübernahme (BUCHER S. 580; FERID, Das französische Zivilrecht, Frankfurt a.M./Berlin 1971, Bd. I, S. 575, BRINER S. 28). *«Délégation»* zielt ebenfalls auf Neuerung oder aber auf einen Schuldbeitritt (Art. 1275 CCfr, BRINER S. 29). **352**

Die Haftung des Käufers eines vermieteten Grundstücks nach Art. 1743 CCfr stellt *keine gesetzliche Schuldübernahme* dar (BECKER N 1 Vorbem. zu Art. 175–83 OR), gehen doch nicht alle Nebenpflichten des Vermieters über (FERID, Das französische Zivilrecht Bd. II, 2.A., Heidelberg 1986, S. 226). **353**

b) CCit

Die *Schuldübernahme* findet sich in Art. 1272 Abs. 1 CCit (espromissione), was der Übernehmer mit dem Gläubiger ohne Mitwirkung des Schuldners vereinbart. Daneben gibt es den zwischen Schuldner und Übernehmer geschlossenen accollo (Art. 1273 CCit); vor der Zustimmung des Gläubigers wirkt dieser nur als *Erfüllungsübernahme* (NEUMAYER, La transmission des obligations en droit comparé in: La transmission des obligations, Bruxelles/Paris 1980, S. 243). Mit der Zustimmung kommt es zum *Schuldbeitritt* (delegazione cumulativa), es sei denn, der Gläubiger entlasse den bisherigen Schuldner ausdrücklich (Art. 1268 Abs. 1 Satz 2/Art. 1272 Abs. 1/Art. 1272 Abs. 2 und 3 CCit, BRINER S. 31, vgl. N 278 ff. Vorbem. zu Art. 175–83 OR), womit eine *privative Schuldübernahme* vorliegt. **354**

Zur ausführlich geregelten *Vertragsübernahme* – unter Zustimmung des anderen Vertragspartners zur Einsetzung eines Dritten (CIAN/TRABUCCHI S. 1038: contratto plurilaterale) – siehe Art. 1406–10 CCit. **355**

Vorbemerkungen zu Art. 175–183

c) CCesp

356   Art. 1203 Ziff. 2 CCesp kennt nur die Ersetzung der Person des Schuldners (deudor) im Rahmen der *Neuerung* (novación; BRINER S. 30).

3. Anglo-amerikanischer Rechtskreis

357   Im englischen wie im amerikanischen Recht sind neben der *Neuerung* auch die *Erfüllungsübernahme* und der *Schuldbeitritt* bekannt (BRINER S. 32/34).

358   Nach den Schutzbestimmungen des *(amerikanischen) Civil Law* wird der Erwerber (=Übernehmer) den Gläubigern regelmässig persönlich verpflichtet. Unbeschränkt haftet er ihnen jedoch im allgemeinen nur nach den Gesetzen, nach denen die Übernahme der Schulden von seinem Willen abhängig ist, während bei zwingender Übernahme der Schulden die – solidarische – Haftung billigerweise auf den Wert der übernommenen Aktiven beschränkt ist (KREBS S. 119/120).

M. Intertemporales Recht

359   Nach Art. 1 Abs. 1 Schlusstitel (Anwendungs- und Einführungsbestimmungen) des ZGB, welcher hier anzuwenden ist (vgl. BECKER N 15 Vorbem. zu Art. 164–74 OR für die Abtretung), werden die rechtlichen Wirkungen von Tatsachen, die vor dem Inkrafttreten des Gesetzes eingetreten sind, auch nachher *gemäss den Bestimmungen des eidgenössischen oder kantonalen Rechts beurteilt, die zur Zeit des Eintrittes dieser Tatsachen gegolten haben* (vgl. Art. 1 Abs. 2 Schlusstitel). Insbesondere bedeutet dies, dass altrechtliche Rechtsverhältnisse, die vorher begründet und noch nicht beendet wurden (sog. *negotia pendentia*), auch nach Inkrafttreten des neuen Rechts nach altem Privatrecht weiterbestehen (VISCHER M. S. 40).

Vorbemerkungen zu Art. 175–183

Rechtsverhältnisse, deren Inhalt unabhängig vom Willen der Beteiligten durch das Gesetz umschrieben wird, sind nach dem Inkrafttreten dieses Gesetzes *nach dem neuen Rechte* zu beurteilen (Art. 3 SchlT ZGB). Von praktischer Bedeutung war dies für die Forderungen – bzw. Schulden – aus Rechtsverhältnissen, die erst durch das ZGB der Herrschaft der kantonalen Rechte entzogen wurden (BECKER N 16 der Vorbem zu Art. 164–74 OR). 360

Aktuell ist die Frage zur Zeit: 361

— beim ab 1. Januar 1988 aufgehobenen alten *Eherecht*, insbesondere
 = dem Zwangsvollstreckungsverbot zwischen Ehegatten gemäss Art. 173 aZGB (dazu SPIRIG N 13 zu Art. 164 OR), das die Vollstreckung einer innerehelichen Schuldübernahme nicht mehr hindert, und welches sich auch auf Art. 228 OR ausgewirkt hatte,
 = aber auch beim Wechsel der eherechtlichen Güterstände (Art. 9a ff. Schlusstitel ZGB),
 = bei der Zustimmung der Vormundschaftsbehörde zur Übernahme einer Schuld ihres Mannes durch die Ehefrau (Art. 177 aZGB, VON TUHR/ESCHER S. 388 N 59, N 100 Vorbem. zu Art. 175–83 OR), welche dahingefallen ist,
— bei der seit 1. Juli 1990 ausgeschlossenen «*Abtretung der Miete*», 362
  wie sie Art. 264 aOR kannte (dazu SPIRIG N 213 Vorbem. zu Art. 164–74 OR), und damit der zugehörigen Übernahme der Mietzinsschuld,
— bei Art. 6a Abs. 2 und 3 OR betreffend die *Zusendung unbestellter* 363
  Sachen und Art. 40a Abs. 1 OR betreffend Widerrufsrecht bei *Haustürgeschäften* und ähnlichen Verträgen, welche Bestimmungen seit 1. Juli 1991 in Kraft stehen (BBl 1986 II 354 und 1990 III 601),
— bei Art. 757/59 OR des ab 1. Juli 1992 gültigen neuen *Aktienrechts* 364
  (BBl 1983 II 745).

Das **IPRG** trat am 1. Januar 1989 in Kraft (BBl 1988 II 1111). 365
Nach seinem *Übergangsrecht* bestimmt sich das anwendbare Recht für Klagen und Begehren, welche beim Inkrafttreten in erster Instanz hängig waren, nach dem IPRG (Art. 198 IPRG). Dies bedeutet, dass auch das Prinzip der Nichtrückwirkung nach Art. 196 IPRG zu beachten ist.

Vorbemerkungen zu Art. 175–176

1 Die hier geregelten Befreiungsversprechen und Schuldübernahme *unterscheiden* sich

– bezüglich der **zunächst** beteiligten Vertragsparteien, nämlich Schuldner und die Befreiung Versprechender (=Übernehmer) in Art. 175 OR sowie Übernehmer und Gläubiger in Art. 176 OR;
– bezüglich des Vertragsinhalts: Befreiungsversprechen in Art. 175 OR und Schuldübernahme in Art. 176 OR.

2 Stimmt aber der Gläubiger einer Schuldübernahme durch denjenigen, welcher dem Schuldner die Befreiung nach Art. 175 OR versprochen hat, zu, so *überschneiden* sich die beiden Bestimmungen, indem der Gläubiger eine Schuldübernahmeofferte des Übernehmers annimmt (dazu N 50 zu Art. 175 OR); insoweit betrifft Art. 175 OR nicht bloss die interne Schuldübernahme (a.M. OR-TSCHÄNI N 1 zu Art. 175 OR).

Art. 175

¹ Wer einem Schuldner verspricht, seine Schuld zu übernehmen, verpflichtet sich, ihn von der Schuld zu befreien, sei es durch Befriedigung des Gläubigers oder dadurch, dass er sich an seiner Statt mit Zustimmung des Gläubigers zu dessen Schuldner macht.
² Der Übernehmer kann zur Erfüllung dieser Pflicht vom Schuldner nicht angehalten werden, solange dieser ihm gegenüber den Verpflichtungen nicht nachgekommen ist, die dem Schuldübernahmevertrag zugrunde liegen.
³ Unterbleibt die Befreiung des alten Schuldners, so kann dieser vom neuen Schuldner Sicherheit verlangen.

B. Schuldübernahme
I. Schuldner und Schuldübernehmer

¹ La promesse faite à un débiteur de reprendre sa dette oblige le reprenant à le libérer soit en payant le créancier, soit en se chargeant de la dette du consentement de celui-ci.
² Le reprenant ne peut être actionné en exécution de cet engagement par le débiteur, aussi longtemps que ce dernier n'a pas accompli envers lui ses obligations dérivant du contrat de reprise de dette.
³ L'ancien débiteur qui n'est pas libéré peut demander des sûretés au reprenant.

B. Reprise de dette
I. Débiteur et reprenant

¹ Chi promette ad un debitore di assumersi il suo debito, si obbliga a liberarlo, sia tacitando il creditore, sia rendendosi debitore in sua vece col consenso del creditore.
² Il debitore non può costringere l'assuntore all'adempimento di questa obbligazione, fino a che egli non abbia adempito in suo confronto gli obblighi derivanti dal contratto con cui fu assunto il debito.
³ Se non avviene la liberazione del precedente debitore, questi può chiedere garanzia dal nuovo debitore.

B. Assunzione di debito
I. Debitore ed assuntore

¹ Tgi ch'empermetta ad in debitur da surpigliar ses daivet, è obligà d'al liberar dal daivet, saja cun cuntentar il creditur u quatras ch'el surpiglia sez il daivet cun il consentiment dal creditur.
² Il debitur na po betg constrenscher i surpigliader d'ademplir questa obligaziun, uschè ditg ch'el n'ha da sia vart betg ademplì quel sias obligaziuns derivantas dal contract da surpigliada dal daivet.
³ Sche l'anteriur debitur na vegn betg liberà dal daivet, po el pretender ina garanzia dal nov debitur.

B. Surpigliada dal daivet
I. Debitur e surpigliader dal daivet

Art. 175

Inhaltsübersicht

Note

Allgemeines

A. Historisches 1

B. Begriff des Befreiungsversprechens 2

C. Abgrenzung 8

D. Rechtsvergleichung 10

Kommentar zu Abs. 1

A. Übernehmer 12

B. Schuldner 24

C. Befreiungsversprechen 27

D. Schuld 31

E. Übernehmen 33

F. Verpflichtung des Übernehmers 35

G. Befriedigung des Gläubigers 41

    I. Gläubiger 41

    II. Art der Befriedigung 46
        1. Befriedigung des Gläubigers 46
        2. Zustimmung des Gläubigers 50
            a) Zustimmung des Gläubigers zu anderweitiger Tilgung 54
            b) Zustimmung des Gläubigers zur Schuldübernahme durch den Übernehmer 56

    III. Ansprüche der Beteiligten 61
        1. des Gläubigers 61
        2. des Übernehmers 65
        3. des Schuldners 70
            a) vor Fälligkeit der Forderung 71
            b) nach Fälligkeit der Forderung 75
            c) bei eigener Zahlung 82

    IV. Zeitpunkt 90
        1. der Zustimmung 90
        2. der Befreiung 91
            a) bei Vereinbarung 92
            b) bei nicht fälliger Schuld 93
            c) bei fälliger Schuld 97

    V. Umfang der Befreiung 99

Art. 175

Note

Kommentar zu Abs. 2

A. Allgemeines 101

B. Beteiligte 104

C. Zur Erfüllung anhalten 105

D. Einrede des Übernehmers 106

E. Zugrunde liegende Verpflichtungen . . 107

F. Erfüllung 108

Kommentar zu Abs. 3

A. Allgemeines 109

B. Unterbleiben der Befreiung 113

C. Schuldner 115

D. Begehren des Schuldners 118

E. Übernehmer 119

F. Sicherheit 120

Allgemeines

A. Historisches

Art. 1204 Abs. 1 E-OR enthielt ursprünglich mit einer sprachlichen 1 Abweichung die heutige Fassung (BBl 1905 II 126), Art. 1205 Abs. 1 E-OR sah eine Kollektivofferte von Schuldner und Übernehmer an den Gläubiger vor (OSER/SCHÖNENBERGER N 7 zu Art. 176 OR). Im Entwurf von 1909 fehlte die «Zustimmung des Gläubigers» (BBl 1909 III 806; gemäss Prot. der Expertenkommission vom 13. Oktober 1908 [S. 2] – zu Unrecht – als redaktionelles Problem betrachtet).

Art. 175

B. Begriff des Befreiungsversprechens

2   Es handelt sich um einen *Vertrag zwischen dem Schuldner und dem – nur möglicherweise künftigen «Übernehmer»* (N 12 zu Art. 175 OR) –, *welcher verspricht, den Schuldner von seiner Schuld zu befreien* (GAUCH/SCHLUEP N 3691, KELLER/SCHÖBI IV S. 74, ENGEL S. 599; a.M. OSER/SCHÖNENBERGER N 3 Vorbem. zu Art. 175–83 OR: «von (recte: vor) der Inanspruchnahme schützen»; vgl. LARENZ Bd. I S. 181 zu § 329 BGB).

3   Diese *interne «Schuldübernahme»* (N 12 Vorbem. zu Art. 175–83 OR) bewirkt entgegen der irreführenden Bezeichnung im Marginale bei Art. 175 OR keinen Schuldnerwechsel und stellt eine interne Angelegenheit des Schuldners mit dem Übernehmer dar (GAUCH/SCHLUEP N 3691, VON TUHR/ESCHER S. 381, OSER/SCHÖNENBERGER N 3 Vorbem. zu Art. 175–83 OR, KELLER/SCHÖBI IV S. 74, BUCHER S. 581, SJK Nr. 365 S. 2). Den Übergang der Schuld bewirkt sie nicht (KELLER/SCHÖBI IV S. 74).

4   Die *Rechtsstellung des Gläubigers*, welcher nicht mitzuwirken braucht (KELLER/SCHÖBI IV S. 74, ENGEL S. 599), wird nicht unmittelbar berührt (OSER/SCHÖNENBERGER N 2 zu Art. 175 OR).

5   Schuldner und Übernehmer können aber auch beim Befreiungsversprechen *vereinbaren, dass der Gläubiger berechtigt ist, die Erfüllung zu fordern* (KELLER/SCHÖBI IV S. 74 und I S. 173, VON TUHR/ESCHER S. 383/240, VON BÜREN S. 347, BUCHER S. 582, ZBJV 58 S. 32, SJZ 30 S. 265 Nr. 201, eingehend: ZSR 20 S. 311 ff.). Die Begründung eines direkten Forderungsrechtes i.S. des Vertrags zugunsten Dritter darf aber nicht vermutet werden (BUCHER S. 582, ENGEL S. 600, im Ergebnis auch: BGE 88 II 360/61, vgl. SJK Nr. 365 S. 2 N 5, § 329 BGB; a.M. SJZ 30 S. 265 Nr. 201: bei Erwerb eines Objekts [Wirtschaftspatent] durch den Übernehmer, mit welchem die übernommene Schuld [Bauverpflichtung] zusammenhängt).

6   Dem Befreiungsversprechen eignet ein *präparatorischer Charakter* (VON BÜREN S. 346), d.h. dass es zur Schuldübernahme führen kann (OSER/SCHÖNENBERGER N 1 zu Art. 175 OR, KELLER/SCHÖBI IV S. 76, BUCHER S. 582, SJK Nr. 365 S. 2). Dieser entpuppt sich dann, wenn mit der *Zustimmung* des Gläubigers eine eigentliche Schuldübernahme

zustande kommt (N 50 zu Art. 175 OR), aber auch dann, wenn Übernehmer und Gläubiger eine *Neuerung* der Schuld vereinbaren (N 54 zu Art. 175 OR).

Das Befreiungsversprechen unterliegt bezüglich seines Zustandekommens den *allgemeinen Regeln des Vertragsschlusses* (Art. 1 ff. OR, KELLER/SCHÖBI IV S. 74, ENGEL S. 600, N 96 ff. Vorbem. zu Art. 175–83 OR). 7

C. Abgrenzung

Das Befreiungsversprechen ist von der *Schuldübernahme* selbst, woraus der Gläubiger (unmittelbar) berechtigt und verpflichtet wird, abzugrenzen (OSER/SCHÖNENBERGER N 3 zu Art. 175 OR). Es kann sich aber aus die Schuldübernahme durch den Gläubiger vorbereitenden Besprechungen zwischen Schuldner und Übernehmer ergeben (VON TUHR/ESCHER S. 384, vgl. OSER/SCHÖNENBERGER N 1 zu Art. 176 OR: «Vorverhandlungen» zur Schuldübernahme). Das Befreiungsversprechen selbst kann präparatorisch für die Schuldübernahme wirken (N 6 zu Art. 175 OR und N 7 zu Art. 176 OR). 8

Zur – präparatorischen – internen «Schuldübernahme» bei der *Vermögens- und Geschäftsübernahme* (Art. 181/82 OR; SJK Nr. 365 S. 1 N 2) s. N 12 zu Art. 181 OR. 9

D. Rechtsvergleichung

Das *BGB* regelt den das Befreiungsversprechen betreffenden Tatbestand unter *Erfüllungsübernahme* in § 329 (ENGEL S. 600, vgl. N 340 Vorbem. zu Art. 175–83 OR). Die deutsche Literatur, soweit sie sich auf § 415 BGB bezieht, kann mit Vorsicht (VON TUHR/ESCHER S. 384 N 31) insoweit herangezogen werden, als diese Bestimmung 10

Art. 175

Art. 175 OR, soweit dieser wiederum eine Zustimmung des Gläubigers fordert, entspricht (N 50 zu Art. 175 OR).

11 Zur *Erfüllungsübernahme* in § 1404 ABGB s. N 347 Vorbem. zu Art. 175–83 OR.

Kommentar zu Abs. 1

A. Übernehmer

12 Das Gesetz spricht ungenau von demjenigen, der übernimmt, statt von demjenigen, der die Befreiung verspricht (N 26 Vorbem. zu Art. 175–83 OR, N 35 zu Art. 175 OR).
Damit ist eine *vom Schuldner unterschiedene Person* erforderlich, was eine Schuldübernahme gegenüber sich selbst ausschliesst.
Darunter fallen *natürliche und juristische* Personen (Art. 11 Abs. 1 und 1. Titel des ZGB sowie Art. 52 Abs. 1 und 2. Titel des ZGB, SCHÖNENBERGER/JÄGGI N 23 Vorbem. zu Art. 1 ff. OR).

13 Juristische Personen *öffentlichen Rechts* – Staat, auch Kantone sowie Gemeinden – sind auch privatrechtliche Personen, insbesondere aber auch selbständige öffentliche Anstalten, welche zwecks Teilnahme am Privatverkehr begründet werden (Art. 52 Abs. 1 und 2, 59 Abs. 1 ZGB, EGGER N 14 zu Art. 59 ZGB). Diese Tätigkeit ist hier allein beachtlich (vgl. SPIRIG N 182 zu Art. 164 OR).

14 In *internen Rechnungsverhältnissen* eines Gläubigers sind Schuldübernahmen wegen des Zusammentreffens von «Gläubiger und Schuldner» nicht möglich (Art. 118 Abs. 1 OR), indessen ist die analoge Awendung des OR als Dienstvorschrift denkbar (vgl. SCHÖNENBERGER/ JÄGGI N 24 Vorbem. zu Art. 1 ff. OR zur Abtretung).

15 Das – nur in Schriftform und auf Antrag des Schuldners denkbare – *Blankobefreiungsversprechen* (vgl. SPIRIG N 132 Vorbem. zu Art. 164–74 OR) durch einen nicht genannten Übernehmer ist gültig.

Der Schuldner trägt das mit der späteren Vervollständigung verbundene Risiko (vgl. GUHL/MERZ/DRUEY S. 823 zum Blankowechsel). Dieses besteht höchstens darin, dass letztlich ein von ihm in Hinsicht auf die Durchsetzung des Rückgriffs nach der Befreiung von der Schuld gegenüber dem Gläubiger (N 83 zu Art. 175 OR) ungewollter Übernehmer in die Urkunde aufgenommen wird.

Solange der Schuldner eine unvollständige Schuldübernahmeurkunde nicht einem Urkundsempfänger übergeben hat, liegt ein *Befreiungsangebot* vor, welches sich noch nicht auswirken kann (Art. 3 Abs. 1 OR). Mit der Übergabe an den Urkundsempfänger wird der auf die Übertragung der Schuld gerichtete Wille des Schuldners kundgetan. Die Entgegennahme einer solchen Blanko-Urkunde bedeutet mangels Bezeichnung des Übernehmers **nicht schon** die Annahme des Schuldübernahmeangebots durch den Urkundsempfänger, was – angesichts der noch offenen, schriftlich vorzunehmenden Bestimmung des Übernehmers – gerade nicht als lebensnahe Auffassung erscheint (a.M. BUCHER S. 551 für die Blankoabtretung). 16

Der Urkundsempfänger ist als befugt zu betrachten, sich selbst oder einen Dritten als Übernehmer zu bezeichnen. Dieser muss *bestimmbar* sein (vgl. SPIRIG N 86 zu Art. 164 OR). Dass sich der Urkundsempfänger *nachträglich* als Übernehmer bezeichnet, hat nur dann einen Sinn, wenn er ursprünglich eine anderweitige Wahlbefugnis besass; andernfalls handelt er im Auftrag des Schuldners (Art. 394 OR), was ein an sich verbotenes Selbstkontrahieren ausschliesst (VON TUHR/PETER S. 364). 17

Der Schuldner kann den Kreis der Übernehmer einengen und damit die Befugnis des Urkundsempfängers *einschränken*, indessen nicht auf den «jeweiligen Inhaber» (vgl. SPIRIG N 87 zu Art. 164 OR). 18

Überlässt der Schuldner die Bezeichnung des Übernehmers dem ersten Urkundsempfänger unter Erteilung von *Weisungen*, so vertraut er ihm die zu ergänzende Urkunde jedenfalls an und beauftragt ihn (Art. 394 OR), es sei denn die Weisungen stellten eigentliche Nebenabreden des Rechtsgrundgeschäfts dar (vgl. SPIRIG N 29 Vorbem. zu Art. 164–74 OR). 19

Die erforderliche Bestimmbarkeit des Erwerbers verlangt, dass der Schuldner mit der weisungsgebundenen Übergabe einer Schuldübernahmeurkunde seine Willenserklärung betreffend den Verfügungsvertrag abschliessend abgibt, d.h. seinen *Schuldübernahmeantrag* stellt.

Art. 175

20 Die Ergänzung der Schuldübernahmeurkunde durch den Urkundsempfänger vollendet den aufgrund der Weisung des Schuldners und der eigenen Befugnis vervollständigungsbedürftigen Antrag, wobei dieser vorher dem unbestimmten Übernehmer noch gar nicht zwecks Annahme vorgelegt werden kann. Es besteht damit bis dahin erst ein Schuldübernahmeantrag des Schuldners, entsprechend seiner für das Verfügungsgeschäft soweit notwendig bereits vollständig abgegebenen Willenserklärung (a.M. bezüglich der Blankoabtretung: ENNECCERUS/LEHMANN S. 311, welche aufgrund der von ihnen abgelehnten Rechtsfolge anders schliessen).

Übernimmt der Urkundsempfänger selbst, so nimmt er mit der Bezeichnung den Schuldübernahmeantrag an, ist er vom Übernehmer bevollmächtigt, so erfolgt der *Vertragsschluss* ebenfalls *mit der Vervollständigung der Urkunde* (Art. 32 OR).

21 Der *Zeitpunkt für den Schuldübergang* liegt – beim Befreiungsversprechen – nicht schon bei der Übergabe der allfälligen Blankourkunde durch den Urkundsempfänger an den bezeichneten Übernehmer oder beim Eintrag desselben als Übernehmer auf der Urkunde, sondern *erst bei der Zustimmung des Gläubigers* (N 50 zu Art. 175 OR). Erst dann geht in diesen beiden möglichen Fällen die Schuld über. – Vorher ist dies auch nicht gegeben, wenn der Urkundsempfänger als Bevollmächtigter des Übernehmers (Art. 32 OR) dessen Namen auf die Schuldübernahmeurkunde setzt.

22 Zu den Rechtsfolgen in der *Zwangsvollstreckung* s. N 190 ff. Vorbem. zu Art. 175–83 OR.

23 Die Übernahme einer Schuld durch eine noch nicht bestehende *Stiftung* erweist sich als unmöglich, ist doch ein Übernehmer gar nicht vorhanden; der Stifter kann sich aber nicht «nur verpflichten», die Schuld zu übernehmen (vgl. RIEMER N 13 zu Art. 80 ZGB zur Abtretung), vielmehr besteht durchaus sein Schuldübernahme**antrag** an die bestimmbare Übernehmerin. Nachträglich ist damit bloss die Annahme durch die später errichtete Stiftung notwendig (a.M. RIEMER a.a.O., SJ 37 S. 523 für die Abtretung). Dies ist insbesondere von Bedeutung, wenn die Auflage (Art. 482 ZGB) einer Schuldübernahme durch die Stiftung Inhalt einer letztwilligen Verfügung ist (Art. 81 Abs. 1 und 498 ZGB), indem sich die Rechtsnachfolge vereinfacht.

B. Schuldner

Zum Begriff des Schuldners s. SCHÖNENBERGER/JÄGGI N 20 ff. Vorbem. vor Art. 1 OR. 24

Insbesondere kann eine *Mehrheit* von Schuldnern vorliegen (SCHÖNENBERGER/JÄGGI N 22 Vorbem. zu Art. 1 OR). 25

Nicht-Schuldner (vgl. VON BÜREN S. 317 für die Abtretung) ist der zufolge ihm gegenüber erfolgter privativer Schuldübernahme nicht mehr Verfügungsberechtigte; zur Frage der Verfügungsmacht s. N 102 Vorbem. zu Art. 175–83 OR. 26

C. Befreiungsversprechen

Der Übernehmer «verpflichtet sich» gegenüber dem Schuldner, ihn von der Schuld «zu befreien», d.h. ihm die *Schuld abzunehmen* (BECKER N 4 zu Art. 175 OR). 27

Voraussetzung für das Übernahmeversprechen ist eine *Willenserklärung*, das vom Übernehmer (N 12 ff. zu Art. 175 OR) dem Schuldner (N 24 ff. zu Art. 175 OR) abgegebene Versprechen, die Schuld zu übernehmen (BECKER N 4 zu Art. 175 OR). Ein einseitiges Versprechen des Übernehmers genügt nicht; dieser wird nur dann verpflichtet, wenn das Versprechen Bestandteil eines *Vertrages* ist, was Zustimmung – die Annahme des Antrages (Art. 3 Abs. 1 OR) – des Schuldners voraussetzt (GAUCH/SCHLUEP N 3693, N 96 Vorbem. zu Art. 175–83 OR). 28
Ein Befreiungsversprechen kann sich aus den die Schuldübernahme durch den Gläubiger vorbereitenden Besprechungen zwischen Schuldner und Übernehmer ergeben (VON TUHR/ESCHER S. 384; vgl. N 6 zu Art. 175 OR).

Bei der *Auslegung* ist vor allem der vom bisherigen Schuldner verfolgte Zweck, welcher hier in der Befreiung des Schuldners liegt (vgl. BECKER N 4 zu Art. 175 OR), zu berücksichtigen. 29

Art. 175

30 Das Befreiungsversprechen soll dahin verstanden werden, dass der Übernehmer überhaupt die Handlungen verspreche, welche die Befreiung des Schuldners bewirken (VON BÜREN S. 346).

D. Schuld

31 Mit der in Art. 175 Abs. 1 OR zweimal genannten – zu übernehmenden und Gegenstand der Befreiung bildenden – Schuld ist zunächst diejenige des bisherigen *Schuldners gegenüber dem Gläubiger* bezeichnet. Sie muss – entsprechend den Verhältnissen bei der Abtretung (SPIRIG N 11 zu Art. 164 OR) – mindestens *bestimmbar* sein.

32 Zum *gleichbleibenden Inhalt* der Schuld s. N 36 ff. Vorbem. zu Art. 175–83 OR.

Zur erforderlichen *Übertragbarkeit* der – insbesondere allenfalls persönlich zu erfüllenden – Schuld s. N 106 ff. Vorbem. zu Art. 175–83 OR.

E. Übernehmen

33 *Das Versprechen, die Schuld zu «übernehmen», führt weder zwingend noch sofort zur Übernahme.*

34 Als *Intervenient* kann der Übernehmer die Schuld zwar sogleich bezahlen, nur mit Zustimmung des Gläubigers (N 50 zu Art. 175) wird er aber *Interzedent* (VON BÜREN S. 343), kann er die Schuld übernehmen.

Art. 175

F. Verpflichtung des Übernehmers

Zur *sofortigen Zahlung* – d.h. i.S. eines Zahlungsversprechens (N 47 zu Art. 175 OR) – kann sich der Übernehmer verpflichten, zu einer *Befreiung durch die Schuldübertragung* vernünftigerweise gerade nicht, da der Gläubiger zustimmen muss: Er kann es nur *bedingt* (Art. 152 OR), für den Fall, dass der Gläubiger zustimme; ob dies dem Interesse des Schuldners meistens nicht genügen würde (BECKER N 10 zu Art. 175 OR), ist dabei belanglos. **35**

Dagegen ist der «Übernehmer» *verpflichtet, die Befreiung des Schuldners auf anderem Wege (Schuldübernahme, Novation, Verrechnung) zu versuchen* (VON TUHR/ESCHER S. 382), so auch bei der Überbindung von Hypotheken beim Grundstückkauf (BGE 57 II 322, BECKER N 10 zu Art. 175 OR). **Wirklicher Übernehmer** wird er erst, wenn ihm solches gelungen ist. **36**

Die *Rechtswirkungen* beschränken sich auf die Vertragsparteien (BECKER N 13 zu Art. 175 OR, OSER/SCHÖNENBERGER N 9 zu Art. 175 OR, BUCHER S. 582, BGE 46 II 245) und erstrecken sich nicht auf den Gläubiger (KELLER/SCHÖBI IV S. 75), der aus dem Vertrag keine Rechte für sich ableiten kann (OR-TSCHÄNI N 6 zu Art. 175 OR). **37**

Der bisherige Schuldner und der Übernehmer können daher diesen Vertrag jederzeit durch Übereinkunft *wieder aufheben*, ohne dass der Gläubiger Einsprache erheben kann (BECKER N 13 zu Art. 175 OR, OSER/SCHÖNENBERGER N 9 zu Art. 175 OR; vgl. § 415 Abs. 1, 3. Satz BGB). **38**

Die *Rechtsstellung des Gläubigers* bleibt unberührt und dieselbe wie vorher. Er behält also den alten Schuldner als solchen (BECKER N 13 zu Art. 175 OR, OSER/SCHÖNENBERGER N 9/10 zu Art. 175 OR, BUCHER S. 582, SJK Nr. 365 S. 2, BGE 46 II 245/46). **39**

Zur Abgrenzung gegenüber dem *Vertrag zugunsten Dritter* s. N 279 Vorbem. zu Art. 175–83 OR, der in der Regel nicht vorliegt (BECKER N 13 zu Art. 175 OR, OSER/SCHÖNENBERGER N 9 zu Art. 175 OR). **40**

Art. 175

G. Befriedigung des Gläubigers

I. Gläubiger

41 Der Begriff des *Gläubigers als Träger des Forderungsrechts* (SCHÖNENBERGER/JÄGGI N 20 Vorbem. vor Art. 1 ff. OR) ist im Gesetz nicht definiert (VON TUHR/PETER S. 9 N 1).

42 Auf der Gläubigerseite sind *mehrere Personen* denkbar (Art. 150 Abs. 1 OR; SCHÖNENBERGER/JÄGGI N 22 Vorbem. vor Art. 1 ff. OR, OSER/SCHÖNENBERGER N 7 zu Art. 164 OR).

Gegenüber den nicht zustimmenden Gläubigern kann keine Schuldübernahme eingewendet werden.

43 Darunter fallen *natürliche und juristische Personen* (Art. 11 Abs. 1 und 1. Titel des ZGB, sowie Art. 52 Abs. 1 und 2. Titel des ZGB, SCHÖNENBERGER/JÄGGI N 23 Vorbem. zu Art. 1 ff. OR).

44 Juristische Personen *öffentlichen Rechts* – Staat, auch Kantone sowie Gemeinden – sind auch privatrechtliche Personen, insbesondere aber auch selbständige öffentliche Anstalten, welche zwecks Teilnahme am Privatverkehr begründet werden (Art. 52 Abs. 1 und 2, 59 Abs. 1 ZGB, EGGER N 14 zu Art. 59 ZGB). Diese Tätigkeit ist hier allein beachtlich (vgl. SPIRIG N 182 zu Art. 164 OR).

45 In *internen Rechnungsverhältnissen* eines Gläubigers sind Schuldübernahmen wegen des Zusammentreffens von «Übernehmer und Gläubiger» nicht möglich (Art. 118 Abs. 1 OR), indessen ist die analoge Anwendung des OR als Dienstvorschrift denkbar (vgl. SCHÖNENBERGER/JÄGGI N 24 Vorbem. zu Art. 1 ff. OR).

II. Art der Befriedigung

1. Befriedigung des Gläubigers

Soll der Übernehmer den Gläubiger befriedigen, aber ihm nicht direkt haftbar werden, so spricht man von *Erfüllungsübernahme* (BECKER N 2 Vorbem. zu Art. 175–83 OR). 46

Die aufgrund eines Befreiungsversprechens erfolgende – nicht persönlich geschuldete – *Zahlung muss der Gläubiger annehmen* (Art. 68 OR, WEBER N 160 zu Art. 84 OR, OSER/SCHÖNENBERGER N 8 zu Art. 175 OR, GAUCH/SCHLUEP N 3701, BUCHER S. 582 N 14, SJZ 24 S. 174 Nr. 41). Ist der Schuldner verpflichtet, persönlich zu erfüllen, so ist das gültige Befreiungsversprechen nicht erfüllbar (vgl. OR-TSCHÄNI N 3 zu Art. 175 OR). 47

Die Befriedigung (durch *Hinterlegung*) kann gegen den Willen des Gläubigers bewirkt werden, wenn sich dieser im Verzug befindet (Art. 96 OR, VON TUHR/ESCHER S. 382/26 N 19, SJK Nr. 365 S. 2/3). 48

Lässt sich im konkreten Fall eine *andere Befreiung nicht denken,* so kann die Zahlung verlangt werden (OSER/SCHÖNENBERGER N 8 zu Art. 175 OR, BGE 49 II 252). Die unmittelbare Leistung an den Gläubiger ist in diesem Sinne «notfalls» Vertragsinhalt des Befreiungsversprechens (VON BÜREN S. 346). – Zum eindeutigen Zahlungsversprechen s. aber N 75 ff. zu Art. 175 OR. 49

2. Zustimmung des Gläubigers

Die Zustimmung ist begrifflich eine *ergänzende Willensäusserung* eines Dritten (VON TUHR/PETER S. 150). Mit dieser stimmt der Gläubiger einer Schuldübernahme durch den – damit erst als solchen zu bezeichnenden (N 12 zu Art. 175 OR) – Übernehmer zu, **womit sich Art. 175/76 OR überschneiden.** 50

Die Gültigkeit des Befreiungsversprechens setzt nicht die Zustimmung des Gläubigers voraus (BUCHER S. 581). 51

Art. 175

52 Handelt es sich um eine einzige Schuld, so ist vorbehältlich einer entgegenstehenden Erklärung davon auszugehen, die Zustimmung des Gläubigers zum Schuldnerwechsel beziehe sich auf die ganze Schuld (BJM 1957 S. 270); damit muss auch diejenige zu einer *Teilschuld* bestimmbar sein (vgl. N 31 zu Art. 175 OR).

53 Einer *Mitteilung an den Schuldner* bedarf es nicht, da dieser nicht ebenfalls bezahlen wird, ist das Befreiungsversprechen vorangegangen, und keine Umtriebe zufolge Rückforderungen zu befürchten sind (vgl. N 68 zu Art. 176 OR).

a) Zustimmung des Gläubigers zu anderweitiger Tilgung

54 Die dem Schuldner versprochene Befreiung kann auch durch einen *Neuerungs-* oder *Verrechnungs*vertrag mit dem Gläubiger bewirkt werden (VON TUHR/ESCHER S. 382, OSER/SCHÖNENBERGER N 8 zu Art. 175 OR, BUCHER S. 582 N 13, ENGEL S. 600), aber auch durch einen *Erlassvertrag* (Art. 115 OR, KELLER/SCHÖBI IV S. 76, OR-TSCHÄNI N 7 zu Art. 175 OR).

55 Durch *Verrechnung* kann nur kraft eines Kompensationsvertrages Tilgung erfolgen, da der Übernehmer vor der Schuldübertragung einseitig nur eine eigene Schuld, nicht diejenige des Altschuldners durch Verrechnung tilgen könnte (BECKER N 10 zu Art. 175 OR); es fehlt an der Gegenseitigkeit (OSER/SCHÖNENBERGER N 8 zu Art. 175 OR).

b) Zustimmung des Gläubigers zur Schuldübernahme durch den Übernehmer

56 Die Formulierung, «dass dieser (der Übernehmer) sich zum Schuldner macht», verdreht die Rechtslage, indem dies nur der Gläubiger, als der der Verfügung über die Schuld Mächtige (N 102 Vorbem. zu Art. 175–83 OR), tun kann. Zur *Vereinbarung einer Schuldübernahme* bedarf es unter allen Umständen der Mitwirkung desselben in Verbindung mit dem Übernehmer (vgl. GUHL/MERZ/KOLLER S. 262).

57 Die Zustimmung setzt voraus, dass das Befreiungsversprechen dem Gläubiger zur Kenntnis gebracht wird; erfolgt dies durch den Übernehmer, so anstelle einer *Offerte* (SJK Nr. 365 S. 2) *zu einem*

Art. 175

Schuldübernahmevertrag (OR-TSCHÄNI N 7 zu Art. 175 OR, vgl. N 43 zu Art. 176 OR).

Stellvertretend kann dies auch der Schuldner, was indessen im Lichte der Art. 32–36 OR zu beurteilen ist.

Der Gläubiger braucht die Schuldübernahmeerklärung *nicht anzunehmen* (WEBER N 161 zu Art. 84 OR). Die Ablehnung darf gewiss nicht gegen Treu und Glauben erfolgen (Art. 2 ZGB, ZBJV 79 S. 469), indessen verstösst sie wohl kaum dagegen, wenn sie z.B. allein darum erfolgt, um vom Vertrage wegen Verzugs zurückzutreten oder eine Konventionalstrafe zu erwirken (a.M. WEBER N 161 zu Art. 84 OR); vielmehr bedarf es dazu mindestens der Offerierung eines geldwerten Zahlungsmittels, wie eines gedeckten Checks (Art. 1100 ff. OR, VON TUHR/ESCHER S. 3 N 25, BUCHER S. 585). Der Gläubiger muss auch nicht durch Zulassung der Schuldübernahme seine Stellung verschlechtern (vgl. VON TUHR/ESCHER S. 393).

58

Ob eine *Zustimmung des Gläubigers zu jedem beliebigen Schuldnerwechsel* im Lichte der übermässigen Bindung von Art. 27 ZGB unzulässig ist (vgl. KRAMER N 228 zu Art. 19/20 OR, BGE 67 II 131 für den Bürgen), muss nach den Umständen entschieden werden. Dazu gehören insbesondere auch die wirtschaftlichen Verhältnisse des Gläubigers, welchem es auch offensteht, den bisherigen Schuldner entgegenkommenderweise zu entlasten, indem er einen ebenso schwachen oder schwächeren Übernehmer annimmt.

59

Übernahme durch *mehrere Übernehmer* ist denkbar; für die Befreiung des Schuldners genügt es, dass der Gläubiger der Schuldübernahme gegenüber einem einzigen zustimmt. Ist dies gegenüber mehreren der Fall, so haften diese nach Art. 143 OR.

60

Bei *Kettenschuldübernahme* genügt Mitteilung und Genehmigung gegenüber demjenigen, der die Schuld übernehmen will; eine besondere Genehmigung der vorangehenden Übernehmer ist nicht erforderlich (vgl. PALANDT N 6 zu § 415 BGB).

Art. 175

III. Ansprüche der Beteiligten

1. Anspruch des Gläubigers

61 Der Gläubiger kann aus dem Befreiungsversprechen für sich – *grundsätzlich – keine Ansprüche* ableiten; er kann nicht gegen den Übernehmer (mit Erfolg) klagen (BECKER N 13 zu Art. 175 OR, OSER/SCHÖNENBERGER N 9 und 10 zu Art. 175 OR, BUCHER S. 582, SJK Nr. 365 S. 2, BGE 46 II 245, SJZ 12 S. 20 Nr. 3).

62 Ein *direkter Anspruch* des Gläubigers ist beim Befreiungsversprechen gegeben, wenn

– Schuldner und Übernehmer dies vereinbaren (N 5 zu Art. 175 OR),
63 – der Gläubiger sich die Rechte des Schuldners gegenüber dem Übernehmer – allenfalls in der Zwangsvollstreckung (N 190 ff. Vorbem. zu Art. 175–83 OR) – abtreten lässt (vgl. ENGEL S. 559/600: ausschliesslich).

64 *Weigert sich der Gläubiger*, einer Schuldübernahme zuzustimmen, so kann er bei Fälligkeit der Forderung den Schuldner belangen (GAUCH/SCHLUEP N 3701), sofern er nicht in der Folge vom Übernehmer durch Zahlung befriedigt worden ist.

2. Anspruch des Übernehmers

65 Zum blossen Anspruch des Übernehmers gegenüber dem Gläubiger auf *Annahme einer Zahlung* s. N 47 zu Art. 175 OR.

66 Weil auch der Vertrag über die Erfüllungsübernahme (das Befreiungsversprechen) nach *Treu und Glauben* auszuführen ist, hat auch der bisherige Schuldner in der durch die Umstände gebotenen Art und Weise zur Ermöglichung der Erfüllung beizutragen. Hat eine Fabrik für eine andere die Erfüllung übernommen, so muss der Schuldner die ihm vom Gläubiger erteilten Weisungen und Instruktionen ohne Verzug an den Übernehmer weiterleiten und Material, das der Gläubiger zur Verfügung stellt, prüfen, eventuell bemängeln oder zurückweisen

und dem Übernehmer dafür Annehmbares zustellen (BECKER N 12 zu Art. 175 OR).

Der Übernehmer kann *keine Einreden* (N 5 zu Art. 179 OR) 67 dem Gläubiger gegenüber erheben, wie sie aus seinem Verhältnis zum alten Schuldner gemäss dem Übernahmeversprechen und dem zugrunde liegenden Verhältnis hervorgehen. Wenn in Erfüllung des Schuldbefreiungsversprechens eine Schuldübernahme gegenüber dem Gläubiger hinzugekommen ist, dann trifft Art. 179 Abs. 3 OR zu (a.M. OSER/SCHÖNENBERGER N 11 zu Art. 175 OR)

Hat der Übernehmer als Geschäftsführer oder Beauftragter des 68 Schuldners gehandelt, so hat er gegen ihn *Regress* und kann je nach Umständen bei Fälligkeit der Schuld Deckung oder nach Zahlung der Schuld Erstattung des Gezahlten verlangen. Für diesen Regress gibt es keine Subrogation in die dem Gläubiger zustehenden Sicherheiten, da die Subrogation als Ausnahmerecht nicht analog ausgedehnt werden kann (VON TUHR/ESCHER S. 383 N 20); solche Ansprüche beurteilen sich nach dem zwischen den beiden bestehenden Rechtsverhältnis (vgl. WEBER N 74 zu Art. 68 OR).

Die Leistung an einen *Solidargläubiger* allein befreit den zahlenden 69 Übernehmer, als Solidarschuldner einer solchen Schuld, gegenüber allen Solidargläubigern (Art. 150 Abs. 2 OR).

3. Anspruch des Schuldners

Bezüglich des Anspruchs des Schuldners auf Leistung durch den 70 Übernehmer sind die Verhältnisse vor und nach Fälligkeit der Forderung sowie bei durch ihn selbst erfolgter Zahlung zu unterscheiden:

a) Anspruch des Schuldners vor Fälligkeit der Forderung

Der Anspruch des Schuldners geht auf *Befreiung* (BUCHER S. 582, 71 HASLER S. 68).

Eine bestimmte *Art der Befreiung* kann der Schuldner nicht ver- 72 langen; wie er sie zu erreichen versuchen will, ist dem Übernehmer anheimgestellt, und der Gläubiger kann sich insbesondere anders als

Art. 175

durch Zahlung der Schuld befriedigen lassen (vgl. OSER/SCHÖNENBERGER N 10 zu Art. 175 OR, BGE 57 II 322).

73 Der Schuldner hat grundsätzlich *keine Klage* gegen den Übernehmer auf Zahlung an sich oder an den Gläubiger (SJK Nr. 365 S. 3, BGE 65 II 115 = Pra 28 Nr. 143 = JdT 87 I S. 616 = Rep 73 S. 246; a.M. VON BÜREN S. 347: nur «praktisch kaum vollstreckbar», ZWR 1981 S. 207 Erw. 1), da die Art der Befreiung im Ermessen des Übernehmers liegt und nach Art. 175 Abs. 3 OR der ausschliessliche Anspruch auf Sicherheitsleistung gegeben ist (BlZüR 18 Nr. 121; SJZ 39 S. 410, VON BÜREN S. 347).

74 Zum *Sicherstellungsanspruch* des Schuldners vor Fälligkeit der Forderung s. N 93 ff. zu Art. 175 Abs. 3 OR.

b) Anspruch des Schuldners nach Fälligkeit der Forderung

75 Streitig ist, ob der Schuldner nun verlangen kann, dass der Übernehmer den Gläubiger *durch Zahlung befriedige*:
Dies bleibt nach Eintritt der Fälligkeit die einzige Möglichkeit, ohne Zustimmung des Gläubigers die Verbindlichkeit zur Erledigung zu bringen; wenn der Übernehmer bis zur Fälligkeit nicht imstande war, die Schuldbefreiung (recte: -übernahme) zu bewirken, so zeigt das, dass ihm dieser Weg eben nicht offensteht (BECKER N 11 zu Art. 175 OR, VON BÜREN S. 347, HASLER S. 69).

76 Die Argumentation, der Schuldner könne eine bestimmte Art der Befreiung auch nach der Fälligkeit der Schuld nicht verlangen, da sich auch jetzt der Gläubiger noch durch ein anderes Verhalten als durch Zahlung der Schuld befriedigen lassen könne (OSER/SCHÖNENBERGER N 10 zu Art. 175 OR, BGE 57 II 322), wird zurecht als *reichlich theoretisch* betrachtet (SJZ 39 S. 410).

77 Dass sich der Schuldner (als Gläubiger des Befreiungsanspruchs) bei Fälligkeit der Forderung nach Art. 98 Abs. 1 OR ermächtigen lassen könne, die *Leistung auf Kosten des Übernehmers (als des Schuldners) vorzunehmen* (VON TUHR/ESCHER S. 382: «vollstrecken», OSER/SCHÖNENBERGER N 10 zu Art. 175 OR: «nach Art. 98 OR vorgehen», SJK Nr. 365 S. 3, BlZüR 44 Nr. 90 S. 196), verfängt nicht.

Art. 98 OR beschlägt, wie im Marginale festgehalten, nur die Verpflichtung zu einem Tun (VON TUHR/ESCHER S. 92, SJZ 39 S. 410). Soweit der Übernehmer sich um die Zustimmung des Gläubigers zu einer Schuldübernahme bemühen muss, kann er diesen nicht zwingen (N 50 zu Art. 175 OR). Damit steht dies aber auch nicht dem Schuldner (und Gläubiger des Befreiungsversprechens) zu.

78 Der schuldnerische Anspruch ist somit *nicht vollstreckbar, sondern nur durch den Sicherstellungsanspruch gesichert* (Art. 175 Abs. 3 OR, vgl. VON BÜREN S. 347, GAUCH/SCHLUEP N 3698).

79 Der Schuldner könnte – grundsätzlich – aus dem Vertrag mit dem Übernehmer (Befreiungsversprechen) von diesem verlangen, dass er die Frage zur Entscheidung bringe. Diese Umständlichkeit wird durch Art. 177 OR vermieden (BECKER N 3 zu Art. 177 OR), aber nur insoweit, als der Schuldner nach dessen Abs. 1 dem Gläubiger *Frist ansetzen* kann, um einen bereits erfolgten Antrag des Übernehmers anzunehmen; Stillschweigen gilt als Ablehnung (N 44 zu Art. 177 OR).

80 Zur *Zwangsvollstreckung* nach Fälligkeit der Forderung s. N 191 und 199 Vorbem. zu Art. 175–83 OR.

81 Im Falle einer bereits mit negativem Ergebnis für den Gläubiger erfolgten *Pfandverwertung* kann der Schuldner Zahlung an sich verlangen (VON TUHR/ESCHER S. 381 N 15a, VON BÜREN S. 347, BGE 65 II 115 = Pra 28 Nr. 143 = JdT 87 S. 616 = Rep 73 S. 246, BlZüR 44 Nr. 90 S. 196).

c) Anspruch des Schuldners bei eigener Zahlung

82 Aufgrund der Leistung des Schuldners *erlischt die Forderung* des Gläubigers (GAUCH/SCHLUEP N 3701). Muss der Schuldner wegen Nichterfüllung der Schuld durch den Übernehmer zahlen, so wird sein Anspruch gegen diesen durchwegs bejaht (VON TUHR/ESCHER S. 382 und N 17, BECKER N 16 zu Art. 175 OR, GUHL/MERZ/KOLLER S. 264, KELLER/SCHÖBI IV S. 76, VON BÜREN S. 347, GAUCH/SCHLUEP N 3701, ENGEL S. 600, SJK Nr. 365 S. 1 N 2, HASLER S. 70, BGE 79 II 152/53, BlZüR 1 Nr. 41, EGV 1976 S. 57); er lässt sich je nach den Umständen wie folgt verschieden begründen:

Art. 175

83 Ob ein *Rückgriffsrecht* des den Gläubiger befriedigenden Übernehmers oder Schuldners besteht oder nicht, bestimmt sich ausschliesslich nach deren Innen-(Rechtsgrund-)verhältnis. Auch wenn zwischen ihnen keine Solidarität vorliegt, soll der Rückgriffsberechtigte nicht schlechter gestellt sein als beim Schuldbeitritt, so dass auf ihn die Rechte des befriedigten Gläubigers übergehen (SJK Nr. 365 S.4).

84 Einen *zweiseitigen Vertrag* vorausgesetzt, kann der Schuldner gegen den Übernehmer nach Art. 107 OR vorgehen, wenn die Befreiung ausbleibt (BUCHER S. 582).

85 Dem Schuldner erwächst gegen den Übernehmer unter den Voraussetzungen von Art. 97 OR ein *Schadenersatzanspruch*, wenn die Befreiung unterbleibt und der Gläubiger die Forderung (erfolgreich) gegen ihn geltend macht (KELLER/SCHÖBI IV S. 76, VON BÜREN S. 347, ENGEL S. 600). Wird zufolge des Erlöschens der Forderung des Gläubigers aufgrund der Leistung des Schuldners die Befreiung durch den Übernehmer unmöglich, führt dies bei Verschulden zu dessen Schadenersatzpflicht (GAUCH/SCHLUEP N 3701); wenn der Übernehmer beweist, dass ihn kein Verschulden trifft, so versagen indessen die Grundsätze von Art. 97 ff. OR (BECKER N 16 zu Art. 175 OR).

86 Eine *ungerechtfertigte Bereicherung* kann platzgreifen, wenn der vertragliche Schadenersatz entfällt (N 73 zu Art. 175 OR). Es verwandelt die Befreiungsforderung des Schuldners in einen Anspruch auf Erstattung dessen, was er an seinen Gläubiger geleistet hat, da der Übernehmer grundlos bereichert ist, wenn das, was er zahlen sollte, vom Schuldner gezahlt wird (Art. 62 OR, VON TUHR/ESCHER S. 382 und N 17, GUHL/MERZ/KOLLER S. 264, BGE 79 II 152/53 unter Hinweis auf: VON TUHR/SIEGWART, Allg. Teil des Schweizerischen OR, Zürich 1944, (recte:) S. 830 N 17).

87 DES GOUTTES vertritt die Auffassung, dass der Rückgriffsberechtigte nicht schlechter gestellt sein soll als bei der kumulativen Übernahme (Schuldbeitritt), auch wenn zwischen ihnen Solidarität nicht vorliege, so dass auf den Schuldner die Rechte des befriedigten Gläubigers übergingen; Art. 70/136/141 und 143 über die *Solidarität* seien anwendbar, insbesondere Art. 149 OR betreffend den Übergang der Gläubigerrechte auf den den Gläubiger befriedigenden Schuldner (SJK Nr. 365 S. 1 N 2 und S. 4). In der Tat spricht die analoge Interessenlage der beiden Dreiecksbeziehungen für eine solche Lösung.

Auf den Ersatz aller notwendigen, nützlichen und den Verhält- **88** nissen angemessenen Aufwendungen samt Zinsen (vgl. BlZüR 33 Nr. 131) nebst weiterem Schadenersatz nach Ermessen des Richters (Art. 422 Abs. 1 OR) zielt die vorgeschlagene Anwendung der Bestimmungen über die *Geschäftsführung (des Schuldners) ohne Auftrag (des Übernehmers)* ab (BECKER N 16 zu Art. 175 OR, HASLER S. 70 unter Berufung auf: HELLWIG, Verträge auf Leistung an Dritte, 1899, S. 190, SJK Nr. 365 S. 1 N 2). Ein fehlender Vertrag (Auftrag) ist hier indessen vorausgesetzt, was durch das Befreiungsversprechen ausgeschlossen wird.

Die Zahlung einer Schuld eines *Solidarschuldners* wirkt sich gegen- **89** über den weiteren Solidarschuldnern befreiend aus (Art. 147 Abs. 1 OR), wenn auch vorbehältlich des Übergangs der Gläubigerrechte auf den zahlenden Übernehmer (Art. 149 Abs. 1 OR).

IV. Zeitpunkt

1. der Zustimmung

Zustimmung des Gläubigers ist *zum voraus* möglich, z.B. bei einer **90** zu gründenden AG (Art. 645 OR, vgl. BECKER N 10 Vorbem. zu Art. 164–74 OR betr. Vertragsübertragung).

2. der Befreiung

Die Erfüllung des Schuldbefreiungsversprechens kann nur sogleich **91** geleistet und gefordert werden, wenn weder durch Vertrag noch durch die Natur des Rechtsverhältnisses deren *Zeit bestimmt* ist (Art. 75 OR, vgl. OSER/SCHÖNENBERGER N 8 zu Art. 175 OR).

a) Zeitpunkt der Befreiung bei Vereinbarung

Vorab kommt es darauf an, ob nichts anderes vereinbart ist (vgl. **92** VON TUHR/ESCHER S. 382, BECKER N 15 zu Art. 175 OR, KELLER/

Art. 175

SCHÖBI IV S. 76, wohl auch: ENGEL S. 600, SJK Nr. 365 S. 2). Nicht ausgeschlossen ist, dass nach der Vertragsintention bei noch nicht fälliger Schuld der Übernehmer (statt der ihm gemäss Art. 81 Abs. 1 OR zur Verfügung stehenden Zahlungsmöglichkeit) einfach bis zur Fälligkeit zuwarten kann (HASLER S. 65).

b) Zeitpunkt der Befreiung bei nicht fälliger Schuld

93   Die gesetzliche Regel hat den *Normalfall* im Auge, dass die zu übernehmende Schuld nicht fällig ist (BECKER N 10 zu Art. 175 OR), was sich auch daraus ergibt, dass Sicherheitsleistung gefordert werden kann (Art. 175 Abs. 3 OR).

94   Ist die Schuld nicht fällig, so liegt es nicht im Sinn des Vertrages, dass der Übernehmer zu einer *vorzeitigen Bezahlung* des Gläubigers (welche dieser in der Regel nach Art. 81 OR annehmen müsste) verpflichtet ist (VON TUHR/ESCHER S. 382). Dieser ist auch – liegt die Frist in seinem Interesse – nicht verpflichtet, eine vorzeitige Leistung anzunehmen (BECKER N 15 zu Art. 175 OR).

95   Der Schuldübernehmer verpflichtet sich spätestens auf den Zeitpunkt, da der Schuldner in Anspruch genommen wird (HASLER S. 65 unter Hinweis auf § 318 Abs. 1 E-BGB). Durch die *Hinauszögerung der Erfüllung* durch den Übernehmer würde der Schuldner in Verzug geraten und sich seine Rechtslage ungünstiger gestalten (BECKER N 11 zu Art. 175 OR, BlZüR 18 Nr. 121).

96   Das *Sicherstellungsbegehren* rechtfertigt sich aufgrund des Umstands, dass die Befreiung des alten Schuldners nicht sofort zu geschehen braucht, z.B. wenn die Schuld noch nicht fällig ist und die Bereitwilligkeit des Gläubigers zum Abschluss eines Schuldübernahmevertrags oder zu einer anderen nicht in Realerfüllung bestehenden Befreiungsannahme fehlt (OSER/SCHÖNENBERGER N 12 zu Art. 175 OR, a.M. BUCHER S. 585: «vermutungsweise»). Dass der Altschuldner das Recht auf Befreiung innerhalb einer angemessenen Frist nach dem Zustandekommen des Befreiungsversprechens habe und nicht erst auf den Zeitpunkt der Fälligkeit der zu übernehmenden Schuld (BECKER N 15 zu Art. 175 OR), kann angesichts des klar vorgesehenen blossen Sicherstellungsanspruchs nicht zutreffen.

Art. 175

c) Zeitpunkt der Befreiung bei fälliger Schuld

Hier hat der Übernehmer *sofort alles vorzukehren*, d.h. bei Verweigerung der Zustimmung durch den Gläubiger zur Schuldübernahme zu zahlen (vgl. VON BÜREN «Notfall» S. 346). 97

Bei der Überbindung von *Hypotheken* beim Grundstückkauf hat der Verkäufer (=Schuldner) sogar im Zweifel nicht Anspruch auf Befreiung schon vor oder bei der Fertigung (BGE 57 II 320), sondern es ist dem Käufer (=Übernehmer) eine angemessene Frist zur Erfüllung seines Versprechens einzuräumen (BECKER N 10 zu Art. 175 OR; N 40 zu Art. 183 OR). 98

V. Umfang der Befreiung

Die Befreiung hat *im Umfang des Versprochenen* zu erfolgen. 99

Der Schuldner hat auch Anspruch darauf, dass allfällige (von ihm gestellte) *Sicherheiten ausgelöst und Regressansprüche beseitigt* werden (BECKER N 11 zu Art. 175 OR). 100

Kommentar zu Abs. 2

A. Allgemeines

Der Übernehmer (der die Befreiung versprochen hat) kann die Erfüllung verweigern, wenn der Schuldner seinen Verpflichtungen aus dem der Übernahme *zugrunde liegenden Rechtsgeschäft* nicht nachkommt (N 52 Vorbem. zu Art. 175–83 OR, BECKER N 2 zu Art. 175 OR); z.B. wenn eine Bank verspricht, im Rahmen eines gedeckten Kredits zur Tilgung einer Kaufpreisschuld ein Akkreditiv zur Verfügung zu stellen (BECKER N 3 zu Art. 175 OR). 101

Art. 175

102 Angesprochen sind hier die wesentlich zweiseitigen, synallagmatischen Verträge (OR-Tschäni N 8 zu Art. 175 OR, von Tuhr/Peter S. 149 N 38).

Art. 175 Abs. 2 ist eine spezielle Anwendung des in Art. 82 OR aufgestellten Grundsatzes und kann daher nur Anwendung finden, wenn der Übernehmer nach dem Vertrag *nicht vorleisten* muss (Becker N 14 zu Art. 175 OR, Gauch/Schluep N 3699/2220, von Büren S. 347, Hasler S. 69; a.M. SJK Nr. 365 S. 3, welche die beiden Bestimmungen gleichsetzt; von Tuhr/Escher S. 382 N 19, Oser/Schönenberger N 11 zu Art. 175 OR, Keller/Schöbi IV S. 76, Bucher S. 581, welche Art. 175 Abs. 2 OR als überflüssige und ungenaue Bestimmung betrachten).

103 Vorleistungspflicht des Schuldners entspricht den im *Grundstückhandel* herrschenden Gepflogenheiten (von Büren S. 347, vgl. Art. 82 Abs. 1 OR, SJK Nr. 365 S. 2 N 7, BGE 57 II 322 = JdT 80 S. 149 ff.; N 40 zu Art. 183 OR).

B. Beteiligte

104 Der *Übernehmer* (N 12 ff. zu Art. 175 OR) steht hier dem *Schuldner* (N 24 ff. zu Art. 175 OR) gegenüber.

C. Zur Erfüllung anhalten

105 Mit der umständlichen Formulierung, dass der Übernehmer zur Erfüllung dieser (aus dem Befreiungsversprechen fliessenden Pflicht) nicht angehalten werden kann, verweigert das Gesetz – anders als umgekehrt in Art. 82 Abs. 1 OR – nicht etwa ein Klagerecht. Der Schuldner kann – wenn auch nicht mehr – die Befreiung vom Übernehmer verlangen (N 71 zu Art. 175 OR) oder aber Sicherstellung (Art. 175 Abs. 3 OR).

D. Einrede des Übernehmers

«Solange» der Schuldner seiner Pflicht nicht nachgekommen ist, steht dem Übernehmer die *Einrede des nicht erfüllten Vertrags* zu (vgl. VON TUHR/PETER S. 16, VON TUHR/ESCHER S. 382 N 19), welche nachher entfällt. **106**

E. Zugrunde liegende Verpflichtungen

Es handelt sich richtigerweise um die dem *Befreiungsversprechen* und nicht um die dem Schuldübernahmevertrag zugrunde liegenden Verpflichtungen (N 52 Vorbem. zu Art. 175–83 OR). **107**

F. Erfüllung

Den betreffenden Verpflichtungen «nachkommen» heisst diese *erfüllen* (vgl. Art. 82 OR; zur Erfüllung: SCHRANER Komm. zu Art. 68 ff. OR). **108**

Art. 175

Kommentar zu Abs. 3

A. Allgemeines

109 Das Gesetz räumt dem Schuldner, um ihn vor den Folgen der Inanspruchnahme durch den Gläubiger zu schützen, gegen den Übernehmer einen Anspruch auf *Sicherheitsleistung* ein (KELLER/SCHÖBI IV S. 76).

110 Da der Befreiungsanspruch *nicht vollstreckbar* ist (N 73 zu Art. 175 OR), gibt Art. 175 Abs. 3 OR dem Schuldner das Recht, vom Übernehmer Sicherheit anzufordern (VON BÜREN S. 347, GAUCH/SCHLUEP N 3698).

111 Der Sicherstellungsanspruch rechtfertigt sich auch daraus, dass die *Befreiung des alten Schuldners nicht sofort* zu geschehen braucht, z.B. wenn die Schuld noch nicht fällig ist und die Bereitwilligkeit des Gläubigers zum Abschluss eines Schuldübernahmevertrags oder zu einer anderen nicht in Realerfüllung bestehenden Befreiungsannahme fehlt (vgl. OSER/SCHÖNENBERGER N 12 zu Art. 175 OR, BECKER N 15 zu Art. 175 OR, ENGEL S. 600, BGE 65 II 115 = Pra 28 Nr. 143 = JdT 87 I S. 616 = Rep 73 S. 246).

112 Art. 175 Abs. 3 OR schliesst deshalb die *Anwendung des allgemeinen Vertragsrechts* über die Folgen der Nichterfüllung bis zur Fälligkeit der übernommenen Schuld aus (BECKER N 15 zu Art. 175 OR).

B. Unterbleiben der Befreiung

113 Art. 175 Abs. 3 OR greift nur Platz, wenn der Übernehmer die Nichterfüllung nicht gegenüber dem Schuldner rechtfertigen kann, also z.B. nicht während der Dauer eines Annahmeverzugs durch den Gläubiger (BECKER N 14 zu Art. 175 OR).

Zur Befreiung s. N 2 zu Art. 175 OR. 114

C. Schuldner

Zum Schuldner s. N 24 ff. zu Art. 175 OR. 115

Da der Gläubiger seine Forderung gegen den bisherigen Schuldner 116
behält, spricht das Gesetz zu Unrecht vom *«alten Schuldner»* (ENGEL
S. 600).

Sicherheit kann verlangen, wer als Schuldner eventuell vom Gläu- 117
biger belangt werden kann (SJK Nr. 365 S. 3) bzw. *«befürchten muss,
belangt zu werden»* (GUHL/MERZ/KOLLER S. 263).

D. Begehren des Schuldners

Dass er Sicherheit «verlangen kann», bedeutet, dass er mit einer 118
Betreibung (Art. 38 Abs. 1 SchKG, OSER/SCHÖNENBERGER N 12 zu
Art. 175 OR), wenn nicht gar mit einer *Klage* auf Sicherheitsleistung,
gegen den Übernehmer vorgehen kann (STRÄULI/MESSMER N 8 zu § 223
ZPO-ZH).

E. Übernehmer

Das Gesetz spricht zu Unrecht vom «neuen» Schuldner (VON TUHR/ 119
ESCHER S. 383 N 21), da der Gläubiger seine Forderung gegen den
bisherigen behält. Gemeint ist der *Übernehmer,* welcher ein *Befreiungsversprechen* abgegeben hat (N 12 ff. zu Art. 175 OR).

Art. 175

F. Sicherheit

120 Die Sicherheit ist im Sinne einer *Deckung* zu verstehen: Der Übernehmer hat die für die Befriedigung des Gläubigers nötigen Mittel bereitzustellen, soweit nicht durch Pfand gedeckt, so dass der Schuldner nicht in die Lage kommt, bei Fälligkeit der Schuld aus eigenem Gelde zahlen (recte: Vermögen leisten) zu müssen (VON TUHR/ESCHER S. 382 N 16d, SJK Nr. 365 S. 3 und N 9). Die Sicherstellung ermöglicht es dem Schuldner, dem Gläubiger zu leisten, falls gegenüber dem Übernehmer bei Fälligkeit nicht vollstreckt werden kann (ENGEL S. 600), indem er die Sicherheit freigibt.

121 Der Schuldner kann Sicherheiten verlangen, auch wenn die Schuld *nicht fällig* ist (SJK Nr. 365 S. 3, SJZ 39 S. 411).

122 Der Anspruch des Schuldners auf Sicherheitsleistung besteht namentlich, wenn er *seine aus dem Vertrag sich ergebende Leistung erbracht* hat (VON TUHR/ESCHER S. 382 N 16c).

123 Die Stellung von *Real- oder Personalsicherheiten* kommt in Frage (ZSR 45 S. 236 ff., SJZ 39 S. 409 ff.), Garantie, Hinterlegung (OR-TSCHÄNI N 15 zu Art. 175 OR).

124 Die *Folgen der Nichtleistung* der Sicherheit sind in Art. 97 ff. OR geregelt; auch der Rücktritt nach Art. 107 ff. OR ist nicht ausgeschlossen (OSER/SCHÖNENBERGER N 12 zu Art. 175 OR).

125 Zum Anspruch auf Sicherheitsleistung gegenüber dem *konkursiten* Übernehmer s. N 200 Vorbem. zu Art. 175–83 OR).

Art. 176

¹ Der Eintritt eines Schuldübernehmers in das Schuldverhältnis an Stelle und mit Befreiung des bisherigen Schuldners erfolgt durch Vertrag des Übernehmers mit dem Gläubiger.
² Der Antrag des Übernehmers kann dadurch erfolgen, dass er, oder mit seiner Ermächtigung der bisherige Schuldner, dem Gläubiger von der Übernahme der Schuld Mitteilung macht.
³ Die Annahmeerklärung des Gläubigers kann ausdrücklich erfolgen oder aus den Umständen hervorgehen und wird vermutet, wenn der Gläubiger ohne Vorbehalt vom Übernehmer eine Zahlung annimmt oder einer anderen schuldnerischen Handlung zustimmt.

II. Vertrag mit dem Gläubiger
1. Antrag und Annahme

¹ Le remplacement de l'ancien débiteur et sa libération s'opèrent par un contrat entre le reprenant et le créancier.
² L'offre de conclure ce contrat peut résulter de la communication faite au créancier par le reprenant ou, avec l'autorisation de celui-ci, par l'ancien débiteur, de la convention intervenue entre eux.
³ Le consentement du créancier peut être exprès ou résulter des circonstances; il se présume lorsque, sans faire de réserves, le créancier accepte un paiement ou consent à quelque autre acte accompli par le reprenant à titre de débiteur.

II. Contrat entre reprenant et créancier
1. Offre et acceptation

¹ La sostituzione nel debito di un nuovo debitore al posto e con liberazione del debitore precedente ha luogo mediante contratto fra l'assuntore e il creditore.
² La proposta dell'assuntore può farsi nel senso che egli o con la sua autorizzazione il precedente debitore comunichi l'assunzione del debito al creditore.
³ L'accettazione del creditore può essere espressa o risultare dalle circostanze, ed è presunta se egli abbia senza riserve accettato dall'assuntore un pagamento o aderito ad altro atto implicante la qualità di debitore.

II. Contratto col creditore
1. Proposta ed accettazione

¹ Il remplazzament da l'anteriur debitur e sia liberaziun succeda tras in contract tranter il surpigliader ed il creditur.
² La proposta dal surpigliader po succeder qua tras ch'el, u cun ses consentiment il debitur da fin uss, dat enconuschent al creditur ch'el surpiglia il daivet.
³ Il consentiment dal creditur po succeder expressivamain u sa resultar da las circumstanzas e vegn presumà, sch'il creditur accepta senza resalvas in pajament dal surpigliader u dat ses consentiment per in auter act davart dal surpigliader en sia qualitad da debitur.

II. Contract cun il creditur
1. Proposta ed acceptaziun

Art. 176

Inhaltsübersicht

Note

Allgemeines

A. Historisches 1

B. Begriffliches 2

C. Anwendungsbereich 9

Kommentar zu Abs. 1

A. Schuldnerwechsel 13
    I. Stellung des Übernehmers 14
    II. Stellung des bisherigen Schuldners 17
    III. Stellung des Gläubigers 30

B. Befreiung des bisherigen Schuldners 34
    I. Begriff 35
    II. Zeitpunkt 36
    III. Scheitern der Befreiung 39

C. Vertrag 43

Kommentar zu Abs. 2

A. Antrag 52
    I. Allgemeines 52
    II. Mitteilung 55
    III. Konkludente Handlungen 58
    IV. Widerlegung der Vermutung 62

B. Antragsteller 63

C. Gläubiger 68

Kommentar zu Abs. 3

A. Allgemeines 73

B. Art der Annahmeerklärung des Gläubigers 80
    I. Ausdrückliche Annahme 81
    II. Aus den Umständen hervorgehende Annahme 83

		Note
III.	Vermutung der Annahme	91
	1. Allgemeines	91
	2. Konkludentes Verhalten	95
	a) Zahlungsannahme ohne Vorbehalt	96
	b) Zustimmung zu anderer schuldnerischer Handlung	103
	3. Widerlegung der Vermutung	108
C. Mitteilung an den Schuldner		111

Allgemeines

A. Historisches

Nach *Art. 1207 E-OR* konnte jemand die Schuld eines andern durch Vertrag mit dem Gläubiger in der Weise übernehmen, dass er an die Stelle des bisherigen Schuldners trat (BBl 1905 II 127). In der späteren Fassung lautete Art. 1207 E-OR: «Durch Vertrag mit dem Gläubiger kann jemand die Schuld eines andern, auch ohne Mitwirkung des Schuldners, jedoch unter Wahrung der Rechte desselben, in der Weise übernehmen, dass er an die Stelle des bisherigen Schuldners tritt» (BBl 1909 III S. 807). Davon strich die nationalrätliche Kommission in der Folge insbesondere die den Schuldner betreffende Gesetzesstelle und schlug die heutige Fassung mit zwei weiteren Absätzen vor (StenBull NR XIX S. 551/52).

B. Begriffliches

Es handelt sich hier um die eigentliche Schuldübernahme nach der Vertragstheorie (N 12 Vorbem. zu Art. 175–83 OR; von Tuhr/Escher S. 383/84, Engel S. 600, SJZ 24 S. 173 Nr. 41).

Art. 176

3   Der Vertrag zwischen dem Gläubiger und dem Übernehmer, die externe Schuldübernahme, bewirkt einen *Schuldnerwechsel* (Gauch/Schluep N 3702/3714/3715, Guhl/Merz/Koller S. 262/64, Keller/Schöbi IV S. 79, Bucher S. 583, Engel S. 599, BGE 107 II 483).

4   Die externe ist eine privative und die eigentliche Schuldübernahme, da sie den Gläubiger zwar nicht seiner in Bestand und Umfang aufrechtbleibenden Forderung (vgl. Keller/Schöbi IV S. 79, Bucher S. 583, SJK Nr. 365 S. 1; a.M. von Tuhr/Escher S. 383 N 25, Gauch/Schluep N 3704, Bucher S. 583 N 18; Oser/Schönenberger N 2 Vorbem. zu Art. 175–83 OR auch: translative Schuldübernahme), aber *des bisherigen Schuldners beraubt*, welcher damit befreit wird (vgl. OR-Tschäni N 1 zu Art. 176 OR). Die eine Haftung entschwindet, eine andere entsteht an ihrer Stelle (vgl. von Büren S. 343). Der Zweck der Schuldübernahme geht dahin, dass der Übernehmer die Schuld aus eigenen Mitteln tilgen soll (von Tuhr/Escher S. 391).

5   Die Schuldübernahme erweist sich als *Verfügungsgeschäft*, nämlich als Schulderlass zugunsten des bisherigen Schuldners (Gauch/Schluep N 3704, von Tuhr/Escher S. 384 N 29, Becker N 5 Vorbem. zu Art. 175–83 OR, Bucher S. 583, SJK Nr. 365 S. 5; vgl. Larenz, Bd. I S. 472). Die gegenteilige Meinung, wonach eine Verfügung über eine Schuld unmöglich sei, da nur das Eingehen einer neuen Verpflichtung einen Subjektswechsel bringen könne, wird zwar bildhaft damit begründet, dass ein Loch nicht verschoben, nur neu gegraben werden könne (von Büren S. 341 und N 115 = Jherings Jahrbücher Bd. 6 S. 172 Anm. 1), kann aber die Tatsache des die Verfügung darstellenden Schulderlasses nicht beseitigen.

Der eigentliche Schulderlass ist als Vertrag zwischen Schuldner und Gläubiger konzipiert (Art. 115 OR), während die Schuldübernahme zwischen Übernehmer und verfügendem Gläubiger vereinbart ist (Art. 176 OR).

6   Gleichzeitig bewirkt die Schuldübernahme die Verpflichtung des Übernehmers (von Tuhr/Escher S. 383), womit auch ein *Verpflichtungsgeschäft* vorliegt (Gauch/Schluep N 3704, von Tuhr/Escher S. 389).

7   Die Abmachung zwischen dem bisherigen Schuldner und dem Übernehmer, die sogenannte interne Schuldübernahme – das *Befreiungsversprechen* (N 2 zu Art. 175 OR) – hat nicht immer die Bedeutung einer Vorbereitungshandlung (präparatorischen Charakters) für den

Abschluss eines Vertrags zwischen dem Übernehmer und dem Gläubiger (vgl. BlZüR 16 Nr. 180 S. 312, ENGEL S. 601), da es sich einerseits um zwei selbständige Verträge handelt (SJZ 24 S. 173 Nr. 41), welche nicht gekoppelt werden müssen, und anderseits die Erfüllung durch Zahlung zur Wahl steht (N 47 zu Art. 175 OR).

Die Auffassung, dass die Schuldübernahme für den Gläubiger zugleich ein Erwerbsgeschäft sei, insofern er eine Forderung gegenüber dem Übernehmer begründe (VON TUHR/ESCHER S. 389, BUCHER S. 583), verkennt, dass es sich um dieselbe Forderung wie schon gegenüber dem bisherigen Schuldner handelt (N 4 zu Art. 176 OR). Es liegt eine blosse *Verstärkung der Erfüllungserwartung* vor, zufolge der Möglichkeit des Zugriffs auf ein neues Vermögen (VON BÜREN S. 343). 8

C. Anwendungsbereich

Die eigentliche Schuldübernahme ist bezüglich aller, insbesondere *auch persönlich zu erfüllender*, Schulden möglich (N 108 Vorbem. zu Art. 175–83 OR, vgl. VON TUHR/ESCHER S. 388). 9

Zu der von Art. 176 OR nicht erfassten *kumulativen Schuldübernahme* (VON BÜREN S. 348) s. N 278 Vorbem. zu Art. 175–83 OR. 10

Zur Anwendung von Art. 176 OR auf das *Grundpfand* s. N 29 zu Art. 183 OR. 11

Zu den von den Nebenwirkungen der Schuldübernahme betroffenen (GAUCH/SCHLUEP N 3714) *Nebenrechten* s. Komm. zu Art. 178 OR; zu den *Einreden* s. Komm. zu Art. 179 OR. 12

Art. 176

Kommentar zu Abs. 1

A. Schuldnerwechsel

13   Diesen umschreibt das umständliche Gesetz mit dem Eintritt des Schuldübernehmers in das Schuldverhältnis an Stelle des bisherigen Schuldners.

I. Stellung des Übernehmers

14   Der Übernehmer wird neu Schuldner der übernommenen Verpflichtung, was das Gesetz mit dem «Eintritt an Stelle des bisherigen Schuldners» ausdrückt (vgl. VON TUHR/ESCHER S. 383, GAUCH/SCHLUEP N 3715). Dies ist die *eine Hauptwirkung* des Schuldübernahmevertrags; zur anderen s. N 34 zu Art. 176 OR.

15   Das Schuldverhältnis, in welches der Übernehmer eintritt, ist zu unterscheiden vom *Vertragsverhältnis* (N 228 ff. Vorbem. zu Art. 175–83 OR).

16   Der Übernehmer (der Schuld) wird beim zweiseitigen Vertrag überhaupt *nicht Vertragspartei* (BECKER N 3 Vorbem. zu Art. 175–83 OR, vgl. GAUCH/SCHLUEP N 3713), so dass er *Gestaltungsrechte*, wie Wandelung aus dem Kaufvertrag, nicht geltend machen kann (BUCHER S. 586 und N 44, OSER/SCHÖNENBERGER N 11 zu Art. 176 OR). Darunter fallen auch allfällige *mit Erfüllungsrechten korrespondierende Pflichten*, wie z.B. diejenige des einzigen Arbeitgebers, der genügende Akkordarbeit zuweisen muss (Art. 326 Abs. 1 OR). Eine entsprechende Vereinbarung stellt ihrerseits wieder einen Schuldübernahmevertrag dar (a.M. offenbar GAUCH/SCHLUEP N 3715).

Art. 176

II. Stellung des bisherigen Schuldners

Die Schuldübernahme erfolgt nach herrschender schweizerischer 17
Lehre *ohne oder sogar gegen den Willen des Schuldners*, ebenso wie
der Schuldner auch gegen seinen Willen durch Leistung eines Dritten
befreit werden kann (von Tuhr/Escher S. 384 N 32, Becker N 3 zu
Art. 3, Oser/Schönenberger N 7 zu Art. 176 OR, Gauch/Schluep
N 3703/3715, Keller/Schöbi IV S. 77, Bucher S. 583 unter Hinweis
auf Art. 112 OR, OR-Tschäni N 5 zu Art. 176 OR, Engel S. 601, SJK
Nr. 365 S. 2, Hasler S. 74, BlZüR 65 N 86 unter Hinweis auf Lemp
N 9 zu Art. 202 und N 7 zu Art. 217 aZGB). Der bisherige Schuldner
hat die Entlassungserklärung des Gläubigers anzunehmen; eine weitere
Rolle im Tatbestand hat er nicht (von Büren S. 343, dazu aber N 27
zu Art. 176 [Abs. 2] OR).

Vereinzelt finden sich in der Rechtsprechung *Ausnahmen* vom Grund- 18
satz:

- Der Schuldner, der einen Rückgriff bzw. einen weiteren Prozess 19
  befürchtet, kann sich im Betreibungsverfahren einer Zahlung durch
  einen Dritten widersetzen (BGE 72 III 8/9, 83 III 102).
- Die Zustimmung des Schuldners zur Schuldübernahme wird ver- 20
  mutet, indessen nicht etwa bei der ungewöhnlichen Intervention
  seitens des Arbeitgebers durch Ablieferung ungepfändeten Lohns an
  das Betreibungsamt (BGE 76 III 84, 83 III 102).

Mit dem Hinweis auf eine *Schenkung* verbinden Lehre und Recht- 21
sprechung keine Erörterungen über den Abschluss des bezüglichen
Vertrags zwischen Übernehmer und Schuldner (BGE 78 II 326, Gauch/
Schluep N 3693, vgl. Bucher S. 581), ebensowenig hinsichtlich des
angetönten *Erlassvertrags* (von Tuhr/Escher S. 245, Gauch/Schluep
N 3704). Dies ist denkbar aufgrund einer allerdings letztlich kaum
überzeugenden Annahme gleichwertiger – die Anwendung der übrigen
Regeln ausschliessender – systematischer Stellung des Schuldübernahmevertrags gegenüber dem Schenkungs- wie auch dem Erlassvertrag.

Rechtsvergleichend ergibt sich, dass in der deutschen Lehre die 22
Frage der Bedeutung schuldnerischen Widerspruchs gegen die Schuldübernahme umstritten ist (N 23 zu Art. 176 OR). § 1406 ABGB
spricht ausdrücklich von der Schuldübernahme «ohne Vereinbarung

Art. 176

mit dem Schuldner», Art. 1272 CCit gleichermassen davon, dass sie «senza delegazione» (=ohne Anweisung) des Schuldners erfolge.

23 Während ENNECCERUS/LEHMANN nur die Zustimmung des Schuldners als nicht erforderlich betrachten (S. 334), wird verschiedentlich dessen *Zurückweisungsrecht* – e contrario desjenigen des Dritten beim zu seinen Gunsten geschlossenen Vertrag nach § 333 BGB – befürwortet (LARENZ 13.A. S. 549, STAUDINGER N 3 zu § 414 BGB; JAUERNIG/STÜRNER, BGB, 3.A. 1984, München, Anm. zu §§ 414/415; JR 1960 S. 292). Diese Auffassung wird u.a. von MEDICUS mit der Begründung bestritten, dass hier die Zurückweisung durch den Schuldner dem Gläubiger einen schon erworbenen Anspruch entzöge (Schuldrecht, Bd. I, 4. A., München, S. 31) und von SOERGEL/SIEBERT unter Hinweis auf § 267 BGB (N 5 Bem. zu §§ 414/415 und Fussnote 23), welcher aber bei Widerspruch des Schuldners eine Ablehnung der Leistung durch den Gläubiger vorsieht (Abs. 2).

24 Wird die Schuldübernahme vorbehältlich des Ausschlusses des Übernehmers mit Einreden aus seinem Rechtsgrundgeschäft mit dem Schuldner gegenüber dem Gläubiger (Art. 179 Abs. 3 OR) als *kausales Rechtsgeschäft* aufgefasst (N 90 Vorbem. zu Art. 175–83 OR), so fehlt es bei Ablehnung eines Schenkungsantrags durch den Schuldner gegenüber dem Übernehmer an einem Rechtsgrund. – Zudem mangelt es im Verhältnis des Gläubigers zum Schuldner an einem Erlassvertrag (Art. 115 OR).

25 Nach der Lebenserfahrung besteht eine *natürliche Vermutung für die Zustimmung des Schuldners zu seiner Entlastung* (N 20 zu Art. 175), so dass es ihm obliegt, den Beweis für seine Weigerung zu führen (Art. 8 ZGB).

26 Erfolgt die in unserem Kulturkreis geläufige Übernahme einer *Konsumationsschuld* durch den einen für den anderen Gast nach getrennter Bestellung in Anwesenheit des Begünstigten, so hat es dieser in der Hand, die Schuldübernahme zu verhindern. Schon die Widerlegung der Vermutung wird ihm daher nicht gelingen, und es gilt das im folgenden Gesagte.

Bei Erfüllung des vorher eingegangenen Schuldübernahmevertrags – hinter dem Rücken des Schuldners – ist davon auszugehen, dass eine solche Schuldübernahme in der selbstverständlichen Erwartung, dass Gegenrecht gehalten werde, erfolgt. Damit wird von ihm eine gleiche, künftige Gegenleistung erwartet, keine Schenkung ausgerichtet.

Ernsthaft nicht zu beseitigende Probleme stellen sich, wenn die **27** Schenkung mittels Schuldübernahme dazu dient, jemanden zu bereichern (BECKER N 8 zu Art. 239 OR) in der *Absicht, eine sonst nicht so leicht oder gar unerhältliche Gegenleistung zu erwirken, insbesondere gegenüber Organen der Staatsgewalt* (Art. 288 StGB, JR 1960 S. 292), welche sich dergestaltem Bestechungsversuch in aller Regel füglich widersetzen. Nimmt der Gläubiger die Leistung des Schuldners nicht an, weil er die seinerseitige Auseinandersetzung mit dem Übernehmer vermeiden will, so bleibt dem Schuldner nur der Weg offen, Ersatz für seine Aufwendung an den Übernehmer zu leisten.

Eine *Hinterlegung* der Leistung seitens des Schuldners erweist sich **28** als denkbar in Fällen, da die Schuldübernahme gegen seinen Willen und ohne seine Kenntnis erfolgt und weder Übernehmer noch Gläubiger seine Leistung entgegennehmen wollen (Art. 92 OR). Sie wird vom Richter nicht bewilligt (z.B. § 219 Ziff. 1 ZPO-ZH), wenn die Forderung als getilgt zu betrachten ist, somit die entscheidende Voraussetzung fehlt. Da die hinterlegte Summe dem Berechtigten herauszugeben ist (VON TUHR/ESCHER S. 78), steht danach der Richter vor denselben Problemen wie der Schuldner, kann aber bei Scheitern seiner Anstrengungen – je nach Prozessordnung – vorläufig die Leistung als Kasseneingang verbuchen (z.B. VO des Obergerichts des Kt. Zürich vom 23. November 1960 über die Verwaltung von Depositen, Kautionen und Effekten, § 19, ZG 211.13).

Eine strafrechtliche *Beschlagnahme* nach Art. 58 Abs. 1 lit. a/ **29** Abs. 4 StGB wird dagegen zu erreichen sein, wenn die Schenkung deliktisch erfolgt.

III. Stellung des Gläubigers

«Il est de l'intérêt évident du créancier de ne pas abandonner la **30** proie pour l'ombre» (ENGEL S. 601). Bei der Schuldübernahme besteht ein enger Zusammenhang mit der Person des Schuldners, weil *von dessen Zahlungsfähigkeit der Wert der Forderung für den Gläubiger abhängt*; dessen Zustimmung ist daher erforderlich, weil man ihm nicht ohne seinen Willen einen neuen Schuldner unterschieben darf (VON TUHR/ESCHER S. 380/81, OSER/SCHÖNENBERGER N 6 und zit. Vorbem.

Art. 176

zu Art. 175–83 OR, Guhl/Merz/Koller S. 262, Keller/Schöbi IV S. 76, Bucher S. 580, vgl. Gauch/Schluep N 3682 und Zit.; dazu Art. 1206 CCesp und N 11 zu Art. 180 OR). Eine Verpflichtung kann man nicht beliebig auf einen anderen abwälzen (Oser/Schönenberger N 6 Vorbem. zu Art. 175–83 OR und Zit.). Der Gläubiger muss auch nicht durch Zulassung der Schuldübernahme seine Stellung verschlechtern (vgl. von Tuhr/Escher S. 393).

31 Vermöge der Schuldübernahme kann der Gläubiger die ihm bisher gegen den bisherigen Schuldner zustehenden *Rechte direkt gegen den Übernehmer* geltend machen (Becker N 1 Vorbem. zu Art. 175–83 OR).

32 Die Befreiung des bisherigen Schuldners hat zur Folge, dass der Gläubiger *mit allen Befugnissen ausgeschlossen* ist, deren Ausübung mit der Befreiung desselben unvereinbar wäre. Insbesondere kann der Gläubiger nun nicht mehr durch Verrechnung aus dem Vermögen des bisherigen Schuldners Befriedigung suchen (Becker N 1 zu Art. 178 OR).

33 Zur *Verfügungsmacht* des Gläubigers s. N 102 ff. Vorbem. zu Art. 175–83 OR.

B. Befreiung des bisherigen Schuldners

34 Sie erfolgt aufgrund des Schuldübernahmevertrags und stellt die *andere Hauptwirkung* dar (von Tuhr/Escher S. 383/89 N 68; vgl. N 14 zu Art. 176 OR und N 50 zu Art. 179 OR).

I. Begriff

35 Befreiung des Schuldners hält das OR fest, wenn z.B.:
– in Form der Hinterlegung oder durch Verrechnung geleistet (Art. 92/147 Abs. 1/167/168/802 Abs. 2/966 Abs. 2/976/1030 Abs. 3 OR),

- von der Schuldpflicht entbunden (Art. 402/422 je Abs. 1 OR),
- die Schuldpflicht übernommen wird (Art. 645 Abs. 2/783 Abs. 3/838 Abs. 3 OR) oder
- zufolge Eintragung des Erwerbers im Aktienbuch (Art. 687 Abs. 3 OR).

Dies bedeutet, dass den Schuldner keine Schuldpflicht mehr trifft.

II. Zeitpunkt

Bezieht sich die Schuldübernahme auf eine dem Gläubiger *noch nicht zustehende oder eine künftige Forderung*, so wird sie erst dann (durch sog. Konvaleszenz) wirksam, wenn der Gläubiger die Forderung nachträglich erwirbt (VON TUHR/ESCHER S. 389). **36**

Die Schuldübernahme hat *keine rückwirkende Kraft*; ihre Wirkungen gehen insbesondere nicht auf den Zeitpunkt des Abschlusses des Befreiungsversprechens – trotz präparatorischem Charakter desselben (N 6 zu Art. 175 OR) – zurück (OSER/SCHÖNENBERGER N 11 zu Art. 176 OR, SJK Nr. 365 S. 8). **37**

Rückwirkung ist *nicht vereinbarungsweise* zu bewerkstelligen (VON TUHR/ESCHER S. 389), indessen können sich die Vertragsparteien verpflichten, einander das zu leisten, was geschuldet wäre, wenn der von ihnen gewünschte Rechtszustand schon in einem früheren Zeitpunkt bestanden hätte (VON TUHR/PETER S. 154; a.M. OSER/SCHÖNENBERGER N 11 zu Art. 176 OR, SJK Nr. 365 S. 8: unmittelbar zu vereinbarende Rückwirkung). **38**

III. Scheitern der Befreiung

Hat der *Schuldner* die Schuld, von welcher ihn der Übernehmer befreien sollte, selbst bezahlt, so verwandelt sich seine Befreiungsforderung in einen Bereicherungsanspruch auf Erstattung dessen, was **39**

Art. 176

er an den Gläubiger geleistet hat und bei Verschulden auf Ersatz weiteren Schadens (von Tuhr/Escher S. 382 N 17, BGE 79 II 153, SJZ 24 S. 173 Nr. 41).

40   Eine *Subrogation* zufolge Zahlung einer fremden Schuld (von Tuhr/ Escher S. 30/31) ist hier nach Art. 110 Ziff. 1 OR denkbar, wenn der Schuldner eine ihm zustehende Sache auf diese Weise einlöst.

41   Bei der privativen Schuldübernahme darf der Schuldner, welcher bezahlt hat, vom Übernehmer nicht den Nominalbetrag der Schuld, aber alles, was er zur Befriedigung des Gläubigers hat notwendigerweise aufwenden müssen, verlangen; z.B. nur die *Vergleichssumme* und die Aufwendungen zur Erzielung des Vergleichs (Becker N 11 zu Art. 176 OR, SJZ 24 S. 174 Nr. 41).

42   Dass es möglich sei, dass der Miterbe zahlen musste, bevor der Gläubiger den neuen Schuldner annehme (Escher N 1 zu Art. 640 ZGB), beschlägt den Fall der *Erbteilung,* u.a. durch Übernahme der Schulden (Art. 639 ZGB, N 18 ff. zu Art. 183 OR).

C. Vertrag

43   Der Gläubiger und der Übernehmer vereinbaren – *inhaltlich* –, dass der bisherige Schuldner befreit wird und der Übernehmer an seine Stelle tritt (Gauch/Schluep N 3703, vgl. Oser/Schönenberger N 3 Vorbem. zu Art. 175–83 OR).

44   Der Schuldübernahmevertrag beurteilt sich *grundsätzlich nach den Art. 1 ff. OR* (Gauch/Schluep N 3705, Guhl/Merz/Koller S. 264, Keller/Schöbi IV S. 77, OR-Tschäni N 5; vgl. BlZüR 87 Nr. 29: betr. Art. 18 Abs. 1 OR). Der Hinweis auf eine nach der Natur der Sache gewollte besondere Regelung (Becker N 4 zu Art. 176 OR) beschlägt bezüglich des Zustandekommens des Vertrags Art. 176 Abs. 2/3 und Art. 177 sowie im übrigen Art. 179 OR, welche darüber – wie auch hinsichtlich Einreden – nähere Bestimmungen aufstellen (vgl. Oser/ Schönenberger N 6 zu Art. 176 OR).

Art. 176

Eine interne Schuldübernahme (N 33 Vorbem. zu Art. 175–83 OR) 45
zwischen Schuldner und Übernehmer ist nicht vorausgesetzt, wohl aber
die Regel (GAUCH/SCHLUEP N 3703, vgl. SJK Nr. 365 S. 2), entsprechend
ihrem *präparatorischen Charakter* (N 6 zu Art. 175 OR).

Hat bei Undeutlichkeit des Ausdrucks der Übernehmer privative, 46
der Gläubiger aber kumulative Übernahme gewollt, so kann der Gläubiger den Übernehmer belangen (BUCHER S. 584 N 26); *Dissens*
liegt bezüglich der in beiden Fällen gegebenen Schuldpflicht des Übernehmers eben gerade nicht vor (a.M. VON TUHR/ESCHER S. 384 N 35,
VON BÜREN S. 349: offengelassen).

Im Zweifel ist eher auf kumulative Schuldübernahme zu schliessen, 47
da die privative einen Verzicht in sich begreift (OSER/SCHÖNENBERGER
N 2 Vorbem. zu Art. 175–83 OR, SJK Nr. 365 S. 4, BGE 46 II 68 =
SJ 98 S. 541 = JdT 68 S. 551: zwingende Gründe für privative
verlangt; für das aOR: BGE 29 II 79, ZSR 20 S. 303; a.M. ZBJV 66
S. 224 Ziff. 2 a.E. = SJZ 27 S. 50 Nr. 32: der Beibehaltung ist Ausdruck
zu geben).
Es besteht insbesondere *keine Vermutung zugunsten der privativen
Schuldübernahme*, sondern freie Beweiswürdigung (VON BÜREN S. 348,
VON TUHR/ESCHER S. 381/384 N 35, BGE 46 II 68).

Die beiden Wirkungen des Schuldübernahmevertrags sind unablösbar 48
miteinander verbunden:
Wenn die *Verpflichtung des Übernehmers* nicht zustande kommt
(z.B. zufolge seiner Handlungsunfähigkeit), so ist auch die *Verpflichtung
des Schuldners* nicht aufgehoben. Ebenso entsteht umgekehrt für den
Übernehmer keine Verpflichtung, wenn die befreiende Wirkung der
Schuldübernahme ausbleibt, weil z.B. dem Gläubiger die Verfügungsmacht über die Forderung fehlt. Daher kann man die Schuldübernahme
zu den sog. *Äquivalentenverfügungen* zählen (VON TUHR/ESCHER S. 389
N 68, FRÜH S. 10), wie z.B. die Verrechnung (VON TUHR/ESCHER S. 191
N 8).

Bei befreiender Schuldübernahme verändert sich der *Erfüllungsort* 49
für den Schuldner nicht; muss der Gläubiger – beim synallagmatischen
Vertrag – ebenfalls noch erfüllen, so hat er am Wohnsitz des Übernehmers zu leisten (WEBER N 92 zu Art. 74 OR).

Art. 176

50   Der Schuldübernahmevertrag kann i.S. von Art. 20 OR *nichtig* sein (BlZüR 17 Nr. 171 und 23 Nr. 184 S. 329/30: Selbstkontrahieren) und ist auch *anfechtbar*, z.B. wegen Willensmängeln (BlZüR 17 N 181: Täuschung)

51   Die – nur in Schriftform (vgl. N 121 Vorbem. zu Art. 175–83 OR) und auf Antrag des Schuldners denkbare – *Blankoschuldübernahme* ist gültig; zum Risiko vgl. N 15 zu Art. 175 OR.

Kommentar zu Abs. 2

A. Antrag

I. Allgemeines

52   Der Antrag – i.S. einer privativen Schuldübernahme gemäss Art. 176 Abs. 1 OR – muss für den Gläubiger zu erkennen geben, dass der Übernehmer nicht kumulativ neben dem Schuldner (d.h. i.S. eines Schuldbeitritts: N 278 ff. Vorbem. zu Art. 175–83 OR), sondern *anstelle des Schuldners verpflichtet* sei (von Tuhr/Escher S. 384), die Schuld fortan als die seinige betrachten will (von Büren S. 342).

53   Das Erfordernis einer deutlichen Übernahmeofferte wirkt sich auf die nur unter dieser Voraussetzung *zu vermutende Annahme des Gläubigers* aus (N 91 ff. zu Art. 176 OR).

54   Zum Antrag im *Grundpfandrecht* s. N 38 zu Art. 183 OR.

II. Mitteilung

Die genügend deutlich abgefasste (StenBull NR XIX S. 557) *Mitteilung ist von Gesetzes wegen als Antrag*, das Befreiungsversprechen (N 45 zu Art. 176 OR) in eine Schuldübernahme umzuwandeln, zu betrachten (VON TUHR/ESCHER S. 385, BECKER N 5 zu Art. 176 OR, KELLER/SCHÖBI IV S. 78, SJK Nr. 365 S. 2: anstelle einer Offerte). Art. 176 Abs. 2 OR bildet eine *Auslegungsregel* (BECKER N 5 zu Art. 176 OR), *eine Vermutung*, in der Mitteilung liege der Wille zur entsprechenden Umwandlung (OSER/SCHÖNENBERGER N 8 zu Art. 176 OR, KELLER/SCHÖBI IV S. 78). 55

Gemeint ist mit der *irreführenden Ausdrucksweise* – Mitteilung von der «Schuldübernahme» – diejenige des Befreiungsversprechens (OSER/SCHÖNENBERGER N 8 zu Art. 176 OR, VON TUHR/ESCHER S. 385, GAUCH/SCHLUEP N 3707; offenbar auch: GUHL/MERZ/KOLLER S. 264). 56

Auch die *unrichtige Mitteilung* – des Übernehmers –, d.h. von einem nicht zustande gekommenen oder ungültigen Befreiungsversprechen, wirkt aber als Offerte. Der Gläubiger kann eine unrichtige Mitteilung als solche annehmen, ohne deren Richtigkeit zu prüfen (ungenau: VON TUHR/ESCHER S. 385). Gibt sie der Schuldner als Vertreter fälschlicherweise ab, so kann der belangte Übernehmer dies einwenden (Art. 32 OR). 57

III. Konkludente Handlungen

Aus folgenden konkludenten Handlungen kann sich eine Offerte ergeben: 58

– *Lieferung* von Kaufgegenständen, wenn die Verpflichtung aus Kaufvertrag übernommen wurde (OSER/SCHÖNENBERGER N 8 zu Art. 176 OR, SJK Nr. 365 S. 3).
– *Entrichtung von Zinsen und Teilzahlungen*, nur wenn daraus der dahingehende Wille ersichtlich ist, weil blosse Stellvertretung für den Schuldner vorliegen (ENGEL S. 601, SJK Nr. 365 S. 4 N 12 = BGE 54 II 281) und auch zur Tilgung der Schuld des bisherigen Schuldners geschehen kann (BECKER N 5 zu Art. 176 OR, OSER/ 59

Art. 176

SCHÖNENBERGER N 8 zu Art. 176 OR, vgl. HASLER S. 81). Wenn sich der Übernehmer intern in seine Bücher als Schuldner eingetragen hat, zeigt dies aber, welche Bedeutung die (Teil-)Zahlungen hatten (BECKER N 6 zu Art. 176 OR).

60 — Die Schuldübernahme entsprach früher der Übung beim *Werkvertrag*, indem in der Vorlegung einer Kalkulation durch den Architekten, welche die zu übernehmende Schuld (Vergütungsanspruch des Ingenieurs) in sich schloss, ein Antrag erblickt wurde (BlZüR 32 Nr. 4 S. 9).

61 Ob ein Abschluss des Schuldübernahmevertrags durch konkludente Handlung in der Weise erfolgt ist, dass der Betriebene durch *Unterlassen des Rechtsvorschlags* seiner Behandlung durch den Gläubiger als Übernehmer zugestimmt hat, erweist sich insbesondere in der Grundpfandbetreibung — auch wenn nach Ausstellung eines Pfandausfallscheins die Zwangsvollstreckung auf dem Wege der Betreibung fortgesetzt werden kann (Art. 158 Abs. 2 SchKG, BGE 44 II 129) — als abklärungsbedürftig. Auch hier kommt es zunächst massgeblich auf den übereinstimmenden wirklichen Willen von Gläubiger und Schuldner an (Art. 18 Abs. 1 OR), welcher sich nicht zwingend auf die gegebene Möglichkeit der Fortsetzung der Betreibung nach Pfandausfall erstrecken muss.

IV. Widerlegung der Vermutung

62 Zum Umstossen der Vermutung genügt der Beweis, dass der auf die Schuldübernahme gerichtete *Wille, dem Gläubiger erkennbar nicht vorhanden* war, dass z.B. der «Übernehmer» mit der Mitteilung — vom zustande gekommenen Befreiungsversprechen — einen anderen Zweck verfolgte (OSER/SCHÖNENBERGER N 8 zu Art. 176 OR, KELLER/SCHÖBI IV S. 78).

B. Antragsteller

Der *Übernehmer* (N 12 ff. zu Art. 175 OR) wird vom Gesetz als derjenige bezeichnet, welcher den Antrag, den der Gläubiger annimmt, stellt (vgl. § 415 BGB). **63**

Es ist auch der umgekehrte Vorgang möglich (VON TUHR/ESCHER S. 384, GAUCH/SCHLUEP N 3706, BUCHER S. 584 N 25, SJK Nr. 365 S. 2) – *Gläubiger lädt zur Offertstellung ein* (VON TUHR/PETER S. 183) –, z.B. im Rahmen einer Sanierung (BECKER N 4 zu Art. 176 OR) oder einer Betreibung (BGE 40 II 130), was aber naturgemäss die Ausnahme bildet (OSER/SCHÖNENBERGER N 7 zu Art. 176 OR). **64**

Dass der Antrag durch den einen «oder» den anderen Beteiligten erfolgen «kann», erweist sich nicht etwa als *Kann-Vorschrift*. Es ist aber auch kein *alternativer Antragsteller* damit gemeint, indem der Schuldner den Übernehmer vertritt oder in dessen Auftrag handelt (N 4 zu Art. 177 OR). **65**

Der Schuldner ist diesfalls der – beauftragte – *Vertreter* (Art. 32/394 OR, VON TUHR/ESCHER S. 385, GAUCH/SCHLUEP N 3707, BGE 74 II 151) oder *Bote* des Übernehmers (OSER/SCHÖNENBERGER N 7 zu Art. 176 OR, VON BÜREN S. 342, BGE 46 II 246). **66**

Der Übernehmer kann den dem Schuldner (N 24 ff. zu Art. 175 OR) erteilten Auftrag *jederzeit widerrufen* und somit durch einseitigen Akt die Umwandlung des Befreiungsversprechens in eine Schuldübernahme verhindern (Art. 404 Abs. 1 OR, BGE 46 II 246; a.M. OR-TSCHÄNI N 8 zu Art. 176 OR: bei fehlender Ermächtigung). **67**

C. Gläubiger

Zum Gläubiger s. N 41 ff. zu Art. 175 OR. **68**

69 Jedenfalls muss der Gläubiger vom Befreiungsversprechen *Kenntnis erhalten* (Engel S. 601, BGE 46 II 66, vgl. N 81 zu Art. 176 OR).
Die Mitteilung muss an den *wahren Gläubiger* erfolgen, nicht z.B. an den Zedenten nach Abtretung (vgl. BGE 40 II 597 = Pra 4 S. 39).

70 Als *Vertreter des Gläubigers* kann auch der Schuldner auftreten (Art. 32 OR, SJK Nr. 365 S. 2).

71 Eine *verspätete Annahmeerklärung* kann unter Umständen als Offerte des Gläubigers zu einer Schuldübertragung (N 64 zu Art. 176 OR) gewürdigt werden (Becker N 8 zu Art. 176 OR), wenn jene deutlich genug ist (Hasler S. 84).

72 Zu der dem Gläubiger zustehenden *Überlegungsfrist* für die Annahme s. N 16 ff. zu Art. 177 OR.
Zur Anwendung von Art. 10 OR s. N 8 zu Art. 177 OR.

Kommentar zu Abs. 3

A. Allgemeines

73 Die grundsätzliche Leistungsart ist – bei der Geldforderung – *Barzahlung* (Weber N 160 zu Art. 84 OR). Der Gläubiger braucht daher die Schuldübernahmeerklärung nicht anzunehmen (Weber N 161 zu Art. 84 OR, vgl. von Tuhr/Escher S. 3 N 25 betr. Check).

74 Dass von seiten des Gläubigers die Entlassungserklärung – in bezug auf den bisherigen Schuldner – als unumgängliches Tatbestandsmerkmal erforderlich ist (von Büren S. 342), *bedeutet nicht, dass beim Schuldübernahmevertrag der Schuldner einbezogen* würde (vgl. Becker N 5 Vorbem. zu Art. 175–83 OR, BGE 107 II 481).

75 Die Annahme durch den Gläubiger setzt nicht immer dessen Kenntnis vom Befreiungsversprechen voraus (a.M. offenbar Engel S. 601, BGE 46 II 66); da ein solches zwar *präparatorischen Charakter* haben

kann (N 8 zu Art. 175 OR), indessen nicht vorliegen muss, kann der Schuldübernahmevertrag ohne Kenntnis des Schuldners abgeschlossen werden.

Handelt es sich um eine einzige Schuld, so ist vorbehältlich einer entgegenstehenden Erklärung davon auszugehen, die Zustimmung des Gläubigers zum Schuldnerwechsel beziehe sich auf die *ganze Schuld* (BJM 1957 S. 270). **76**

Die Ablehnung darf gewiss *nicht gegen Treu und Glauben* erfolgen (Art. 2 ZGB, ZBJV 79 S. 469), indessen verstösst sie wohl kaum dagegen, wenn sie z.B. allein darum erfolgt, um vom Vertrage wegen Verzugs zurückzutreten oder eine Konventionalstrafe zu erwirken (a.M. WEBER N 161 zu Art. 84 OR), vielmehr bedarf es dazu mindestens der Offerierung eines geldwerten Zahlungsmittels wie eines gedeckten Checks (Art. 1100 ff. OR, VON TUHR/ESCHER S. 3 N 25, BUCHER S. 585). **77**

Zum *Gläubiger* s. N 41 ff. zu Art. 175 OR. **78**

Zum *Grundpfandverkehr* s. N 31 zu Art. 183 OR. **79**

B. Art der Annahmeerklärung des Gläubigers

Der Wortlaut, wonach die Annahme in verschiedener Weise erfolgen «kann», meint keine Kann-Vorschrift, sondern *alternative Möglichkeiten*. Soweit keine Vermutung Platz greift, ist sie von demjenigen zu beweisen, der die privative Schuldübernahme behauptet (SJ 98 S. 543/44). **80**

Art. 176

I. Ausdrückliche Annahme

81 Es handelt sich dabei um *eine empfangsbedürftige Erklärung* (VON TUHR/PETER S. 188), welche sich mit dem Antrag deckt (Art. 1 OR) und an den Übernehmer zu richten ist (BECKER N 4 zu Art. 176 OR), es sei denn, der Schuldner sei zur Entgegennahme der Erklärung ermächtigt (VON TUHR/ESCHER S. 385 N 38).

82 Zur *verspäteten* Annahmeerklärung s. N 64 zu Art. 176 OR.

II. Aus den Umständen hervorgehende Annahme

83 Wo das Gesetz den Richter auf die Würdigung der Umstände verweist, hat er seine Entscheidung nach Recht und Billigkeit zu treffen (Art. 4 ZGB). Es handelt sich um eine *Billigkeitsentscheidung* (MEIER-HAYOZ, Komm. zum ZGB, Bern 1962, N 56/64 zu Art. 4), wobei alle rechtlich erheblichen Umstände zu beachten sind (a.a.O. N 46).
   Nicht hierzu gehören die daneben in Art. 176 Abs. 3 OR enthaltenen Voraussetzungen für die dortige Annahme der Vermutung, die vorbehaltlose Entgegennahme der Zahlung und die Zustimmung zu anderen schuldnerischen Handlungen (N 96 ff. zu Art. 176 OR).

84 Als Annahme gelten:
   – die Ausübung eines *Gläubigerrechts* gegenüber dem Übernehmer wie Mahnung, Kündigung, Stundung, Betreibung, Konkurseingabe (BECKER N 7 zu Art. 176 OR: «im Zweifel», VON TUHR/ESCHER S. 386, OR-TSCHÄNI N 8 zu Art. 176 OR),

85 – *Verlangen von Sicherheiten* (SJK Nr. 365 S. 4),

86 – *Klageerhebung* (VON TUHR/ESCHER S. 386, BECKER N 7 zu Art. 176 OR: «im Zweifel»; a.M. SJZ 26 S. 205 Nr. 39).

87 – Bei *Betreibung gegen den Übernehmer* ist davon auszugehen, dass eine Annahme vorausgegangen ist, da der Gläubiger damit jenen als neuen Schuldner anerkennt (a.M. OSER/SCHÖNENBERGER N 9 zu Art. 176 OR: «Vermutung»).

88 – In der Betreibung des vordem als *Grundpfandschuldner* – d.h. Übernehmer – abgelehnten Grundstückerwerbers auf Pfandverwertung

Art. 176

liegt die Annahme als Schuldner; die frühere Ablehnung wird damit überholt (BECKER N 7 zu Art. 176 OR, BGE 44 II 128 = JdT 67 S. 70).
- *Zustimmung zu einer Konkurseingabe* im Konkurs des Übernehmers 89 (SJZ 21 S. 25 Nr. 28).

Es ist aber der Beweis zulässig, dass der Wille des Gläubigers er- 90 kennbar nicht auf Entlassung des bisherigen Schuldners gerichtet war (BECKER N 7 zu Art. 176 OR, BlZüR 1 Nrn. 3/245 S. 294, 24 Nr. 99 Erw. 3, SJZ 36 S. 112 Nr. 21), und zwar im Zeitpunkt der konkludenten Handlung (vgl. ZBJV 79 S. 469: Entgegennahme der Zinszahlung).

Ablehnung ist nach den Umständen anzunehmen, wenn der Gläubiger, nachdem ihm die Schuldübernahme angeboten wurde, den Schuldner belangt (VON TUHR/ESCHER S. 386 N 40).

III. Vermutung der Annahme

1. Allgemeines

Eine vom Gläubiger stillschweigend angenommene Erklärung einer 91 Schuldübernahme ist nach dem *Vertrauensprinzip* auszulegen (GAUCH/ SCHLUEP N 3707, BGE 110 II 365 = ZBJV 122 S. 153, vgl. BlZüR 24 Nr. 99).

Der Beweis, dass im Verhalten des Gläubigers die Annahme des 92 – auf einen Schuldübernahmevertrag gerichteten – Antrags des neuen Schuldners zu erblicken sei, hat sich vor allem darauf zu beziehen, dass der *Gläubiger schon damals erkannt habe, dass der Übernehmer Schuldner sei.* Misslingt dieser Beweis, so sind alle andern Indizien nicht entscheidend (BECKER N 9 zu Art. 176 OR).

Da die Vermutung (der Annahme) sehr folgenreich ist, kann sie nur 93 wirksam sein, soweit die *Übernahmeofferte in aller Deutlichkeit* erfolgte (VON BÜREN S. 342, SJ 98 S. 544, BGE 46 II 246: nicht schon die Aufforderung, eine Rechnung zu stellen, und Mitteilung des Auftrags, die Rechnung zu zahlen; BGE 54 II 281: Stellvertretung).

Art. 176

94 Zur Anwendung der Vermutung auf Art. 832 ZGB bei *Veräusserung verpfändeter Grundstücke* s. N 49 zu Art 183 OR.

2. Konkludentes Verhalten

95 Das Gesetz sieht die *Entgegennahme der Zahlung* und als Generalklausel die *Zustimmung* des Gläubigers zu «anderen schuldnerischen Handlungen» des Übernehmers vor:

a) Zahlungsannahme ohne Vorbehalt

96 Die Entgegennahme der Leistung ist eine zum normalen Bestand der Forderung gehörende *Befugnis* (VON TUHR/PETER S. 16/17). Darunter fällt die im Gesetz erwähnte Leistung von Geld und damit die Zahlungsannahme.

97 Es handelt sich um in eigenem Namen entgegengenommene *Teil- oder Zinszahlungen* des Übernehmers (vgl. VON TUHR/ESCHER S. 385, BECKER N 7 zu Art. 176 OR, OSER/SCHÖNENBERGER N 9 zu Art. 176 OR, GAUCH/SCHLUEP N 3710, BGE 54 II 280, ZBJV 79 S. 469: bei Grundpfand, SJ 89 S. 184 und SJ 98 S. 544: Mieten; a.M. HASLER S. 83). Würde die ganze Schuld getilgt, so wäre ein Vorbehalt bedeutungslos.

98 *Ein Vorbehalt müsste sich darauf erstrecken, dass der bisherige Schuldner hinsichtlich der Restforderung beibehalten wird.* Die Teilleistung wird nur unter dieser Bedingung (vgl. GUHL/MERZ/KOLLER S. 54) angenommen, und der Gläubiger stimmt bloss einer kumulativen Schuldübernahme zu (N 278 Vorbem. zu Art. 175–83 OR).

99 Zur Entgegennahme der Leistung bezüglich *anderer Schulden* s. N 47 zu Art. 175 OR und N 97 ff. zu Art. 176 OR.

100 Wenn eine Versicherung von der ihr gemäss Art. 68 Abs. 1 VVG zustehenden Befugnis, die *Ersatzleistung* direkt dem geschädigten Dritten auszubezahlen, Gebrauch macht, so lässt sich daraus nicht folgern, sie habe eine Schuld übernehmen wollen (BlZüR 81 Nr. 51).

Art. 176

Aus der Entgegennahme einer *Nachlassdividende* ohne Kenntnis von einem Befreiungsversprechen lässt sich keine Annahme eines Antrags auf einen Schuldübernahmevertrag ableiten (BGE 46 II 67). 101

Konkludente Schuldübernahme bezüglich der Verpflichtungen aus Ertragsgarantie ist anzunehmen, wenn Liquidatoren einer Bank im Liquidationsverfahren das Personal wieder anstellen und sich ausdrücklich auf die alten *Arbeitsverträge* beziehen (BGE 108 II 265). 102

b) Zustimmung zu anderer schuldnerischer Handlung

Als Annahme gilt vermutungsweise die Entgegennahme und *Zustimmung zu einer Handlung* des Übernehmers oder zu einer Erklärung (vgl. VON TUHR/ESCHER S. 385), im einzelnen: 103

— die Entgegennahme einer anderen schuldnerischen Leistung als einer Zahlung (N 97 ff. zu Art. 176 OR), 104
— Entgegennahme und Zustimmung zur Kündigung, Stundung (VON TUHR/ESCHER S. 385, OSER/SCHÖNENBERGER N 9 zu Art. 176 OR, VON BÜREN S. 342; a.M. SJZ 26 S. 204 Nr. 39), 105
— Entgegennahme einer Erklärung des Übernehmers, dass er eine Neuerung vornehme (Art. 116 OR, vgl. N 6/54 zu Art. 175 OR, so wohl: SJK Nr. 365 S. 4), 106
— Zustimmung zur Verrechnung (VON TUHR/ESCHER S. 385, GAUCH/SCHLUEP N 3709, VON BÜREN S. 342). 107

3. Widerlegung der Vermutung

Die Vermutung ist *widerlegbar* (GAUCH/SCHLUEP N 3710, KELLER/SCHÖBI IV S. 79, BUCHER S. 584, OR-TSCHÄNI N 8 zu Art. 176 OR; SJ 98 S. 543/44) und widerlegt, wenn der Wille des Gläubigers, den bisherigen Schuldner beizubehalten, deutlich erkennbar ist (VON TUHR/ESCHER S. 385 N 38a). 108

Der Gläubiger kann z.B. beweisen, dass er den Zahlenden als *Vertreter des bisherigen* Schuldners habe ansehen dürfen (BGE 54 II 281). 109

Art. 176

110 Die Vermutung gilt namentlich nicht, wenn der Gläubiger nach den Umständen annehmen durfte, das Angebot des Übernehmers laute auf eine *kumulative Schuldübernahme* (N 278 Vorbem. zu Art. 175–83 OR, Gauch/Schluep N 3710, Keller/Schöbi IV S. 79, von Büren S. 343, Bucher S. 584, SJK Nr. 365 S. 4, BGE 46 II 68, 49 II 217).

C. Mitteilung an den Schuldner

111 Eine Mitteilung an den Schuldner erweist sich nicht als notwendig, indessen als *zweckmässig*, insbesondere bei bevorstehender Fälligkeit und dann, wenn kein präparatorisches Befreiungsversprechen (N 6 zu Art. 175 OR) vorausging.

Art. 177

¹ Die Annahme durch den Gläubiger kann jederzeit erfolgen, der Übernehmer wie der bisherige Schuldner können jedoch dem Gläubiger für die Annahme eine Frist setzen, nach deren Ablauf die Annahme bei Stillschweigen des Gläubigers als verweigert gilt.
² Wird vor der Annahme durch den Gläubiger eine neue Schuldübernahme verabredet und auch von dem neuen Übernehmer dem Gläubiger der Antrag gestellt, so wird der vorhergehende Übernehmer befreit.

2. Wegfall des Antrags

¹ L'offre peut être acceptée en tout temps par le créancier; le reprenant ou l'ancien débiteur a néanmoins le droit de fixer, pour l'acceptation, un délai à l'expiration duquel l'offre est censée refusée en cas de silence du créancier.
² Celui qui a offert de reprendre une dette est libéré si, avant l'acceptation de son offre, une nouvelle reprise de dette a été convenue et que le nouveau reprenant ait adressé son offre au créancier.

2. Offre annulée

¹ L'accettazione da parte del creditore può avvenire in ogni tempo, ma l'assuntore come il debitore precedente possono fissare al creditore un termine per l'accettazione, trascorso il quale si riterrà, in caso di silenzio del creditore, rifiutata l'accettazione.
² Se prima dell'accettazione del creditore è stipulata una nuova assunzione del debito ed anche dal nuovo assuntore è fatta la proposta al creditore, l'assuntore precedente è liberato.

2. Abbandono della proposta

¹ L'acceptaziun tras il creditur po succeder da tut temp; tant il surpigliader sco er il debitur precedent pon dentant fixar al creditur in termin per l'acceptaziun. Suenter la scadenza dal termin vala l'acceptaziun per refusada en cas da silenzi davart dal creditur.
² Sch'i vegn stipulà ina nova surpigliada dal daivet avant l' acceptaziun tras il creditur e sch'er il nov surpigliader fa ina proposta al creditur per surpigliar il daivet, vegn il surpigliader precedent liberà da sia obligaziun.

2. Scadenza da la proposta

Inhaltsübersicht

	Note
Allgemeines	
A. Historisches	1
B. Systematisches	3

Art. 177

Note

Kommentar zu Abs. 1

A. Annahme 11

B. Gläubiger 15

C. Jederzeitige Annahmeerklärung 16

D. Zur Fristansetzung Berechtigte 23
    I.   Übernehmer 23
    II. Bisheriger Schuldner 25

E. Frist 33
    I.   Fristansetzung 33
    II. Fristablauf 38
        1. Zeitpunkt 38
        2. Rechtsfolgen 43

Kommentar zu Abs. 2

A. Allgemeines 51

B. Verabredung einer neuen «Schuldübernahme» 54
    I.   «Schuldübernahme» 54
        1. Befreiungsversprechen 55
        2. Eigentliche Schuldübernahme 57
    II. Zeitpunkt der Verabredung. 58

C. Antrag des neuen Übernehmers 59

D. Befreiung des ersten Übernehmers 63

Allgemeines

A. Historisches

1   In *Art. 1205 Abs. 2 E-OR* war keine der heutigen gleichende Bestimmung enthalten (BBl 1905 II S. 127, 1909 III S. 807). Diese wurde

später von der Kommission des Nationalrats als Art. 1207bis Abs. 1 E-OR eingefügt (StenBull NR XIX S. 552, OSER/SCHÖNENBERGER vor N 1 zu Art. 177 OR).

Art. 1205 Abs. 3 E-OR lautete noch: «Findet eine weitere Übertragung der Schuld durch den Schuldner statt, so ist der Gläubiger, wenn es nicht anders verabredet wird, zur Annahme des ausgeschiedenen Übernehmers nicht mehr berechtigt» (BBl 1905 II S. 127, 1909 III S. 807). Mit der heutigen – vom nationalrätlichen Kommissionsentwurf nur in der Formulierung abweichenden (StenBull NR XIX S. 552 Art. 1217bis Abs. 2) – Fassung von Art. 177 Abs. 2 OR wurde dieser verunglückte Wortlaut – insbesondere «Schuldübertragung durch den (gar nicht verfügungsberechtigten) Schuldner» – beseitigt. Die in Abs. 2 aufgestellte Beschränkung der Gebundenheit an den Antrag entspricht der Auffassung, welche die kantonale Praxis im Grundstückverkehr zum Teil schon festgelegt hatte (BECKER N 7 zu Art. 177 OR und Zit.).

B. Systematisches

Antrag und Annahme des Schuldübernahmevertrags werden nach *allgemeinen Regeln* indessen in Art. 177 Abs. 1 und 2 OR *mit verschiedenen Besonderheiten* beurteilt (BECKER N 1 zu Art. 177 OR, OSER/ SCHÖNENBERGER N 1 zu Art. 177 OR; a.M. StenBull NR XIX S. 557 bezüglich Art. 1207/1207bis E-OR), welche gemäss Marginale den Wegfall des Antrags (5. Titel Lit.B Ziff. II/2) betreffen. ENGEL (S. 602) bestreitet die Notwendigkeit des Erlasses einer solchen abweichenden Bestimmung.

Art. 177 OR setzt voraus, dass dem Gläubiger durch den *Übernehmer oder seinen Stellvertreter* (Art. 32 OR) ein Antrag auf Schuldübernahme gestellt wird (vgl. BECKER N 1 zu Art. 177 OR), wobei auch der *Schuldner ermächtigt* werden kann (N 65/66 zu Art. 176 OR).

Die Abweichung von den allgemeinen Regeln des OR in Art. 177 OR betrifft Art. 4 und 5 OR (VON TUHR/ESCHER S. 386, OSER/SCHÖNENBERGER N 2 zu Art. 177 OR, BUCHER S. 585, ENGEL S. 601, vgl. GUHL/ MERZ/KOLLER S. 264: Art. 1 ff. OR, OSER/SCHÖNENBERGER N 2 zu

Art. 177

Art. 177 OR: Art. 3 ff. OR; a.M. KELLER/SCHÖBI IV S. 78: Art. 3 Abs. 1 OR).

6   Art. 177 Abs. 1 OR enthält *drei Abweichungen* von den allgemeinen Regeln des OR (GUHL/MERZ/KOLLER S. 264, GAUCH/SCHLUEP N 3709; a.M. «zwei»: OSER/SCHÖNENBERGER N 2 zu Art. 177 OR, KELLER/SCHÖBI IV S. 78, OR-TSCHÄNI N 2–3 zu Art. 177 OR). Dazu s. N 18/20 und 26 zu Art. 177 OR. Dazu tritt eine *vierte* in Art. 177 Abs. 2 OR (N 52 zu Art. 177 OR, OR-TSCHÄNI N 4 zu Art. 177 OR).

7   Wenn wegen der *besonderen Natur des Geschäfts oder nach den Umständen* ein ausdrücklicher Antrag nicht zu erwarten ist, so gilt der Vertrag als geschlossen, wenn der Antrag nicht binnen angemessener Frist abgelehnt wird (Art. 6 OR). Diese Bestimmung ist anwendbar, so z.B. wenn an Stelle eines zahlungsschwachen Schuldners eine solvente Bank die Schuld übernimmt oder an Stelle des überschuldeten Schuldners dessen angesehener Schwiegervater; denn hier wäre die Ablehnung nach der Natur des Geschäfts nicht zu erwarten (vgl. BECKER N 4 zu Art. 176 OR: Ablehnung wäre vernunftwidrig). Indessen ist Art. 6 OR nur anwendbar, wenn keine Frist angesetzt worden ist (BECKER N 5 zu Art. 177 OR, N 47 zu Art. 177 OR).

8   Nur wenn die *Schuldübernahme unter Abwesenden* verabredet wird, beginnt nach Art. 10 OR (VON TUHR/PETER S. 153) ihre Wirkung mit Absendung der Annahmeerklärung, bei stillschweigender Annahme mit Empfang des Antrags (VON TUHR/ESCHER S. 389).

9   Die *Ausnahmebehandlung betrifft nur den Gläubiger* als Antragsempfänger, während der Übernehmer sich sofort erklären muss, wenn die Offerte vom Gläubiger ausgeht (OSER/SCHÖNENBERGER N 2 zu Art. 177 OR), da dieser nur während eines sehr begrenzten Zeitraums wirksam ist (Art. 4 ff. OR, SJK Nr. 365 S. 3).

10   Zur entgegengesetzten Regelung im *Grundpfandverkehr* (Art. 832 ZGB, OSER/SCHÖNENBERGER N 2 zu Art. 177 OR) s. N 47 zu Art. 183 OR.

Kommentar zu Abs. 1

A. Annahme

Meist liegt *konkludentes Verhalten* bei der Annahme der Schuldübernahmeerklärung vor (GUHL/MERZ/KOLLER S. 265; dazu s. Art. 176 Abs. 3 OR). 11

Die Annahmeerklärung wird *in der Regel vom Gläubiger an den Übernehmer* gerichtet. 12

Ausnahmsweise geht sie von letzterem – aufgrund einer Einladung des Gläubigers (N 64 zu Art. 176 OR) – aus, der im übrigen den Schuldner ermächtigt haben kann, für ihn anzunehmen (Art. 32 OR, SJK Nr. 365 S. 3).

Die Annahmeerklärung ist *an den Übernehmer zu richten*, auch wenn die Frist durch den Schuldner angesetzt wird (N zu Art. 177 OR, VON TUHR/ESCHER S. 386), ausgenommen dieser verfüge über eine passive Vollmacht (GAUCH/SCHLUEP N 3709). 13

Zur *Form* der Annahmeerklärung s. N 121 Vorbem. zu Art. 175– 83 OR. 14

B. Gläubiger

Die *Annahme* hat seitens des Gläubigers (dazu s. N 50 zu Art. 175 OR) oder seines Stellvertreters (Art. 32 OR) zu erfolgen. 15

Art. 177

C. Jederzeitige Annahmeerklärung

16 Vorausgesetzt wird, dass in der Offerte *keine Annahmefrist* gesetzt ist (Art. 4 Abs. 1 OR; vgl. von Tuhr/Escher S. 386, Becker N 3 zu Art. 177 OR, Oser/Schönenberger N 5 zu Art. 177 OR, Guhl/Merz/ Koller S. 264, Gauch/Schluep N 3709, Bucher S. 585, Engel S. 601).

17 Die Frage des Abschlusses des Schuldübernahmevertrags bleibt *in der Schwebe*, bis sich der Gläubiger erklärt (Oser/Schönenberger N 2 zu Art. 177 OR).

18 Hier greift *als erste Besonderheit* (N 6 zu Art. 177 OR) nicht die gesetzliche Frist der Art. 4 ff. OR Platz; der Antrag bindet *illimitiert* (Gauch/Schluep N 3709, Becker N 2 zu Art. 177 OR, Guhl/Merz/ Koller S. 264/65, von Büren S. 343); ein willkürlicher Rückzug des Antrags wie im BGB aufgrund der Genehmigungstheorie (N 343 Vorbem. zu Art. 175–83 OR) ist nicht möglich (StenBull NR XIX S. 557).

19 Es handelt sich dabei um eine *ausserordentliche Begünstigung des Gläubigers*. Während nach Art. 4 Abs. 1 OR der Antragsteller unter Anwesenden nicht gebunden ist, wenn der Antrag nicht sofort angenommen wird, und beim Vertrag unter Abwesenden die Bindung nur so lange dauert, bis bei ordnungsgemässer und rechtzeitiger Absendung die Antwort eingegangen sein könnte (vgl. Art. 5 OR), kann die Annahme durch den Gläubiger bei der Schuldübernahme jederzeit erfolgen (Oser/Schönenberger N 2 zu Art. 177 OR).

20 Die Annahmefrist kann – als *zweite Besonderheit* (N 6 zu Art. 177 OR) auch noch *nachträglich* (nach Antragstellung) angesetzt werden (Gauch/Schluep N 3709, von Tuhr/Escher S. 386, Guhl/Merz/Koller S. 265, von Büren S. 343, Keller/Schöbi IV S. 78, vgl. Oser/Schönenberger N 2 zu Art. 177 OR: späterer Zeitpunkt, Becker N 2 zu Art. 177 OR: nicht nur gleichzeitig). Aufgrund von Art. 177 Abs. 1 wird die Gebundenheit an den Antrag «kündbar» (Becker N 2 zu Art. 177 OR).

21 *Langes Zuwarten* des Gläubigers kann nach Treu und Glauben als Ablehnungsgrund ausgelegt werden, wenn so viel Zeit abgelaufen ist, dass stillschweigende Ablehnung anzunehmen ist, z.B. nach Jahren, wenn der

Schuldner in Vermögensverfall ist (VON TUHR/ESCHER S. 386, GUHL/MERZ/ KOLLER S. 265, GAUCH/SCHLUEP N 3709, BUCHER S. 585, ENGEL S. 601, SJK Nr. 365 S. 3), sofern für den Übernehmer keine Aussicht auf Erfüllung des internen Schuldübernahmevertrags (Befreiungsversprechens, Art. 175 OR) oder auf einen erfolgreichen Rückgriff besteht (N 68 zu Art. 175 OR). Jahrelanges Zuwarten ist denkbar, «sonst über Gebühr Zuwarten» (OSER/SCHÖNENBERGER N 2 zu Art. 177 OR) bei einem Fixgeschäft (Art. 77/108 Ziff. 3 OR) oder wenn die Leistung nur auf beschränkte Dauer möglich ist.

Zur *Hinderung der Annahme* zufolge eines von einem Dritten gestellten Antrags s. N 59 zu Art. 177 Abs. 2 OR. **22**

D. Zur Fristansetzung Berechtigte

I. Übernehmer

Zum Übernehmer s. N 12 ff. zu Art. 175 OR. **23**

Denkbar ist *Stellvertretung* (Art. 32 Abs. 1 OR), dies auch durch **24** den Schuldner (vgl. N 65/66 zu Art. 176 OR).

II. Bisheriger Schuldner

Zum Schuldner s. N 24 ff. zu Art. 175 OR. **25**

Die *Einmischung des Schuldners*, obwohl er nicht Vertragspartei **26** – bzw. Antragsteller – ist, fällt als *dritte Besonderheit* in Betracht (N 6 zu Art. 177 OR, GUHL/MERZ/KOLLER S. 265, GAUCH/SCHLUEP N 3709, KELLER/SCHÖBI IV S. 78).

Art. 177

27 Das Gesetz ermächtigt auch den Schuldner, dem Gläubiger eine solche *Frist zu setzen*. Dies selbst beim Fehlen eines gültigen Befreiungsversprechens oder wenn der Schuldner dieses dem Gläubiger nicht mitgeteilt hat (SJK Nr. 365 S. 3, vgl. OSER/SCHÖNENBERGER N 3 zu Art. 177 OR).

28 Es handelt sich um eine *ausnahmsweise Befugnis, auf einen Vertrag zwischen Dritten einzuwirken* (VON TUHR/ESCHER S. 386 N 45, vgl. ENGEL S. 601: situation hétérodoxe), sich in die Vorverhandlungen zum Schuldübernahmevertrag einzumischen (OSER/SCHÖNENBERGER N 3 zu Art. 177 OR, vgl. GUHL/MERZ/KOLLER S. 265).

29 Diese Befugnis steht dem Schuldner aus *eigenem Recht*, nicht nur als Bevollmächtigtem des Übernehmers zu (OSER/SCHÖNENBERGER N 3 zu Art. 177 OR; vgl. N 66 zu Art. 176 OR).

30 Der bisherige Schuldner hat immerhin ein Interesse daran, dass der *Zustand der Ungewissheit*, ob die Schuldübernahme perfekt werde – insbesondere, ob er aus der Schuldverpflichtung entlassen werde (vgl. OSER/SCHÖNENBERGER N 3 zu Art. 177 OR, SJK Nr. 365 S. 3) – nicht zu lange andauere (BECKER N 3 zu Art. 177 OR, VON TUHR/ESCHER S. 386, GUHL/MERZ/KOLLER S. 265). Das mit der Fristansetzung angepeilte Ziel hätte allerdings mit den ordentlichen Regeln über die Annahme leichter erreicht werden können (Art. 4 und 5 OR, vgl. ENGEL S. 602, der die Notwendigkeit von Art. 177 OR generell bestreitet).

31 Zur Bedeutung von Art. 177 Abs. 1 OR bei der *Vollstreckbarkeit* des Befreiungsversprechens s. N 79 zu Art. 175 OR.

32 Zur *doppelten* Fristansetzung s. N 34 zu Art. 177 OR.

… Art. 177

E. Frist

I. Fristansetzung

Zum vorausgesetzten ohne Annahmefrist gestellten *Antrag des Übernehmers* s. N 4 zu Art. 177 OR. 33

Aus der Regelung des Art. 177 OR ergibt sich die Möglichkeit, dass 34
sowohl der Altschuldner als auch der Übernehmer eine Frist ansetzen
(BECKER N 4 zu Art. 177 OR, OSER/SCHÖNENBERGER N 4 zu Art. 177
OR), wobei dies nach klarem Wortlaut («Übernehmer wie Schuldner»)
nicht etwa nur alternativ möglich ist.

Zur *Fristbestimmung* s. Art. 76–81 OR. 35

Die Frist muss – *inhaltlich* – dem Gläubiger für die Annahme des 36
Antrags des Übernehmers auf Schuldübernahme angesetzt werden, wobei auch die Auslegung der Fristansetzung nach dem *Vertrauensprinzip*
zu erfolgen hat (dazu SCHÖNENBERGER/JÄGGI N 181 ff. zu Art. 1 OR).

Wie der Schuldübernahmevertrag *formlos* geschlossen werden kann 37
(N 121 Vorbem. zu Art. 175–83 OR), gilt dies für die Fristansetzung.

II. Fristablauf

1. Zeitpunkt

Die Frist läuft *an dem festgesetzten Tage* während der gewöhnlichen 38
Geschäftszeit ab (Art. 79 OR), sofern sie nicht von demjenigen, der
sie angesetzt hat, *verlängert* wurde (Art. 80 OR).

Der Gläubiger kann auch einen passiven *Stellvertreter* bezeichnet 39
haben, dessen bis zu diesem Zeitpunkt unterbliebene Vorkehren ihm
angerechnet werden (Art. 32 Abs. 1 OR).

Art. 177

40 Aus der Regelung des Art. 177 OR ergibt sich die Möglichkeit, dass die – von Schuldner und Übernehmer angesetzten (N 34 zu Art. 177 OR) – *Fristen zu verschiedenen Zeiten ablaufen*. Die Lösung dieser Frage ist bei der Wirkung des Fristablaufs bei Stillschweigen zu treffen (N 44 zu Art. 177 OR).

41 *Nachträglich verkürzen* kann der Übernehmer weder die von ihm selbst noch die vom (recte:) Schuldner angesetzte Frist (BECKER N 4 zu Art. 177 OR).

42 Das Stillschweigen des Gläubigers steht nach *Ablauf der Frist* fest. Auch wenn die Annahmeerklärung mündlich wirksam ist (N 121 Vorbem. zu Art. 175–83 OR), kann sich der Gläubiger der *Schriftform* bedienen, so dass sich die Dauer um diejenige der Zustellung durch das gewählte Transportmittel (BECKER N 3 zu Art. 10 OR) verlängert, indessen auf die Absendung zurückbezogen (Art. 10 Abs. 1 OR).

2. Rechtsfolgen

43 Mit dem *Abschluss* des Übernahmevertrags – dem Absenden der schriftlichen Annahmeerklärung (Art. 10 Abs. 1 OR) oder der mündlichen bzw. telefonischen Annahme (Art. 4 Abs. 2) – treten gleichzeitig die Wirkungen ein, die Befreiung des Schuldners und die Schuldnerschaft des Übernehmers (VON TUHR/ESCHER S. 389).

Ausgenommen ist *anderweitige Verabredung* (VON TUHR/ESCHER S. 389, VON TUHR/PETER S. 153), indessen *nicht rückwirkend*, so dass eine vordem erklärte Verrechnung seitens des Schuldners gültig bleibt (vgl. VON TUHR/ESCHER S. 390 N 72).

44 Dass bei *Stillschweigen die Annahme als verweigert gelte*, ist zwar Ausfluss eines allgemeinen Rechtsgrundsatzes (OSER/SCHÖNENBERGER N 2 zu Art. 177 OR), der indessen gerade gesetzlich hätte durchbrochen werden können (vgl. Art. 517 Abs. 2 ZGB, Art. 160 Abs. 2 OR). Ein in der Expertenkommission gestellter Antrag, die Annahme zu präsumieren, falls innert Jahresfrist vom Gläubiger keine Antwort erfolge (Prot. Exp. Komm. vom 13. Oktober 1908 S. 7), wurde aber nicht angenommen (OSER/SCHÖNENBERGER N 2 zu Art. 177 OR).

45 Die *Verweigerung* erfolgt gegenüber dem Übernehmer, sofern der Schuldner passive Vollmacht hätte, nähme er lediglich die Ablehnungserklärung für jenen entgegen (vgl. GAUCH/SCHLUEP N 3709 und 1359).

Art. 177

Gleiche Wirkung tritt ein, ob der Übernehmer oder Schuldner Frist **46**
ansetzt (OSER/SCHÖNENBERGER N 3 zu Art. 177 OR).

Wirkung des – unbenützt verstreichenden – Fristablaufs ist stets **47**
das *Dahinfallen des Antrags*. Die Anwendung des Art. 6 OR ist also
ausgeschlossen: Wer eine Frist ansetzt, erwartet eben eine Antwort.
Art. 6 OR ist nur anwendbar, wenn keine Frist angesetzt worden ist
(BECKER N 5 zu Art. 177 OR).

Zur Frage, welcher Fristablauf bei doppelter und zeitlich – bezüg- **48**
lich Beginn bzw. Dauer – unterschiedlicher Fristansetzung durch
Übernehmer und bisherigen Schuldner sich auswirkt, werden vielfältige
Meinungen vertreten (meist zit. bei: BECKER N 4 zu Art. 177 OR):

- OERTMANN (Komm. N 4 zu § 415 BGB im Anschluss an GOLDMANN)
  entschied sich für die *zuerst* gestellte Fristansetzung, weil diese die
  Rechtslage festgelegt habe, und bei gleichzeitiger für die längere,
  weil diese dem Wirksamwerden des Schuldübernahmevertrags gün-
  stiger sei.
- WINDSCHEID/KIPP (Lehrbuch des Pandektenrechts, 9. A. 1906, S. 374)
  sprachen sich für die *kürzere* Frist aus, ebenso FICK (N 1 zu
  Art. 177 OR, Kritik in: ZSR 54 S. 482).
- ROMECK (Zur Technik des BGB, 1904, S. 49 ff.) und HASLER
  (S. 80) gaben der *angemessenen* Frist den Vorzug, und wenn beide
  Fristen angemessen sind, der *kürzeren*.
- VON TUHR/ESCHER (S. 386), OSER/SCHÖNENBERGER (N 5 zu Art. 177
  OR, vgl. ZSR 54 S. 482) sowie DES GOUTTES (SJK Nr. 365 S. 3)
  halten die *vom Übernehmer gesetzte* Frist als massgebend. Ist seine
  Frist kürzer als die des Schuldners, so kommt letztere nicht in
  Betracht, weil der Übernehmer in seiner Eigenschaft als Antragsteller
  eine beliebige Frist setzen kann; ist sie länger, so wird dadurch
  – durch stillschweigende Erklärung – die Frist des Schuldners verlängert (OSER/SCHÖNENBERGER N 5 zu Art. 177 OR und N 4 zu
  Art. 177 OR).
- BECKER (N 4 zu Art. 177 OR) kommt zu folgendem Schlusse: Erfolgen
  die widersprechenden Fristansetzungen *gleichzeitig*, so muss auf die
  Erklärung des Übernehmers abgestellt werden, da die Befugnis des
  Altschuldners gegenüber derjenigen des Übernehmers zurücktreten
  muss, da jener ohne besondere Ermächtigung gar nicht in der Lage
  ist, einen Antrag auf Schuldübertragung (recte: -nahme) zu stellen
  und nach der Vertragstheorie nur Gläubiger und Übernehmer dis-
  positionsberechtigte Parteien sind. Wurden die Fristansetzungen *nicht*

Art. 177

gleichzeitig erlassen, so wird durch die frühere das Fristansetzungsrecht konsumiert. Der Übernehmer kann vermögens seiner vertragsrechtlichen Hauptstellung aber dem Gläubiger die vom (recte:) Schuldner angesetzte Frist verlängern, wie er es auch bei der eigenen Fristansetzung tun kann, wird aber unter Umständen daraus dem bisherigen Schuldner verantwortlich (vgl. ZSR 54 S. 482).

49 *Entscheidend ist der Fristablauf.* Auszugehen ist sodann davon, dass mit dem Ablauf der kürzeren Frist bei Stillschweigen des Gläubigers von Gesetzes wegen die Annahme als verweigert gilt, weshalb eine darüber hinaus dauernde längere Frist an sich keine Wirkung zeitigen kann. Indessen bleibt der Übernehmer an die mit seiner Fristansetzung erfolgte Bestätigung seines vordem gestellten Antrags an den Gläubiger auch über eine allenfalls früher ablaufende, vom Schuldner angesetzte, Frist hinaus gebunden. Ein im Widerspruch dazu stehendes Recht, sich auf das Stillschweigen des Gläubigers gegenüber dem Schuldner zu berufen, kommt ihm nicht zu.

Massgeblich für den Eintritt der Rechtswirkung bleibt damit immer – wenn auch aus verschiedenen Gründen – der *Ablauf der vom Übernehmer angesetzten Frist* (vgl. OR-Tschäni N 3 zu Art. 177 OR).

50 Übernehmer und Gläubiger können auch nach Ablauf der Frist den *Schuldübernahmevertrag neu abschliessen* (vgl. Oser/Schönenberger N 4 zu Art. 177 OR, SJK Nr. 365 S. 3).

Kommentar zu Abs. 2

A. Allgemeines

51 Art. 177 Abs. 2 OR nimmt Stellung zum Fall der *fortgesetzten Schuldübernahme* (Oser/Schönenberger N 1 zu Art. 177 OR).

52 Die Bestimmung – als *vierte Besonderheit* (N 6 zu Art. 177 OR) – weicht vom gewöhnlichen Recht der Offerte ab, welches dem Gläubiger die Wahl, welche von zwei Offerten er annehmen will, einräumt

(vgl. VON TUHR/ESCHER S. 386, GAUCH/SCHLUEP N 3711, ENGEL S. 602, SJK Nr. 365 S. 3 N 11; a.M. KELLER/SCHÖBI IV S. 78: die Bindung endet generell).

Zur Anwendbarkeit auf die Schuldübernahme bei *Veräusserung* 53 *verpfändeter Grundstücke* s. N 50 zu Art. 183 OR.

B. Verabredung einer «neuen Schuldübernahme»

I. «Schuldübernahme»

Der *Wortlaut des Art. 177 Abs. 2 OR* lässt keinen eindeutigen 54 Schluss darauf zu, mit wem diese Verabredung getroffen sei (VON TUHR/ESCHER S. 387), aber noch weniger darauf, ob ein Befreiungsversprechen (Art. 175 OR) oder eine eigentliche Schuldübernahme (Art. 176 OR) vorliegen muss.

1. Befreiungsversprechen

Zunächst ist an eine Verabredung des neuen mit dem ersten Über- 55 nehmer zu denken, welcher die Schuld, die er zu übernehmen bereit war, auf den neuen abwälzen will (VON TUHR/ESCHER S. 387, OSER/ SCHÖNENBERGER N 7 zu Art. 177 OR, GAUCH/SCHLUEP N 3711, GUHL/ MERZ/KOLLER S. 265, KELLER/SCHÖBI IV S. 78/79; a.M. ENGEL S. 602: Zustimmung des Schuldners nötig), somit an ein *Befreiungsversprechen*.

Aber Art. 177 Abs. 2 OR trifft auch auf den Fall zu, dass der 56 Schuldner – allenfalls, nicht notwendigerweise – unter Aufhebung seiner Verabredung mit dem ersten Übernehmer sich die *Schuldübernahme* vom neuen versprechen lässt (VON TUHR/ESCHER S. 387, GAUCH/ SCHLUEP N 3711, GUHL/MERZ/KOLLER S. 265; a.M. KELLER/SCHÖBI IV S. 79, ENGEL S. 602), wiederum ein Befreiungsversprechen des neuen gegenüber dem ersten Übernehmer.

Art. 177

2. Eigentliche Schuldübernahme

57   Selbstverständlich kann der Gläubiger anstelle der Annahme einer Offerte des ersten Übernehmers eine solche eines neuen akzeptieren, womit eine Schuldübernahme im Sinne von Art. 176 OR vorliegt. Ob diese auf Einladung zur Offertstellung seitens des Gläubigers (VON TUHR/PETER S. 183) oder auf Antrag des neuen Übernehmers hin erfolgt, ist belanglos.

II. Zeitpunkt der Verabredung

58   Nur die *vor Annahme der Schuldübernahme durch den ersten Gläubiger* getroffene Verabredung ist zu berücksichtigen (vgl. BECKER N 7 zu Art. 177 OR).

C. Antrag des neuen Übernehmers

59   *Art. 177 Abs. 2 OR hindert den Gläubiger an der Annahme des Antrages, wenn er in der Zwischenzeit den Antrag eines Dritten, das heisst eines zweiten – des neuen – Übernehmers, erhalten hat* (SJK Nr. 365 S. 3 N 11).

60   Eine vom neuen Übernehmer spontan – ohne Verabredung mit dem Schuldner oder dem ersten Übernehmer (=Befreiungsversprechen) – gestellte Offerte hindert den Gläubiger nicht, den *Antrag des ersten Übernehmers anzunehmen* (VON TUHR/ESCHER S. 387 N 47, OSER/SCHÖNENBERGER N 8 zu Art. 177 OR, GAUCH/SCHLUEP N 3711, OR-TSCHÄNI N 4 zu Art. 177 OR; a.M. VON BÜREN S. 343 und BUCHER S. 585: «Antrag eines Dritten»).

61   Dass der Übernehmer, um sich von seinem Antrag zu befreien, einen zahlungsunfähigen Strohmann um die Abgabe einer Offerte

bitten könne (SJK Nr. 365 S. 3 N 11), trifft nicht zu; selbst wenn dieser «neue Übernehmer» den zusätzlich notwendigen Schuldübernahmevertrag i.S. von Art. 177 Abs. 2 OR auch noch *simulierte*, wären seine Machenschaften nichtig (Art. 18 Abs. 1 OR).

Der Gläubiger hat jetzt nur noch die *Wahl, den neuen Übernehmer als Schuldner zu wählen oder den ursprünglichen Schuldner beizubehalten* (OSER/SCHÖNENBERGER N 7 zu Art. 177 OR, ZSR 20 S. 348). 62

D. Befreiung des ersten Übernehmers

Die Befreiung des ersten Übernehmers erfolgt, indem gemäss Marginale der *(frühere) Antrag* «wegfällt», d.h. *unverbindlich* wird (GUHL/MERZ/KOLLER S. 265, VON BÜREN S. 343). 63

Doch bleibt, falls der ursprüngliche Schuldner bei der zweiten Übernahme nicht mitgewirkt hat, die interne Schuldübernahme (*Befreiungsversprechen*) zwischen dem ursprünglichen Schuldner und dem ersten Übernehmer in Kraft bis zur Befreiung des ursprünglichen Schuldners (OSER/SCHÖNENBERGER N 7 zu Art. 177 OR, BBl 1905 II S. 21). 64

Wird diese *(neue) Offerte vom Gläubiger nicht angenommen*, so bleibt es bei der Haftung des Schuldners (VON TUHR/ESCHER S. 387, ENGEL S. 602). 65

Art. 178

III. Wirkung des Schuldnerwechsels
1. Nebenrechte

[1] Die Nebenrechte werden vom Schuldnerwechsel, soweit sie nicht mit der Person des bisherigen Schuldners untrennbar verknüpft sind, nicht berührt.

[2] Von Dritten bestellte Pfänder sowie die Bürgen haften jedoch dem Gläubiger nur dann weiter, wenn der Verpfänder oder der Bürge der Schuldübernahme zugestimmt hat.

III. Effet du changement de débiteur
1. Accessoires de la dette

[1] Les droits accessoires subsistent malgré le changement de débiteur dans la mesure où ils ne sont pas inséparables de la personne de ce dernier.

[2] Toutefois, les tiers qui ont constitué un gage en garantie de la dette et la caution ne restent obligés envers le créancier que s'ils ont consenti à la reprise de dette.

III. Effetti del cambiamento del debitore
1. Diritti accessori

[1] I diritti accessori continuano a sussistere malgrado il cambiamento del debitore, in quanto non siano inseparabili dalla persona del debitore precedente.

[2] Tuttavia i terzi che hanno costituito il pegno ed i fideiussori rimangono obbligati verso il creditore, solo in quanto abbiano dato il loro consenso all'assunzione del debito.

III. Effects da la midada da debitur
1. Dretgs accessoris

[1] Ils dretgs accessoris na vegnan betg pertutgads da la midada da debitur, uschenavant ch'els n'èn betg colliads nunseparadamain cun la persuna dal debitur precedent.

[2] Terzs che han constituì pegns sco er cauziuns per il daivet restan dentant obligads vers il creditur be lur, sch'els han dà lur consentiment per la surpigliada dal daivet.

Inhaltsübersicht

	Note
Allgemeines	
A. Historisches	1
B. Begriffliches	2
C. Anwendungsbereich	12
Kommentar zu Abs. 1	
A. Integrität und Übergang der Nebenrechte	16
I. Integrität und Übergang	16

Art. 178

Note

II.	Nebenrechte im weiteren Sinne.		22
	1. Nebenrechte i.e.S.		23
		a) Allgemeines	23
		b) Nebenrechte i.e.S. im einzelnen	24
		aa) Zinsen	25
		bb) Konventionalstrafe	31
		cc) Schadenersatz	36
		dd) Sicherheiten	38
		ee) Konkurrenzverbot	43
	2. Vorzugsrechte		44
		a) Zwangsvollstreckung	49
		b) Prozessrecht	50
	3. Gestaltungsrechte		52

B. Schuldnerwechsel 54

C. Untrennbare Verknüpfung 56

   I. Vereinbarung 60

   II. Natur der Nebenrechte i.w.S. 61
       1. Nebenrechte i.e.S. 61
       2. Vorzugsrechte 63
          a) Zwangsvollstreckung 63
          b) Prozessrecht 71
          c) Privatrecht 73

Kommentar zu Abs. 2

A. Allgemeines 75

B. Dritter Pfandbesteller 80

C. Bürge 82

D. Weiterhaftung 86

E. Gläubiger 88

F. Zustimmung 89

   I. Empfänger 89
   II. Zeitpunkt 90
   III. Inhalt 96
   IV. Form 100
       1. Pfandrecht 100
       2. Bürgschaft 103
   V. Fehlende Zustimmung 104

Art. 178

Allgemeines

A. Historisches

1   Eine erste, lediglich umständlichere Formulierung des *Art. 1208 Abs. 1 und 2 E-OR* (BBl 1905 II S. 127/28) wurde 1909 in die heutige Fassung abgeändert (Prot. Exp. Komm. vom 13. Oktober 1908 S. 9, BBl 1909 III S. 808). Die Materialien sind meist unergiebig (insbesondere BBl 1905 II S. 21).

B. Begriffliches

2   Art. 178 OR folgt aus der Auffassung der Übernahme der *unveränderten Schuld*, aber unter *Rücksichtnahme auf den Schuldner und Drittpersonen* (vgl. OSER/SCHÖNENBERGER N 1 zu Art. 178 OR).

3   Im *Gegensatz zur Novation* erlöschen die Nebenrechte bei der Schuldübernahme nicht (Art. 114 Abs. 1 i.V.m. 166 OR, BECKER N 2 zu Art. 178 OR). Wie die Nebenrechte gegenüber dem alten Schuldner bestanden, so bestehen sie gegenüber dem neuen (Übernehmer, GAUCH/SCHLUEP N 3718). Der Gläubiger soll nicht schlechter gestellt werden (BUCHER S. 586 N 41), aber auch nicht der dritte Pfandschuldner und der Bürge (N 80/82 zu Art. 178 OR). Dass damit nur gesagt sei, dass die Schuldübernahme keine Novation bringe (WEBER N 58 zu Art. 73 OR), trifft deshalb nicht zu.

4   Die Analogie zur Abtretung scheint VON TUHR/ESCHER (S. 394) nicht entscheidend, da die Verhältnisse bei Abtretung und bei Schuldübernahme ganz verschieden lägen. Es geht indessen bei beiden Rechtsinstituten darum, dass Nebenrechte (N 22 ff. zu Art. 178 OR) das *Hauptrecht*, die von einem Rechtssubjekt auf das andere übergehende Forderung, *begleiten* können.

Nebenrechte aus der Sicht des Gläubigers (bzw. Erwerbers bei der 5
Abtretung) erweisen sich aus derjenigen des Schuldners bzw. des
Übernehmers bei der Schuldübernahme jeweils als *Nebenpflichten* (vgl.
SJK Nr. 365 S. 6). Sie sind auch je aus der Sicht dieser Beteiligten
zu beurteilen, d.h. bei der Schuldübernahme aus derjenigen des Gläubigers im Verhältnis zu Schuldner und Übernehmer und vice-versa.

Das Gesetz spricht zunächst nur von *Nebenrechten (recte: -pflichten)* 6
des Schuldners (N 5 zu Art. 178 OR) und nicht solchen des Gläubigers
(a.M. OSER/SCHÖNENBERGER N 5 zu Art. 178 OR: Privilegien), was aus
dem Vorbehalt der untrennbaren Verknüpfung mit der Person des
bisherigen Schuldners (N 56 ff. zu Art. 178 OR) hervorgeht.

Zu den *persönlichen Einreden* des bisherigen Schuldners s. N 67 ff. 7
zu Art. 179 OR.

Obwohl das Gesetz darüber schweigt, *richten sich die Nebenrechte* 8
nach der Schuldübernahme gegen den Übernehmer (GAUCH/SCHLUEP
N 3718), d.h. notwendigerweise auf dessen Neben-Verpflichtungen
gegenüber dem Gläubiger.

Nebenrechte des Gläubigers sind, wie sich aus Art. 178 Abs. 2 OR 9
– aufgrund der dort als im Gegensatz («jedoch») nur bei Zustimmung
haftenden Pfänder und Bürgen – ergibt, ebenfalls von Belang, nicht
nur soweit sie als Gegenstück von schuldnerischen Privilegien erscheinen
oder vertraglich nicht ausgeschlossen wurden (N 21 zu Art. 178 OR).
Der Verweis auf die Regelung bei der Abtretung ist damit gegeben (vgl.
OSER/SCHÖNENBERGER N 2 zu Art. 114 OR unter Verweis auf N 2–11
zu Art. 170 OR und N 5 zu Art. 178 OR: Gläubigerprivilegien).

Soweit dem Gläubiger eine *Beschränkung des Umfanges der Schuld-* 10
übernahme nicht erkennbar gemacht wird, kann er sich auch bezüglich
der Nebenleistungen an den Übernehmer halten, auch wenn dieser von
den geschuldeten Nebenleistungen keine Kenntnis hatte (dagegen steht
dem Übernehmer wegen Verschweigung beim Abschluss des Schuldübernahmevertrages der Regress auf den bisherigen Schuldner zu; BECKER
N 2 zu Art. 178 OR).

Ob der *Gläubiger durch die Schuldübernahme nicht schlechter als* 11
bisher gestellt werden will, hängt nicht von Art. 178 Abs. 1 OR ab,
sondern von seiner Vereinbarung mit dem Übernehmer (a.M. BUCHER
S. 586 N 41).

Art. 178

C. Anwendungsbereich

12 Art. 178 OR gilt auch für den Befreiungspflichtigen (SJZ 24 S. 174 Nr. 41), den *Schuldübernehmer nach Art. 175 OR* im Verhältnis zum Schuldner, indessen erst nach erfolgter Zustimmung des Gläubigers zur Schuldübernahme (Art. 175 Abs. 1 OR) gegenüber diesem.

13 Zur *analogen Anwendung* von Art. 178 OR

- auf *Sicherungen* s. ZOBL bei der fiduziarischen Sicherung (ST 1406a) und
- zum *nachträglichen Drittpfandrecht* durch Veräusserung des Pfandgegenstandes s. ZOBL N 937/939 zu Art. 884 ZGB.

14 Der *Schuldbeitritt* (N 278 ff. Vorbem. zu Art. 175–83 OR) ist in der Entstehung akzessorisch (OSER/SCHÖNENBERGER N 2 Vorbem. zu Art. 175–83 OR), und mangels Schuldnerwechsels fehlt es an der Voraussetzung für die Anwendung von Art. 178 OR (vgl. ENGEL S. 606, VON BÜREN S. 349, a.M. BECKER N 2 zu Art. 178 OR).

15 Zu den Nebenrechten

- bei *rückgängig gemachter Schuldübernahme* s. N 33 zu Art. 180 OR,
- bei *Geschäfts-/Vermögensübernahme* s. N 294 zu Art. 181 OR.

Art. 178

Kommentar zu Abs. 1

A. Integrität und Übergang der Nebenrechte

I. Integrität und Übergang

Die Nebenrechte bleiben vom Schuldnerwechsel unberührt, wobei die *Bedeutung dieses Wortlautes* zunächst nicht feststeht, indessen vorab im Hinblick auf die Beurteilung der einzelnen Nebenrechte zu prüfen ist: 16

– Einerseits könnte der Schuldnerwechsel keine Wirkung auf die Nebenrechte haben mit der Folge, dass sie beim bisherigen Schuldner bleiben; dagegen spricht, dass sie *entfallen*, wenn sie untrennbar mit dessen Person verbunden sind (Art. 178 Abs. 2 OR). 17

– Vielmehr bedeutet dies zunächst, dass sie in ihrem Umfang nicht beeinträchtigt werden. Die Nebenrechte *bleiben grundsätzlich bestehen* (KELLER/SCHÖBI IV S. 80, OSER/SCHÖNENBERGER N 3 zu Art. 178 OR), und zwar von Gesetzes wegen, nicht weil die Schuld trotz Schuldnerwechsels als fortbestehend gilt, was auch ohne Nebenrecht möglich wäre (a.M. VON TUHR/ESCHER S. 393). 18

– Schliesslich ergibt sich, dass die Nebenrechte *grundsätzlich mit der Hauptforderung* übergehen – nicht wie in Art. 170 Abs. 1 OR bei der Abtretung ausdrücklich, sondern e contrario aus Art. 178 Abs. 2 OR, d.h. aus der Ausnahme bezüglich der erforderlichen Zustimmung des Verpfänders und des Bürgen zur Weiterhaftung, somit zur Haftung für den Übernehmer nach der Schuldübernahme (a.M. VON TUHR/ESCHER S. 392: analog Art. 170 Abs. 3 OR, OSER/SCHÖNENBERGER N 3 zu Art. 178 OR, vgl. GAUCH/SCHLUEP N 3718). 19

Die Unterscheidung von Nebenrechten, die bei der Schuldübernahme schon ein *gesondertes Dasein* neben dem Hauptrecht haben und daher beim bisherigen Schuldner bleiben, wie z.B. der fällige Zins (OSER/SCHÖNENBERGER N 3 zu Art. 178 OR, KELLER/SCHÖBI IV S. 80, BlZüR 32 Nr. 57) oder die Konventionalstrafe, welche dann nicht mehr den Charakter eines Nebenrechts haben soll (SJK Nr. 365 S. 6 N 25), erscheint fragwürdig. Insbesondere verliert der verfallene Zins seine 20

Art. 178

rechtliche Natur als Akzessorium, das im allgemeinen das Schicksal der Hauptforderung teilt, nicht (Ottiker, Die Zinsen im schweizerischen Privatrecht, Diss. Zürich 1927, S. 15, von Tuhr/Peter S. 21/71).

21 Gläubiger und Übernehmer können *grundsätzlich nicht vertraglich vereinbaren, dass das Nebenrecht nicht das Schicksal der Hauptforderung teilt* (vgl. Spirig N 12 zu Art. 170 OR; a.M. von Tuhr/Escher S. 392, von Tuhr/Peter S. 21, Weber N 67 zu Art. 73 OR und Becker N 2 zu Art. 178 OR: zum Zinsanspruch, Keller/Schöbi IV S. 80: zur Konventionalstrafe, Oser/Schönenberger N 3 zu Art. 178 OR und von Büren S. 345: auch Bürgschaften und Pfandrechte vorbehältlich Abs. 2, OR-Tschäni N 1 und 5 zu Art. 178 OR).

Indessen kann auch eine *Teilschuld* übernommen werden (N 159 Vorbem. zu Art. 175–83 OR). Da der hauptbeteiligte Gläubiger zustimmen muss, besteht insbesondere nicht aus Gründen der Rechtssicherheit Anlass, ihm eine solche Aufspaltung der ihm zustehenden Rechte und dem Übernehmer die entsprechende Entlastung zu verweigern, während für den Schuldner in der Regel eine weit geringere als die vereinbarte Verpflichtung verbleibt, seine Stellung nicht erschwert wird.

II. Nebenrechte im weiteren Sinne

22 Es handelt sich um die mit der Forderung verbundenen *Neben-, Vorzugs- und Gestaltungsrechte* (Spirig N 2 zu Art. 170 OR; Keller/Schöbi IV S. 80), insbesondere alle akzessorischen Rechte, falls nicht die ausdrückliche Ausnahme von Abs. 2 zutrifft (vgl. Oser/Schönenberger N 2 zu Art. 178 OR).

1. Nebenrechte i.e.S.

a) Allgemeines

23 Darunter verstehen sich (vgl. Spirig N 20 zu Art. 170 OR):

Früchte (Art. 643 ZGB), gesetzliches Grundpfand, Fahrnispfand, Eigentumsvorbehalt, Retentionsrecht (Art. 895 ZGB), Vertrags- und

Verzugszins, Konventionalstrafe, Übergeben von Beweismitteln, Retentionsrechte (Art. 268, 299, 401 Abs. 3, 418r, 451 Abs. 2, 485 OR), *Konkurrenzverbot, Auskunft/Rechnungslegung, Bürgschaft, Pfandrecht/ Sicherstellung* (Art. 523 OR; a.M. SJK Nr. 365 S. 6: Eigentumsvorbehalt den Vorzugsrechten «verwandt»).

b) Nebenrechte i.e.S. im einzelnen

Diese sind daraufhin zu prüfen, wie sie als Nebenpflichten des Übernehmers gegenüber dem Gläubiger bestehen bleiben. 24

aa) Zinsen

Dass der *seit der Übernahme entstehende* Zins vom Übernehmer geschuldet wird, ist selbstverständlich, da er seit dieser Zeit Schuldner der Kapital(Haupt-)forderung ist (VON TUHR/ESCHER S. 392, BECKER N 2 zu Art. 178 OR, GAUCH/SCHLUEP N 3718, ENGEL S. 603, SJK Nr. 365 S. 6, BlZüR 32 Nr. 57). 25

Umstritten ist in der Lehre, ob im Zweifel *verfallene* Zinse als nicht übernommen gelten müssen (KELLER/SCHÖBI IV S. 80). 26

Nebenrechte gehen *von Gesetzes wegen* über (N 21 zu Art. 178 OR), und es findet insbesondere bei der Schuldübernahme begriffswesentlich ein *Schuldnerwechsel* statt (N 34 Vorbem. zu Art. 175–83 OR). Diese Rechtsfolge kann lediglich dadurch verhindert werden, dass Gläubiger und Übernehmer die Schuldübernahme auf einen Teil beschränken (N 21 zu Art. 178 OR). Dass nur der Übernehmer eines Vermögens oder eines Geschäfts im Sinne von Art. 181 OR im Zweifel erlaufene Zinsen übernehme, da dann das ganze Schuldverhältnis übernommen werde, so dass Art. 170 Abs. 3 OR entsprechend angewendet werden dürfe (SJK Nr. 365 S. 6 N 25), kann somit nicht gesagt werden. 27

Gleichermassen, aber mit teils anderer, teils ohne Begründung: 28
- VON TUHR/ESCHER S. 392 und WEBER N 58 zu Art. 73 OR: per analogiam Art. 170 Abs. 3 OR,
- VON TUHR/ESCHER S. 392 N 100: in der Regel kein anderslautender Parteiwille,

Art. 178

- BECKER N 2 zu Art. 178 OR, GAUCH/SCHLUEP N 3718, ENGEL S. 603,
- KELLER/SCHÖBI IV S. 80: Übergang der im Umfang unveränderten Schuld auf den Übernehmer,
- OTTIKER, Die Zinsen, Diss. Zürich 1927, S. 44: Natur des Geschäfts.

29 Bei Zahlung einer Wechselsumme durch einen Dritten werden nicht auch die *fälligen Wechselzinse* übernommen, weil es sich um keine Schuldübernahme, sondern um eine Befriedigung i.S. von Art. 175 Abs. 1 OR handelt (a.M. BECKER N 2 zu Art. 178 OR: dem Gläubiger erkennbare Intervention aus Liberalität, die nicht ausdehnend ausgelegt werden darf, und BlZüR 32 Nr. 57: gesondertes Dasein der Zinsforderung).

30 Zum hier abgelehnten gesonderten Dasein der verfallenen Zinsen neben dem Hauptrecht s. N 20 zu Art. 178 OR.

Zum vertraglichen Ausschluss bzw. der Teilübernahme s. N 21 zu Art. 178 OR.

Zum Übergang verfallener Jahreszinse bei der *Gült* s. N 65 zu Art. 183 OR.

bb) Konventionalstrafe

31 Strittig ist, ob diese überhaupt, und wenn bejaht, auch bei fehlender Fälligkeit übergeht:

32 Die Konventionalstrafe als *Nebenrecht einer Forderung* (VON TUHR/ PETER S. 21) – und nicht des Vertrags – geht mit der Schuld über (GAUCH/SCHLUEP N 3718, ENGEL S. 603, FICK N 9 zu 178 OR; a.M. VON TUHR/ESCHER S. 392, ZSR NF 20 S. 338: nur mit ganzem Schuldverhältnis).

33 Dies gilt zunächst für *nicht verfallene* Konventionalstrafen (SJK Nr. 365 S. 6; GAUCH/SCHLUEP N 3718, ENGEL S. 603 und FICK N 9 zu 178 OR: generell).

34 Mit der Schuld gehen an sich *verfallene* Konventionalstrafen über (BECKER N 2 zu Art. 178 OR, ENGEL S. 603 und FICK N 9 zu 178 OR: generell); sie sind vom Übernehmer zu bezahlen (KELLER/SCHÖBI IV S. 80). Es ist dessen Sache, sich beim Schuldner über den Bestand der zu übernehmenden Schuld zu erkundigen, eventuell bei der Übernahme seine Haftung für eine vor der Schuldübernahme verfallene

Art. 178

Konventionalstrafe auszuschliessen (VON TUHR/ESCHER S. 392; a.M. SJK Nr. 365 S. 6 N 25 unter Hinweis auf zufolge Verfalls andersartigen Charakter; vgl. N 36 zu Art. 178 OR).

Zum hier abgelehnten gesonderten Dasein der verfallenen Konventionalstrafe neben dem Hauptrecht s. N 20 zu Art. 178 OR. 35

cc) Schadenersatz

Schadenersatzansprüche aus *Vertragsverletzung* des bisherigen Schuldners gehen bei der Schuldübernahme mit über (GAUCH/SCHLUEP N 3718; a.M. VON TUHR/ESCHER S. 392, SJK Nr. 365 S. 6 N 25: Charakter von Nebenrechten verneint). Es ist Sache des Übernehmers, sich beim Schuldner über den Bestand der zu übernehmenden Schuld zu erkundigen, eventuell bei der Übernahme seine Haftung für Schadenersatz aus einer vom Schuldner begangenen Vertragsverletzung auszuschliessen (VON TUHR/ESCHER S. 392, dazu N 21 zu Art. 178 OR). 36

Dass **nur** der *Übernehmer eines Vermögens oder eines Geschäfts* im Sinne von Art. 181 OR im Zweifel den vom Schuldner zufolge Vertragsverletzung geschuldeten Schadenersatz mit übernehme, da dann das ganze Schuldverhältnis übernommen werde, so dass Art. 170 Abs. 3 OR entsprechend angewendet werden dürfe (SJK Nr. 365 S. 6 N 25), kann damit nicht gesagt werden.

Zum hier abgelehnten gesonderten Dasein der verfallenen Nebenrechte neben dem Hauptrecht s. N 20 zu Art. 178 OR. 37

dd) Sicherheiten

Art. 178 OR bezieht sich auf die zur *Sicherung des Gläubigers* dienenden Nebenrechte, insbesondere auf die für die Forderung bestehenden Pfandrechte und andere auch später gestellte Sicherheiten (VON TUHR/ESCHER S. 392/393 N 95), die der bisherige Schuldner selbst bestellt hat (GAUCH/SCHLUEP N 3718, KELLER/SCHÖBI IV S. 80, BUCHER S. 586, ENGEL S. 603, SJK Nr. 365 S. 7). 38

Die Haftung der vom Schuldner selbst bestellten Pfänder wird *vermutet*, wenn die Übernahme mit seinem Wissen erfolgt (VON TUHR/ESCHER S. 393). 39

Art. 178

40   Sie *dauert fort* (GUHL/MERZ/KOLLER S. 265, BECKER N 8 zu Art. 178 OR, OSER/SCHÖNENBERGER N 9 zu Art. 178 OR, KELLER/SCHÖBI IV S. 82, BUCHER S. 586, ZOBL N 298 zu Art. 884 ZGB, SJZ 11 S. 183), ausgenommen, wenn die Übernahme der Schuld mit *Novationswirkung* erfolgt (vgl. BGE 107 II 482).

41   Art. 178 OR ist analog anzuwenden auf die dem Gläubiger zustehenden *Retentionsrechte* (Art. 268, 299c, 434, 451 OR, 895 ZGB; VON TUHR/ESCHER S. 393, OFTINGER/BÄR N 171 zu Art. 895 ZGB) und die *gesetzlichen Pfandrechte* (SJK Nr. 365 S. 7).

42   Zum hier abgelehnten gesonderten Dasein der Nebenrechte neben dem Hauptrecht s. N 20 zu Art. 178 OR.

ee) Konkurrenzverbot

43   Denkbar ist ein solches bei verschiedenen Rechtsverhältnissen – Eigentum, Miete, Geschäftsübernahme (vgl. VON TUHR/ESCHER S. 110 N 107/S. 246, SPIRIG N 41 zu Art. 170 OR). Es geht indessen *nur mit dem Vertragsverhältnis*, z.B. dem Einzelarbeitsvertrag (Art. 340 OR), auf den neuen Schuldner (=Übernehmer) über (vgl. SPIRIG N 2 zu Art. 170 OR; a.M. ENGEL S. 603, SJK Nr. 365 S. 6, OSER/SCHÖNENBERGER N 3 zu Art. 178 OR: «unter Umständen»).

2. Vorzugsrechte

44   Die in Art. 170 OR vor den Nebenrechten erwähnten Vorzugsrechte sind *in Art. 178 OR nicht genannt*, aber unter der Bezeichnung «Nebenrechte» (im weiteren Sinne) mitzuverstehen (VON TUHR/ESCHER S. 393/94, GAUCH/SCHLUEP N 3721, KELLER/SCHÖBI IV S. 80).

45   Es handelt sich dabei um folgende Rechte (vgl. SPIRIG N 13, 17–19 zu Art. 170 OR und Zit.):

– In der Zwangsvollstreckung:
  Eingriff in Notbedarf,
  Teilnahmerecht des Pfründers,
  Arrestrecht,
  Konkursprivileg,
  Kollokationsklage,

Pfändungsrechte in einer im Rang vorgehenden Gläubigergruppe (BECKER N 4 zu Art. 180 OR, SJK Nr. 365 S. 8), Prozessführungsbefugnis (Art. 260 SchKG), Recht auf paulianische Anfechtung;
- Im Prozessrecht: 46
Schieds- und Gerichtsstandsklausel;
- Im Privatrecht: 47
Frauengutsansprüche (Art. 211, 224a ZGB), Vormerkungen (Art. 959/80 ZGB), beschränkte Verrechenbarkeit (Art. 125 Ziff. 1 und 2, Art. 323b OR).

Daraus ergeben sich Vorzugsrechte *teils des Gläubigers, teils des* 48 *Schuldners* (a.M. VON TUHR/ESCHER S. 393/94; SJK Nr. 365 S. 6: Vormerkung im Grundbuch den Vorzugsrechten «verwandt»).

Obwohl Privilegien (Vorzugsrechte) des Schuldners (nur) als *Einreden* in Betracht kommen können (OSER/SCHÖNENBERGER N 5 zu Art. 178 OR), gebricht es ihnen nicht am Vorzugsrechtscharakter.

a) Zwangsvollstreckung

Zur *untrennbaren Verknüpfung* der Rechte in der Zwangsvollstrek- 49 kung s. N 56 ff. zu Art. 178 OR.

b) Prozessrecht

Schiedsklauseln gehen auf den neuen Schuldner über (OSER/SCHÖ- 50 NENBERGER N 3 zu Art. 178 OR, ENGEL S. 603, SJK Nr. 365 S. 6, BlZüR 4 Nr. 117, vgl. SPIRIG N 24 zu Art. 170 OR).

Ebenso *Gerichtsstandsklauseln,* sofern sachlichen Ursprungs (vgl. 51 SPIRIG N 25 zu Art. 170 OR, ENGEL S. 603, SJK Nr. 365 S. 6: «Gerichtszuständigkeitsklauseln»).

3. Gestaltungsrechte

Die Gestaltungsrechte lassen sich von der Forderung nicht abtren- 52 nen und sind daher vom – bzw. *hier gegenüber dem – Übernehmer* auszuüben (KELLER/SCHÖBI IV S. 80, GAUCH/SCHLUEP N 3721, ENGEL S. 603, SJK Nr. 365 S. 6).

Art. 178

53 Es handelt sich dabei um *Wahlrecht und Verrechnungsrecht* des Schuldners (vgl. SPIRIG N 49 ff. zu Art. 170 OR).

B. Schuldnerwechsel

54 Der Übergang der Schuld vom bisherigen *Schuldner auf den Übernehmer* ist damit gemeint (N 28 Vorbem. zu Art. 175–83 OR).

55 Zum (bisherigen) Schuldner s. N 24 ff. zu Art. 175 OR,

zum Übernehmer s. N 12 ff. zu Art. 175 OR.

C. Untrennbare Verknüpfung

56 Die Verknüpfung des *Nebenrechts im weiteren Sinne* (N 22 zu Art. 178 OR) zum bisherigen Schuldner ist angesprochen (anders § 1407 Abs. 2 Satz 1 ABGB).

57 Es geht um *natürliche oder berufliche Eigenschaften* des Schuldners oder solche der *Vereinbarung im Geschäftsverkehr* (Prot. Exp. Komm. vom 13. Oktober 1908 S. 9, vgl. SPIRIG N 62 zu Art. 170 OR). Eine solche Verknüpfung kann auch wegen der *besonderen Natur* der Nebenrechte bestehen (BECKER N 4 zu Art. 178 OR, GAUCH/SCHLUEP N 3720). – Damit sind nicht nur – gar absolute – höchstpersönliche Rechte i.S. von Art. 19 ZGB gemeint (a.M. BECKER N 4 zu Art. 178 OR, OSER/SCHÖNENBERGER N 6 zu Art. 178 OR, KELLER/SCHÖBI IV S. 81, ZSR NF 20 S. 341), welche sich im wesentlichen auf Familienrechte beschränken (BUCHER N 325 ff. zu Art. 19 ZGB, vgl. SIMONIUS, Die Freiheit des Bürgers im schweizerischen Recht, Zürich 1948, S. 282).

58 Nebenrechte, die mit der Person des Schuldners untrennbar verknüpft sind, *erlöschen* (KELLER/SCHÖBI IV S. 81: a.M. OSER/SCHÖNENBERGER N 4 zu Art. 178 OR: eigenes Dasein möglich, dazu N 20 zu

Art. 178

Art. 178 OR), belasten mithin den bisherigen Schuldner sowie den Übernehmer nicht (GAUCH/SCHLUEP N 3720).

Zur Geltung dieser Bestimmung bei der Vermögens- und Geschäfts- 59
übernahme s. N 294 zu Art. 181 OR.

I. Vereinbarung

Eine untrennbare Verknüpfung kann kraft *besonderer Vereinbarung* 60
bestehen (BECKER N 4 zu Art. 178 OR, GAUCH/SCHLUEP N 3720, KELLER/SCHÖBI IV S. 81, vgl. BGE 103 II 80 für die Abtretung), wie denn auch die Schuldübernahme grundsätzlich auf eine Teilschuld beschränkt (N 159 Vorbem. zu Art. 175–83 OR) oder bedingt möglich ist (N 134 Vorbem. zu Art. 175–83 OR). Damit kann es nicht darum gehen, dass der Übergang solcher Nebenrechte schon wegen der Entstehungsursache ausgeschlossen wäre (a.M. OSER/SCHÖNENBERGER N 6 zu Art. 178 OR).

II. Natur der Nebenrechte i.w.S.

1. Nebenrechte i.e.S.

Übernimmt ein nichtkaufmännischer Übernehmer die *Schuld eines* 61
Kaufmannes mit dem gemäss Art. 104 Abs. 3 OR höheren Verzugszins, so kann er sich für den – künftigen – Verzugszins auf seine diesbezüglich fehlende Eigenschaft berufen (KELLER/SCHÖBI IV S. 81: generell), wenn er nicht sogar diese Schuld ausdrücklich teilweise – hinsichtlich des überschiessenden kaufmännischen Verzugszinses – nicht übernommen hat (N 21 zu Art. 178 OR).

Die Belastung des nichtkaufmännischen Übernehmers mit einem 62
Retentionsrecht nach Art. 895 Abs. 2 ZGB (vgl. SPIRIG N 66 zu Art. 170 OR) kann nicht übergehen, da es an der Voraussetzung des geschäftlichen Verkehrs zwischen Gläubiger und Übernehmer mangelt.

Art. 178

2. Vorzugsrechte

a) Zwangsvollstreckung

63   Streitig ist, wie es sich mit den *Konkurs- und Pfändungsprivilegien* verhält (Art. 219 SchKG, BECKER N 4 zu Art. 178 OR), ob die Vorzugsrechte, welche auf dem Vermögen des Schuldners lasten, entfallen, da der Schuldnerwechsel auch einen Wechsel des haftenden Vermögenssubstrats bewirkt (ENGEL S. 603), oder – allenfalls nur teilweise (FICK N 11 zu Art. 178 OR) – auf den Übernehmer übergehen (ZSR NF 20 S. 339 und Zit.).

64   Für die Ansicht, dass die Vorrechte im Konkurs des Übernehmers geltend gemacht werden können, spricht zunächst die *Analogie der Abtretung*. Diese ist aber nicht entscheidend, da die Verhältnisse bei Abtretung und bei Schuldübernahme ganz verschieden liegen. Dass eine privilegierte Forderung (z.B. die Lohn- oder Arztforderung) mit ihrem Vorrang abgetreten werden kann, erklärt sich daraus, dass das Vermögen des Schuldners mit dieser aus besonderem Grund bevorrechteten Forderung belastet ist und es seinen Gläubigern gleichgültig sein kann, ob diese Forderung an die ursprünglich berechtigte Person oder an deren Zessionar ausgezahlt wird (VON TUHR/ESCHER S. 394).

65   Nach herrschender *Lehre zum Schuldbetreibungsrecht* sind Konkursprivilegien an die Forderung geknüpft (AMMON S. 344 N 56, JAEGER N 9 zu Art. 219 SchKG, FRITZSCHE, Das schweizerische Schuldbetreibungs- und Konkursrecht, 2. A., Zürich 1968, Bd. II S. 84, BGE 49 III 202), weshalb das Vorrecht seinen Grund in der besonderen Natur der Forderung hat und nicht in der Person des Schuldners, die allein wechselt (SJK Nr. 365 S. 6). Die Unterscheidung von an Forderungen geknüpften Vorrechten von denjenigen, welche mit den Gläubigern verhängt seien, ist theoretisch nicht begründbar und praktisch undurchführbar; eine aus einer Tätigkeit eines Gläubigers – Arbeitnehmer, Arzt, Agent usw. – entspringende Forderung bleibt mit diesem verbunden.

66   Alle Konkursprivilegien sind – *nach heute zurecht herrschender Lehre* (KELLER/SCHÖBI IV S. 81) des Zivilrechts – als untrennbar mit der Person des Schuldners verknüpft anzusehen und daher bei Schuldübernahme erlöschen zu lassen (VON TUHR/ESCHER S. 394, BECKER N 4 zu Art. 178 OR, GUHL/MERZ/KOLLER S. 265/66, GAUCH/SCHLUEP N 3721,

Art. 178

von Büren S. 345, Bucher S. 586 N 43, Engel S. 603, OR-Tschäni N 2 zu Art. 178 OR, SJK Nr. 365 S. 6, vgl. schon: Prot. Exp. Komm. vom 13. Oktober 1908 S. 9, § 418 Abs. 2 BGB; a.M. SJK Nr. 365 S. 6 N 27).

Die dafür gegebenen *Begründungen* sind vielschichtig: 67

– Es besteht kein Grund, dem Gläubiger, der sich auf eine Schuldübernahme einlässt, ein Vorrecht im Konkurs des Übernehmers einzuräumen. Er handelt dabei nicht als Arbeitnehmer oder als Arzt, sondern als *Geldgläubiger*, der es für richtig hält, einen neuen Schuldner im Vertrauen auf seine Zahlungsfähigkeit anzunehmen (von Tuhr/Escher S. 394, vgl. Becker N 4 zu Art. 178 OR, Bucher S. 586 N 43; a.M. SJK Nr. 365 S. 6 nur für Forderungen der Ärzte unter Berufung auf Billigkeit). Noch weniger ist ein Übergang des Privilegs vom Standpunkt des Übernehmers aus zu rechtfertigen. Es liegt kein Grund vor, warum er durch Übernahme fremder bevorrechtigter Schulden die Lage seiner eigenen Gläubiger soll verschlechtern dürfen (von Tuhr/Escher S. 394).

– Ohne Übernahme des bisher haftbaren Vermögens (N 71 ff. zu 68 Art. 181 OR), ist die Lösung aus dem legislativen Grund der einzelnen Privilegien abzuleiten. Der *Grund der Privilegien* liegt nun entweder in der Art der Leistung, die dem Schuldner auch bei momentanem Geldmangel nicht vorenthalten werden soll, weshalb sein Kredit durch das Privileg verstärkt wird (so bei Forderungen für ärztliche Leistungen), oder im besonderen öffentlichen Interesse an der Sicherung des Gläubigers (so bei Lohnforderungen der Arbeiter; BGE 78 III 25, BlZüR 87 Nr. 104 S. 244) oder im faktischen oder rechtlichen Zwang zu gewissen Kreditierungen (so beim Privileg für Mündel-, Kinder- und Frauengut). Alle diese besonderen Gründe verlieren an Gewicht oder fallen ganz weg, wenn der Gläubiger durch Vertrag, also freiwillig, den neuen Schuldner annimmt (Bekker N 4 zu Art. 178 OR; a.M. SJK 365 S. 6, Hasler S. 94).

– Der Grund des Privilegs war die besondere Wertung der *causa der* 69 *Schuld* gewesen und nicht aus jener früheren, sondern aus neuer causa, nicht als Arbeitgeber haftet der Übernehmer (von Büren S. 345, JherJ 57 S. 341/42).

Rechtsvergleichend ist auf *§ 418 Abs. 2 BGB* einzugehen, wonach 70 für den Fall des Konkurses mit der Forderung verbundene Vorzugsrechte nicht im Konkurs über das Vermögen des Übernehmers geltend

153

Art. 178

gemacht werden können. Abs. 2 dient dem Schutz der Gläubiger des Übernehmers. Er soll verhindern, dass der spätere Gemeinschuldner durch Schuldübernahmen in die zwingende Rangordnung des Art. 61 Konkursordnung eingreift (PALANDT N 2 zu § 418 BGB, STAUDINGER N 34 zu § 418 BGB, ENNECCERUS/LEHMANN S. 343).

Dies kann rechtsvergleichend die herrschende Lehre stützen, da die Rangordnung des Art. 219 SchKG ebenfalls zwingend gestaltet ist (BGE 87 III 86).

b) Prozessrecht

71 Die dem Schuldner zustehende Befugnis der Anrufung von *Handels- oder Arbeitsgericht* geht nicht auf den Übernehmer über (KELLER/ SCHÖBI IV S. 81).

72 Die *Gerichtsstandsklausel* folgt der Schuldübernahme, sofern sie sachlichen Charakters und nicht nur auf eine Person (d.h. den Schuldner) bezogen ist (vgl. SPIRIG N 25 zu Art. 170 OR).

c) Privatrecht

73 Dass ein Ehegatte unter *altem Eherecht* die Schuld bezüglich einer seitens des anderen exekutionsfähigen Forderung übernehme, war mit Art. 173 aZGB nicht vereinbar (vgl. N 361 Vorbem. zu Art. 175–83 OR, SPIRIG N 63 zu Art. 170).

74 Schuldübernahmen von Forderungen aus *Art. 211 und 224 Abs. 2 aZGB* waren zwar gültig (vgl. SPIRIG N 64 zu Art. 170 OR), das mit der Person der Ehefrau verknüpfte Vorrecht ging aber nicht über.

Kommentar zu Abs. 2

A. Allgemeines

Der Grund der besonderen Vorschrift von Abs. 2 liegt darin, dass 75
solche Sicherheiten in der Regel mit Rücksicht auf die Person und
Solvenz des Schuldners gewährt werden und dass durch die Schuldübertragung (bzw. -übernahme) nun dem bisherigen Schuldner ein neuer
Schuldner, dem bisher haftbaren Vermögen ein anderes Vermögen
substituiert wird, wofür einzustehen der Dritte sich nicht verpflichtet
hatte (BECKER N 5 zu Art. 178 OR). Die *Stellung des Bürgen und des
Pfandbestellers kann durch die Schuldübernahme beeinträchtigt werden*, wenn der Übernehmer weniger solvent – oder auch weniger
zahlungswillig (OSER/SCHÖNENBERGER N 7 zu Art. 178 OR, vgl. OR-TSCHÄNI N 3 zu Art. 178: Bonität des Schuldners) – ist als der Schuldner (VON TUHR/ESCHER S. 393, GAUCH/SCHLUEP N 3722, ENGEL S. 604),
was deren Gefährdung bzw. Verschlechterung bewirkt (KELLER/SCHÖBI
IV S. 81, BUCHER S. 586).

Der Gläubiger darf nicht durch seine freiwillige Rechtshandlung 76
die Rechtslage des Bürgen oder des Eigentümers des Drittmannpfandes
verschlechtern (BECKER N 7 zu Art. 178 OR). Art. 178 Abs. 2 OR
stellt damit eine *Schutzvorschrift zugunsten des dritten* Pfandschuldners
bzw. des Bürgen dar (OFTINGER/BÄR N 394 zu Art. 884 ZGB; vgl. den
inhaltlich übereinstimmenden § 418 BGB und § 1407 Abs. 2 Satz 2
ABGB (VON TUHR/ESCHER S. 393 N 96).

Die Zustimmung ist nur für die privative, die *eigentliche Schuld-* 77
übernahme, erforderlich, da die Rechtsstellung des Bürgen beim Schuldbeitritt verbessert wird (BGE 63 II 15, SJZ 30 S. 284 Nr. 55), indessen
auch beim Befreiungsversprechen denkbar (HASLER S. 92).

Überlässt der Dritte seine Sache dem Schuldner, um sie zu *verpfän-* 78
den, so kann Art. 178 Abs. 2 OR nicht Anwendung finden (BECKER
N 8 zu Art. 178 OR).

Art. 178 Abs. 2 OR gilt nicht für das *Retentionsrecht*, weil es 79
nicht auf einer Bestellung durch einen Dritten beruht (VON TUHR/ESCHER

Art. 178

S. 393, BECKER N 9 zu Art. 178 OR, OSER/SCHÖNENBERGER N 9 zu Art. 178 OR, OFTINGER/BÄR N 171 und 177 zu Art. 895 ZGB; a.M. KELLER/SCHÖBI IV S. 81).

B. Dritter Pfandbesteller

80 Zuzustimmen hat in der Regel derjenige, welcher sein ihm eignedes Pfand dem Gläubiger als Sicherheit für eine Forderung gegen den bisherigen Schuldner bestellt hat (Art. 884 ff. ZGB). Wenn der Pfandgegenstand nicht mehr diesem *Verpfänder* gehört, so kommt es auf die Zustimmung des *gegenwärtigen Pfandeigentümers* an (VON TUHR/ESCHER S. 393 N 97, BECKER N 11 zu Art. 178 OR, SJZ 11 S. 183).

81 *Gesetzliche Pfandrechte* werden von Art. 178 Abs. 2 OR nicht betroffen, denn sie sind nicht bestellt (OSER/SCHÖNENBERGER N 9 zu Art. 178 OR, OR-TSCHÄNI N 3 zu Art. 178 OR, SJZ 11 S. 183). Dies gilt inbesondere beim Bauhandwerkerpfandrecht, wo sich die Frage nicht stellt, ob der an diesem vehement interessierte Pfandeigentümer der Pfandhaft zustimmt (vgl. BECKER N 9 zu Art. 178 OR).
(Bei der Miterbenhaftung des Art. 637 Abs. 2 ZGB liegt sodann keine «gesetzliche Bürgenhaftung» vor [N 18 ff. zu Art. 183 OR; a.M. BECKER N 10 zu Art. 178 OR].)

C. Bürge

82 Die Bürgschaft ist *im technischen Sinn* (Art. 492 ff. OR) zu verstehen. Andere Garantieversprechen sind ihr nicht gleichzustellen (BECKER N 10 zu Art. 178 OR).

83 Die Zustimmung des Bürgen ist auch erforderlich, wenn der eine *Solidarschuldner* die Schuldpflicht, die er bisher gemeinsam mit dem anderen getragen hatte, als Alleinschuldner übernimmt (VON BÜREN S. 345, BGE 60 II 333).

Die Zustimmung ist nicht erforderlich, wenn der bisherige Schuldner *Solidarbürge* wird (SJZ 30 S. 284 Nr. 55). 84

Durch Übergang des Schuldverhältnisses mit der Bürgschaft auf den 85
Übernehmer wird der bisherige Schuldner befreit, und es besteht *kein Rückgriff des Bürgen* auf ihn (OSER/SCHÖNENBERGER N 8 zu Art. 178 OR, a.M. HASLER S. 90), da der Bürge – welcher ja dem Übergang seiner Verpflichtung zugestimmt hat – sich an den Hauptschuldner zu halten hat (GIOVANOLI, Komm. zum OR, Bern 1978, N 3 zu Art. 507 OR, vgl. Art. 508 Abs. 1 OR).

D. Weiterhaftung

Zur *Pfandhaft*, welche mit der Zustimmung zugunsten des Über- 86
nehmers weiterdauert, s. Komm. zu den Art. 805 und 892 ZGB.

Bei *Schuldrückübernahme* leben die nach Art. 178 OR bei der 87
Schuldübernahme erloschenen *Nebenrechte* nicht wieder auf (GAUCH/SCHLUEP N 3737, VON TUHR/ESCHER S. 394, vgl. aber N 33 ff. zu Art. 180 OR).

E. Gläubiger

Zum Gläubiger s. N 41 ff. zu Art. 175 OR. 88

Art. 178

F. Zustimmung

I. Empfänger

89   Die Zustimmung kann *gegenüber dem bisherigen Schuldner, dem Übernehmer oder dem Gläubiger* erfolgen (OSER/SCHÖNENBERGER N 10 zu Art. 178 OR).

II. Zeitpunkt

90   Die Zustimmung ist *vor oder mit der Schuldübernahme* zu erklären (VON TUHR/ESCHER S. 393, BECKER N 13 zu Art. 178 OR, OSER/SCHÖNENBERGER N 10 zu Art. 178 OR, SJK Nr. 365 S. 7, HASLER S. 92, BGE 60 II 333 = Pra 23 S. 389).

91   Die *zum voraus erteilte Zustimmung* des Bürgen zu jedem Schuldnerwechsel ist ungültig, da die Rechtsstellung des Bürgen infolge geringerer Zahlungsfähigkeit des Schuldübernehmers beeinträchtigt werden kann (Art. 27 ZGB, Art. 20 OR, vgl. Art. 492 Abs. 4 OR, VON TUHR/ ESCHER S. 393, GUHL/MERZ/KOLLER S. 265, GAUCH/SCHLUEP N 3723, VON BÜREN S. 345, BUCHER S. 586, ENGEL S. 604, BGE 63 II 413: offengelassen, BGE 67 II 131 = Pra 30 S. 309 = Jdt 90 I S. 85 = SJ 64 S. 30 = Rep 75 S. 12 = ZBJV 78 S. 538/39, BlZüR 44 Nr. 20 S. 76).

92   BECKER betrachtet die zum voraus erteilte Zustimmung des Bürgen dann als vereinbar mit allgemeinen Rechtsprinzipien, wenn ausbedungen oder stillschweigend unterstellt wird, dass der Übernehmer nach den im Geschäftsverkehr herrschenden Auffassungen für eine solche Schuld genügend solvent erscheint. Im Streitfall ist vom Gläubiger darzutun, dass im Zeitpunkt der Schuldübernahme diese Voraussetzung gegeben war und der Schuldner erst durch seitherige Unglücksfälle oder infolge einer allgemeinen Krise notleidend wurde (N 14 zu Art. 178 OR). Damit wird die übermässige Bindung des Bürgen durch seine Zustimmung zu jeglichem Übernehmer indessen nicht beseitigt.

Eine nachträgliche Genehmigung des Pfandeigentümers erweist sich 93
als *Neubegründung des Pfandes* (ZOBL N 299 zu Art. 884 ZGB, OSER/
SCHÖNENBERGER N 10 zu Art. 178 OR, SJK Nr. 365 S. 7, vgl. ENNEC-
CERUS/LEHMANN S. 342, SOERGEL N 3 zu § 418 BGB), wenn auch keine
systematischen Gründe im OR, nach welchem jede zu einem Rechtsgeschäft erforderliche Zustimmung durch Genehmigung ersetzt werden
kann, bestehen, wie dies im BGB der Fall ist (VON TUHR/ESCHER S. 393
N 99 i.V.m. VON TUHR/PETER S. 151).

Wird die Zustimmung seitens des Bürgen erst nachträglich erteilt, 94
so wird dies durch die Praxis als *Neubegründung der Bürgschaft*
behandelt (VON TUHR/ESCHER S. 393, BECKER N 9 zu Art. 178 OR,
OSER/SCHÖNENBERGER N 10 zu Art. 178 OR, VON BÜREN S. 345, SPR
VII/2 S. 388, BGE 63 II 16, 67 II 130, BlZüR 44 Nr. 20 S. 75; vgl.
ENNECCERUS/LEHMANN S. 342 N 6: strittig, ob neue Bürgschaft, SOERGEL
N 4 zu § 418 BGB).

Zur Frist des Art. 832 ZGB bei *Veräusserung pfandbelasteter* 95
Grundstücke s. N 47 zu Art. 183 OR.

III. Inhalt

Die Zustimmung braucht sich nicht speziell auf die Bürgschaft oder 96
das Pfand zu beziehen, sondern es genügt die *Zustimmung zum allgemeinen Geschäft der Schuldübernahme* (OSER/SCHÖNENBERGER N 10 zu
Art. 178 OR, a.M. Art. 1208 E-OR: «Zustimmung zur Entlastung des
Schuldners»).

Konkludentes Verhalten muss aber den *Zustimmungswillen des Bür-* 97
gen klar und eindeutig zum Ausdruck bringen (BlZüR 44 Nr. 20:
vor Inkrafttreten von Art. 493 Abs. 5 OR).

Die Zustimmung ist *nicht Bestandteil der Schuldübernahme* (BlZüR 44 98
Nr. 20 S. 72).

Im Konkurs wird der Schuldnerwechsel dem Gläubiger aufgezwungen 99
(N 197 Vorbem. zu Art. 175–83 OR). Daher verbleiben die Nebenrechte
dem Gläubiger, der nur gegen das Drittmannspfand oder Bürgschaft

Art. 178

kreditiert hat (BECKER N 7 zu Art. 178 OR). Einerseits fehlt dem Gläubiger die Befugnis, durch Abgabe einer Erklärung binnen Jahresfrist gemäss Art. 832 ZGB den bisherigen Schuldner beizubehalten (Art. 130 Abs. 4 VZG), und anderseits haften die Bürgen für die überbundene Schuldpflicht weiter, ohne dass deren Zustimmung zum Übergang der Schuldpflicht eingeholt werden müsste (GUHL/MERZ/KOLLER S. 266, BGE 47 III 146 Erw. 2)

IV. Form

1. Pfandrecht

100   Die Zustimmung des Verpfänders kann *formlos* geschehen (BECKER N 12 zu Art. 178 OR, GAUCH/SCHLUEP N 3723, BUCHER S. 586).

101   Die Zustimmung des Pfandbestellers zum Schuldnerwechsel braucht keine ausdrückliche zu sein; sie kann auch stillschweigend durch *konkludentes Verhalten* erfolgen (vgl. OR-TSCHÄNI N 4 zu Art. 178 OR), insbesondere durch den vorbehaltlos die Schuld Übernehmenden, dem das Pfand gehört (BECKER N 12 zu Art. 178 OR, OSER/SCHÖNENBERGER N 10 zu Art. 178 OR, ENGEL S. 604, SJK Nr. 365 S. 7, BGE 63 II 15).

102   Der *nachträglich geschlossene Pfandvertrag* bedarf der Schriftform (Art. 900 Abs. 3 ZGB).

2. Bürgschaft

103   Die Zustimmung des Bürgen hat – jedenfalls (N 94 zu Art. 178 OR) – unter Beobachtung der ausdrücklich hiefür vorgesehenen *Schriftform* zu erfolgen (Art. 493 Abs. 5 Satz 2 OR, VON TUHR/ESCHER S. 393, BECKER N 12 zu Art. 178 OR, OSER/SCHÖNENBERGER N 10 zu Art. 178 OR, GAUCH/SCHLUEP N 3723, GUHL/MERZ/KOLLER S. 265, VON BÜREN S. 345, BUCHER S. 586, OR-TSCHÄNI N 4 zu Art. 178 OR, SJK Nr. 365 S. 7, HASLER S. 92, BGE 60 II 334, 67 II 130, BlZüR 44 Nr. 20; a.M. ENGEL S. 604).

Art. 178

V. Fehlende Zustimmung

Bei der fehlenden Zustimmung handelt es sich um einen *Untergangs-* 104 *grund* (Oftinger/Bär N 4/14 zu Art. 888 ZGB).

Ohne Zustimmung erlöschen die *Drittpfänder* (von Tuhr/Escher 105 S. 393, Becker N 5 zu Art. 178 OR, Engel S. 604, SJK Nr. 365 S. 7).

Der *Bürge* wird befreit, wenn er dem Schuldnerwechsel nicht zu- 106 stimmt (Schätzle N 45 zu Art. 493 OR); die Bürgschaft ist von der Person des Schuldners untrennbar (Schätzle N 8 zu Art. 509 OR).

Zur Zustimmung im Rahmen der *Übernahme eines Geschäfts oder* 107 *Vermögens* s. N 296 zu Art. 181 OR.

Art. 179

2. Einreden

¹ Die Einreden aus dem Schuldverhältnis stehen dem neuen Schuldner zu wie dem bisherigen.
² Die Einreden, die der bisherige Schuldner persönlich gegen den Gläubiger gehabt hat, kann der neue Schuldner diesem, soweit nicht aus dem Vertrag mit ihm etwas anderes hervorgeht, nicht entgegenhalten.
³ Der Übernehmer kann die Einreden, die ihm gegen den Schuldner aus dem der Schuldübernahme zugrunde liegenden Rechtsverhältnisse zustehen, gegen den Gläubiger nicht geltend machen.

2. Exceptions

¹ Les exceptions dérivant de la dette reprise passent de l'ancien débiteur au nouveau.
² Le nouveau débiteur ne peut faire valoir les exceptions personnelles que l'ancien aurait pu former contre le créancier, si le contraire ne résulte du contrat passé avec le créancier.
³ Il ne peut opposer au créancier les exceptions que les faits qui ont donné naissance à la reprise de dette lui auraient permis d'opposer à l'ancien débiteur.

2. Eccezioni

¹ Le eccezioni relative al debito spettano al nuovo debitore come al debitore precedente.
² Le eccezioni personali del debitore precedente verso il creditore non possono essere opposte dal nuovo debitore, se il contrario non risulti dal contratto col creditore
³ L'assuntore non può far valere contro il creditore le eccezioni che gli competono contro il debitore a dipendenza del rapporto giuridico su cui si fonda l'assunzione del debito.

2. Objecziuns

¹ Il nov debitur ha ils medems dretgs sco il debitur precedent da far objecziuns che neschan dal daivet.
² Las objecziuns ch'il debitur precedent ha fatg persunalmain cunter il creditur na po il nov debitur betg far, nun ch'il contract cun il creditur cuntegnia insatge auter.
³ Il surpigliader na po betg far valair cunter il creditur las objecziuns ch'el ha il dretg da far cunter l'anteriur debitur a basa da las relaziuns da dretg che resultan da la surpigliada dal daivet.

Art. 179

Inhaltsübersicht

Note

Allgemeines

A. Historisches 1

B. Begriffliches 3

C. Abgrenzung 12
    I. Einreden des Übernehmers gegenüber dem Schuldner aus dem Befreiungsversprechen 12
    II. Einreden des Übernehmers gegenüber dem Gläubiger 19
        1. Persönliche Einreden des Übernehmers 19
        2. aus Schuldübernahmevertrag 23
        3. aus weiteren Rechtsverhältnissen 26

D. Rechtsvergleichung 28

Kommentar zu Abs. 1

A. Einreden 30
    I. Persönliche des Übernehmers 30
    II. Einreden aus Schuldverhältnis 32
        1. Schuldverhältnis zwischen Schuldner und Gläubiger 33
        2. Einreden im einzelnen 44

B. «Zustehende» Einrede 65

C. Schuldner 67

Kommentar zu Abs. 2

A. Einreden 69

B. Schuldner 71

C. Persönliche Einreden des Schuldners gegen den Gläubiger 72

D. Entgegenhalten der Einrede 79

E. Dispositives Recht 80

Kommentar zu Abs. 3

A. Allgemeines 83

Art. 179

	Note
B. Übernehmer	88
C. Einreden gegen den Schuldner aus dem der Schuldübernahme zugrundeliegenden Rechtsverhältnis	89
D. Nicht geltend machen	95
E. Rechtswirkungen des Einredeausschlusses	96

Allgemeines

A. Historisches

1   *Art. 1209 Abs. 1 und 2 E-OR* lauteten schon gleich wie heute Art. 179 Abs. 1 und 2 OR, BBl 1905 II S. 128, 1909 III S. 808.

2   *Art. 1209 Abs. 3 E-OR* war in den beiden Entwürfen noch, wie folgt, gefasst:

«Die Einreden, die dem Übernehmer gegen den Schuldner aus dem der Schuldübernahme zu Grunde liegenden Rechtsverhältnis zustehen, kann er nur dann gegen den Gläubiger geltend machen, wenn sie gegen den Bestand des Übernahmevertrages gerichtet sind.»

Damit wurden noch Einreden aus dem vorausgegangenen Befreiungsversprechen aufgrund der Theorie der Kollektivofferte und der Genehmigungstheorie (N 1 zu Art. 175 OR, N 343 Vorbem. zu Art 175–183) zugelassen (vgl. OSER/SCHÖNENBERGER N 10 zu Art. 179 OR). Während in der Expertenkommission noch guter Glaube verlangt wurde (Prot. Exp. Komm. vom 13. Oktober 1908 S. 9), fasste die nationalrätliche Kommission den heutigen Gesetzeswortlaut ohne diese Voraussetzung (StenBull NR XIX S. 552). Die Materialien sind hierzu unergiebig (BBl 1905 II S. 21, StenBull NR XIX S. 557/59).

B. Begriffliches

Art. 179 OR folgt aus der Auffassung, dass *die Schuld unverändert* 3 *übernommen wird, aber unter Rücksichtnahme auf den Schuldner und Drittpersonen* (vgl. OSER/SCHÖNENBERGER je N 1 zu Art. 178/179 OR, OR-TSCHÄNI N 3 zu Art. 179 OR: Erleichterung des Schuldübergangs).

Den *Grund für die vom Gesetz vorgenommene Beschränkung der* 4 *Einreden,* die dem Übernehmer zustehen, sehen GUHL/MERZ/KOLLER (S. 266) darin, dass ein Gläubiger einen Schuldübernahmevertrag nur eingehen werde, wenn dadurch seine Rechtslage keine Einbusse gegenüber dem bisherigen Zustand erleidet. Dies trifft bezüglich der ausgeschlossenen persönlichen Einreden des Schuldners (Art. 179 Abs. 2 OR) nicht zu, da der Ersatz derselben durch diejenigen des Übernehmers nicht zwingend eine Gleich- oder Besserstellung ergibt.

Indessen wird der Gläubiger nicht durch die grundsätzlich unzulässigen Einreden aus dem Befreiungsversprechen neu belastet (Art. 179 Abs. 3 OR; s. aber N 86 zu Art. 179 OR).

Unter *Einreden* sind auch die *Einwendungen* zu verstehen (VON 5 TUHR/ESCHER S. 390, VON TUHR/PETER S. 28, OSER/SCHÖNENBERGER N 1 zu Art. 179 OR, GAUCH/SCHLUEP N 3725 i.V.m. N 78, GUHL/MERZ/KOLLER S. 266, KELLER/SCHÖBI IV S. 82, OR-TSCHÄNI N 1 zu Art. 179, SJK Nr. 365 S. 7; vgl. PALANDT N 2 zu § 417 BGB).

Begrifflich sind Einwendungen Vorbringen einer Tatsache, Einreden die Ausübung von Rechten (SPIRIG N 5 zu Art. 169 OR und Zit.).

Zu unterscheiden sind sieben Arten möglicher Einreden, einerseits 6 zwei solche aufgrund der Person:

– persönliche des Schuldners und
– persönliche des Übernehmers,

anderseits fünf solche aufgrund der Verträge im Dreiecksverhältnis (N 54 Vorbem. zu Art. 175–83 OR) aus:

– der übernommenen Schuld,
– dem Befreiungsversprechen,
– dem damit zusammenhängenden Rechtsgeschäft,
– dem Schuldübernahmevertrag und
– dessen Rechtsgrund (a.M. BECKER N 1 zu Art. 179 OR: vier Gruppen; OSER/SCHÖNENBERGER N 2 zu Art. 179 OR: drei).

Art. 179

7   Im einzelnen handelt es sich um lediglich teilweise (folgende Ziff. 1/3 und 6) in **Art. 179 Abs. 1–3 OR** geregelte Einreden:

1) Einreden, die dem *bisherigen Schuldner persönlich* zustanden; sie gehen nicht auf den Übernehmer über (**Art. 179 Abs. 2 OR**, BECKER N 3 zu Art. 179 OR, OSER/SCHÖNENBERGER N 5 zu Art. 179 OR, GAUCH/SCHLUEP N 3728, KELLER/SCHÖBI IV S. 84, SJK Nr. 365 S. 7, BGE 73 II 178). Er übernimmt nur die Schuld (vgl. BECKER N 4 zu Art. 179 OR).

2) *Einreden und Einwendungen, die in der Person des Übernehmers* entstanden sind (VON TUHR/ESCHER S. 392, GAUCH/SCHLUEP N 3738, GUHL/MERZ/KOLLER S. 266, KELLER/SCHÖBI IV S. 82, VON BÜREN S. 344, ENGEL S. 602, SJK Nr. 365 S. 7). Diese kann der Übernehmer auch in bezug auf die übernommene Schuld geltend machen, denn durch die Schuldübernahme wird die übernommene Schuld seine eigene (BECKER N 4 zu Art. 179 OR, OSER/SCHÖNENBERGER N 4 zu Art. 179 OR, VON BÜREN S. 344: unbeschränkt, HASLER S. 96). Das Gesetz spricht nicht davon (OSER/SCHÖNENBERGER N 2 zu Art. 179 OR).

3) Einreden aus dem *Schuldverhältnis*. Sie gehen auf den Übernehmer über (**Art. 179 Abs. 1 OR**, VON TUHR/ESCHER S. 382, BECKER N 2 zu Art. 179 OR, OSER/SCHÖNENBERGER N 2 und 6 zu Art. 179 OR, GAUCH/SCHLUEP N 3725, KELLER/SCHÖBI IV S. 84, SJK Nr. 365 S. 7 N 31, ZSR NF 20 S. 339/41, BGE 73 II 178), da er diese Schuld übernimmt (BECKER N 4 zu Art. 179 OR), welche die Schuldübernahme in Bestand und Umfang nicht verändern darf (KELLER/SCHÖBI IV S. 82). Die Einreden aus dem Verhältnis zwischen dem Gläubiger und dem befreiten Schuldner stehen dem Übernehmer genauso zu wie dem bisherigen Schuldner (KELLER/SCHÖBI IV S. 82, BUCHER S. 585).

4) Einreden aus dem *Schuldübernahmevertrag* (GUHL/MERZ/KOLLER S. 266, VON BÜREN S. 344, vgl. OR-TSCHÄNI N 2 zu Art. 179 OR, PALANDT N 3 zu § 417 BGB).

5) Aus dem dem Schuldübernahmevertrag zugrunde liegenden *Rechtsgrundgeschäft* (N 220 Vorbem. zu Art. 175–83 OR) kann der Übernehmer dem Gläubiger alle Einwendungen und Einreden entgegenhalten (vgl. OR-TSCHÄNI N 2 zu Art. 179 OR),

6) Einreden, die sich auf das *Schuldverhältnis zwischen bisherigem Schuldner und Übernehmer* beziehen, berühren den Gläubiger nicht (**Art. 179 Abs. 3 OR**, BECKER N 5 zu Art. 179 OR, OSER/SCHÖNENBERGER N 2 zu Art. 179 OR). Für den Gläubiger ist der Vertrag über das Befreiungsversprechen ein Drittgeschäft (res inter alios acta).

Der Übernehmer kann daher Einreden (und Einwendungen) aus diesem Vertrag dem Gläubiger nicht entgegenhalten (Art. 179 Abs. 3 OR, GAUCH/SCHLUEP N 3732, GUHL/MERZ/KOLLER S. 266, KELLER/SCHÖBI IV S. 84, ENGEL S. 603, SJK Nr. 365 S. 7 und N 31).

7) Ausgeschlossen sind selbstverständlich auch Einreden des Übernehmers aus dem *Rechtsgeschäft, das in Zusammenhang mit dem Befreiungsversprechen* abgeschlossen wurde (GAUCH/SCHLUEP N 3732, SJK Nr. 365 S. 7 N 31, BGE 58 II 20 = JdT 81 S. 410).

Zusammenfassung: Die vier zulässigen Arten von Einreden des Übernehmers *gegenüber dem Gläubiger* sind seine persönlichen (2) und diejenigen aus dem Schuldverhältnis (3) sowie aus dem Schuldübernahmevertrag (4) und dessen Rechtsgrund (5), nicht aber die drei restlichen wie persönliche des Schuldners (1) und solche aus dem Befreiungsversprechen (6) oder dem in Zusammenhang mit diesem abgeschlossenen Rechtsgeschäft (7). 8

Gegenüber dem Schuldner kann der Übernehmer die letzten beiden Gruppen von Einreden (6 und 7) geltend machen, während die persönlichen Einreden des Schuldners (1) nach der Schuldübernahme entfallen.

Ersichtlich ist *keine exceptio de jure tertii* wie in Art. 502 OR, welche inbesondere in Art. 179 Abs. 2 OR mit den persönlichen Einreden des Schuldners entsprechend allgemeinem Grundsatz – vorbehältlich anderer Vereinbarung – ausgeschlossen ist (a.M. VON TUHR/PETER S. 30). 9

Die Regelung in Art. 179 OR ist durchaus zu vergleichen mit derjenigen in Art. 145 OR – Zulässigkeit der persönlichen Einreden und solcher aus gemeinsamem Entstehungsgrund der *Solidarverpflichtung* – und derjenigen in Art. 169 OR bei der *Abtretung* (SPIRIG N 14 ff. zu Art. 169 OR; OSER/SCHÖNENBERGER N 4 und 6 zu Art. 179 OR). 10

Was für die persönlichen Einreden – gemäss Art. 179 Abs. 2 OR – gilt, muss a fortiori auch für die übrigen Einreden und Einwendungen zutreffen (KELLER/SCHÖBI IV S. 85). Art. 179 OR bildet daher *dispositives Recht* und gestattet eine andere Regelung durch die Parteien. Sie können nach Art. 179 OR ausgeschlossene Einreden zulassen oder zugelassene ausschliessen (BECKER N 11 zu Art. 179 OR, GAUCH/SCHLUEP N 3728, vgl. N 75 ff. zu Art. 179 OR). 11

Art. 179

C. Abgrenzung

I. Einreden des Übernehmers gegenüber dem Schuldner aus dem Befreiungsversprechen

12 Art. 179 OR befasst sich nicht mit den Einreden des Übernehmers *gegenüber dem Schuldner* aus dem *Befreiungsversprechen und dem damit zusammenhängenden Rechtsgeschäft* (N 52 Vorbem. zu Art. 175–83 OR).

Es besteht auch kein Anlass ihn analog anzuwenden, dergestalt dass der Übernehmer gegenüber dem Befreiungsanspruch des Schuldners neben den ihm persönlich zustehenden Einreden entsprechend Art. 179 OR nur solche aus dem Schuldverhältnis erheben könnte (a.M. VON TUHR/ESCHER S. 382 N 16a unter Hinweis auf BGE 73 II 178, welcher indessen das Erfüllungsversprechen [N 257 Vorbem. zu Art. 175–83 OR] betrifft). Abstraktheit ist nur im Verhältnis Übernehmer/Gläubiger gegeben (N 89/90 Vorbem. zu Art. 175–83 OR).

13 Dem Übernehmer stehen im Verhältnis – d.h. aus Befreiungsversprechen und damit zusammenhängendem Rechtsgeschäft – zum bisherigen Schuldner alle Einreden nach Massgabe der *allgemeinen Rechtsgrundsätze* zu (BECKER N 14 zu Art. 175 OR), z.B.:

14 – Einrede der *Unverbindlichkeit* des Vertrags (Art. 24 ff. OR, BECKER N 14 zu Art. 175 OR),

15 – Einrede des *Widerrufs* nach Art. 249/50 OR, wenn die Schuldübernahme (d.h. das Befreiungsversprechen) schenkungshalber erfolgte (BECKER N 14 zu Art. 175 OR),

16 – bei zweiseitigen Verträgen die Einrede des *nicht erfüllten Vertrags* (BECKER N 14 zu Art. 175 OR);

17 – der Übernehmer kann die Erfüllung des durch *Täuschung* erlangten Schuldversprechens auch im Falle der Schuldübernahme durch Bildung einer Kollektivgesellschaft verweigern (BECKER N 8 zu Art. 179 OR, Pra 23 S. 218/19).

18 Wer lediglich intern eine Schuld übernommen hat, kann diese nicht mit einer eigenen Schuld gegenüber dem Gläubiger jener Schuld *verrechnen* (AEPLI N 47 zu Art. 120 OR, BECKER N 5 zu Art. 120 OR).

Art. 179

II. Einreden des Übernehmers gegenüber dem Gläubiger

1. Persönliche Einreden des Übernehmers

Art. 179 OR spricht auch nicht von den folgenden persönlichen **19** Einreden des Übernehmers, welche er erheben kann, z.B.:

Vom Gläubiger dem Übernehmer gewährte *Stundung* (Art. 80 OR, **20** von Tuhr/Escher S. 392) aus dem Übernahmevertrag (Guhl/Merz/Koller S. 266, Oser/Schönenberger N 4 zu Art. 179 OR).

Einrede der *Verrechnung* (Art. 120 OR), die dem Übernehmer **21** gegenüber dem Gläubiger bereits zusteht (Becker N 4 zu Art. 179 OR, Oser/Schönenberger N 4 zu Art. 179 OR, Gauch/Schluep N 3738, Guhl/Merz/Koller S. 266, von Büren S. 344, OR-Tschäni N 6 zu Art. 179 OR). Das Erfordernis der Gegenseitigkeit für die Verrechnung (von Tuhr/Escher S. 392) kann zuletzt eintreten, z.B. bei externer Schuldübernahme (Aepli N 19 zu Art. 120 OR).

Prozessuale Einrede der *Unzuständigkeit* (z.B. § 111 Abs. 1 ZPO- **22** ZH, SJK Nr. 365 S. 8) hinsichtlich des ordentlichen Gerichtsstands (Art. 59 BV).

2. Einreden gegenüber dem Gläubiger aus Schuldübernahmevertrag

Dem Übernehmer stehen gegenüber dem Gläubiger selbstverständlich **23** alle – in Art. 179 OR nicht ausgeschlossenen – Einreden aus dem mit ihm abgeschlossenen *Schuldübernahmevertrag* und dem dazugehörigen *Rechtsgrundgeschäft* zu (N 7 Ziff. 4 und 5 sowie N 8 zu Art. 179 OR).

Zu den einzelnen, auch hier zulässigen, Einreden s. N 43 ff. zu **24** Art. 179 OR; zulässig ist aber auch die *Einrede des nichterfüllten Vertrags*, sofern das Rechtsgrundgeschäft des Schuldübernahmevertrags zweiseitiger Natur ist (anders: N 37 zu Art. 179 OR).

Der Übernehmer kann die Erfüllung des – *durch eine unerlaubte* **25** *Handlung* gegen ihn, als dem Verletzten, entstandenen – Schuldversprechens auch im Falle des Art. 60 Abs. 3 OR verweigern (Becker

Art. 179

N 8 zu Art. 179 OR), nämlich dann, wenn die Anfechtungsfrist für die Geltendmachung des Willensmangels – zufolge Drohung, Täuschung (Betrug) – abgelaufen ist (BREHM, Komm. zu Art. 58–61 OR, Bern 1990, N 111, a.M. VON TUHR/PETER S. 342 N 56).

3. Einreden gegenüber dem Gläubiger aus weiteren Rechtsverhältnissen

26 Der Übernehmer kann nicht Einreden aus dem *Verhältnis des Gläubigers zu einem Dritten* geltend machen (VON TUHR/ESCHER S. 390 N 77, BGE 73 II 179).

27 Der Schuldner kann dem Gläubiger gegenüber seine *Befreiung durch die Schuldübernahme* geltend machen (N 34 zu Art. 176 OR).

D. Rechtsvergleichung

28 Nach *deutschem Recht* kann der Übernehmer dem Gläubiger die Einwendungen entgegensetzen, welche sich aus dem Rechtsverhältnis zwischen dem Gläubiger und dem bisherigen Schuldner ergeben. Eine dem bisherigen Schuldner zustehende Forderung kann er nicht aufrechnen (§ 417 Abs. 1 BGB, dazu ZSR NF 20 S. 341). Aus dem der Schuldübernahme zugrunde liegenden Rechtsverhältnis zwischen dem Übernehmer und dem bisherigen Schuldner kann der Übernehmer dem Gläubiger gegenüber Einwendungen nicht herleiten (§ 417 Abs. 2 BGB).

29 Aus dem Rechtsverhältnis zwischen dem Gläubiger und dem bisherigen Schuldner entspringende Einwendungen stehen dem Übernehmer gemäss *§ 1407 Abs. 1 Satz 2 ABGB* zu.

Kommentar zu Abs. 1

A. Einreden

I. Persönliche des Übernehmers

Die Einrede geht bei der Schuldübernahme auf den neuen Schuldner **30**
(Übernehmer) über (Weber N 55 zu Art. 83 OR, Engel S. 602).

Es handelt sich um Einreden, die *Entstehung, Gültigkeit, Aufhe-* **31**
bung zur Zeit oder Erlöschen der übernommenen Schuld betreffen
(von Tuhr/Escher S. 390, Guhl/Merz/Koller S. 266, Keller/Schöbi IV
S. 82); darunter fällt auch das – einredeweise als Erlöschensgrund
geltendzumachende (von Tuhr/Escher S. 198 N 55a) – Recht auf
Verrechnung (Art. 120 OR, von Tuhr/Escher S. 391, Gauch/Schluep
N 3608).

II. Einreden aus Schuldverhältnis

Es handelt sich um diejenigen aus dem *übernommenen Schuld-* **32**
verhältnis (Schuldner/Gläubiger, vgl. N 8 zu Art. 179 OR).

1. Schuldverhältnis zwischen Schuldner und Gläubiger

Die Einreden des Übernehmers aus dem *Schuldverhältnis* zwischen **33**
Schuldner und Gläubiger sind zulässig.

Wird eine Schuld aus einer Vertragsobligation übernommen, sind **34**
dem Übernehmer Einreden und Einwendungen abgeschnitten, die dem
bisherigen Schuldner aus dem *Vertragsverhältnis als solchem* und nicht
aus der einzelnen Schuld erwachsen (Gauch/Schluep N 3728, Keller/
Schöbi IV S. 83).

Art. 179

35   Hat bei *zweiseitig*-onerosen (d.h. *entgeltlichen*) Verhältnissen die Anfechtung die Auflösung des ganzen Vertragsverhältnisses zur Folge, so reicht die Rechtsmacht des Übernehmers dazu nicht aus, denn er kann nicht den bisherigen Schuldner zur Herausgabe der von diesem schon empfangenen Gegenleistung verpflichten; auf die Anfechtung kann sich der Übernehmer in diesen Fällen nur berufen, wenn der ursprüngliche *Schuldner sie auch geltend macht* (BECKER N 9 zu Art. 179 OR, ZSR NF 20 S. 340).

36   Dasselbe (N 35 zu Art. 179 OR) gilt, wenn eine *Übervorteilung* des bisherigen Schuldners durch den Gläubiger i.S. von Art. 21 OR stattgefunden hat (BECKER N 9 zu Art. 179 OR).

37   Bei der Übernahme der Kaufpreisschuld bleibt der *bisherige Schuldner Vertragspartner*. Dem Übernehmer stehen zwar ebenfalls die Einreden aus dem Schuldverhältnis zu, und er darf die geschuldete Leistung verweigern. Dagegen ist er zur Geltendmachung von *Gestaltungsrechten nicht befugt*; es ist ihm verwehrt, die Wandelung des Kaufvertrages zu verlangen (BECKER N 5 zu Art. 179 OR, VON TUHR/ ESCHER S. 390 N 74: Übernehmer wird nicht Vertragspartei, VON BÜREN S. 344, BlZüR 46 Nr. 107, PALANDT N 2 zu § 417 BGB; a.M. SJK Nr. 365 S. 8).

38   Ob ein *Willensmangel des Schuldners* durch den Übernehmer geltend gemacht werden kann, ist strittig (OR-TSCHÄNI N 5 zu Art. 179 OR). VON TUHR/ESCHER (S. 390 N 79) bejahen ohne weitere Begründung, sofern der Schuldner nicht den Vertrag genehmigt oder die Frist des Art. 31 OR versäumt habe (vgl. generell: BUCHER S. 585 und ENGEL S. 602: vice du consentement).
  BECKER (N 9 zu Art. 179 OR) billigt die Anfechtung dem Übernehmer bei *zweiseitig*-onerosen (d.h. *entgeltlichen*, vgl. VON TUHR/ PETER S. 315 und N 50b) Verhältnissen nur zu, wenn sie auch vom Schuldner geltend gemacht wird (vgl. VON BÜREN S. 344: Anfechtung kaum möglich, BGE 58 II 20 = JdT 81 S. 410: unter Hinweis auf blosses Motiv nach Art. 24 Abs. 2 OR, GAUCH/SCHLUEP N 3729). KELLER/SCHÖBI (IV S. 83) begründen dies damit, dass man bei Zulassung der Anfechtung wegen absichtlicher Täuschung durch den Übernehmer diesem die Möglichkeit zugestände, über das Schicksal des Vertrages, mithin z.B. auch über den Anspruch des Käufers auf (Rück-)Übertragung des Kaufgegenstandes, zu entscheiden.

Der die Möglichkeit einer *Anfechtung wegen Willensmängeln ab-* 39 *lehnenden Auffassung* ist einerseits unter Hinweis auf die fehlende Vertragspartnereigenschaft des Übernehmers (N 34 zu Art. 179 OR) beizupflichten.
Im übrigen s. N 73 zu Art. 179 OR.

Rechtsgeschäftliche *Übertragung in Kenntnis des Willensmangels* 40 bedeutet indessen Genehmigung des infolge der absichtlichen Täuschung abgeschlossenen Vertrags (Keller/Schöbi IV S. 83). Die Einwendung fällt – ohnehin – weg, wenn der Schuldner den Vertrag genehmigt oder die Frist des Art. 31 OR versäumt (von Tuhr/Escher S. 390 N 79), wobei dem rückwirkende Kraft zukommt (von Tuhr/Peter S. 331).

Der Übernehmer beim zweiseitigen Vertrag hat nur die Schuldner- 41 pflichten, kann aber nicht auch die Rechte aus dem Vertrag geltend machen, auch nicht die *Einrede des nicht erfüllten Vertrags*, und wird überhaupt nicht Vertragspartei (Becker N 3 Vorbem. zu Art. 175–83 OR, Keller/Schöbi IV S. 83, a.M. von Tuhr/Escher S. 391 N 81, Engel S. 602, SJK Nr. 365 S. 7). Wenn z.B. der Käufer eine alte Kaufpreisschuld seines ihm gegenüber als Verkäufer aufgetretenen Schuldners übernimmt, aber von diesem die Kaufsache nicht erhält, kann sich der Übernehmer gegenüber dem Gläubiger nicht darauf berufen. Er muss sich eben dadurch schützen, dass er die Schuldübernahme erst eingeht, nachdem er Eigentümer geworden ist (Becker N 5 zu Art. 179 OR).

Auch die *Einrede der Zahlungsunfähigkeit* beim zweiseitigen Vertrag 42 i.S. von Art. 83 OR (a.M. Engel S. 602) wie auch diejenige bei der *Schenkung nach Art. 316 OR* entfällt (a.M. SJK Nr. 365 S. 8).

Vom Übernehmer können diese Einreden und Einwendungen – be- 43 züglich des zweiseitigen Vertrags – nur erhoben werden, wenn er *vom befreiten Schuldner dazu ermächtigt* worden (vgl. N 35 zu Art. 179 OR) oder infolge *Vertragsübernahme* (N 228 ff. Vorbem. zu Art. 175–83 OR) selber Vertragspartei geworden ist (vgl. Keller/Schöbi IV S. 83), wobei die Gestaltungsrechte mitumfasst werden.

Art. 179

2. Einreden im einzelnen

44 — Fehlende *Rechtsfähigkeit* (Art. 11 und 53 ZGB, SJK Nr. 365 S. 5/7 N 33), denkbar beim nachversterbenden Nasciturus einer verstorbenen Vertragspartei (Art. 544 Abs. 2 ZGB) und bei erst im Entstehen begriffener juristischer Person (Art. 52 ZGB);

45 — mangelnde *Handlungsfähigkeit* — der Vertragsparteien, natürlichen oder juristischen Personen oder der Organe derselben — (Art. 13 und 54 ZGB, von Tuhr/Escher S. 390, Engel S. 602: des Schuldners);

46 — *Nichtigkeit* des Schuldvertrags (Gauch/Schluep N 3727), wegen
 = *Formmangels* (Art. 11 Abs. 2 OR, von Tuhr/Escher S. 390, Keller/Schöbi IV S. 82, Engel S. 602),
 = *Simulation* (Art. 18 Abs. 1 OR),
 = *Unmöglichkeit* (OR-Tschäni N 4 zu Art. 179 OR),
 = *widerrechtlichen Inhalts* (Engel S. 602) oder *Sittenwidrigkeit* (Art. 20 OR, von Tuhr/Escher S. 390); dazu N 54 zu Art. 179 OR;

47 — *einseitige Unverbindlichkeit* ist nur einwendbar bezüglich des *Schuldübernahmevertrags* (Art. 23 ff. OR, Guhl/Merz/Koller S. 266, wohl auch Becker N 8 zu Art. 179 OR). Was die Anfechtung der *übernommenen Schuldverpflichtung* betrifft, s. N 37/38 und 68 zu Art. 179 OR. Wenn der befreite Schuldner den Vertrag vor der Schuldübernahme angefochten hat, kann der Schuldübernehmer einwenden, die übernommene Schuld sei infolge der Anfechtung durch den bisherigen Schuldner untergegangen (vgl. Keller/Schöbi IV S. 83, OR-Tschäni N 4 zu Art. 179 OR);

48 — *ungerechtfertigte Bereicherung* (Engel S. 602, SJK Nr. 365 S. 8);

49 — die *dem Schuldner gewährte Stundung* (von Büren S. 344, OR-Tschäni N 4 zu Art. 179 OR, SJK Nr. 365 S. 7/8: «gewährte Frist»; a.M. Oser/Schönenberger N 7 zu Art. 179 OR), an welche der Gläubiger gebunden ist, wenn er keine Verkürzung der Erfüllungszeit im Schuldübernahmevertrag erlangen kann;

50 — *Erlöschen* der Forderung (von Tuhr/Escher S. 392, Engel S. 602):
 = Erfüllung,
 = Zahlung der übernommenen Schuld (Art. 114 OR, von Tuhr/Escher S. 392, Becker N 10 zu Art. 179 OR, Gauch/Schluep N 3727; dazu auch N 54 zu Art. 179 OR),

51 = Erlassvertrag vor der Schuldübernahme (Art. 115 OR, vgl. von Tuhr/Escher S. 390, Oser/Schönenberger N 7 zu Art. 179 OR,

VON BÜREN S. 344), wenn er nicht nur persönlich gemeint ist (N 69 und 89 zu Art. 179 OR),
- = Neuerung (Art. 116 OR), **52**
- = Vereinigung (Art. 118 OR, OSER/SCHÖNENBERGER N 7 zu Art. 179 **53** OR, FICK N 5 zu Art. 179 OR, SJK Nr. 365 S. 7), wenn sie schon vor der Schuldübernahme erfolgt ist,
- = Verrechnung durch den bisherigen Schuldner (Art. 120 OR, **54** BECKER N 10 zu Art. 179 OR, KELLER/SCHÖBI IV S. 83),
- = *Verjährung* (Art. 127 OR), wenn die Frist bei der Schuldüber- **55** nahme bereits abgelaufen ist (VON TUHR/ESCHER S. 222/391 N 82, BECKER N 10 zu Art. 179 OR, VON BÜREN S. 344, ENGEL S. 602, SJK Nr. 365 S. 8, SJZ 35 S. 199). Bei bereits begonnener Verjährung läuft die Frist zugunsten des Übernehmers weiter (GAUCH/SCHLUEP N 3726), die *Verjährungsfrist* ist die der übernommenen Schuld (VON BÜREN S. 344 N 125); bei nicht abgelaufener Frist erfolgt durch die Schuldübernahme eine *Unterbrechung* (Art. 135 Ziff. 1 OR, SJK Nr. 365 S. 8; inwiefern eine «Weisung» des bisherigen Schuldners eine hiefür taugliche Anerkennung der Schuld abgeben soll [BECKER N 10 zu Art. 179 OR], lässt sich angesichts des jedenfalls notwendigen Schuldübernahmevertrags von Übernehmer und Gläubiger nicht ergründen); dazu auch N 58 zu Art. 179 OR;
- Einwendung einer *Bedingung* (Art. 151 OR, SJK Nr. 365 S. 8) **56** beschlägt entweder den fehlenden Eintritt der Vertragswirkung bei der aufschiebenden (Art. 151 Abs. 2 OR) oder den entfallenen Vertrag bei einer eingetretenen auflösenden Bedingung (Art. 154 OR);
- *Mangelhaftigkeit der Kaufsache und Minderung des Kaufpreises* **57** (Art. 205 OR, OSER/SCHÖNENBERGER N 6 zu Art. 179 OR, ENGEL S. 602, SJK Nr. 365 S. 8). Bei der Übernahme der Kaufpreisschuld bleibt der bisherige Schuldner Vertragspartner. Dem Übernehmer stehen die Einreden aus dem Schuldverhältnis zu, und er darf die geschuldete Leistung verweigern (BECKER N 5 zu Art. 179 OR);
- *Verweigerung der Erfüllung* nach Art. 249 Ziff. 3 OR wie der **58** Schenker selbst, wenn der Gläubiger eine Auflage nicht erfüllt, weil diese Einrede mit dem Inhalt des Schenkungsversprechens zusammenhängt (VON TUHR/ESCHER S. 391, BUCHER S. 585, ENGEL S. 603, SJK Nr. 365 S. 7 N 30);
- *Unklagbarkeit der Forderung* (Art. 416, 513 OR, unvollkommene **59** Obligationen: VON TUHR/PETER S. 32 ff., vgl. SPIRIG N 32 zu Art. 169 OR);

Art. 179

60 — *Rechtskraft* (z.B. § 191 Abs. 4 ZPO-ZH, SJK Nr. 365 S. 8); es steht dem Übernehmer aus dem dem bisherigen Schuldner günstigen Urteil die Einrede der abgeurteilten Sache zu, weil er alle Einreden erheben kann, die dem bisherigen Schuldner aus dem Schuldverhältnis zustehen (BECKER N 3 zu Art. 178 OR), wenn sie sich auf die vom Gläubiger eingeklagte Schuld beziehen (OSER/SCHÖNENBERGER N 7 zu Art. 179 OR).

61 *Trifft die Einwendung des Nichtbestehens oder der Erfüllung zu, so hat gar keine Schuldübernahme bestanden, denn wo nichts ist, kann nichts übernommen werden* (GAUCH/SCHLUEP N 3727), nicht jedoch, wenn die Erfüllung nach der Schuldübernahme erfolgt, insbesondere der bisherige Schuldner zahlt (N 82 zu Art. 175 OR).

62 An sich verliert ein Schuldübernehmer Einreden, die die Schuld betreffen und nicht nur die Person des früheren Schuldners angehen, nicht. Aber das ist nur die Regel und gilt nicht mehr, wenn aus den Verumständungen der Schuldübernahme unzweifelhaft der gegenteilige Wille erhellt, z.B. wo der Betreibungsbeamte, anstelle des bisherigen Schuldners handelnd, die fragliche Schuld als zu Recht bestehend auf Rechnung des Kaufpreises der Liegenschaft dem Ersteigerer derselben überbindet und dieser die *Überbindung der Schuld annimmt* (SJZ 13 S. 200 Nr. 169).

63 Hat der befreite Schuldner vor der Übernahme dem Gläubiger gegenüber wirksam *auf eine ihm zustehende Einrede oder Einwendung verzichtet*, so ist dies auch für den Übernehmer verbindlich (GAUCH/ SCHLUEP N 3730/31, KELLER/SCHÖBI IV S. 83).

64 Wissentliche Übernahme einer verjährten Schuld ist als *Verzicht auf die Verjährungseinrede* zu betrachten (VON TUHR/ESCHER S. 222/391 N 82, BECKER N 10 zu Art. 179 OR, GAUCH/SCHLUEP N 3726, GUHL/ MERZ/KOLLER S. 266, BUCHER S. 585, ENGEL S. 602, unscharf SPIRO S. 110: in der Regel, KELLER/SCHÖBI IV S. 83: je nach den konkreten Umständen; a.M. SJK Nr. 365 S. 8, SJZ 35 S. 200). Die Frage, ob der Schuldner einer verjährten Forderung durch seine Zustimmung zur Schuldübernahme die Tilgung seiner verjährten Schuld vermutlich nicht gestatten wolle (AEPLI N 173 zu Art. 120 OR), stellt sich in aller Regel nicht (N 17 zu Art. 176 OR).

Der Schuldner kann zwar nach Ablauf der Verjährung gegenüber dem Gläubiger bindend auf Geltendmachung verzichten (GAUCH/SCHLUEP

N 3504, Spiro S. 547, Bucher S. 448, BGE 99 II 190), indessen nicht zu Lasten des – nunmehr allein verpflichteten – Übernehmers, wenn inzwischen eine Schuldübernahme stattgefunden hat!

B. «Zustehende» Einrede

Einreden aus dem Schuldverhältnis *gehen über*, d.h. dass der Übernehmer gegenüber dem Gläubiger diejenigen Einreden geltend machen kann, die sich aus der übernommenen Schuld ergeben (OR-Tschäni N 4 zu Art. 179 OR). 65

Es geht um Einreden, die *zur Zeit der Übernahme* zu Gebot standen, da sie sonst nicht «aus dem (übernommenen) Schuldverhältnis stammen können» (Oser/Schönenberger N 6 zu Art. 179 OR); ob sich der Übernehmer nur so weit verpflichten wolle, als der Schuldner es zur Zeit der Übernahme war (von Tuhr/Escher S. 390), ist allein nicht massgeblich, vielmehr das, was er mit dem Gläubiger bei der Schuldübernahme vereinbart. 66

C. Schuldner

Unter dem neuen Schuldner ist der *Übernehmer* (Art. 176 OR) zu verstehen, nicht derjenige, welcher bloss die Befreiung verspricht (Art. 175 OR). 67

Zum bisherigen Schuldner s. N 24 ff. zu Art. 175 OR. Dieser kann sich gegenüber dem Gläubiger auf den von diesem mit dem Übernehmer abgeschlossenen Schuldübernahmevertrag und die für ihn eingetretene *Entlastung* berufen (vgl. Guhl/Merz/Koller S. 267). 68

Art. 179

Kommentar zu Abs. 2

A. Einreden

69 Zu den Einreden im einzelnen s. N 39 ff. zu Art. 179 OR.

70 Dass Privilegien des Schuldners (N 44 zu Art. 178 OR) nur als Einreden, nicht als Nebenrechte (N 48 zu Art. 178 OR) in Betracht kommen können (OSER/SCHÖNENBERGER N 5 zu Art. 178 OR), trifft nicht zu; sie sind an sich geeignet, zu Einreden i.S. von Art. 179 OR zu führen.
Zu ihrem Ausschluss zufolge des persönlichen Charakters s. N 72 ff. zu Art. 179 OR.

B. Schuldner

71 Zum *bisherigen Schuldner* s. N 24 ff. zu Art. 175 OR, der neue Schuldner ist der *Übernehmer* (N 14 zu Art. 176 OR).

C. Persönliche Einreden des Schuldners gegen den Gläubiger

72 Darunter sind Einreden zu verstehen, welche nicht mit der übernommenen Schuld, sondern mit den sonstigen *Verhältnissen und Umständen des Schuldners* zusammenhängen (exceptiones personae cohaerentes, VON TUHR/ESCHER S. 391, OR-TSCHÄNI N 5 zu Art. 179 OR).

Die Ablehnung der Anfechtung aufgrund von *Willensmängeln* lässt 73
sich auch damit begründen, dass die Willensbildung persönlicher Natur
ist; nicht umsonst hat es der Gesetzgeber dem Irrenden, Getäuschten
oder Bedrohten überlassen, dies sogar stillschweigend zu genehmigen
(Art. 31 OR). Die Bedeutung des Willensmangels kann nur von demjenigen beurteilt werden, in dessen Person er eingetreten ist (von Tuhr/
Peter S. 330).

Der *Schuldnachlass gegenüber dem Schuldner* kann vom Über- 74
nehmer nicht eingewendet werden, da er persönlich gewährt wird (vgl.
Fick N 4 zu Art. 179 OR; a.M. Oser/Schönenberger N 7 zu Art. 179
OR: nur Motiv der Rücksichtnahme auf die Person des Schuldners;
s. aber N 50 und 89 zu Art. 179 OR).

Das Recht des Schuldners auf *Verrechnung* kann der Übernehmer 75
nicht einwenden, denn über Gegenforderungen des bisherigen Schuldners, auch wenn sie bereits im Zeitpunkt der Übernahme bestanden
haben, kann er nicht verfügen (Becker N 3 zu Art. 179 OR, von
Tuhr/Escher S. 391, Oser/Schönenberger N 7 zu Art. 179 OR, Bucher
S. 585, Gauch/Schluep N 3728: Einrede aus der Person des Schuldners, Guhl/Merz/Koller S. 266, von Tuhr/Escher S. 391 und von
Büren S. 344: Gegenseitigkeit fehlt, OR-Tschäni N 5 zu Art. 179 OR,
Engel S. 603; vgl. § 417 Abs. 1 Satz 2 BGB); auch Zustimmung
des Schuldners würde nicht genügen, weil es an der Gegenseitigkeit
fehlt (von Tuhr/Escher S. 391).

Der Schuldübernehmer kann sich bei einer Sanierung *ausbedingen*,
dass er eine Gegenforderung des bisherigen Schuldners zur Verrechnung
verwende (Becker N 11 zu Art. 179 OR, dazu N 81 zu Art. 179 OR).

Zu den persönlichen Klagen gehört die Klage des Schenkgebers auf 76
Anfechtung einer Schenkung nach Art. 249/50 OR (Becker N 3 zu
Art. 179 OR), d.h. die Einrede geht nicht über (Gauch/Schluep N 3728,
Oser/Schönenberger N 7 zu Art. 179 OR, OR-Tschäni N 5 zu Art. 179
OR), das betreffende Leistungsverweigerungrecht steht ausschliesslich
dem Schenker (und damit dem Schuldner) zu (Keller/Schöbi IV S. 84
und Bucher S. 585 betr. Art. 250 Abs. 1 OR, Engel S. 603, SJK
Nr. 365 S. 7 N 30). Da der Übernehmer eines Schenkungsversprechens
nicht zum Schenker wird, kann er sich weder auf Undank des Gläubigers noch auf Verschlechterung der eigenen Vermögensverhältnisse
berufen (von Tuhr/Escher S. 391).

Art. 179

Zur Einrede gemäss Art. 249 Ziff. 3 OR s. N 53 zu Art. 179 OR.

77 Auf den *Gerichtsstand des Schuldners* kann der Übernehmer sich nicht berufen (Oser/Schönenberger N 7 zu Art. 179 OR, Engel S. 603, SJK Nr. 365 S. 7 N 30: betr. Rechtsöffnungsverfahren).

78 Ebenso entfällt die dem Schuldner zu gewährende *Unpfändbarkeit* in der Zwangsvollstreckung nach Art. 92 SchKG (Oser/Schönenberger N 7 zu Art. 179 OR), wie denn solche Privilegien überhaupt vom Übernehmer nicht eingewendet werden können.

D. Entgegenhalten der Einrede

79 Gemeint ist, dass der Übernehmer dem Gläubiger solche Einreden *nicht mit Erfolg* entgegenhalten, d.h. weder eine Klageabweisung noch die Gutheissung einer Widerklage erreichen noch die Zwangsvollstreckung damit verhindern kann.

E. Dispositives Recht

80 Das Gesetz legt mit den Worten «soweit nicht aus dem Vertrag etwas anderes hervorgeht» fest, dass die Parteien – Gläubiger und Übernehmer – etwas anderes abmachen können. Gemeint ist damit *im Übernahmevertrag*, nicht beim Befreiungsversprechen (Oser/Schönenberger N 8 zu Art. 179 OR), welches aber als Gültigkeitserfordernis für jenes vorbehalten werden kann (OR-Tschäni N 7 zu Art. 179 OR, BGE 58 II 20).

Zur allgemeinen Geltung von Abs. 2 bezüglich der in Art. 179 OR geregelten Einreden s. N 11 zu Art. 179 OR.

81 Eine solche Vereinbarung liegt z.B. vor, wenn der *Gläubiger dem Übernehmer gestattet* hat, seine Schuld mit einer Gegenforderung des

bisherigen Schuldners zu verrechnen (Art. 120 OR; von Tuhr/Escher S. 391).

Die Anfechtung der übernommenen Schuld muss als ausgeschlossen **82** gelten, wenn die Schuld dem Übernehmer bei einer Zwangsversteigerung unter Anrechnung auf den Gantpreis überbunden wurde (SJZ 13 S. 200 Nr. 169); weil es sich um dispositives Recht handelt, ist es auch zu beachten, wenn nach der Natur der Verhältnisse auf einen *vom Gesetz abweichenden Parteiwillen* zu schliessen ist. Wäre bei der Steigerung die Anfechtbarkeit oder Nichtigkeit der Schuld bekannt gewesen, so hätte die Differenz einfach bar bezahlt werden müssen (Becker N 11 zu Art. 179 OR).

Kommentar zu Abs. 3

A. Allgemeines

Einreden aus dem der internen Schuldübernahme zugrunde liegen- **83** *den Geschäft* sind überhaupt nicht zu berücksichtigen (Oser/Schönenberger N 11 zu Art. 179 OR, vgl. N 2 zu Art. 179 OR). Denn dieses Rechtsverhältnis ist kein Bestandteil der Schuldübernahme, sondern nur der Grund, der den Übernehmer zu seinem Vertrag mit dem Gläubiger veranlasst (von Tuhr/Escher S. 392). Dies ist eine Folge der Vertragstheorie (Bucher S. 586).

Der Ausschluss der Einreden nach Art. 179 Abs. 3 OR setzt einen **84** Vertrag zwischen dem Übernehmer der Schuld und dem Gläubiger voraus. Er entbehrt der Berechtigung beim *gesetzlichen Schuldübergang* (Becker N 7 zu Art. 179 OR).
Zur Frage des Schuldbeitritts bei der Geschäfts- und Vermögensübernahme s. N 6 zu Art. 181 OR und N 7 zu Art. 182 OR.

Eine Ausnahme besteht bezüglich des Ausschlusses der Einreden, **85** wenn im Übernahmevertrag auf die Abmachung zwischen den beiden Schuldnern – Schuldner und Übernehmer – Bezug genommen und sie *als Grundlage der Schuldübernahme hingestellt* wurde (Art. 179 Abs. 2 OR, N 80 zu Art. 179 OR, Guhl/Merz/Koller S. 267, Gauch/Schluep N 3734, von Büren S. 344, SJK Nr. 365 S. 7, BGE 58 II 20 = JdT 81 S. 407 ff., BlZüR 17 Nr. 97 Erw. 2: auch wenn als Anweisung betrachtet, Extraits 1978 S. 40).

86 Wenn der Gläubiger bei Abschluss des Schuldübernahmevertrags nicht in gutem Glauben war, dann kann er sich nicht auf Art. 179 Abs. 3 OR berufen (Becker N 5 zu Art. 179 OR, BGE 60 II 108 = Pra 23 S. 220), die Einrede der *Arglist* ist gegenüber dem bezüglich der Unwirksamkeit des Befreiungsversprechens bösgläubigen Gläubiger gegeben (Keller/Schöbi IV S. 84, von Büren S. 344 N 124), wie denn auch (selbstverständlich) Fälle des *Rechtsmissbrauchs* vorbehalten bleiben (Art. 2 ZGB, Gauch/Schluep N 3734, Guhl/Merz/Koller S. 266, Bucher S. 586, Engel S. 603, SJK Nr. 365 S. 7 N 31, BGE 58 II 21, 60 II 108 Erw. 4 = JdT 55 I S. 407 ff. = SJ 54 S. 257 ff.).

87 Die Bestimmung von Art. 179 Abs. 3 OR entspricht *§ 417 Abs. 2 BGB* (vgl. JR 1969 S. 209).

B. Übernehmer

88 Dazu s. N 14 zu Art. 176 OR.

C. Einreden gegen den Schuldner aus dem der Schuldübernahme zugrunde liegenden Rechtsverhältnis

89 Zum Begriff der Einrede/Einwendung s. N 5 zu Art. 179 OR, zum Schuldner s. N 24 ff. zu Art. 175 OR.

Mit dem der Schuldübernahme zugrunde liegenden Rechtsverhältnis **90**
ist das *Befreiungsversprechen samt zugehörigem Rechtsgrund* gemeint
(N 54 Vorbem. zu Art. 175–83 OR, N 7 Ziff. 6 und 7 zu Art. 179 OR).

Ausgeschlossen sind z.B. folgende Einreden und Einwendungen:

- Willensmängel beim Vertrag mit dem Schuldner (ENGEL S. 603), **91**
  d.h. des Befreiungsversprechens, z.B. das Befreiungsversprechen sei
  zufolge absichtlicher *Täuschung* ungültig (vgl. KELLER/SCHÖBI IV
  S. 84) oder wegen *Irrtums* (SJK Nr. 365 S. 7 N 31). Wenn dem
  Übernehmer vom bisherigen Schuldner falsche Angaben gemacht
  wurden, kann das dem Gläubiger nicht entgegengehalten werden
  (BECKER N 5 zu Art. 179 OR).
- Ist der Übernehmer infolge falscher Angaben des bisherigen Schuld- **92**
  ners, von denen der Gläubiger keine Kenntnis hat, der irrigen
  Ansicht, die übernommene Schuld sei faustpfändlich sichergestellt,
  so läge – ohnehin – nur ein *unwesentlicher Irrtum im Motiv* vor,
  der den Übernehmer nicht berechtigte, den Schuldübernahmevertrag
  wegen Willensmängeln anzufechten. Eine gegenteilige Auffassung,
  wonach sich der Gläubiger falsche Angaben des bisherigen Schuldners
  gegenüber dem Übernehmer entgegenhalten lassen müsste, würde zu
  ganz unangemessenen Resultaten führen. Denn dann hätte allenfalls
  nicht die im Irrtum befangene Partei, sondern ihre Gegenpartei den
  durch das Täuschungsmanöver des Schuldners entstandenen Schaden
  zu tragen (ZBJV 84 S. 240, BECKER N 5 zu Art. 179 OR).
- Einrede des *nicht erfüllten Vertrags* mit dem Schuldner (ENGEL **93**
  S. 603: contrat conclu avec le débiteur), somit Verpflichtungen
  des Gläubigers aus einem zweiseitigen Rechtsgrundgeschäft (Art. 82
  OR), z.B. wenn jemand, statt den Kaufpreis zu zahlen, eine Schuld
  übernimmt (SJK Nr. 365 S. 7 N 31). Ohne Zweifel könnte der
  Übernehmer nicht die Einrede erheben, er habe das Darlehen, gestützt auf welches das Versprechen der Schuldübernahme und
  nachher die Schuldübernahme selbst erfolgten, gar nicht ausbezahlt
  bekommen (OSER/SCHÖNENBERGER N 11 zu Art. 179 OR).
- Ein nur für den Schuldner persönlich gemeinter *Erlassvertrag* **94**
  (Art. 115 OR, FICK N 4 zu Art. 179 OR).

Art. 179

D. Nicht geltend machen

95   Der Übernehmer kann dem Gläubiger gegenüber solche Einreden *nicht mit Erfolg* geltend machen, d.h. weder eine Klageabweisung oder die Gutheissung einer Widerklage erreichen noch die Zwangsvollstreckung damit verhindern (vgl. N 79 zu Art. 179 OR).

E. Rechtswirkungen des Einredeausschlusses

96   Der Übernehmer kann, wenn er die Schuld übernommen hat, weil er dem Schuldner dazu verpflichtet zu sein glaubte, diesen Irrtum nicht gegen den Gläubiger vorbringen, dem er leisten muss.

97   Der Übernehmer kann aber vom Schuldner die diesem durch die Schuldbefreiung grundlos entstandene *Bereicherung nach Art. 62 OR herausverlangen*.

98   Es kann sich – bei der *Überbindung einer anfechtbaren Schuld in der Zwangsversteigerung* – nur fragen, ob nicht der bisherige Schuldner oder sein zu Verlust gekommener Gläubiger einen Anspruch aus ungerechtfertigter Bereicherung hat. Zum gleichen Resultat gelangt man, wenn man den Betreibungsbeamten als Vertreter des (be-)treibenden Gläubigers ansieht: dann fehlt es an einem Schuldübernahmevertrag mit dem bisherigen Schuldner und damit an der Grundlage für die Anwendbarkeit des Art. 179 OR (BECKER N 11 zu Art. 179 OR).

Art. 180

¹ Fällt ein Übernahmevertrag als unwirksam dahin, so lebt die Verpflichtung des frühern Schuldners mit allen Nebenrechten, unter Vorbehalt der Rechte gutgläubiger Dritter, wieder auf.
² Ausserdem kann der Gläubiger von dem Übernehmer Ersatz des Schadens verlangen, der ihm hiebei infolge des Verlustes früher erlangter Sicherheiten oder dergleichen entstanden ist, insoweit der Übernehmer nicht darzutun vermag, dass ihm an dem Dahinfallen der Schuldübernahme und an der Schädigung des Gläubigers keinerlei Verschulden zur Last falle.

IV. Dahinfallen des Schuldübernahmevertrages

¹ Lorsque le contrat de reprise est annulé, l'ancienne dette renaît avec tous ses accessoires, mais sous réserve des droits appartenant aux tiers de bonne foi.
² Le créancier peut, en outre, se faire indemniser par le reprenant du dommage qu'il a subi soit en perdant des garanties antérieurement constituées, soit de toute autre manière, si le reprenant ne peut établir que l'annulation du contrat et le préjudice causé au créancier ne lui sont pas imputables.

IV. Annulation du contrat

¹ Se il contratto di assunzione del debito è annullato, l'obbligazione del debitore precedente rinasce con tutti i suoi accessori sotto riserva dei diritti dei terzi di buona fede.
² Il creditore può inoltre pretendere dall'assuntore il risarcimento del danno derivante dalla perdita di precedenti garanzie o simili cause, ove l'assuntore non possa dimostrare che nessuna colpa è a lui imputabile per la mancata assunzione del debito e pel danno del creditore.

IV. Annullazione del contratto

¹ Sch'in contract da surpigliada vegn annullà, nescha puspè l'obligaziun da l'anteriur debitur cun tut ses dretgs accessoris, cun la resalva dals dretgs da terzs da buna fai.
² Ultra da quai po il creditur pretender dal surpigliader l'indemnisaziun dal donn ch'el ha patì en consequenza da la perdita d'anteriuras segirezzas u sumegliantas chaussas, uschenavant ch'il surpigliader na po betg cumprovar ch'el na portia nagina culpa pertutgant l'annullaziun dal contract ed il donn chaschunà al creditur.

IV. Annullaziun dal contract

Inhaltsübersicht

Note

Allgemeines

A. Historisches 1

Art. 180

		Note
B. Begriffliches und Normzweck		4
C. Rechtsvergleichung		10

Kommentar zu Abs. 1

			Note
A.	Unwirksamkeit und Dahinfall		12
	I.	Begriff	12
	II.	Gründe des Dahinfalls	15
		1. Zureichende Gründe	15
		2. Unzureichende Gründe	23
B.	Übernahmevertrag		26
C.	Wirkungen		29
	I.	Befreiung des Übernehmers	30
	II.	Wiederaufleben der Verpflichtung des Schuldners	31
		1. Verpflichtung des früheren Schuldners	32
		2. Nebenrechte	33
D.	Vorbehalt		37
	I.	Rechte an Nebenrechten	38
	II.	Dritter	42
	III.	Guter Glaube	45

Kommentar zu Abs. 2

			Note
A.	Verhältnis zu Art. 180 Abs. 1 OR		46
B.	Anspruch		47
C.	Beteiligte		48
D.	Schadenersatz		49
	I.	Schaden	50
	II.	Kausalzusammenhang	52
		1. Verlust	55
		2. Früher erlangte Sicherheiten	57
		3. Beeinträchtigung der Gläubigerstellung	59
		4. Zahlungsunfähigkeit des Schuldners	61
	III.	Entlastungsbeweis	62

Allgemeines

A. Historisches

Obwohl die Botschaft dafür gehalten hatte, *Art. 1210 E-OR* gebe zu keinen Bedenken Anlass (BBl 1905 II S. 21), wurde er in den Beratungen verschiedentlich geändert. 1

In *Abs. 1* erwiesen sich die Worte «..., nachdem der Gläubiger den neuen Schuldner angenommen hat...» (Art. 1210 Abs. 1 E-OR, BBl 1905 II S. 128, BBl 1909 III S. 808), als überflüssig, da nur ein in dieser Weise überhaupt zustande gekommener Übernahmevertrag dahinfallen kann (Streichung durch Kommission des Nationalrates: StenBull XIX NR S. 554). 2

Eine in der Expertenkommission vorgeschlagene Änderung des Inhalts: «Sobald der Gläubiger den Übernehmer angenommen hat, bleibt dieser dem Gläubiger auch dann verpflichtet, wenn der Übernahmevertrag zwischen dem Schuldner und Übernehmer dahinfällt», wurde kurzerhand an die Redaktionskommission überwiesen (Prot. Exp. Komm. vom 13. Oktober 1908 S. 10) und tauchte in der Folge richtigerweise – beschlug sie doch das Befreiungsversprechen – nicht mehr auf.

Für die ursprüngliche Formulierung von *Abs. 2*, welche noch von «...der Rückgängigmachung des Schuldnerwechsels...» sprach und vom Nachweis, dass «die Aufhebung des Schuldnerwechsels und die Schädigung des Gläubigers ohne jede Veranlassung von seiner Seite eingetreten» sei (Art. 1210 Abs. 2 E-OR, BBl 1905 S. 128), wurde ebenfalls eine redaktionelle Prüfung verlangt (StenBull XX StR S. 186) und mit der neuen Fassung verdeutlicht, dass unter dem Dahinfallen des Schuldübernahmevertrags nicht ein neuer Vertrag auf Rückgängigmachung, sondern Unwirksamwerden des Übernahmevertrags zu verstehen sei (BBl 1909 III S. 738 und 808/09) und die Exkulpation gefordert. 3

Art. 180

B. Begriffliches und Normzweck

4   Dem Übernahmevertrag eignet eine *Doppelnatur* (OSER/SCHÖNENBERGER N 3 zu Art. 180 OR, ENGEL S. 604); der Schuldübernahmevertrag besteht eben aus zwei zusammengehörigen Teilen, Eintritt eines neuen (recte:) Schuldners (=Übernehmers) und Befreiung des alten. Mit dem Wegfall des ersten Teils der Vereinbarung wird auch der zweite hinfällig (OSER/SCHÖNENBERGER N 5 zu Art. 180 OR).

5   Der Schuld*übernehmer* braucht – fällt der Schuldübernahmevertrag und damit seine Verpflichtung zur Tilgung der Schuld (Art. 175 Abs. 1, 176 Abs. 1 OR) dahin – den Gläubiger nicht zu befriedigen, und auch der frühere *Schuldner* könnte sich darauf berufen – zur Frage, ob mit Erfolg s. N 31 zu Art. 180 OR –, dass er seinerzeit durch den Abschluss des Schuldübernahmevertrags zwischen Übernehmer und Gläubiger frei geworden sei (GUHL/MERZ/KOLLER S. 267).

Es wäre aber in höchstem Grade ungerechtfertigt, bei einem Irrtum des Übernehmers den *Gläubiger* sein Recht einbüssen zu lassen (HASLER S. 107). Die Einrede des Schuldners betreffend den geschlossenen und ihn befreienden Schuldübernahmevertrag (N 27 zu Art. 179 OR, N 34 zu Art. 176 OR) greift nach dessen Dahinfall nicht mehr.

6   Zu beachten sind sodann *zwei Auswirkungen der Kausalität* der Schuldübernahme, indem einerseits das ungültige Rechtsgrundgeschäft des Schuldübernahmevertrags diesen zu Fall bringt (N 90 Vorbem. zu Art. 175–83 OR, a.M. offenbar BECKER N 2 zu Art. 180 OR).

Anderseits geht es um die Auswirkung der Änderung einer Rechtsbeziehung im Dreiecksverhältnis (N 54 Vorbem. zu Art. 175–83 OR) auf den grundsätzlich unbeteiligten Dritten (N 17 zu Art. 175 OR). Damit verdeutlicht Art. 180 OR die Kausalität der Schuldübernahme (N 90 Vorbem. zu Art. 175–83 OR).

7   Der Gesetzgeber scheint beim Art. 180 OR, wie schon beim Art. 60 Abs. 3 OR, übersehen zu haben, dass die mit Willensmängeln (StenBull XIX NR S. 557) behafteten Geschäfte nach dem in der Revision unverändert gebliebenen Art. 31 OR nicht anfechtbar im Sinne des BGB sind, sondern sich in einem suspensiv bedingten Schwebezustand befinden. So hat also Art. 180 OR kein Anwendungsgebiet und stellt sich als ein *überflüssiger Bestandteil* (caput mortuum) des Gesetzbuches dar (VON TUHR/ESCHER S. 395, ENGEL S. 604: lettre morte).

Der Vertrag, bei dessen Abschluss sich eine Partei in einem wesentlichen Irrtum befunden hat, ist von Anfang an ungültig, entfaltet folglich überhaupt keine Wirkungen; solche entstehen nur, wenn das Rechtsgeschäft nachträglich vom Irrenden ausdrücklich oder durch konkludentes Verhalten genehmigt wird (BGE 114 II 142/43, GAUCH/SCHLUEP N 3736, GAUCH, Vertrag und Parteiwille in: 100 Jahre OR, S. 343 ff., VON TUHR/PETER S. 330, ENGEL S. 604, OR-TSCHÄNI N 1 zu Art. 180 OR, BlZüR 81 Nr. 54 S. 136; a.M. ZBJV 121 S. 148 ff., GUHL/MERZ/KOLLER S. 136, VON BÜREN S. 225, KELLER/SCHÖBI IV S. 85 und I S. 125: resolutiv bedingter Vertrag wird rückwirkend aufgehoben, BUCHER S. 185: einseitige Anfechtbarkeit unter Hinweis auf § 142 BGB, welche Konstruktion nach den Materialien klar abgelehnt wurde: Prot. Exp. Komm. vom 5. Mai 1908, VON TUHR/ESCHER S. 395, BGE 114 II 143 und Zit.). Daran ändert nichts, dass die Unverbindlichkeit nicht von Amtes wegen zu berücksichtigen und bloss einseitig vom Irrenden, Bedrohten oder Getäuschten geltend zu machen ist (vgl. GAUCH/SCHLUEP N 891/92).

Dazu s. aber N 9 zu Art. 180 OR.

Auch in den Fällen von Art. 20 und 21 OR bedarf es einer **8** *Rückgängigmachung* nicht (vgl. OSER/SCHÖNENBERGER N 4 zu Art. 180 OR bei Kritik zu VON TUHR, Allg. Teil des schweizerischen OR, Zürich 1924, § 29 Ziff. IV).

Der Übernahmevertrag kann auch infolge des Eintritts einer von **9** den Parteien vereinbarten *Resolutivbedingung* (Art. 154 OR, N 134 Vorbem. zu Art. 175–83 OR) oder infolge *Rücktritts* einer der Parteien (Art. 107 Abs. 1 OR) nachträglich aufgehoben werden (KELLER/SCHÖBI IV S. 85). Bei Rücktritt wegen Verzugs einer Partei wäre der Gläubiger – (ohne Erlass von Art. 180 OR) – auf die Verfolgung seiner Rechte gegen den Übernehmer angewiesen gewesen (vgl. OSER/SCHÖNENBERGER N 4 zu Art. 180 OR: stellen in Frage).

Auch aus diesen Gründen erweist sich Art. 180 OR nicht als gänzlich überflüssige Rechtsnorm (vgl. N 7 zu Art. 180 OR).

Art. 180

C. Rechtsvergleichung

10   *BGB und ABGB* kennen keine entsprechende Bestimmung.

Deutsche Lehre und Rechtsprechung lassen die Einrede arglistiger Täuschung zu, wenn das Grundgeschäft und die Schuldübernahme untrennbare Bestandteile eines einheitlichen Geschäfts sind (STAUDINGER N 13 zu Art. 417 BGB, PALANDT N 23 Vorbem. zu § 104 BGB: ein Willensakt) bzw. das Grundgeschäft zur Bedingung der Schuldübernahme gemacht wurde (SOERGEL N 6 zu § 417 BGB). PALANDT (N 6 zu § 417 BGB) erwähnt auch die mögliche Einrede der gleichzeitigen Nichtigkeit von Kausalgeschäft und Schuldübernahmevertrag.

11   Im *spanischen Recht* findet sich ein Fall des unter gewissen Bedingungen wiederauflebenden Anspruchs gegen den bisherigen Schuldner (e contrario): Die Zahlungsunfähigkeit des neuen Schuldners (=Übernehmers), der vom Gläubiger angenommen ist, lässt dessen Anspruch gegen den ursprünglichen Schuldner (zwar) nicht wieder aufleben, es sei denn, dass die Zahlungsunfähigkeit bestand und offenkundig oder dem Schuldner bei der Weitergabe seiner Schuld bekannt war (Art. 1206 CCesp).

Kommentar zu Abs. 1

A. Unwirksamkeit und Dahinfall

I. Begriff

12   Art. 180 OR behandelt nicht allgemein den Wegfall der Schuldübernahme (des Vertrages zwischen Gläubiger und Übernehmer), namentlich (nicht) dessen Voraussetzungen, sondern er *setzt nur fest, welche Rechte dadurch für den Gläubiger, der im Übernehmer den Vertragsschuldner verliert, erwachsen.* Der Randtitel ist also etwas zu allgemein gehalten (OSER/SCHÖNENBERGER N 1 zu Art. 180 OR).

Der *Begriff der Unwirksamkeit*, welcher im Gesetz ebenso untech- 13
nisch verwendet wird wie die Ungültigkeit (von Tuhr/Peter S. 224
N 2), meint hier, dass der dahingefallene Schuldübernahmevertrag die
von den Parteien gewollten Wirkungen nicht herbeiführt (vgl. von Tuhr/
Peter S. 224), indem die Verpflichtung des Schuldners anstelle derjenigen des Übernehmers wieder auflebt.

Dahinfallen als Folge eines *vorbehaltenen Rücktritts- oder Wider-* 14
rufsrechts sowie zufolge Eintritts einer vorbehaltenen *Bedingung* fällt
nicht unter Art. 180 OR (Becker N 1 zu Art. 180 OR, Keller/Schöbi
IV S. 86 unten, Hasler S. 108 und N 1).

II. Gründe des Dahinfalls

1. Zureichende Gründe

Die Gründe des Dahinfalls ergeben sich aus allgemeinen Rechts- 15
grundsätzen, die das Verhältnis zwischen Gläubiger und Übernehmer
betreffen (Oser/Schönenberger N 2 zu Art. 180 OR), und damit:

- *Nichtigkeit* (Art. 20 und 21 OR, Oser/Schönenberger N 4 zu 16
  Art. 180 OR, SJK Nr. 365 S. 8).
- *Willensmängel, wesentlicher Irrtum, absichtliche Täuschung, Dro-* 17
  hung (zu letztern beiden aber N 18 zu Art. 180 OR; von Tuhr/
  Escher S. 387, Becker N 1 zu Art. 180 OR, Oser/Schönenberger
  N 2 zu Art. 180 OR, Bucher S. 586, Hasler S. 107, StenBull XIX
  NR S. 557), z.B. wenn eine andere Schuld zu übernehmen erklärt
  wurde oder bei Irrtum über die Person des Übernehmers (Art. 24
  Ziff. 2 OR) und allenfalls dessen Kreditwürdigkeit (von Tuhr/
  Escher S. 387/88, von Tuhr/Peter S. 310 N 42). Abwesenheit von
  Willensmängeln kann nur insoweit verlangt werden (vgl. von Büren
  S. 264, Engel S. 600, SJK Nr. 365 S. 5, N 105 Vorbem. zu
  Art. 175–83 OR).

  Zum Irrtum über die Zahlungsfähigkeit des Übernehmers s. aber
  N 24 zu Art. 180 OR.
- Wegen *Täuschung* ist nach Art. 28 OR die Schuldübernahme nur 18
  dann unverbindlich, wenn sie vom Vertragsgegner oder mit seinem
  Wissen von einem Dritten begangen wurde, z.B. vom Schuldner mit

Art. 180

Wissen des Übernehmers. Wurde der Gläubiger ohne dessen Mitwissen vom Schuldner getäuscht, so ist die Übernahme gültig und der Schuldner befreit; aber der Gläubiger kann von ihm als Schadenersatz nach Art. 41 OR das verlangen, was er ohne die Schuldübernahme zu zahlen hätte (VON TUHR/ESCHER S. 388).

Dasselbe muss für die *Furchterregung* gelten, bei welcher eine gleiche personelle Beteiligung besteht (Art. 29 OR).

19 — Eine wegen Willensmangels unverbindliche Schuldübernahme wird gültig, wenn sie *genehmigt oder die Frist des Art. 31 OR versäumt* wird (VON TUHR/ESCHER S. 388).

20 — *Unmöglichkeit* der versprochenen Gegenleistung (OSER/SCHÖNENBERGER N 2 zu Art. 180 OR, GUHL/MERZ/KOLLER S. 267), was allein das Rechtsgrundgeschäft der Schuldübernahme betrifft (N 54 Vorbem. zu Art. 175–83 OR und N 6 zu Art. 180 OR).

21 — *Rücktritt wegen Verzugs* einer Partei (Art. 107 Abs. 2/109 OR, OSER/SCHÖNENBERGER N 2/4 zu Art. 180 OR, GUHL/MERZ/KOLLER S. 267, SJK Nr. 365 S. 8); auch hier ist das Rechtsgrundgeschäft betroffen (N 54 Vorbem. zu Art. 175–83 OR und N 6 zu Art. 180 OR).

22 — Eintritt einer *auflösenden Bedingung* (Art. 154 OR, GUHL/MERZ/KOLLER S. 267), welche beim Schuldübernahmevertrag oder dem zugrunde liegenden Rechtsgeschäft vereinbart wurde (N 54 Vorbem. zu Art. 175–83 OR und N 6 zu Art. 180 OR).

2. Unzureichende Gründe

23 — Der Irrtum, der die Beziehungen des Übernehmers zum bisherigen Schuldner betrifft, ist als *Motivirrtum* unwesentlich (VON TUHR/ESCHER S. 387).

24 — Irrtum über die *Zahlungsfähigkeit* des Übernehmers (SPIRIG N 24 zu Art. 171 OR), über welche sich der Gläubiger auf eigene Gefahr zu erkundigen hat (VON TUHR/ESCHER S. 387/88, VON TUHR/PETER S. 310 N 42; N 30 zu Art. 176 OR und N 32 zu Art. 178 OR; anders in CCesp, N 11 zu Art. 180 OR).

25 — Ist eine externe *Schuldübernahme bei der Weiterübertragung der Schuld schon zustande gekommen*, so bedarf es zur Befreiung des Übernehmers der Zustimmung des Gläubigers (Art. 115 OR) und – da dadurch seine Schuld wieder aufleben würde – auch des Schuldners (OSER/SCHÖNENBERGER N 3 zu Art. 180 und N 9 zu

Art. 177 OR, HASLER S. 101). Dies ergibt sich aus der Vertragstheorie von selbst (OSER/SCHÖNENBERGER N 9 zu Art. 177 OR).

B. Übernahmevertrag

Da dem Vertrag zwischen dem Altschuldner und dem Übernehmer für die Schuldübertragung als für das Verhältnis zwischen Übernehmer und Gläubiger nur die Bedeutung eines Motivs zukommt, betrifft Art. 180 OR nur Fälle, in denen die Schuldübertragung selbst, d.h. der *Vertrag zwischen dem Übernehmer und dem Gläubiger* wegen eines rechtlichen Mangels («als unwirksam»), dahinfällt (BECKER N 1 zu Art. 180 OR, OSER/SCHÖNENBERGER N 1 zu Art. 180 OR, GAUCH/SCHLUEP N 3735, KELLER/SCHÖBI IV S. 85). 26

Gleichermassen zu berücksichtigen ist die Gültigkeit des *Rechtsgrundgeschäfts* zufolge dessen Kausalität (N 90 Vorbem. zu Art. 175–83 OR).

Der Bestand des vorausgehenden *Befreiungsversprechens* ist zu berücksichtigen, falls dieses oder Teile davon vom Übernehmer gegenüber dem Gläubiger zur Bedingung verstellt werden (OSER/SCHÖNENBERGER N 2 zu Art. 180 OR) bzw. *Kausalität vereinbart* wird (N 91 Vorbem. zu Art. 175–83 OR). 27

Zum Dahinfall eines unentgeltlichen Befreiungsversprechens als Schenkungsversprechens zufolge Widerrufs gemäss Art. 249/50 OR (VON TUHR/ESCHER S. 383) oder zufolge Ausfalls einer vereinbarten Bedingung (N 134 Vorbem. zu Art. 175–83 OR) s. N 14 zu Art. 180 OR.

Der in Art. 180 Abs. 1 OR niedergelegte Grundsatz ist auch dann anzuwenden, wenn der Übernehmer ausnahmsweise wegen *Bösgläubigkeit des Gläubigers* Einreden und Einwendungen i.S. von Art. 179 Abs. 3 OR, welche den Bestand der Verpflichtung betreffen, geltend machen kann (KELLER/SCHÖBI IV S. 85/84); z.B. gegenüber einer bösgläubigen Bank, das Befreiungsversprechen sei infolge Anfechtung wegen absichtlicher Täuschung dahingefallen. Trotzdem kann die Bank in der Folge ihre Forderung gegen den ursprünglichen Schuldner wieder geltend machen (vgl. KELLER/SCHÖBI IV S. 86). 28

Art. 180

C. Wirkungen

29 Entsprechend der Doppelnatur von Art. 180 OR (N 4 zu Art. 180 OR) ergeben sich entgegen dem Gesetzeswortlaut *zwei Wirkungen*:

I. Befreiung des Übernehmers

30 Einerseits die *Befreiung des Übernehmers* von der Schuld (BECKER N 3 zu Art. 180 OR, OSER/SCHÖNENBERGER N 3 zu Art. 180 OR) aufgrund der festgelegten Unwirksamkeit (N 13 zu Art. 180 OR).

II. Wiederaufleben der Verpflichtung des Schuldners

31 Die Befreiung des bisherigen Schuldners tritt bei Dahinfall des nichtigen oder erfolgreich angefochtenen Schuldübernahmevertrags nicht ein (N 7/16 zu Art. 180 OR) oder wird – andernfalls (N 9 zu Art. 180 OR) – ihrer Wirksamkeit beraubt (vgl. HASLER S. 107: generell).

1. Verpflichtung des früheren Schuldners

32 Die Verpflichtung lebt in *Bestand und Umfang*, den sie vor dem Abschluss des Schuldübernahmevertrags gehabt hat, wieder auf (KELLER/SCHÖBI IV S. 86, ENGEL S. 604, SJK Nr. 365 S. 8).

Zu den vorbehaltenen Rechten gutgläubiger Dritter s. N 37 zu Art. 180 OR.

2. Nebenrechte

33 Die vom – unwirksamen – Schuldnerwechsel *nicht berührten Nebenrechte* (Art. 178 OR) bleiben, betreffen von nun an aber nur die

Verpflichtung des ursprünglichen Schuldners; die *übrigen, die erloschen* waren, leben wieder auf (SJK Nr. 365 S. 8), insbesondere Bürgschaften und von Dritten bestellte Pfandrechte (HASLER S. 108).

Im *Wiederaufleben* der Nebenrechte liegt keine Beeinträchtigung der 34 Rechte der – damit belasteten – Personen. Denn nun haben dieselben wieder den ursprünglichen Schuldner, für den sie sich (z.B.) einst verbürgt oder ihre Sachen gepfändet haben (HASLER S. 108).

An *besonderen Voraussetzungen* für den Bestand der Nebenrechte 35 müssen zusätzlich vorliegen:
– beim Grundpfand der Eintrag im Grundbuch (Art. 799 ZGB);
– beim Faustpfand muss der Besitz des Pfandgläubigers vorhanden sein (Art. 884 Abs. 1 ZGB);
– bei der Viehverpfändung der Eintrag im Viehverschreibungsprotokoll (Art. 885 ZGB, Art. 1 VO des Bundesrates vom 30. Oktober 1917).

Fehlen diese Voraussetzungen inzwischen, so begründet das Dahinfallen der Schuldübertragung nur einen *Anspruch des Gläubigers auf Neubegründung des Nebenrechts* (BECKER N 3 zu Art. 180 OR, OSER/ SCHÖNENBERGER N 5 zu Art. 180 OR, GUHL/MERZ/KOLLER S. 267, KELLER/ SCHÖBI IV S. 86, BUCHER S. 587).

Wird eine Schuldübernahme rückgängig gemacht (N 139 zu Art. 36 175–83 OR), leben die nach Art. 178 OR bei der ersten Schuldübernahme erloschenen Nebenrechte (N 87 zu Art. 178 OR) nicht wieder auf (VON TUHR/ESCHER S. 394, SJK Nr. 365 S. 8).

D. Vorbehalt

Vorbehalten bleiben die *Rechte gutgläubiger Dritter* (KELLER/SCHÖBI 37 IV S. 86), welche nur an den Nebenrechten (SJK Nr. 365 S. 8 Ziff. 5/b, so wohl auch GUHL/MERZ/KOLLER S. 267) denkbar sind, nicht etwa an der wieder auflebenden Verpflichtung des bisherigen Schuldners.

Art. 180

I. Rechte an Nebenrechten

38 In Frage kommen:

- das *Eigentumsrecht*, welches nach der Übereignung der (ehemaligen Pfand-)Sache an einen gutgläubigen Dritten vorgeht (vgl. KELLER/ SCHÖBI IV S. 86), wenn in der Zeit zwischen Abschluss und Dahinfallen des Schuldübernahmevertrags der ehemalige Pfandschuldner die einstige Pfandsache veräussert hat, und zwar als die pfandfreie Sache, zu der sie mangels Zustimmung des Verpfänders durch den Schuldnerwechsel geworden ist (Art. 178 Abs. 2 OR, vgl. HASLER S. 108);
39 - das neue *Pfandrecht* an der ehemals schon einmal für die Schuld des bisherigen Schuldners haftenden Pfandsache (SJK Nr. 365 S. 8);
40 - eingeräumter *Eigentumsvorbehalt* an der ehemalig als Drittpfand haftenden, nun dem Schuldner gehörenden Sache (SPIRIG N 34 und 45 zu Art. 170 OR);
41 - übereignete *Früchte*, insbesondere abgetretene Zinsforderungen (vgl. SPIRIG N 31 und 47 zu Art. 170 OR).

II. Dritter

42 Das ist derjenige, *der Rechte an Nebenrechten erworben* hat (SJK Nr. 365 S. 8), z.B.:

- der Erwerber einer ehemals zugunsten des Schuldners verpfändeten Sache (HASLER S. 108),
- der neue Pfandgläubiger (SJK Nr. 365 S. 8), der ehemals für den Schuldner haftenden Pfandsache,
- der aus neu eingeräumtem Pfandrecht oder Eigentumsvorbehalt Berechtigte an einer dem Schuldner gehörenden Sache, auch wenn inzwischen von Drittem erworben,
- der Erwerber von Früchten, insbesondere einer Zinsforderung.

43 Der *Schuldner*, welcher die vormals für seine Schuld verpfändete Sache vom ehemaligen Pfandeigentümer erwirbt, wird aber damit *nicht Dritter*.

Bei Erwerb der ursprünglich für die Schuld des Schuldners haften- **44**
den Pfandsache durch den *Gläubiger* ist ein Pfandrecht – an eigener
Sache – begrifflich zwar nicht ausgeschlossen; dieses *Eigentümerpfand-
recht* (OFTINGER/BÄR N 133 und Zit. zu Art. 901 ZGB) dient dem
Gläubiger aber nicht der Sicherung seiner Forderung gegenüber dem
Schuldner.

III. Guter Glaube

Der Schutz des gutgläubigen Dritten fliesst aus den *allgemeinen* **45**
Regeln (ENGEL S. 604). Dazu s. SPIRIG N 28 zu Art. 167 OR und Zit.

Kommentar zu Abs. 2

A. Verhältnis zu Art. 180 Abs. 1 OR

Dass der Gläubiger «ausserdem», d.h. neben dem Wiederaufleben **46**
der Ansprüche gegenüber dem bisherigen Schuldner, *Schadenersatz*
verlangen kann, bedeutet selbstverständlich nur bis zur Wiederein-
setzung in den vorigen Stand, nicht etwa zusätzlich. Es muss nur dafür
gesorgt werden, dass die Stellung des Gläubigers, in der inzwischen eine
Änderung eingetreten sein kann, doch berücksichtigt wird. Das geschieht mit Abs. 2 von Art. 180 OR (StenBull XIX NR S. 557 zu
Art. 1210 E-OR, N 3 zu Art. 180 OR).

Art. 180

B. Anspruch

47 Dass er Schadenersatz «verlangen kann», bedeutet mit Aussicht auf Erfolg beanspruchen und allenfalls *gerichtlich und in der Zwangsvollstreckung durchsetzen*.

C. Beteiligte

48 Zum *Gläubiger* s. N 41 ff. zu Art. 175 OR, zum *Übernehmer* s. N 12 ff. zu Art. 175 OR und N 14 zu Art. 176 OR.

D. Schadenersatz

49 Der Anspruch entspringt den *allgemeinen Regeln* (ENGEL S. 604), ergibt sich aus der *Vertragsverletzung*, womit kein – d.h. lediglich ein mittelbarer (Art. 99 Abs. 3 OR) – Anwendungsfall von Art. 41 ff. OR vorliegt, auch wenn nicht die Erfüllung oder das Erfüllungsinteresse (Art. 97 ff. OR) geltend gemacht werden (a.M. OSER/SCHÖNENBERGER N 6 zu Art. 180 OR). Art. 180 Abs. 2 OR spricht von der «Schädigung des Gläubigers» in Verbindung mit dem Verlust der früher für die Verpflichtung des Schuldners erlangten Sicherheiten, womit ein enger Zusammenhang mit dem Vertrag und dessen Erfüllung gegeben ist (vgl. VON TUHR/PETER S. 107).

I. Schaden

Als Schaden fällt das *negative Vertragsinteresse* in Betracht (BECKER N 4 zu Art. 180 OR, KELLER/SCHÖBI IV S. 87, BUCHER S. 587, VON TUHR/ESCHER S. 388: für den fahrlässigen Irrtum unter Hinweis auf Art. 26 OR), d.h. die Differenz zwischen dem Vermögensstand nach dem Dahinfallen des Übernahmevertrages und dem hypothetischen Vermögensstand, wie er wäre, wenn vom Übernahmevertrag nie die Rede gewesen wäre (KELLER/SCHÖBI IV S. 87, GAUCH/SCHLUEP). 50

Dass der *bisherige Schuldner* – wenn der Übernehmer sich dagegen wehrt – seine ehemals *geschuldete Leistung doch noch erbringt*, ist freilich nicht ausgeschlossen, kann es doch in seinem Interesse liegen, dass der Gläubiger befriedigt wird. Bezahlt der bisherige Schuldner, so kann der Gläubiger seinen Anspruch gegen den Übernehmer nicht mehr erfolgreich geltend machen, da dieser die Erfüllung der übernommenen Schuld einwenden kann (N 50 zu Art. 179 OR), ein Schaden entfallen ist. 51

Ob dem bisherigen Schuldner gegenüber dem Übernehmer ein Anspruch daraus erwächst, hängt von seiner allfälligen Vereinbarung mit diesem, dem Inhalt des Befreiungsversprechens (Art. 175 OR), ab (HASLER S. 109).

II. Kausalzusammenhang

Der Schaden muss nach dem Gesetzeswortlaut *infolge Verlusts früher erlangter Sicherheiten oder dergleichen* entstanden sein. 52

Die Generalklausel – «oder dergleichen» – betrifft verlorene Nebenrechte (z.B. Sicherheiten) oder Vorzugsrechte, aber auch eine *anderweitige Beeinträchtigung* der Gläubigerstellung (N 46 und 58/59 zu Art. 180 OR). 53

Gestaltungsrechte fallen hier nicht in Betracht, da es sich bei diesen um Befugnisse des Gläubigers, durch seinen alleinigen Willen eine Rechtsänderung herbeizuführen (VON TUHR/PETER S. 23), handelt, die mit der Forderung oder dem grundlegenden Rechtsverhältnis verknüpft sind.

Art. 180

54   Schliesst der Gläubiger mit einem von *zwei potentiellen Übernehmern* den Schuldübernahmevertrag, worauf dieser Übernehmer nicht rechtzeitig erfüllt und der zurückgetretene Gläubiger – sofern der Schuldner zahlungsunfähig ist – nachweist, dass der andere potentielle Übernehmer bereit gewesen wäre, den Übernahmevertrag zu schliessen, so hat der Übernehmer dem Gläubiger den Schaden zu ersetzen, sofern er nicht beweist, dass ihn am Dahinfallen seines Übernahmevertrags mit jenem kein Verschulden trifft (vgl. KELLER/SCHÖBI IV S. 86).

Bei dem hier vorausgesetzten, der Schuldübernahme zugrunde liegenden (N 54 Vorbem. zu Art. 175–83 OR) zweiseitigen Vertrag erwächst dem Gläubiger dieser Anspruch aus Art. 109 Abs. 2 OR (GAUCH/SCHLUEP N 3083, BGE 90 II 294 Erw. 3), nicht aus Art. 180 Abs. 2 OR (a.M. wohl: KELLER/SCHÖBI IV S. 86).

1. Verlust

55   Verloren sind Sicherheiten, die *nicht wiederhergestellt* werden können (BECKER N 4 zu Art. 180 OR, SJK Nr. 365 S. 8), z.B.:
– ein Pfandrecht, welches übergegangen ist (KELLER/SCHÖBI IV S. 86),
– ein Pfandrecht an einer einem gutgläubigen Dritten veräusserten Pfandsache,
– eine Bürgschaft, welche zufolge Zwangsvollstreckung über den Bürgen nicht mehr oder nicht mehr gänzlich zur Deckung der Schuld führen kann.

56   Auch der vom Gläubiger im Vertrauen auf die Gültigkeit der Schuldübernahme unterlassenen *Betreibung des Schuldners* (VON TUHR/ESCHER S. 388) geht der Gläubiger verlustig.

2. Früher erlangte Sicherheiten

57   Es handelt sich um diejenigen, welche der Schuldner oder Dritte für diesen ursprünglich, jedenfalls *vor der Schuldübernahme, bestellt* haben.

58   Auch die blosse *Verminderung der Sicherheiten* (OSER/SCHÖNENBERGER N 5 zu Art. 180 OR) – Wegfall einer von mehreren oder deren Herabsetzung – bleibt zu berücksichtigen.

3. Beeinträchtigung der Gläubigerstellung

Neben den *privatrechtlichen* Nebenrechten (Sicherheiten) fallen auch 59
betreibungsrechtliche Aspekte in Betracht, welche zufolge des bis zum
Dahinfallen des Schuldübernahmevertrags eingetretenen Zeitablaufs von
Bedeutung werden:
– z.B. *Pfändungsrechte in einer im Rang vorgehenden Gläubigergruppe* (SJK Nr. 365 S. 8, vgl. BECKER N 4 zu Art. 180 OR, welcher dies auch als Sicherheit betrachtet, N 45 zu Art. 178 OR),
– *Eingriff in den Notbedarf* auf die Dauer eines Jahres ab Zustellung des Zahlungsbefehls bei Unterhaltsforderungen des Kindes (BGE 111 III 15),
– Zugriff auf (inzwischen verschwundenes) *Arrestsubstrat* (Art. 271 SchKG).

Unter prozessrechtlichem Aspekt erweist sich der *Parteiwechsel* auf 60
den Übernehmer in einem vormals hängigen Verfahren (vgl. z.B. § 49
Abs. 1 ZH-ZPO) einzig als mögliche Ursache erwachsener Kosten, z.B.
unmittelbar damit zusammenhängende, aber auch im Rahmen eines
vernünftigerweise geschlossenen Vergleichs vom Gläubiger übernommene.

4. Zahlungsunfähigkeit des Schuldners

Die – mindestens teilweise – *Zahlungsunfähigkeit* des bisherigen 61
und erneuten Schuldners muss vorliegen (davon ausgehend: VON TUHR/
ESCHER S. 388, KELLER/SCHÖBI IV S. 86, SJK Nr. 365 S. 8, HASLER
S. 108/09).

III. Entlastungsbeweis

Dem Übernehmer obliegt es darzutun, dass ihn am Dahinfallen 62
der Schuldübernahme und der Schädigung des Gläubigers kein Verschulden trifft. Damit ist er *behauptungspflichtig und beweisbelastet*
(Art. 8 ZGB, OSER/SCHÖNENBERGER N 6 zu Art. 180 OR: trotz Subsumtion unter Art. 41 ff. OR, vgl. N 49 zu Art. 180 OR). Mit dem

Art. 180

Nachweis eines sorgfaltspflichtwidrigen Irrtums des Gläubigers wird der Beweis für das fehlende Verschulden durch den Übernehmer geleistet, der Gegenbeweis mit dem Nachweis durch den Gläubiger bezüglich der Kenntnis oder des Kennenmüssens seitens des Übernehmers (a.M. OSER/SCHÖNENBERGER N 6 zu Art. 180 OR).

63   Das Verschulden wird – wie bei Ausbleiben der Erfüllung grundsätzlich (Art. 97 Abs. 1 OR) – *vermutet* (HASLER S. 109).

64   Ob ein Fall der *culpa in contrahendo* (so: BECKER N 5 zu Art. 180 OR, vgl. VON TUHR/ESCHER S. 388 und SJK Nr. 365 S. 8 mit Hinweisen auf Art. 26 OR, eine Spielform der culpa in contrahendo, VON TUHR/PETER S. 193, GAUCH/SCHLUEP N 851), vorliegt, hängt von den Umständen des Dahinfalls des Schuldübernahmevertrags ab, welcher ja nicht immer aufgrund eines Irrtums des Übernehmers erfolgt (N 15 ff. zu Art. 180 OR). (Strittig ist die Frage, ob die culpa in contrahendo wie eine Vertrags-, eine Delikts- oder eine Haftung eigener Art zu behandeln ist oder eine dogmatische Hilfsfigur darstellt; einlässlich dazu: GAUCH/SCHLUEP N 976 ff., vgl. OSER/SCHÖNENBERGER N 6 zu Art. 180 OR: Hinweis auf Art. 41 ff. OR.)

Ebenfalls wird der *Entlastungsbeweis* des aus der Culpa-Haftung in Anspruch genommenen – in Art. 180 Abs. 2 OR des Übernehmers – gefordert (GAUCH/SCHLUEP N 966).

65   Zum Hinweis auf Art. 26 OR (VON TUHR/ESCHER S. 388, SJK Nr. 365 S. 8) ist zusätzlich klarzustellen, dass bei der Irrtumsanfechtung das *Verschulden durchaus auch beim Gläubiger* liegen kann, der z.B. glaubte, der Übernehmer habe eine höhere Summe versprochen (OSER/SCHÖNENBERGER N 6 zu Art. 180 OR).

66   Ob die Exkulpation schwerfallen dürfte (HASLER S. 109), hängt von den Umständen des Einzelfalles ab. Ist der Schuldübernahmevertrag dahingefallen und hat der Gläubiger inzwischen Rechte eingebüsst, so könnte der getäuschte oder bedrohte Übernehmer sowie der sich *rasch* auf seinen Irrtum bzw. die Übervorteilung berufende den Vorwurf des Verschuldens beseitigen, aber auch derjenige, welcher die *innert nützlicher Frist* von ihm allein erkannte Nichtigkeit sogleich einwendet sowie den Umstand, dass die Leistung – aus nicht von ihm zu vertretenden Gründen – unmöglich geworden ist (N 15 ff. zu Art. 180 OR).

Art. 180

Ein Verschulden am Verlust der Sicherheiten kann den Übernehmer 67
treffen, z.B. wenn er schuldhaft zögert, dem Gläubiger von seinem
Anfechtungswillen Kenntnis zu geben, obschon der Gläubiger in diesem Zeitpunkt den *Verlust der Sicherheiten noch hätte abwenden können* (BECKER N 5 zu Art. 180 OR).

Art. 181

V. Übernahme eines Vermögens oder eines Geschäftes

¹ Wer ein Vermögen oder ein Geschäft mit Aktiven und Passiven übernimmt, wird den Gläubigern aus den damit verbundenen Schulden ohne weiteres verpflichtet, sobald von dem Übernehmer die Übernahme den Gläubigern mitgeteilt oder in öffentlichen Blättern ausgekündigt worden ist.
² Der bisherige Schuldner haftet jedoch solidarisch mit dem neuen noch während zwei Jahren, die für fällige Forderungen mit der Mitteilung oder Auskündung und bei später fällig werdenden Forderungen mit Eintritt der Fälligkeit zu laufen beginnen.
³ Im übrigen hat diese Schuldübernahme die gleiche Wirkung wie die Übernahme einer einzelnen Schuld.

V. Cession d'un patrimoine ou d'une entreprise avec actif et passiv

¹ Celui qui acquiert un patrimoine ou une entreprise avec actif et passif devient responsable des dettes envers les créanciers, dès que l'acquisition a été portée par lui à leur connaissance ou qu'il l'a publiée dans les journaux.
² Toutefois, l'ancien débiteur reste solidairement obligé pendant deux ans avec le nouveau; ce délai court, pour les créances exigibles, dès l'avis ou la publication, et, pour les autres créances, dès la date de leur exigibilité.
³ Les effets d'un semblable transfert de passif sont d'ailleurs les mêmes que ceux du contrat de reprise de dette proprement dit.

V. Assunzione di un patrimonio o di una azienda

¹ Chi assume un patrimonio od un'azienda con l'attivo ed il passivo, rimane senz'altro obbligato verso i creditori per i debiti inerenti, tosto che l'assunzione sia stata comunicata ai creditori dall'assuntore o sia stata pubblicata su pubblici fogli.
² Il debitore precedente rimane tuttavia obbligato solidalmente col nuovo debitore ancora per due anni, i quali cominciano a decorrere per i debiti scaduti dal giorno della comunicazione o della pubblicazione e per i non scaduti dal giorno della scadenza.
³ Questa assunzione di debiti ha del resto gli stessi effetti come quella di un singolo debito.

V. Surpigliada d'ina facultad u d'ina fatschenta

¹ Tgi che surpiglia ina facultad u ina fatschenta cun activas e passivas, s'oblighescha senz'auter vers ils crediturs per ils daivets correspundents e quai uschespert ch'el ha dà als crediturs conuschientscha da la surpigliada u fatg conuschent quai en fegls publics.
² Il debitur precedent resta dentant responsabel solidariamain cun il nov debitur per dus onns, ils quals entschaivan a currer per daivets scadids cun la communicaziun u la publicaziun e per daivets che scadan pli tard cun il di da la scadenza.
³ Dal rest ha questa surpigliada dal daivet ils medems effects sco la surpigliada d'in singul daivet.

Art. 181

Inhaltsübersicht

	Note

Allgemeines

	Note
A. Historisches	1
B. Zweck und Wesen der Vermögens- und Geschäftsübernahme	3
C. Rechtsbeziehungen	17
D. Rechtsgrund der Übernahme	24
E. Abgrenzung	31
F. IPR/Rechtsvergleichung	51
I. IPR	51
II. Germanischer Rechtskreis	53
III. Romanischer Rechtskreis	57
IV. Anglo-amerikanischer Rechtskreis	61

Kommentar zu Abs. 1

	Note
A. Übernahme	62
I. Vertrag	62
II. Vertragsinhalt	64
1. Übernahme	64
2. Übernahme eines Vermögens	71
3. Übernahme eines Geschäfts	76
4. Übernahme von Aktiven und Passiven	90
a) Allgemeines	90
b) Aktiven	96
c) Passiven	104
aa) Aufnahme in den Übernahmevertrag	104
bb) Umfang der Passiven	109
cc) Ausschluss von Passiven	118
dd) Unübertragbarkeit der Passiven	123
III. Form	125
1. Allgemeines	125
2. Form des Schuldübernahmevertrags	126
3. Form der Übertragung der Aktiven	131
B. Bekanntgabe	136
I. Allgemeines	136
II. Bekanntgabe durch den Übernehmer	140
III. Inhalt der Bekanntgabe	145

Art. 181

			Note
	IV.	Mitteilung	158
		1. Begriff	158
		2. Form der Mitteilung	162
	V.	Auskündung	165
C.	Gläubiger		170
D.	Rechtswirkungen der Übernahme		174
	I.	Allgemeines	174
	II.	Rechtswirkung des Übernahmevertrags	176
	III.	Rechtswirkung der Bekanntgabe	183
		1. Voraussetzung	183
		2. Einzelne Rechtswirkungen der Bekanntgabe	186
		3. Zeitpunkt des Eintritts der Rechtswirkungen der Bekanntgabe	190
	IV.	Verhältnis der Rechtswirkungen von Übernahmevertrag und Bekanntgabe	192
		1. Bekanntgabe enger als Übernahmevertrag	203
		2. Bekanntgabe weiter als Übernahmevertrag	205
		3. Übereinstimmung von Übernahmevertrag und Bekanntgabe	209
	V.	Haftung	211
		1. Subjekte der Haftung	211
		2. Art der Haftung	215
		a) bei gültigem Übernahmevertrag	215
		b) bei Auseinanderklaffen von Übernahmevertrag und Bekanntgabe	218
		c) bei Zurückbehaltung wesentlicher Vermögensteile	221
		3. Umfang der Haftung	222
		4. Abweichende Vereinbarung über die Haftung	225
	VI.	Prozessuale Folgen der Vermögens- oder Geschäftsübernahme	227

Kommentar zu Abs. 2

A.	Allgemeines		231
B.	Bisheriger Schuldner		235
C.	Solidarische Haftung		237
D.	Neuer Schuldner		240
E.	Frist		241
	I.	Allgemeines	241
	II.	Fristbeginn	249
		1. für fällige Forderungen	255
		2. für später fällig werdende Forderungen	256
	III.	Dauer der Frist	258

Art. 181

		Note
IV.	Fristwahrung	260
F. Befreiung des bisherigen Schuldners		273
I.	Gesetzlich durch Fristablauf	273
	1. nach Art. 181 Abs. 2 OR	274
	2. nach Art. 127 ff. OR	276
II.	Vertragliche Befreiung	281
III.	Wiederaufleben der Haftung des bisherigen Schuldners	286

Kommentar zu Abs. 3

A. Allgemeines		287
B. Wirkung		289
I.	Allgemeines	289
II.	Im einzelnen	291
	1. Art. 175 OR	291
	2. Art. 176 Abs. 3 OR	292
	3. Art. 177 OR	293
	4. Art. 178 OR	294
	5. Art. 179 OR	298
	6. Art. 180 OR	304
	7. Art. 183 OR	306

Allgemeines

A. Historisches

Das *Marginale* des fünften Titels/Lit. B/Ziff. V (ursprünglich Ziff. VI) 1 wurde um den Zusatz «mit Aktiven und Passiven» gegenüber den Entwürfen gekürzt (BBl 1905 II S. 129, 1909 III S. 809). Es ist irreführend, da Art. 181 OR auf die Übernahme von Forderungen nicht anwendbar ist (Art. 165 OR, N 65 zu Art. 181 OR, TSCHÄNI S. 24 Ziff. 19).

Zur Entwicklung des *Gesetzes-Wortlauts* des Art. 1211 E-OR siehe im übrigen N 72 und N 231 zu Art. 181 OR.

Art. 181

2   Die *alte Gerichtspraxis* wurde mit Art. 181 OR bestätigt (BGE 19 S. 262 und 886, 20 S. 443, 29 II 316, 32 II 480 und 34 II 315, Becker N 27 zu Art. 181 OR und Zit.; a.M. Oser/Schönenberger N 1 zu Art. 181 OR: altes Gewohnheitsrecht). Die schweizerische Regelung wurde unter Einfluss von § 419 BGB und § 25 D-HGB (z.B. StenBull NR XIX S. 557/58 und XX S. 186, ZSR NF 20 S. 390) eingeführt, weicht aber vom Vorbild entscheidend ab (vgl. Bucher S. 589, Barandun S. 19/21).

Zur Einfügung der Bestimmung bei der Revision von 1911 s. Barandun S. 17 ff.

B. Zweck und Wesen der Vermögens- und Geschäftsübernahme

3   Bei der Vermögens- und Geschäftsübernahme wird die *Übertragung der Schulden erleichtert, wobei die Interessen der Gläubiger insoweit berücksichtigt werden, als sie während zwei Jahren noch auf den bisherigen Schuldner greifen, sich gleichzeitig aber auch an den neuen Schuldner halten können* (vgl. OR-Tschäni N 3 zu Art. 181 OR). Bei der Geschäfts- – wie auch der Vermögens- – übernahme mit Aktiven und Passiven steht das Gesetz nicht auf dem Boden der Vertragstheorie (N 12 Vorbem. zu Art. 175–83 OR, BGE 60 II 107).

4   Dass dies im Interesse des öffentlichen Krediets (so Oser/Schönenberger N 1 zu Art. 181 OR, BGE 19 S. 262, vgl. aber N 54 zu Art. 181) geschehe, ist gerade nicht der Fall, vielmehr geht es um eine den bisherigen *Schuldner begünstigende Vereinfachung*. Eine bloss interne Vereinbarung zwischen dem Schuldner und dem Übernehmer ist grundsätzlich wegen der Beeinträchtigung der Gläubigerinteressen ausgeschlossen (vgl. N 50 Vorbem. zu Art. 175 OR und Keller/Schöbi IV S. 90/76). Deshalb könnte vom Übernehmer durchaus verlangt werden, mit jedem einzelnen Gläubiger der im Vermögen oder im Geschäft enthaltenen Schulden einen externen Übernahmevertrag abzuschliessen (a.M. Keller/Schöbi IV S. 90). Es bedürfte freilich eines Quorums der zustimmenden Gläubiger (vgl. Art. 305 SchKG) und einer bestätigenden Behörde wie beim Nachlassvertrag (vgl. Art. 306 SchKG), wollte die heutige, praktikable Lösung – Übergang sämtlicher

Art. 181

Schulden nach zwei Jahren auf den Übernehmer (Art. 181 Abs. 2 OR) – erreicht werden. Das Gesetz trifft eine *Mittellösung*, indem es in Art. 181 Abs. 1 OR die Wirksamkeit des Übernahmevertrags von der Mitteilung der Vermögens- oder der Geschäftsübernahme an die Gläubiger abhängig macht (KELLER/SCHÖBI IV S. 90), aber insbesondere auch von deren Stillschweigen binnen der zweijährigen Frist des Art. 181 Abs. 2 OR.

Das Gesetz will – insbesondere auch – den *Fortbestand eines Unternehmens* – abgesehen vom Inhaber – sichern und gleichzeitig die Gläubiger schützen (ENGEL S. 606, vgl. BARANDUN S. 46). 5

Art. 181 OR statuiert – letztlich – einen gesetzlichen Schuldübergang (GUHL/MERZ/KOLLER S. 270, VON TUHR/ESCHER S. 384, BECKER N 7 zu Art. 179 OR, OSER/SCHÖNENBERGER N 4 Vorbem. zu Art. 175–83 OR, KELLER/SCHÖBI IV S. 92, OR-TSCHÄNI N 12 zu Art. 181 OR; anders BECKER N 1 zu Art. 181 OR und ZSR NF 20 S. 352: Schuld«-übernahme»), indessen zunächst nur einen *gesetzlichen Schuldbeitritt* (N 278 Vorbem. zu Art. 175–83 OR), welcher bei mangelnder Erfüllung der zugehörigen Forderung nach Ablauf der Frist von Art. 181 Abs. 2 OR zum *Schuldübergang* wird (N 165 und 175 zu Art. 175–83 OR). 6

Im Gegensatz zur Übernahme einer einzelnen Schuld findet hier eine Weiterhaftung des früheren Schuldners (*Kumulativübernahme*) statt (OSER/SCHÖNENBERGER N 2 zu Art. 181 OR, BECKER N 27 zu Art. 181 OR), eine kumulative Haftung des Übernehmers neben der Verpflichtung des bisherigen Schuldners (a.M. BUCHER S. 590: vice-versa). 7

Damit besteht für den Gläubiger das Recht der Auswahl unter den Schuldnern (Art. 144 Abs. 1 OR, a.M. OSER/SCHÖNENBERGER N 2 zu Art. 181 OR), nicht bloss subsidiäre Haftung des früheren Schuldners, sondern während der zwei Jahre (Art. 181 Abs. 2 OR, N 14 zu Art. 181 OR) ein *Solidarschuldverhältnis*. Daraus erklärt es sich, dass beim Übernahmegeschäft die Person des früheren Schuldners, nicht der Gläubiger, Vertragspartei ist (OSER/SCHÖNENBERGER N 2 zu Art. 181 OR).

Dass sich der gesetzliche Schuldübergang dadurch rechtfertige, dass es die Vermögensbestandteile des (bisherigen) Schuldners seien, aus denen (recte:) der Übernehmer seine Verbindlichkeiten zu begleichen habe (OSER/SCHÖNENBERGER N 3 zu Art. 181 OR, vgl. OR-TSCHÄNI N 3 zu Art. 181 OR, ZSR NF 20 S. 353, HASLER S. 134), trifft nur bedingt zu; der gesondert zu bewerkstelligende (N 65 zu Art. 181 OR) 8

Art. 181

Übergang der Aktiven ist für die Haftung des Übernehmers gerade nicht vorausgesetzt (OSER/SCHÖNENBERGER N 10 zu Art. 181 OR), und das meist geschuldete Entgelt für die Geschäftsübernahme wird bei jener Auffassung nicht berücksichtigt.

Vielmehr steht einer schon grundsätzlich *ausgeschlossenen gesetzlichen Schuldübertragung* (N 165 Vorbem. zu Art. 175–83 OR) entgegen, dass sich die Gläubigerinteressen mit der (wenn auch zeitlich eingeschränkten) kumulativen Verpflichtung von Schuldner und Übernehmer (Art. 181 Abs. 1 und 2 OR, OSER/SCHÖNENBERGER N 4 Vorbem. zu Art. 175–83 OR, KELLER/SCHÖBI IV S. 91, OR-TSCHÄNI N 2 zu Art. 181 OR) als hinreichend gewährleistet erweisen.

9   Der *Schuldübergang* ist nicht als Vertrag zwischen Veräusserer und Erwerber konstruiert (so VON TUHR/ESCHER S. 384), sondern die gesetzliche Vertragsfolge. Die Übernahme eines Vermögens oder eines Geschäfts verbindet nicht Elemente der Abtretung und der Schuldübernahme (so BUCHER S. 589), da der Übergang der Aktiven, insbesondere die Abtretung von Forderungen bzw. Rechten, gerade nicht hier in Art. 181 OR geregelt ist (N 1 zu Art. 181 OR).

Die Schuldübernahme nach Art. 181 OR ist auch *nicht im eigentlichen Sinne Nachfolgetatbestand*. Sie hat keine translativen Momente, die dem vertraglichen Übernahmetatbestand (zwischen bisherigem Schuldner und Übernehmer) abgehen (VON BÜREN S. 354), vielmehr bleibt, wie gesagt, der vorgängig allein haftende Schuldner auf immerhin zwei Jahre weiter gebunden.

10 Die beiden Erfordernisse der Schuldübernahme nach Art. 181 OR (*Vertrag über den Vermögensübergang und Mitteilung dieses Vertrags*) sind für das Zustandekommen der Schuldübernahme *gleich wesentlich* (VON TUHR/ESCHER S. 397, BECKER N 1 zu Art. 181 OR, OSER/SCHÖNENBERGER N 4 zu Art. 181 OR, KELLER/SCHÖBI IV S. 90, OR-TSCHÄNI N 7 zu Art. 181 OR, BGE 49 II 251, 60 II 107, BlZüR 35 Nr. 87 S. 209). Der Tatbestand der Schuldübernahme nach Art. 181 OR ist (wie bei § 415 BGB) eine Kombination zweier einen Vertrag bildender Willenserklärungen (N 96 ff. Vorbem. zu Art. 175–83 OR) und einer Bekanntgabe an einen Dritten (vgl. VON TUHR/ESCHER S. 396 und N 118: Mitteilung, N 136 ff. zu Art. 181 OR).

11 Dem Gläubiger wird ein *direktes Klagerecht* gegen den Übernehmer des Vermögens eingeräumt, wenn diese besonderen Voraussetzungen des Art. 181 OR zutreffen (ZSR NF 20 S. 349; a.M. BECKER N 1 zu

Art. 181 OR: auch Vermögensübergang vorausgesetzt, dazu aber N 65 zu Art. 181 OR).

Der Übernahme nach Art. 181 OR liegt ein Vertrag zugrunde, in welchem sich der Veräusserer eines Vermögens oder Geschäfts verpflichtet, Aktiven und Passiven auf den Erwerber zu übertragen (BUCHER S. 589). Es liegt ein – *präparatorisches* – *Befreiungsversprechen* (N 6 zu Art. 175 OR) in Art. 181 OR vor (KELLER/SCHÖBI IV S. 90, OR-TSCHÄNI N 9 zu Art. 181 OR, SJK Nr. 365 S. 1 N 2, BECKER N 1 zu Art. 181 OR betr. Vermögensübernahme), dergestalt dass die Übernahme nicht nur der Aktiven, sondern auch der Passiven, verabredet ist, d.h. dass der Übernehmer dem Veräusserer im Sinne des Art. 175 OR verspricht, ihn von den mit dem Vermögen bzw. Geschäft verbundenen Schulden zu befreien (VON TUHR/ESCHER S. 395/96, BECKER N 1 zu Art. 181 OR, N 70 zu Art. 181 OR). 12

Der internen Abmachung zwischen Veräusserer des Geschäfts (bzw. des Vermögens) und dem Übernehmer wird *durch die Kundgabe externe Wirkung* verschafft (GUHL/MERZ/KOLLER S. 269, ENGEL S. 606, BGE 60 II 103, 75 II 302). 13

Geschäfts-/Vermögensübernahme *verbinden privative und kumulative* (BUCHER S. 590) Schuldübernahme (GUHL/MERZ/KOLLER S. 263/68/70; KELLER/SCHÖBI IV S. 91/92). Nach durch den Gläubiger unbenützter Frist von zwei Jahren tritt die Wirkung eines privativen *Schuldübergangs* (N 165 Vorbem. zu Art. 175–83 OR) ein (N 258 zu Art. 181 OR, GAUCH/SCHLUEP N 3750, BGE 63 II 16; a.M. GUHL/MERZ/ KOLLER S. 268, KELLER/SCHÖBI IV S. 91/92, OR-TSCHÄNI N 2 zu Art. 181 OR: Schuldübernahme). 14

Zum *Schuldübernahmevertrag* des Übernehmers mit dem Gläubiger im Rahmen der Vermögens- und Geschäftsübernahme s. N 62 zu Art. 181 OR. 15

Im Rahmen dieses Kommentars werden folgende Begriffe verwendet: 16
Der *Übernahmevertrag* wird von Veräusserer und Übernehmer bezüglich Vermögen oder Geschäft geschlossen, d.h.:
– vom *Abtretenden* bzw. *übertragenden Eigentümer* und vom *Erwerber* der Aktiva,
– vom Alt- oder bisherigen *Schuldner* und vom *Übernehmer* bezüglich der Passiva,

Art. 181

– von dem nach Vermögens-/Geschäftsübernahme und Bekanntgabe an die Gläubiger eintretenden *Schuldübergang*.

C. Rechtsbeziehungen

17   Diese bestehen in einem *Dreiecksverhältnis*, bei welchem gegenüber dem Befreiungsversprechen der Schuldner auch Veräusserer des Vermögens oder Geschäfts ist und meist – indessen nicht notwendigerweise – mehrere Gläubiger vorkommen (vgl. N 52 Vorbem. zu Art. 175–83 OR und N 170 zu Art. 181 OR).

18   Die Vermögens- oder Geschäftsübernahme lässt das *Verhältnis zwischen dem Schuldner und dem Gläubiger zunächst unberührt*. Die Rechtsfolge der Mitteilung (Bekanntgabe) derselben – Solidarität zwischen Schuldner und Übernehmer (Art. 181 Abs. 2 OR) – verstärkt zwar die Gläubigerstellung, hat aber auf das Verhältnis zwischen Gläubiger und Schuldner vorerst keinen Einfluss (KELLER/SCHÖBI IV S. 93).

19   *Art. 181 OR regelt das Verhältnis vom Gläubiger zum Übernehmer (Abs. 1) und zum Veräusserer bzw. Altschuldner (Abs. 2).* Die Wirkungen der Vermögensübernahme äussern sich in der solidarischen Haftung des früheren (N 7 zu Art. 181 OR) und des jetzigen Vermögensinhabers (OSER/SCHÖNENBERGER N 14 zu Art. 181 OR) bzw. Geschäftsinhabers, d.h. des Veräusserers und des Übernehmers von Vermögen oder Geschäft (GUHL/MERZ/KOLLER S. 268, KELLER/SCHÖBI IV S. 91/92; anders: SJK Nr. 70 S. 11: Abtretender), damit *lediglich bezüglich der Passiven*.

20   Zum *Schuldner* und Veräusserer s. N 17 zu Art. 181 OR und N 24 ff. zu Art. 175 OR.

21   In Art. 181 OR ist die Frage, was zu geschehen habe, wenn die vorgesehene kumulative Schuldpflicht während zwei Jahren wegen *Löschung des alten Schuldners (im Handelsregister)* nicht möglich ist, nicht entschieden (BGE 57 II 531). Ob erbrechtliche Bestimmungen

Art. 181

(Art. 560 Abs. 2 ZGB, 938 OR) Platz greifen oder eine Wiedereintragung im Handelsregister möglich ist (BGE 110 II 396 = Pra 74 S. 167, BGE 100 Ib 37 = Pra 63 S. 562), wird sich aus den konkreten Umständen ergeben.

Zum Übernehmer s. N 12 ff. zu Art. 175 OR und N 14 zu Art. 176 OR. **22**

Art. 181 OR regelt auch den Fall, da *zwei Rechtssubjekte gegenseitig* je das Vermögen des anderen übernehmen. Jeder haftet hier als Veräusserer und Übernehmer für die eigenen und für die übernommenen Schulden, wird aber nach Art. 181 Abs. 2 OR von den eigenen in zwei Jahren befreit sein (N 274 zu Art. 181 OR, von Büren S. 355). **23**

D. Rechtsgrund der Übernahme

Eine solche Übernahme findet z.B. bei der Übertragung des allgemeinen Vermögens einer Person, des Vermögens einer Kollektivgesellschaft und vor allem des zur Ausübung eines Gewerbes oder Handelsbetriebes erforderlichen Geschäftsvermögens statt (Keller/Schöbi IV S. 89, OR-Tschäni N 4 zu Art. 181 OR). **24**

Praktisch betrachtet kommt Art. 181 OR *vor allem beim Unternehmenskauf* zur Anwendung, in welchem Aktiven und Passiven eines Unternehmens erworben werden. Häufig wird auch bei Unternehmensteilungen und anderen *Unternehmensreorganisationen* (Umwandlungen) gemäss Art. 181 OR verfahren (OR-Tschäni N 4 zu Art. 181 OR, vgl. Barandun S. 38 ff.).

Im einzelnen (Becker N 12/14 zu Art. 181 OR, Oser/Schönenberger N 5 zu Art. 181 OR, Engel S. 607, Barandun S. 41 ff., SJK Nr. 70 S. 5, ZSR NF 20 S. 349) bei folgenden *Rechtsgrundgeschäften*: **25**
- Kauf (Art. 184 OR, Geschäftskauf, Erbschaftskauf),
- Tausch (Art. 237 OR),
- Schenkung eines Vermögens oder Geschäfts (Art. 239 OR),
- Hingabe gegen Bestellung einer Leibrente (Art. 516 OR),
- Verpfründung (Art. 521 OR),

Art. 181

- Eintritt in eine Gesellschaft nach:
  = Art. 542 OR (BARANDUN S. 136),
  = Art. 557 Abs. 2 OR (BARANDUN S. 143),
  = Art. 598 Abs. 2 OR (BARANDUN S. 149),
- Ehevertrag (Art. 221 ZGB, 215 aZGB),
- Geschäftsübernahme im Rahmen des Erbteilungsvertrags (Rep 1980 S. 108 ff.),
- Übernahme im Rahmen eines (prozessualen) Vergleichs (ZSR NF 20 S. 349),
- Erwerb von der Konkursverwaltung (Art. 243/258 SchKG, TREADWELL S. 109 ff., BGE 20 S. 437, SJK Nr. 70 S. 5 N 16),
- Erwerb aus Nachlassvertragsverfahren (Art. 293 ff. SchKG, SJZ 2 S. 9 Nr. 23).

26 *Schuldübernahmerecht* (Art. 181 Abs. 2 OR) ist anzuwenden, wenn bei aufgelöster Gesellschaft das Liquidationsvermögen von einem Dritten oder einem bzw. mehreren Gesellschaftern übernommen wird (Art. 592 Abs. 2 OR, VON BÜREN S. 355 und N 158, BECKER N 32 zu Art. 181 OR, wohl auch: OSER/SCHÖNENBERGER N 3 zu Art. 182 OR unter Hinweis auf: BGE 46 II 469, BlZüR 33 Nr. 105 Erw. 1).

27 Hinzuweisen ist ferner auf die sog. *unechte Fusion*, bei welcher eine Gesellschaft ihr Unternehmen als Sacheinlage auf den Erwerber überträgt und anschliessend selber aufgelöst und liquidiert wird. Die Gesellschafter der aufgelösten werden dann zu solchen der übernehmenden Gesellschaft. Die Einlage des Unternehmens wird hier bezüglich der Schulden häufig nach Art. 181 OR vollzogen (OR-TSCHÄNI N 4 zu Art. 181 OR).

28 Auch die Vermögens- und Geschäftsübernahme ist *kausal* (N 90 Vorbem. zu Art. 175–83 OR) ausgestaltet, was sich aus der rechtsunwirksamen Bekanntgabe bei fehlendem oder ungültigem Übernahmevertrag ergibt (N 183 ff. zu Art. 181 OR).

Dieser ist jeweils nur als wesentlicher Bestandteil des Rechtsgeschäfts denkbar, nicht etwa als *Nebenpunkt* oder gesonderter Vertrag (vgl. SPIRIG N 29 Vorbem. zu Art. 164–74 OR).

29 Die *Vermögensabtretung* ist entweder eine *definitive* – Kauf, Tausch, Schenkung, Verpfründung, Erbvertrag mit Vermögensübertragung zu Lebzeiten, Begründung von Mit- oder Gesamteigentum (SJK Nr. 70 S. 5) – oder eine nur *zeitweise* wie bei Nutzniessung am Geschäft, bei Verpachtung des Geschäfts (KLINGLER S. 9) oder temporärer Einbringung

in eine Gesellschaft, bei Verpfändung usw. (BECKER N 14 zu Art. 181 OR, TREADWELL S. 112/117), bei Leihe oder bei Hinterlegung (ENGEL S. 607), bei fiduziarischer Übertragung (SJK Nr. 70 S. 5/6).

Auch bei der temporären Übertragung eines Geschäfts muss Art. 181 OR Anwendung finden, die Gläubiger könnten sonst geprellt werden (BECKER N 14 zu Art. 181 OR, DES GOUTTES S. 146).

30 Hat eine nur *zeitweise Vermögensübertragung* stattgefunden, so muss nach Beendigung des der Übertragung zugrunde liegenden Rechtsverhältnisses eine *Rückübertragung* vollzogen werden (BECKER N 14 zu Art. 181 OR; anders, wenn der Rechtsgrund entfällt, vgl. SPIRIG, N 133 Vorbem. zu Art. 164–74 OR zur Abtretung).

E. Abgrenzung

31 *Wer von einem anderen ein Aktivum (Sache oder Forderung) erwirbt, wird damit nicht Schuldner der historisch mit demselben verbundenen Passiva* (VON BÜREN S. 352), z.B. zieht der Kauf eines auf Kredit erworbenen Gegenstands nicht die Kreditschuld nach sich (vgl. VON BÜREN a.a.O.).

32 *Fehlt eine Zusammengehörigkeit* – erworbener einzelner Vermögensbestandteile –, finden nicht Art. 181/82 OR, sondern Art. 164 ff. OR Anwendung (OSER/SCHÖNENBERGER N 5 zu Art. 181 OR), was die Rechte, bzw. Art. 175/76 OR, was die Schuldverpflichtungen betrifft.

33 Ein *Vertrag zwischen dem Übernehmer und dem Gläubiger* ist – bei der Vermögens- und Geschäfts- – im Unterschied zur gewöhnlichen Schuldübernahme nach Art. 176 OR nicht erforderlich (VON TUHR/ ESCHER S. 396/97 und N 120, GAUCH/SCHLUEP N 3746, GUHL/MERZ/ KOLLER S. 269, BGE 49 II 251, 60 II 107, 79 II 154, BlZüR 59 Nr. 128 S. 321), also nicht die Mitwirkung des Gläubigers, weil er sein Recht gegen den bisherigen Schuldner zunächst behält (VON TUHR/ ESCHER S. 396/97 und N 120, vgl. GAUCH/SCHLUEP N 3746, VON BÜREN S. 352, ENGEL S. 606, OR-TSCHÄNI N 2 und 10 zu Art. 181 OR). Darin liegt der wesentliche Unterschied zur externen Schuldübernahme (KELLER/SCHÖBI IV S. 91).

34 Es ist aber dem Übernehmer unbenommen, einen *Vertrag mit dem Gläubiger* abzuschliessen; dann geht der Vertrag der Regelung von Art. 181 OR vor (BECKER N 20 zu Art. 181 OR), der je nach den konkreten Umständen eine externe Schuldübernahme unter sofortiger Befreiung des Schuldners oder einen Schuldbeitritt darstellt (KELLER/SCHÖBI IV S. 91/93), somit auch zu einer Befreiung des Altschuldners führen kann (VON TUHR/ESCHER S. 397).

35 Zur Übertragung von *Vertragsverhältnissen bei der Geschäftsübernahme* s. N 40 zu Art. 181 OR.

36 Zur Abgrenzung von Art. 181 OR gegenüber *Art. 182 OR* s. N 9 zu Art. 182 OR.

37 Die Schuldübernahme nach Art. 181 OR ist *mehr als ein Schuldbeitritt* (N 278 ff. Vorbem. zu Art. 175–83 OR), weil sie, wenn auch nicht sofort, so doch nach zwei Jahren den Schuldner befreit (Art. 181 Abs. 2 OR; VON TUHR/ESCHER S. 399 N 35).

38 Der Schuldnerwechsel beim Übergang eines ganzen Vermögens von einem Vermögensträger auf den andern durch *Universalsukzession* (N 29 Vorbem. zu Art. 175–83 OR, GAUCH/SCHLUEP N 3686), d.h. wenn der Träger eines ganzen Vermögens durch Universalsukzession wechselt, führt selbstverständlich zum Übergang aller Forderungen (wie der Schulden) auf ihn (GAUCH/SCHLUEP N 3669), nicht aber bei Übernahme eines Vermögens oder Geschäfts (GAUCH/SCHLUEP N 3671, VON TUHR/ESCHER S. 395, BUCHER S. 581).

Die Bestimmung von Art. 181 OR stellt nämlich nicht einen Anwendungsfall einer Universalsukzession (Gesamtrechtsnachfolge) dar, sondern ordnet den Schuldübergang bei Übernahme eines Vermögens oder eines Geschäftes in einer besonderen Weise (OR-TSCHÄNI N 1 zu Art. 181 OR; a.M. ZSR NF 102 S. 277).

39 Zur Übernahme eines Geschäfts aufgrund eines *Erbteilungsvertrags* s. N 307 zu Art. 181 OR.

40 Die Geschäftsübernahme ist auch von der *Vertragsübernahme* (N 228 ff. Vorbem. zu Art. 175–83 OR) – welche bei der Vermögensübernahme vorkommen kann (FRÜH S. 125) – abzugrenzen (OR-TSCHÄNI N 2 zu Art. 181 OR, BARANDUN S. 69, BGE 47 II 420/21; a.M. ZSR NF 102 S. 277, SJK Nr. 70 S. 14). Zu diesem tripartiten Vertrag s. N 228 ff. Vorbem. zu Art. 175–83 OR.

Rechte und Pflichten aus *Dauerschuldverhältnissen* gehen grund- 41
sätzlich nicht auf den Übernehmer über, z.B. Miet-, Liefer-, Bezugs- und Lizenzverträge (BUCHER S. 591/92 N 85, FRÜH S. 126, SJK Nr. 70 S. 11 N 56). Für Miet- und Arbeitsverträge gelten *spezielle Vorschriften*, welche auch Art. 181 OR vorgehen (Art. 261, 263 und 333 OR, OR-TSCHÄNI N 6 zu Art. 181 OR, VON TUHR/ESCHER S. 399/400, KELLER/SCHÖBI IV S. 92, BUCHER S. 591/92 N 85, N 228 f. Vorbem. zu Art. 175–83 OR; a.M. BECKER N 6 zu Art. 181 OR, SJZ 12 S. 316 Nr. 281 ohne weitere Begründung).

Eine Ausnahme von der grundsätzlichen Abgrenzung der Vertrags- 42
von der Geschäfts- und Vermögensübernahme (N 40 zu Art. 181 OR) besteht dann, wenn sich der *Wille zum Übergang aus den Umständen ergibt* (z.B. betriebsbezogene Lizenz; GAUCH/SCHLUEP N 3749, TSCHÄNI S. 27, a.M. BUCHER S. 591), was aber auch den, allenfalls schon ursprünglich erklärten, Willen des Gläubigers voraussetzt.

Art. 181 OR ist nicht anwendbar bei der *Übernahme der Aktiven* 43
und Passiven einer Körperschaft durch eine andere Körperschaft (AG: Art. 748–50 OR, Kommandit-AG: Art. 770 Abs. 3 OR, Genossenschaft: Art. 914 OR); hier sind vielmehr die dem Schutzbedürfnis bei der Liquidation der «übernommenen Gesellschaft» Rechnung tragenden Art. 742 ff. OR massgebend (BGE 87 I 304 = JdT 110 I S. 126 = SJ 84 S. 43, VON TUHR/ESCHER S. 395 N 111b, GUHL/MERZ/KOLLER S. 271, KELLER/SCHÖBI IV S. 271, OR-TSCHÄNI N 4 zu Art. 181 OR; a.M. GUHL/MERZ/KOLLER S. 271, BlZüR 87 Nr. 51, der eine eigentliche, nach Art. 748 Abs. 1 OR zu beurteilende Fusion zweier AG betrifft), auf welche auch Art. 823 OR (GmbH) und Art. 913 OR (Genossenschaft) verweisen (ENGEL S. 607). Art. 181 OR will nicht eine durch Sonderbestimmungen ausgeschlossene Schuldübernahme zulässig erklären (BGE 86 II 92).
Zur *unechten Fusion* s. N 27 zu Art. 181 OR.

Der Anteil des ausscheidenden Gesellschafters geht nicht durch 44
Veräusserung auf die Mitgesellschafter über, sondern durch *Anwachsung*. Art. 181 Abs. 2 OR gilt daher nicht, sondern Art. 591 OR (VON BÜREN S. 355, ENGEL S. 609), weil die Gesellschaft mit der Liquidation beendet wird (GAUCH/SCHLUEP N 3751) und Art. 742 ff. OR anzuwenden ist (BGE 87 I 304).

Art. 181

45 Gehört das übernommene Vermögen einer *Kollektivgesellschaft*, so ist das Verhältnis des Art. 181 OR zu Art. 591/92 OR zu berücksichtigen. Das Vermögen der Kollektivgesellschaft steht im Gesamteigentum, nicht im Miteigentum der Gesellschaft. Ausscheiden eines Gesellschafters aus der Gesellschaft bedeutet also keine Vermögensveräusserung i.S. des Art. 181 OR. Liegenschaften, die der Gesellschaft gehören, sind beim Wechsel im Bestand der Gesellschafter im Grundbuch nicht umzuschreiben (Art. 975 Abs. 1 ZGB). Auf das Ausscheiden eines Gesellschafters kann daher Art. 181 OR nicht Anwendung finden. Art. 591 OR wird ausgeschlossen; er will in diesem Falle nicht die nach dem allgemeinen Privatrecht bestehenden Fristen verlängern (BECKER N 32 zu Art. 181 OR).

46 Wenn dagegen die Kollektivgesellschaft von einem der Gesellschafter oder einem Dritten als Einzeleigentum oder von mehreren *zu Miteigentum übernommen* wird, so kommt Art. 181 OR zur Anwendung (Art. 592 OR, BECKER N 32 zu Art. 181 OR; BGE 46 II 469 = Pra 10 S. 78 zum aOR).

47 Keine Geschäftsübernahme – i.S. von Art. 181 OR – liegt in der *Übernahme aller oder der Grosszahl der Aktien* (BGE 86 II 91, VON TUHR/ESCHER S. 395 N 111b, OR-TSCHÄNI N 4 zu Art. 181 OR), wofür die speziellen aktien- und wertpapierrechtlichen Bestimmungen (Art. 683/684/967 OR) vorgehen.

Zu ähnlichen Formen der *Geschäftsübernahme bei einer AG* s. BARANDUN S. 152 ff., zur *Quasifusion* s. STUDER S. 43.

48 Vorbehalten bleiben die besonderen handelsrechtlichen Bestimmungen über die Übernahme einer AG (Art. 751 OR) und einer Genossenschaft (Art. 915 OR) durch eine *Körperschaft öffentlichen Rechts* (KELLER/SCHÖBI IV S. 89).

49 *Missbrauch* an einem Vermögen oder Geschäft wurde von Gesetzes wegen im alten Familienrecht zugunsten des Ehemannes (Art. 201 aZGB) und des Vaters (Art. 319 aZGB) begründet. Auf diese Fälle konnte Art. 181 OR nicht Anwendung finden. Diese Vermögensübernahmen waren auch nicht den Gläubigern bekanntzumachen (BECKER N 35 ff. zu Art. 181 OR, dazu auch N 361 Vorbem. zu Art. 175–83 OR, vgl. Art. 2561 CCit).

50 Nur bei Geschäften unter Lebenden kann die kumulative Haftung des Übernehmers neben derjenigen des Altschuldners, wie Art. 181 OR

sie vorsieht, überhaupt in Frage kommen. Dieser ist daher nicht anwendbar auf das *Legat*: hier haftet der Erbe, der die Erbschaft angetreten hat, nach Erbrecht (Art. 560 ZGB, BECKER N 12 zu Art. 181 OR, OSER/SCHÖNENBERGER N 7 zu Art. 181 OR, ENGEL S. 607; vgl. § 25 Abs. 1 D-HGB).

F. IPR/Rechtsvergleichung

I. IPR

Zur Anwendung von Art. 181 OR auf in der Schweiz betriebene und übernommene Geschäfte s. N 335 Vorbem. zu Art. 175–83 OR. **51**

Bei einem Hauptgeschäft mit *Zweigbetrieben* ist bei gesamthafter Übernahme der Geschäftssitz des Hauptbetriebs für die Anknüpfung massgeblich (GAUCH, Zweigbetrieb, S. 419/20 N 1893 ff.); wird nur ein Zweigbetrieb übernommen, so kommt es kollisionsrechtlich auf dessen Sitz an (a.a.O. S. 421 N 1903). **52**

II. Germanischer Rechtskreis

Die *Vermögensübernahme*, welche sich als Schuldbeitritt charakterisiert (PALANDT N 13 zu § 419 BGB), ist in **§ 419 BGB** geordnet. Gemäss dem Titel von § 419 BGB wird die «Haftung des Übernehmers bei Vermögensübernahme» geregelt, Abs. 1 spricht von der Fortdauer der Haftung des bisherigen Schuldners. § 419 Abs. 2 OR enthält eine Haftungsbeschränkung für den Schuldübernehmer auf den Bestand des übernommenen Vermögens und die ihm aus dem Vertrage zustehenden Ansprüche (VON BÜREN S. 352 N 146, dazu ausführlich: AcP 176 S. 507 ff.). Die Haftung des Übernehmers kann nicht durch Vereinbarung zwischen ihm und dem bisherigen Schuldner ausgeschlossen werden (Abs. 3). **53**

Art. 181

54 Eine Übernahme eines fortzuführenden *Handelsgeschäfts* mit Übergang der Firma und der Schulden auf den Übernehmer sieht § **25 Abs. 1 D-HGB** vor, da für den kaufmännischen Geschäftsverkehr das Geschäft, die Firma als wesentlicher betrachtet wird, als der jeweilige Inhaber; das Vertrauen der Aussenstehenden sei in der Hauptsache mit dem Geschäft und der Firma verknüpft (SCHLEGELBERGER N 1 zu § 25 D-HGB). Nur bekanntgegebene Abweichungen davon entfalten Wirkung einem Dritten gegenüber (dazu § 25 Abs. 2 D-HGB, SCHLEGELBERGER N 17 zu § 25 D-HGB, BARANDUN S. 22 ff.).

Zum Übergang eines Konkurrenzverbots s. BGE 54 II 462 und Zit.

55 Nach **österreichischem Recht** ist derjenige, der ein *Vermögen oder ein Unternehmen* übernimmt, unbeschadet der fortdauernden Haftung des Veräusserers den Gläubigern aus den zum Vermögen oder Unternehmen gehörigen Schulden, die er bei der Übergabe kannte oder kennen musste, unmittelbar verpflichtet. Er wird aber von der Haftung insoweit frei, als er an solchen Schulden schon so viel berichtigt hat, wie der Wert des Vermögens oder Unternehmens beträgt (§ 1409 Abs. 1 ABGB, dazu: AcP 176 S. 499). Ein naher Angehöriger des Veräusserers (vgl. § 32 Konkursordnung) hat zu beweisen, dass ihm die Schulden bei der Übergabe weder bekannt waren noch bekannt sein mussten (Abs. 2). Entgegenstehende Vereinbarungen zwischen Veräusserer und Übernehmer zum Nachteile der Gläubiger sind diesen gegenüber unwirksam (Abs. 3).

56 Das im **Fürstentum Liechtenstein** gültige ABGB entspricht im Bereich der §§ 1409 ff. nicht dem österreichischen. Das Liechtensteinische Zivilgesetzbuch vom 20. Jänner 1926 hält in Art. 140 die Voraussetzungen für die Übertragung des *Vermögens einer Verbandsperson* im ganzen und deren Auflösung fest, in Art. 141 schreibt es das Verfahren für die Geltendmachung von Ansprüchen (darunter der Gläubiger) gegen eine aufgelöste Verbandsperson vor.

III. Romanischer Rechtskreis

57 Die *Vermögensübernahme* ist im **CCfr** nicht geregelt. Aus Art. 943 CCfr, wonach die Schenkung des gegenwärtigen Vermögens für zulässig erklärt ist, lässt sich dies auch für die vertragliche Übernahme eines

Vermögens ableiten (MURAD/FERID, Das französische Zivilrecht, Frankfurt a.M./Berlin 1971, S. 576); geschützt werden Gläubiger gegen Hintergehung (Art. 1166/67 CCfr, vgl. AcP 176 S. 494, ZvglRWiss 84 S. 57).

Gemäss Art. 1598 CCfr ist grundsätzlich alles, was sich im Handel befindet, käuflich, wobei ein eigenes Gesetz betreffend den *Geschäftskauf* erlassen wurde (loi relative à la vente et au nantissement des fonds de commerce, 17.3.1909, TREADWELL S. 78/91/92).

Zum Übergang eines Konkurrenzverbots s. BGE 54 II 462 und Zit.

Capo VI CCit betreffend die Schuldübernahme enthält keine Art. 181 OR entsprechende Bestimmung, indessen Capo VIII betreffend den Betrieb, wo gemäss Art. 2560 Abs. 1 CCit der Veräusserer von den mit dem *übertragenen Betrieb* verbundenen Schulden, die schon vor der Übertragung bestanden haben, nur dann frei wird, wenn ihr die Gläubiger zugestimmt haben. Es tritt Solidarhaftung ein (CIAN/TRABUCCHI N 2 zu Art. 2560 CCit). **58**

Zur Geschäftsübertragung im Arbeitsrecht s. Art. 2116 CCit.

Der CCesp, welcher die Schuldübernahme mittels Neuerung kennt (N 356 Vorbem. zu Art. 175–83 OR), ordnet in seinem sechsten Abschnitt die Vermögens- oder Geschäftsübernahme dementsprechend nicht. **59**

IV. Anglo-amerikanischer Rechtskreis

In **englischen Recht** beschränkt man sich – bei der Haftung aus *Vermögensübernahme* – auf den Eingriff bei böswilliger Gläubigerbenachteiligung (AcP 176 S. 494 unter Hinweis auf die Law of Property act von 1925, ZvglRWiss 84 S. 61 ff.). **60**

Zum Übergang eines Konkurrenzverbots s. BGE 54 II 462 und Zit. Eine vertragliche *Geschäftsübernahme* findet sich nicht (HENRICH S. 75).

Besonderheiten der Haftung des Übernehmers ergeben sich im *Bulk Transfer* im Sinne des Art. 6 UCC (**USA**). Bulk Transfer ist jeder gesamthaft («in bulk») und nicht im ordentlichen Geschäftsgang des Veräusserers erfolgende Transfer eines grösseren Teils von Material, **61**

Art. 181

Vorrat, Waren oder anderem Inventar durch ein Unternehmen, dessen hauptsächliche Tätigkeit im Verkauf von Waren ab Vorrat besteht, einschliesslich derjenigen, die selbst herstellen, was sie verkaufen (KREBS S. 50 und 125). Hier ist je nach Ausgestaltung eine subsidiäre Haftung gegeben. Die Haftung besteht bis zur Höhe des Erwerbspreises bzw. wird sie auf den Wert der übernommenen Aktiven beschränkt (KREBS S. 119/120).

Kommentar zu Abs. 1

A. Übernahme

I. Vertrag

64 Der *Übernahmevertrag* (GAUCH/SCHLUEP N 3742, BUCHLI S. 27; a.M. SJK Nr. 70 S. 6: auch Vermächtnis, Dereliktion, Preisausschreiben oder Auslobung) zwischen Veräusserer und Übernehmer bezieht sich auf ein Vermögen oder ein Geschäft, auf deren Aktiven/Passiven, insbesondere auf die Befreiung des Veräusserers von den Passiven.

63 Zum *Vertrag* s. N 96 ff. Vorbem. zu Art. 175–83 OR, zum *Vertrag zwischen Gläubiger und Übernehmer*. N 34 zu Art. 181 OR.

II. Vertragsinhalt

1. Übernahme

64 Die Übernahme besteht *in erster Linie* im *Wechsel des Berechtigten* – vom Veräusserer zum Übernehmer – am Vermögen oder Geschäft.

Der Begriff der Übernahme ist zu weit gefasst, soweit er die Aktiven betrifft, welche übertragen werden müssen, da keine Legalabtretung (Spirig N 1 zu Art. 166 OR) vorliegt (SJK Nr. 70 S. 5 N 16), aber auch kein sonstiger gesetzlicher Eigentumsübergang. Die Erfüllung des Übernahmeversprechens erfolgt durch *Übertragung aller einzelnen Aktiven* (von Tuhr/Escher S. 395, Becker N 22 zu Art. 181 OR, Gauch/Schluep N 3745, Bucher S. 590, Engel S. 607, SJK Nr. 70 S. 5, LGVE 1987 Bd. I Nr. 15 S. 45; a.M. Oser/Schönenberger N 19 zu Art. 181 OR: generell Art. 164 ff. OR, ZSR NF 102 S. 277, SJK Nr. 70 S. 14 betr. Forderungsabtretung); für die zu übertragenden Aktiven gilt demnach das Prinzip der Singularsukzession (OR-Tschäni N 1 zu Art. 181 OR, BGE 115 II 418; zur Form s. N 131 ff. zu Art. 181 OR). 65

Für den Übergang der Aktiven ist ein (gültiger) Vertrag zwischen dem alten und dem neuen Geschäftsinhaber erforderlich (ZBJV 85 S. 458), was insbesondere auch für die *kausale* Abtretung gilt (Spirig N 107 Vorbem. zu Art. 175–83 OR), aber auch für das übernommene Vermögen. 66

Weitere Rechtsfolgen der Übernahme, insbesondere eines Geschäfts, finden sich z.B. im: 67

— *Firmenrecht* (Art. 945 OR und Art. 33 HRegVO, vgl. ZBGR 32 S. 185, Extraits 1986 S. 19 ff. = SAG 60 S. 170),
— *Art. 962 OR*, Aufbewahrungspflicht für die Geschäftsbücher (SJK Nr. 70 S. 12), 68
— *Art. 17 Abs. 2 und 4 MSchG*, wo einerseits schriftliche Übertragung verlangt wird und anderseits bei solcher eines Unternehmens ohne gegenteilige Vereinbarung auch seine Marken übertragen werden (BBl 1992 V S. 895; anders: Art. 11 Abs. 1 und 3 aMSchG vom 26. September 1890, BS 2 S. 848/49, SJK Nr. 70 S. 3 N 8 und Zit.). 69

Daneben steht *in zweiter Linie die Übernahme der Schulden*, welche an die weitere Voraussetzung der Bekanntgabe (N 136 ff. zu Art. 181 OR) geknüpft ist. 70

Art. 181

2. Übernahme eines Vermögens

71 *Vermögen ist der Inbegriff der geldwerten Rechte und Pflichten einer Person* (BECKER N 7 zu Art. 181 OR, BUCHLI S. 3 und Zit., TREADWELL S. 8, BARANDUN S. 27 N 5, SJK Nr. 70 S. 1), die Gesamtheit von mit einem Rechtssubjekt verbundenen materiellen und immateriellen Gütern (ENGEL S. 606: corporels et incorporels), auch solche von nur affektivem Wert (SJK Nr. 70 S. 1, vgl. Art. 613 ZGB, a.M. BARANDUN S. 27: Übertragbarkeit notwendig). Bei dem in Art. 181 OR erwähnten Vermögen handelt es sich immer um das *Bruttovermögen* (BARANDUN S. 27).

72 Gegenüber dem Gesetzesentwurf (Art. 1211 E-OR) wurde der Wortlaut von Art. 181 Abs. 1 OR um die Umschreibung als «ganzes» Vermögen gekürzt (BBl 1905 II S. 129, 1909 III S. 809), um zum Ausdruck zu bringen, dass auch nur ein *Bruchteil* eines Vermögens übertragen werden kann (VON TUHR/ESCHER S. 395, OSER/SCHÖNENBERGER N 5 zu Art. 181 OR, VON BÜREN S. 352, BARANDUN S. 28). Eine Vermögensübernahme ist auch dann gegeben, wenn sich der Veräusserer einzelne Gegenstände vor- (VON TUHR/ESCHER S. 395) bzw. solche zurückbehält (OSER/SCHÖNENBERGER N 5 zu Art. 181 OR, GUHL/MERZ/KOLLER S. 268, ENGEL S. 606, BGE 79 II 291).
Zur Haftung bei Zurückbehaltung bedeutender Teile s. N 221 zu Art. 181 OR.

73 Vermögensübernahme liegt auch dann vor, wenn im Vertrag statt des Vermögens die *wichtigsten Bestandteile* desselben genannt werden (VON TUHR/ESCHER S. 395), ja selbst bei der Übernahme einzelner spezifizierter Sachen, falls sie zusammen ein ganzes Vermögen oder dessen Hauptbestandteile ausmachen (OSER/SCHÖNENBERGER N 5 zu Art. 181 OR, GAUCH/SCHLUEP N 3743, VON BÜREN S. 352: organisch in sich geschlossener Teil, BUCHER S. 589: isoliertes Sondervermögen), wenn es sich um Teile eines Vermögens handelt, welche sich rechtlich oder tatsächlich als *Sondervermögen* darstellen bzw. eine gewisse Selbständigkeit aufweisen, z.B. eine dem Veräusserer zugefallene Erbschaft (VON TUHR/ESCHER S. 395, BECKER N 8 zu Art. 181 OR, OR-TSCHÄNI N 8 zu Art. 181 OR, BARANDUN S. 30), aber auch das Gesellschaftsvermögen, die verschiedenen Vermögensmassen im ehelichen Güterrecht, Geschäftsvermögen, Filialvermögen (BECKER N 8 zu Art. 181 OR, ENGEL S. 606: par exemple le patrimoine commercial ou industriel par opposition au patrimoine privé).

Werden hingegen nur *einzelne Aktiven/Passiven* übertragen, greift 74
Art. 181 OR nicht ein; es gelten dann die normalen Regeln der
Schuldübernahme (GUHL/MERZ/KOLLER S. 268) bzw. der Abtretung
(Art. 164 ff. OR).

Zur Übertragung der Aktiven bzw. Übernahme der Passiven s. N 65 75
und N 132 zu Art. 181 OR.

3. Übernahme eines Geschäfts

Ein *Geschäft ist der Inbegriff aller auf die Ausübung eines Gewer-* 76
bes oder Handelsbetriebes bezüglichen Rechtsverhältnisse (vgl. BECKER
N 9 zu Art. 181 OR: Geschäfts-«vermögen», und TREADWELL S. 2
und 12: «Handels-»geschäft), ein Komplex, in dem körperliche und
immaterielle Elemente zusammengeordnet und auf die wirtschaftliche
Entfaltung ausgerichtet sind (SJK Nr. 70 S. 2, vgl. BARANDUN S. 30;
anders: Art. 934 Abs. 2 und 938 OR, HIS N 10 zu Art. 938,
Art. 52 ff. HRegVO). Es handelt sich nicht bloss um eine Gesamtheit
der Gegenstände, welche zu einem Geschäftsbetrieb des Veräusserers
gehören (so: VON TUHR/ESCHER S. 395) oder gar ein blosses Waren-
lager ohne Organisation bzw. Zusammenhang mit der Aussenwelt
(SJK Nr. 70 S. 3); es geht auch ohne die Person des Inhabers
über (a.M. OSER/SCHÖNENBERGER N 5 zu Art. 181 OR, welche diesfalls
Art. 164 ff. OR anwenden wollen).

Die Gesamtheit kann als solche *Gegenstand eines persönlichen* 77
Rechts, niemals aber eines dinglichen sein. Auch wenn das Geschäft
eine wirtschaftliche Einheit darstellt, ist es keine rechtliche, kein
Gegenstand (SJK Nr. 70 S. 2).

Auch ein *organisch in sich geschlossener Teil* des Geschäfts fällt 78
unter Art. 181 OR (VON BÜREN S. 352, ENGEL S. 606: quote-part
de l'entreprise, OR-TSCHÄNI N 8 zu Art. 181 OR). Art. 181 OR ist
analog auf die Übernahme eines Geschäftsteils anzuwenden (GAUCH,
Zweigbetrieb, S. 421 N 1901, vgl. N 73 zu Art. 181 OR).

Die *Zurückbehaltung einzelner Aktiven* steht der Geschäftsüber- 79
nahme nicht entgegen (BGE 79 II 291, vgl. N 72 und aber auch
N 221 zu Art. 181 OR).

Art. 181

80 Wenn *keinerlei körperliche Gegenstände* vorhanden sind, kann aber nicht mehr von einem Geschäft, sondern nur von persönlichen Fähigkeiten eines Einzelnen die Rede sein (SJK Nr. 70 S. 2).

81 Im einzelnen fallen darunter:
– die «*azienda*» des italienischen Textes und
– der «*fonds de commerce*» im französischen Sprachgebiet, welcher Ausdruck auch Industrien umfasst (SJK Nr. 70 S. 2 N 2),
82 – *private oder öffentliche* Geschäfte (SJK Nr. 70 S. 2),
83 – *Zweigniederlassungen*, Filialen, Agenturen (SJK Nr. 70 S. 2, GAUCH, Zweigbetrieb, S. 421 N 1901),
84 – die Übernahme eines *Hotelbetriebs* (BGE 109 II 99).
85 – Nicht erforderlich ist, dass es sich um ein kaufmännisches oder industrielles Unternehmen handle, auch eine Gärtnerei oder ein landwirtschaftlicher Betrieb stellt ein Geschäftsvermögen dar, wenn der Betrieb nicht nur auf *Erzeugung von Produkten zum eigenen Unterhalt* gerichtet ist (BECKER N 9 zu Art. 181 OR, KAUFMANN, Komm. zum ZGB, 2. A., Bern 1924, N 11 zu Art. 422 ZGB, DES GOUTTES S. 15).
86 – Auch Geschäfte *liberaler Berufe*, wenn sie eine gewerbsmässige Ausübung erlauben, z.B. eine medizinische, eine Unterrichtsanstalt (BECKER N 9 zu Art. 181 OR, SJK Nr. 70 S. 2/3), ein Innendekorationsatelier, ein Zirkus oder eine Jahrmarktbude (SJK Nr. 70 S. 3; a.M. Kaufmann N 11 zu Art. 422 ZGB, zit. in N 85 zu Art. 181 OR).

87 Das betreffende Geschäftsunternehmen muss *nicht schon in Betrieb* sein; es genügt, dass die zur Eröffnung notwendigen Vorbereitungen getroffen, also z.B. Geschäftslokalitäten gemietet sind, Waren bestellt, der Werbeapparat geschaffen. Auch eine einstweilen nur virtuelle Kundschaft kommt nach Art. 181 OR in Betracht (BECKER N 10 zu Art. 181 OR).

88 Dagegen darf das Unternehmen (bzw. Geschäft) *nicht schon «tot»* – d.h. aufgelöst – sein (BECKER N 10 zu Art. 181 OR, DES GOUTTES S. 16). Betriebseinstellung bedeutet aber nicht schon den wirtschaftlichen Tod; aus den gleichen Erwägungen muss eine AG, die den Betrieb eingestellt hat, noch nicht gelöscht werden, solange die Möglichkeit der Wiederaufnahme des Betriebs im Bereich einer vernünftigen wirtschaftlichen Betrachtung liegt (BECKER N 10 zu Art. 181 OR). Wird nämlich ein begründetes Interesse auf die Publikation

gemäss Art. 89 HRegVO geltend gemacht, so darf keine Löschung der AG erfolgen (HIS, N 28 zu Art. 938 OR).

Eine spezielle Übernahme für das *Unternehmen* – eine Betriebs- **89** organisation – befürwortete BÜHLER im Jahre 1947 de lege ferenda (S. 63, erwähnt bei: VON TUHR/ESCHER S. 395 N 111a), da diese in Art. 181 OR nicht geregelt sei (S. 14). Immerhin bestehen aber für Unternehmen mit eigener Rechtspersönlichkeit (Art. 52 ff. ZGB) bereits eigene Vorschriften (N 43/47 und 48 zu Art. 181 OR), und seither erfolgte offenbar kein Vorstoss in dieser Richtung (vgl. BARANDUN S. 39).

4. Übernahme von Aktiven und Passiven

a) Allgemeines

Ein Vermögen umfasst, was jemand zu leisten vermochte (vgl. **90** KLUGE, Etymologisches Wörterbuch der deutschen Sprache, 19. A., Berlin 1963, S. 817: «vermügen» heisst: im Stande sein, Kraft haben). Es besteht selbstverständlich und *zwingend aus Aktiven*, welche durch Passiven nur möglicherweise vermindert sind (a.M. BUCHLI S. 15). Auch eine Abtretung nur der Aktiven (eines Geschäfts) ist denkbar (BÜHLER S. 57, vgl. BGE 79 II 154), z.B. die Übernahme des technischen Apparates oder des Personals (BECKER N 18 zu Art. 181 OR); dem steht nicht entgegen, dass ein Geschäft grundsätzlich auch die Schulden umfasst (a.M. SJK Nr. 70 S. 10 N 54, BUCHLI S. 15).

Eine *blosse Anhäufung von Passiven* erweist sich als eigentlicher **91** Schuldenberg. Wenn der interne Ausschluss der Übernahme der Schulden ohne dem widersprechende Publikation vereinbart wird, liegt gar keine Übernahme mit Passiven vor, und die Voraussetzungen des Art. 181 OR für einen gesetzlichen Schuldübergang sind somit auch nicht erfüllt (VON TUHR/ESCHER S. 396 N 112, VON BÜREN S. 353, vgl. BUCHER S. 589; a.M. OSER/SCHÖNENBERGER N 3 zu Art. 181 OR). Daher findet *keine Schuldübernahme* statt, wenn und soweit bei der Vermögensübergabe verabredet wurde, dass die Schulden dem Veräusserer verbleiben sollen (VON TUHR/ESCHER S. 396, OSER/SCHÖNENBERGER N 19 zu Art. 181 OR), und es ist nur ein Erwerb von Einzeldingen gegeben (VON BÜREN S. 353)

Art. 181

92   Dem steht nicht entgegen, dass es z.B. überschuldete Nachlässe gibt (a.M. SJK Nr. 70 S. 1). Eine Zusammengehörigkeit von Soll und Haben, welche den Gegenstand des (Vermögens- bzw. Geschäfts-) Erwerbs bildet (so: VON BÜREN S. 352)), ist nicht unabdingbar. Der Hinweis auf die Pflicht zur Bilanzierung (VON BÜREN S. 353) geht insoweit fehl, als eine solche weder bei Vermögen gegeben ist, noch bei Roheinnahmen unter Fr. 100 000.– (Art. 934 und 957/58 OR, Art. 54 HRegVO).

93   Das Gesetz erwähnt als Bestandteile (des Vermögens oder Geschäfts) die Aktiven und die Passiven; damit will es den *Begriff erläutern*, aber nicht neue Merkmale aufstellen (BECKER N 7 zu Art. 181 OR).

94   Verfänglich ist die pleonastische Bezeichnung des Gesetzes (Art. 181 Abs. 1 OR, VON BÜREN S. 353). Im fünften Titel des OR und im Marginale Lit. B wird nämlich mit «Schuldübernahme» schon verdeutlicht, dass die Übernahme der Passiven geregelt wird, aber auch dadurch, dass davon die Übertragung der Aktiven nicht erfasst ist (N 65 zu Art. 181 OR). Das Gesetz *regelt die Übertragung eines Vermögens oder eines Geschäftes in Art. 181 Abs. 1 OR nicht an sich, sondern nur mit Bezug auf die Übernahme der mit dem Vermögen oder dem Geschäft verknüpften Schulden* (KELLER/SCHÖBI IV S. 89, vgl. SJK Nr. 70 S. 4 Ziff. 3/b).

95   Zur Übernahme s. N 64 ff. zu Art. 181 OR.

b) Aktiven

96   Der *Vermögensübergang umfasst alle Aktiven*, die zum betreffenden Vermögen gehören (BECKER N 23 zu Art. 181 OR):
– Mobilien, Immobilien, dingliche Rechte, Forderungen, Urheberrechte, Patente (Art. 33 Abs. 1 BG betr. die Erfindungspatente vom 25.6.1954, KELLER/SCHÖBI IV S. 89, vgl. GAUCH/SCHLUEP N 3745, BARANDUN S. 32/33, SJK Nr. 70 S. 2),
– Kundschaft (KELLER/SCHÖBI IV S. 89),
– Fabrikationsgeheimnisse, Muster, Modelle, Marken (TSCHÄNI S. 20/21, BARANDUN S. 34),
– Fahrzeuge, Wertpapiere, Vorräte, Büromaterial (SJK Nr. 70 S. 2, BARANDUN S. 32/33);

Art. 181

– bezüglich eines Wirtschaftspatents verpflichtet sich der Veräusserer allerdings nur, dem Übernehmer eine Betriebsbewilligung zu verschaffen (SJK Nr. 70 S. 11 N 56 und Zit., BlZüR 6 Nr. 214);
– **nicht** dazu zu rechnen sind: «Chancen», faktische Vorteile (BARANDUN S. 36 und Zit.).

Indizien für die Zugehörigkeit zum Geschäftsvermögen bilden die Eintragung in den Geschäftsbüchern des Abtretenden, die seinerzeitige Anschaffung aus Geschäftsvermögen, unter Umständen die Verpfändung für Geschäftsschulden (BECKER N 23 zu Art. 181 OR, vgl. Art. 2560 Abs. 2 CCit: über ausserhalb der Geschäftsbücher bestehende Schulden ist nach italienischem Recht ein separater Schuldübernahmevertrag zu schliessen; CIAN/TRABUCCHI N 4 zu Art. 2560 CCit). 97

Der Vermögensübergang umfasst nicht *Aktiven, die persönlicher Natur* sind, wie: 98

– Persönlichkeitsrechte (Art. 28 ZGB),
– Mitgliedschaft in einer einfachen Gesellschaft (Art. 542 OR) oder einer GmbH im Lichte von Art. 791 OR (SJK Nr. 70 S. 11 N 56),
– aus Mandat (Art. 398 Abs. 3 OR, SJK Nr. 70 S. 11 N 56, a.M. BECKER N 23 zu Art. 181 OR) und
– Kredit (Art. 312 OR, BECKER N 10 zu Art. 181 OR, dazu N 99 zu Art. 181 OR);
– zum Einzelarbeitsvertrag (so BECKER N 23 zu Art. 181 OR) s. N 249 zu Art. 175–83 OR;
– Adelstitel fallen aufgrund von Art. 4 Abs. 1 BV ausser Betracht (a.M. SJK Nr. 70 S. 11).

An sich ist der *Kredit* etwas Persönliches, und es gibt, sowenig wie bei der Kundschaft, keinen Zwang gegenüber dem Kreditgeber, die Beziehungen weiterzuführen. Die bestehenden Kreditbeziehungen bilden kaufmännisch ein Gut, und wie bei der Übertragung der Zedent die doppelte Verpflichtung hat, dem Übernehmer des Geschäfts die Beziehungen zur Kundschaft bekanntzugeben und alles zu unterlassen, was die Kundschaft abspenstig machen könnte, gerade so besteht hinsichtlich des Krediteis die Pflicht, den Erwerber des Geschäfts über die bestehenden Kreditbeziehungen aufzuklären und den Erwerber beim Kreditgeber einzuführen. Vorausgesetzt sind dabei normale Geschäftsverhältnisse. Bildet die Geschäftsübernahme ein Glied einer Sanierungsaktion, so scheidet der bisherige Geschäftsinhaber aus, und 99

Art. 181

es tritt an Stelle der Empfehlung desselben oft diejenige der Geschäftsgläubiger (BECKER N 11 zu Art. 181 OR).

100 Der Übernehmer eines Vermögens oder eines Geschäfts im Sinne von Art. 181 OR übernimmt im Zweifel

- erlaufene Zinse,
- fällige Konventionalstrafen,
- Gerichts- oder Betreibungskosten und
- vom Schuldner wegen Verschuldens oder Verzugs geschuldeten Schadenersatz, da das Schuldverhältnis – nicht etwa das Vertragsverhältnis (N 40 zu Art. 181 OR) – übernommen wird, so dass Art. 170 Abs. 3 OR entsprechend angewandt werden darf (SJK Nr. 365 S. 6 N 25 am Ende, SJK Nr. 70 S. 14).

101 Zum *Umfang der abgetretenen Forderungen:*

- Nebenrechte (BECKER N 4 zu Art. 178 OR) und
- Vorzugsrechte wie Erfüllungsort, prorogierter Gerichtsstand, Schiedsklausel (SJZ 14 S. 34 Nr. 25), Aufschubsbewilligungen (Art. 123 SchKG, BECKER N 25 zu Art. 181 OR) usw. s. SPIRIG N 13 ff. zu Art. 170 OR.

102 Hat – bei bloss *zeitweiser Vermögens- oder Geschäftsübernahme* (N 29 zu Art. 181 OR) – eine Rückübertragung stattzufinden, so bezieht sich die Pflicht auf das Vermögen – oder Geschäft – als solches; die zum Umsatz bestimmten Vermögensteile, wie Waren, konnten bestimmungsgemäss verwendet werden, und es ist nur der Gegenwert, sei es in bar oder in andern Waren, zu erstatten (BECKER N 14 und 37 zu Art. 181 OR, vgl. Art. 2561 Abs. 4 CCit).

103 Zur Aufnahme von Aktiven in die Bekanntgabe s. N 146 zu Art. 181 OR.

c) Passiven

aa) Aufnahme in den Übernahmevertrag

104 Eine Voraussetzung des Schuldübergangs besteht nach dem *Wortlaut von Art. 181 OR* darin, dass auch die «Passiven übernommen» werden. Jener ist stets darauf zu prüfen, ob er den Sinn vollkommen wiedergibt (MEIER-HAYOZ N 175 zu Art. 1 ZGB).

In folgender Literatur und Rechtsprechung wird eine *ausdrück-* 105
liche Übernahme der Passiven im Übernahmevertrag verlangt: VON
TUHR/ESCHER S. 395/96, BECKER N 2 zu Art. 181 OR, OR-TSCHÄNI
N 9 zu Art. 181 OR, BUCHLI S. 25, SJZ 23 S. 141 Nr. 30, AcP 176
S. 498. BECKER (N 2 zu Art. 181 OR) begründet dies damit, dass
sich nur die Haftung mit diesem Vermögen (cum viribus patrimonii)
hätte rechtfertigen lassen, würde das Gesetz die direkte Haftung des
Übernehmers an jede Übernahme eines Vermögens knüpfen. Indem
unser Gesetz aber das weitere Erfordernis aufstelle, dass der Übernehmer die Passiven übernehme, sei damit für den Gesetzgeber der
Grund zu einer gegenständlichen Beschränkung der Haftbarkeit entfallen (vgl. N 223 zu Art. 181 OR).

Nach davon *abweichender Auffassung* von OSER/SCHÖNENBERGER (N 3 106
zu Art. 181 OR, vgl. VON BÜREN S. 353, HASLER S. 129 unter Berufung auf DELBRÜCK) bedarf es zur Erklärung des Schuldübergangs
der Annahme einer stillschweigenden Übernahme der Passiven nicht,
sonst könnte die – gemeint interne – Abmachung der Parteien,
dass eine Übernahme der Schulden nicht stattfinde, diese dem Gläubiger gegenüber ausschliessen, was nicht der Fall sei (dazu N 91 zu
Art. 181 OR).

Aus dem *vollen Wortlaut* von Art. 181 Abs. 1 OR ergibt sich, dass 107
beim Übernahmevertrag auch die Passiven erwähnt, als Inhalt der
Bekanntgabe (Mitteilung oder Auskündung) nur die «Übernahme»
vorgeschrieben wird. Dies spricht schon für die ausdrücklich zu er-
klärende Übernahme der Passiven (was die Bekanntgabe der Übernahme der Passiven nicht ausschliesst, N 146 zu Art. 181 OR).

In diesem Dreiecksverhältnis (N 54 Vorbem. zu Art. 175–83 OR 108
und N 17 zu Art. 181 OR) geht es indessen – einzig und entscheidend –
darum, *inwieweit Bestand und Inhalt des Übernahmevertrags von
Veräusserer und Übernehmer einem Gläubiger überhaupt entgegengehalten werden können*. Die berechtigten Interessen des Gläubigers, als
des am Übernahmevertrag unbeteiligten Dritten, sind zu schützen
(N 8 und N 309 zu Art. 181 OR), weshalb insbesondere auch die
*Rechtswirkungen bei vom Inhalt des Übernahmevertrags verschiedener
Bekanntgabe* entsprechend unterschiedlich ausfallen (dazu N 203 ff.
zu Art. 181 OR).

Art. 181

bb) Umfang der Passiven

109   Die Schuldübernahme bezieht sich auf *alle mit dem übernommenen Geschäft verbundenen, im betreffenden Geschäftsbetrieb begründeten* (BGE 54 II 462), *übertragbaren* (N 106 ff. Vorbem. zu Art. 175–83 OR und N 123 zu Art. 181 OR) *Schulden* (OR-Tschäni N 5 zu Art. 181 OR, SJK Nr. 70 S. 13, BGE 60 II 105).

110   Zur *Schuld* s. N 36 ff. Vorbem. zu Art. 175–83 OR und N 31 zu Art. 175 OR, insbesondere zur Nichtschuld oder nichtigen Schuld.

111   Es betrifft dies ohne weiteres auch Schulden die *dem Übernehmer nicht bekannt* waren (von Tuhr/Escher S. 398, OR-Tschäni N 5 zu Art. 181 OR, SJK Nr. 70 S. 13, BGE 54 II 462: sinngemäss, 60 II 104/05; unrichtig Bühler S. 26/27: Einzelnachfolge bei Schulden).

112   Vereinbaren die Parteien – bei Übernahme eines Geschäfts mit *Zweigbetrieben* –, dass auch die Passiven des Geschäftsvermögens auf den Erwerber übergehen, so betrifft dies auch die Verbindlichkeiten, die aus dem Geschäftsbetrieb der Zweigbetriebe stammen (Gauch, Zweigbetrieb, S. 419). Wird nur der *Hauptbetrieb* übernommen, so erstreckt sich dies nicht auf die Schulden des Zweigbetriebs (a.a.O. S. 422 N 1908).

113   Die *zur Zeit der Übernahme begründeten Schulden*, seien es auch bedingte oder betagte, sind erfasst (von Tuhr/Escher S. 398, Becker N 27 zu Art. 181 OR, OR-Tschäni N 5 zu Art. 181 OR). Dass diese – d.h. die zu den Schulden gehörenden Forderungen – bereits fällig seien, ist nicht nötig (Oser/Schönenberger N 15 zu Art. 181 OR, Hasler S. 138).

114   *Künftige Schulden* sind nicht umfasst (SJZ 16 S. 289 Nr. 175).
Ob insbesondere auch die *zwischen Abtretung und Mitteilung entstandenen Schulden* (so SJK Nr. 70 S. 13) übernommen sind, hängt einerseits vom Inhalt des Übernahmevertrags ab, anderseits von der Übernahme der Dauerschuldverhältnisse, bei welchen vor allem solche Lohn- und Mietschulden entstehen (N 228 ff. Vorbem. zu Art. 175–83 OR). Der Veräusserer darf nicht zu Lasten des solidarisch haftenden Übernehmers bis zur Bekanntgabe an die Gläubiger neue – gar nicht mit dem Geschäftsbetrieb zusammenhängende – Schulden eingehen; zur Haftungsfrage s. N 213 zu Art. 181 OR.

Übernommen werden auch *akzessorische Verpflichtungen* (BECKER 115
N 24 zu Art. 181 OR, SJK Nr. 70 S. 14).

Im einzelnen sind aus Literatur und Rechtsprechung, teils auch 116
zur alten Praxis, folgende *Schuldgattungen und konkreten Beispiele*
zu entnehmen:
- Vertrags-,
- Haftpflicht- (insbesondere diejenigen des Geschäftsherrn aus Art. 55 OR, BARANDUN S. 37) oder
- Grundpfandschulden (KELLER/SCHÖBI IV S. 89),
- Ansprüche aus unbefugter Benützung einer Marke (BGE 27 II 616),
- Ausschliesslichkeitsklausel, z.B. die Verpflichtung eines Wirts, nur bei einer bestimmten Brauerei das Bier zu beziehen (BGE 26 II 120);
- ein Konkurrenzverbot muss, soweit mit dem Geschäft und nicht mit dem Inhaber verknüpft, mangels anderweitiger Abrede als übertragen gelten (vgl. BGE 54 II 462 für das internationale Verhältnis, SJK Nr. 70 S. 11).

Ein wichtiges *Indiz für die Zugehörigkeit* einer Schuld zum über- 117
tragenen Geschäft ist die Eintragung in die Geschäftsbücher (VON TUHR/
ESCHER S. 398 N 128, BECKER N 4 zu Art. 181 OR, OSER/SCHÖNEN-
BERGER N 15 zu Art. 181 OR); dass gar nur im Vertrag genannte
Schulden umfasst sein sollten, erweist sich als zu enge Auffassung
(a.M. BÜHLER S. 26).

Im weiteren kann aus der Betriebsart des Geschäfts auf eine zu-
gehörige Schuld geschlossen werden (vgl. OSER/SCHÖNENBERGER N 15 zu
Art. 181 OR) bzw. aus der Natur des Geschäfts (SJZ 32 S. 282
Nr. 202).

cc) Ausschluss von Passiven

Da die Übernahme eines Vermögens oder Geschäfts mit Aktiven 118
und Passiven auf einer *Vereinbarung zwischen Altschuldner und
Übernehmer* beruht (N 62 zu Art. 181 OR), muss es diesen freistehen,
durch ihre Vereinbarung die Voraussetzungen für die Anwendung zu
begründen oder sie zu beseitigen. Wer Passiven übernimmt, muss
nicht alle übernehmen: es muss zulässig sein, dass er – unter Vorbehalt der Rechtsbehelfe der Gläubiger des Altschuldners nach SchKG
(N 230 zu Art. 181 OR) – nur bestimmte Passiven auf sich nimmt
(BECKER N 3 zu Art. 181 OR, OSER/SCHÖNENBERGER N 15 zu Art. 181

Art. 181

OR, GAUCH/SCHLUEP N 3743, GUHL/MERZ/KOLLER S. 269, KELLER/ SCHÖBI IV S. 91, BUCHER S. 589, ENGEL S. 606, SJK Nr. 70 S. 13, vgl. schon BGE 20 S. 443 zum aOR).

119   Weil einzelne Schulden von der Übernahme ausgeschlossen werden können (N 72/78 und 198 zu Art. 181 OR, OSER/SCHÖNENBERGER N 5/15 zu Art. 181 OR, OR-TSCHÄNI N 9 zu Art. 181 OR), muss es auch zulässig sein, den *Gesamtbetrag der übernommenen Schulden ziffernmässig zu begrenzen*; vorausgesetzt ist aber, dass genau festgestellt wird, welche einzelnen Schulden und mit welchen Beträgen (diese) darunter fallen (BECKER N 26 zu Art. 181 OR, SJZ 32 S. 282 Nr. 202).

120   Wer ein Geschäft unter *Berufung auf eine Bilanz* «nach dem verifizierten Bücherwert» übernommen hat, haftet nur für die in der Bilanz enthaltenen Schulden (BGE 20 S. 443, 34 S. 314, BlZüR 10 Nr. 185, SJZ 58 S. 104 Nr. 89). Vorbehalten bleiben immerhin solche Verbindlichkeiten, mit denen jeder Übernehmer rechnen muss (BGE 19 S. 886), die aber üblicherweise erst bei Zahlung in die Bücher eingetragen werden, wie z.B. laufende Lohnforderungen (BECKER N 6 zu Art. 181; dazu aber N 114 zu Art. 181 OR).
Zur Frage, inwieweit der Hinweis im Übernahmevertrag auf die datierte und aufgrund der Buchhaltung überprüfbare Jahresbilanz für die Einschränkung der Übernahme der Passiven genügt (SJZ 58 S. 104 Nr. 89) s. N 182 zu Art. 181 OR.

121   Eine Einschränkung (der übernommenen Verpflichtungen) hat der Übernehmer zu *beweisen* (OSER/SCHÖNENBERGER N 15 zu Art. 181 OR, vgl. BGE 29 II 118, SJZ 58 S. 104 Nr. 89).

122   Zur Aufnahme des Ausschlusses oder einer Einschränkung der Übernahme von Passiven in die *Bekanntgabe* s. N 194 zu Art. 181 OR.
Zur Frage der *Rechtswirkung* der Einschränkung im Übernahmevertrag s. N 182 zu Art. 181 OR.

dd) Unübertragbarkeit der Passiven

123   Ausgeschlossen – von der Vermögens- oder Geschäftsübernahme – sind Verpflichtungen des Veräusserers, deren Inhalt eine Erfüllung durch andere nicht gestattet (VON TUHR/ESCHER S. 398), *nicht übertragbare Schulden*, z.B. gemäss Art. 68 OR persönlich zu erfüllende

(OR-Tschäni N 5 zu Art. 181 OR; a.M. Barandun S. 29: Übertragbarkeit als Element des Vermögens-/Geschäftsbegriffs).

Die mit dem Schuldner – nicht mit dem Geschäft (N 76 zu Art. 181 OR) – verknüpften Verpflichtungen aus *Konkurrenzverboten* können auf den Übernehmer nicht übergehen, denn der Gläubiger hat ein Recht darauf, dass ihm der bisherige Schuldner, auch nach Veräusserung seines Geschäfts, keine Konkurrenz macht. Dieses Recht würde er aber bei Schuldübernahme nach Art. 181 Abs. 2 OR in zwei Jahren verlieren (vgl. von Tuhr/Escher S. 398 N 129).

124

Dagegen kann bei der Geschäftsübertragung zugunsten des Gläubigers verabredet werden, dass der Erwerber (=Übernehmer) sich der Konkurrenz gegen den Gläubiger enthalte, und im Konkurrenzvertrag wird oft die Verpflichtung enthalten sein, bei Geschäftsveräusserung eine solche Verabredung mit dem Erwerber zu treffen (von Tuhr/Escher S. 398 N 129, vgl. Früh S. 152, Oser/Schönenberger N 15 zu Art. 181 OR: «je nach dem»).

III. Form

1. Allgemeines

Die Formfrage stellt sich:

125

- beim Schuldübernahmevertrag (dazu N 126 zu Art. 181 OR),
- bei der Übertragung der Aktiven (dazu N 132 ff. zu Art. 181 OR) und
- bei der Bekanntgabe i.S. von Art. 181 Abs. 1 OR (dazu N 162 und 166 ff. zu Art. 181 OR).

2. Form des Schuldübernahmevertrags

Das Versprechen der Übergabe eines Vermögens oder Geschäftes bedarf – grundsätzlich – *keiner besonderen Form* (von Tuhr/Escher S. 395, Guhl/Merz/Koller S. 268, Keller/Schöbi IV S. 90, Bucher S. 589, OR-Tschäni N 9 zu Art. 181 OR, Barandun S. 49, SJK Nr. 70 S. 7); es kann daher mündlich erfolgen.

126

Art. 181

127   Ausgenommen sind folgende Tatbestände:

— Öffentliche Beurkundung ist erforderlich, wenn *Grundstücke* in Betracht kommen (Art. 657 ZGB/Art. 216 OR, von Tuhr/Escher S. 395/387, Keller/Schöbi IV S. 90, Bucher S. 590 N 68, OR-
128   Tschäni N 1 zu Art. 181 OR, Barandun S. 50),
— Schriftform, wenn es sich um ein *Schenkungsversprechen* handelt (Art. 243 Abs. 1 OR, Engel S. 607, Barandun S. 49),
129   — Schriftform bei *Verpfründung* (Art. 522 OR, von Tuhr/Escher S. 395, Bucher S. 590 N 68, Engel S. 607, Barandun S. 49).

130   Dies führt *in der Regel* dazu, dass die Schriftform beachtet wird (vgl. Keller/Schöbi IV S. 90). Tschäni (S. 18 Ziff. 4) empfiehlt für den Schuldübernahmevertrag Schriftlichkeit. Aufgrund der Praxis auf dem Gebiet der Geschäftsübernahme kann man im allgemeinen vermuten, die Parteien hätten gemäss Art. 16 OR die Schriftform vorbehalten (SJK Nr. 70 S. 7).

Dass aber mit der Übernahme der Schulden eine solche der Forderungen verbunden wäre und daher das ganze Geschäft – nicht nur der Übergang der Forderungen (N 134 zu Art. 181 OR) – der für die Abtretung vorgeschriebenen Form, also der Schriftlichkeit bedürfte (so: Oser/Schönenberger N 6 zu Art. 181 OR, Wolff, Wesen und Voraussetzungen der Zession, S. 161), trifft nicht zu (N 126 zu Art. 181 OR).

3. Form der Übertragung der Aktiven

131   Die Erfüllung des Versprechens erfolgt durch Übertragung aller *einzelnen Aktiven in der für jede Art von Rechten vorgeschriebenen Form* (von Tuhr/Escher S. 395, Becker N 22 zu Art. 181 OR, Gauch/Schluep N 3745, Bucher S. 590, Engel S. 607, LGVE 1987 Bd. I Nr. 15 S. 45); für die zu übertragenden Aktiven gilt demnach das Prinzip der Singularsukzession (OR-Tschäni N 1 zu Art. 181 OR, Tschäni S. 18 Ziff. 4, Barandun S. 60, BGE 115 II 418).

132   Einzelne Übertragungsformen sind:
— Fahrnis ist durch *Tradition* (Besitzesübertragung) zu übertragen (Art. 714 Abs. 1 ZGB; Gauch/Schluep N 3745, Bucher S. 590, OR-Tschäni N 1 zu Art. 181 OR).

Art. 181

- Für die Übertragung der Grundstücke bedarf es des *Eintrags im* **133** *Grundbuch*, somit der Anmeldung zur Grundbucheintragung (Art. 665 ZGB; GAUCH/SCHLUEP N 3745, zur Form des Übernahmevertrags s. N 126 zu Art. 181 OR).
- Schriftform ist notwendig für die *Abtretung* von Forderungen (Art. **134** 165 OR, VON TUHR/ESCHER S. 395, BECKER N 22 zu Art. 181 OR, GAUCH/SCHLUEP N 3745, KELLER/SCHÖBI IV S. 90, BUCHER S. 590, SJZ 61 S. 326 Nr. 150; zur hier in Frage kommenden *Globalabtretung* [BARANDUN S. 62] vgl. SPIRIG, N 49 Vorbem. zu Art. 164–74 OR). Bei bloss mündlicher Abtretung liegt nur ein Abtretungsversprechen vor, und es bleibt daher der bisherige Inhaber des Vermögens – bzw. des Geschäfts – Gläubiger (Art. 165 Abs. 2 OR, BECKER N 22 zu Art. 181 OR).

Der Übergang der Forderungen und die Legitimation gegenüber den Schuldnern des alten Inhabers setzen deshalb voraus, dass der alte Vermögensinhaber (=Veräusserer) mit der Erklärung einverstanden sei. Hat dieser bei der Mitteilung (Bekanntgabe: N 136 zu Art. 181 OR) nicht mitgewirkt, so kann der Drittschuldner vom Übernehmer den Ausweis über die Vermögensübertragung (insbesondere die Abtretung, Art. 170 Abs. 2 OR) verlangen (BECKER N 21 zu Art. 181 OR).

- Auch bezüglich *Wertpapieren und Immaterialgüterrechten* sind die **135** besonderen Übertragungsvoraussetzungen zu beachten (Art. 174 OR, OR-TSCHÄNI N 1 zu Art. 181 OR), so z.B.:
  = das Indossament (Art. 967 Abs. 2 OR, GAUCH/SCHLUEP N 3745),
  = Schriftform für Übertragung von Patenten (Art. 33 Abs. 2 PatentG, BARANDUN S. 66, vgl. GAUCH/SCHLUEP N 3745) sowie der Marke (Art. 17 Abs. 2 MSchG, zu Art. 11 Abs. 1 aMSchG: formlos s. BARANDUN S. 68, vgl. GAUCH/SCHLUEP N 3745),
  = formlose Übertragung gewerblicher Muster und Modelle (Art. 4 Abs. 1 MMG) und von Urheberrechten (Art. 9 URG, dazu BARANDUN S. 66/67),
  = Übertragung des Pfandbrieftitels (SPIRIG N 21 zu Art. 174 OR),
  = Übertragung der Versicherungspolice (SPIRIG N 22 zu Art. 174 OR),
  = bezüglich der Geschäftsfirma ist Art. 953 OR zu beachten (HINDERMANN/GYGAX S. 65).

Art. 181

B. Bekanntgabe

I. Allgemeines

136 Die Bekanntgabe kann entweder durch *Mitteilung* an die Gläubiger, privat (SJK Nr. 70 S. 9; N 158 ff. zu Art. 181 OR) oder *Auskündung* in öffentlichen Blättern – öffentlich (SJK Nr. 70 S. 9) – erfolgen (N 165 ff. zu Art. 181 OR).

137 Dagegen genügt es zur Schuldübernahme nicht, dass der Erwerber sich *in anderer Weise* als Nachfolger des Veräusserers zu erkennen gibt (VON TUHR/ESCHER S. 396, SJZ 23 S. 141 Nr. 30; a.M. BGE 75 II 302), z.B. sich nach aussen als Rechtsnachfolger geriert (a.M. BECKER N 6 zu Art. 181 OR), oder wer überhaupt das Geschäft in dem Umfang übernimmt, dass es seinen individuellen Charakter behält und in der bisherigen Art weitergeführt werden kann (a.M. BECKER N 5 zu Art. 181 OR, KELLER/SCHÖBI IV S. 90/91, BGE 29 II 316/17; vgl. § 25 Abs. 3 D-HGB).

138 Veräusserer und Übernehmer des Geschäftes oder Vermögens haben es aber in der Hand, die Rechtsfolgen (N 174 ff. zu Art. 181 OR) zu vermeiden,

– indem sie von der Mitteilung der Übernahme an die Gläubiger oder von der Auskündung in öffentlichen Blättern absehen. Diesfalls können sie sich auf eine *rein interne Schuldübernahme* beschränken,
– oder der Übernehmer kann mit den einzelnen Gläubigern *externe Schuldübernahmeverträge* i.S. von Art. 176 ff. OR abschliessen (N 34 zu Art. 181 OR; a.M. OR-TSCHÄNI N 16 zu Art. 181 OR: Veräusserer und Übernehmer).

139 Der Altschuldner hat ein Recht darauf, dass durch Mitteilung der Vermögens-(oder Geschäfts-)übernahme die Frist, während welcher er für die übernommene Schuld weiter haftet, in Lauf gesetzt wird, sobald er die Aktiven an den Übernehmer zediert – bzw. übertragen (N 128 ff. zu Art. 181 OR) – hat. *Zögert der Übernehmer mit der Bekanntgabe*, so kann der Schuldner darauf klagen, und es tritt bei Weigerung das verurteilende richterliche Urteil an die Stelle der persönlichen Erklärung des Übernehmers (Art. 107 OR, BECKER N 31 zu Art. 181 OR).

Art. 181

II. Bekanntgabe durch den Übernehmer

Die Kenntnisgabe auch durch «den Veräusserer» wurde im Entwurf 140 von 1909 fallengelassen (BBl 1905 II S. 129, 1909 III S. 809).

Zum Übernehmer s. N 12 ff. zu Art. 175 OR. 141

Die Bekanntgabe durch den Übernehmer schliesst diejenige durch 142 einen von ihm dazu ermächtigten *Vertreter* (Art. 32 OR) nicht aus (VON TUHR/ESCHER S. 396), darunter auch diejenige durch den Schuldner (VON TUHR/ESCHER S. 396 N 113, BUCHER S. 590 N 73, BGE 75 II 304 = JdT 99 I S. 309), d.h. durch den Veräusserer (GUHL/ MERZ/KOLLER S. 269, ENGEL S. 607, SJK Nr. 70 S. 9: Zedent), oder durch einen von mehreren Solidarschuldnern (BGE 75 II 304), da diese Rechtshandlung die Stellung der andern nicht erschwert (Art. 146 OR), weil sie eine weitere Solidarhaftung nach sich zieht (N 7 zu Art. 181 OR).

Der *Übernehmer* ist verpflichtet, *gemäss dem Inhalt des Vertrages* 143 mit dem Veräusserer die Mitteilung – an den Gläubiger – zu machen, und dieser kann – sonst – gemäss Art. 97 ff. OR vorgehen (OSER/ SCHÖNENBERGER N 13 zu Art. 181 OR, vgl. BECKER N 31 zu Art. 181 OR, OR-TSCHÄNI N 17 zu Art. 181 OR, TREADWELL S. 73, SJK Nr. 70 S. 11).

Handelt der *Veräusserer* bei der Bekanntgabe als Stellvertreter des Übernehmers, so hat er diesen Rechtshandlungs-Auftrag in Übereinstimmung mit dem Übernahmevertrag zu erfüllen (Art. 398 Abs. 2 OR).

Zu den aus den Interessen des – je nachdem – die Übernahme 144 des Vermögens oder Geschäfts bekanntgebenden Schuldners oder Übernehmers entspringenden Problemen s. N 241 ff. zu Art. 181 OR.

III. Inhalt der Bekanntgabe

Die Bekanntgabe, insbesondere die Mitteilung, muss die Erklärung 145 enthalten, dass der *Übernehmer das Vermögen oder das Geschäft*

Art. 181

übernommen habe (vgl. BECKER N 18 zu Art. 181 OR). Die von Art. 181 OR geforderte Übernahmemitteilung besteht inhaltlich in der Kundgabe, dass der *Übernehmer an die Stelle des bisherigen Geschäftsinhabers* getreten ist (vgl. ENGEL S. 607). Die Mitteilung muss nach Treu und Glauben den Schluss zulassen, dass das ganze Geschäft übergegangen ist (BGE 75 II 302 = JdT 98 I S. 309; zum Zweigbetrieb s. aber N 52 zu Art. 181 OR).

146 Die vom Übernehmer und Veräusserer verabredete Übernahme von Aktiven und Passiven muss den Gläubigern mitgeteilt (=bekanntgegeben) werden (VON TUHR/ESCHER S. 396, Treadwell S. 74, SJZ 18 S. 342 Nr. 259). Die Mitteilung muss *erkennen lassen, dass der Übernehmer nicht nur in die Aktiva, sondern auch in die Passiva eintreten* will (VON TUHR/ESCHER S. 396 N 112a, GAUCH/SCHLUEP N 3746, BUCHER S. 590, SJZ 18 S. 342 Nr. 259, 23 S. 141 Nr. 30, ZBJV 58 S. 122/23). Es bedarf einer genügend ausdrücklichen Erklärung, die keine Ungewissheit über die Passiven des Geschäfts lässt (BGE 79 II 155, BECKER N 18 zu Art. 181 OR; a.M. OR-TSCHÄNI N 10 zu Art. 181 OR, ENGEL S. 607/08, SJK Nr. 70 S. 10, BGE 75 II 302 = JdT 98 I S. 309, BlZüR 49 Nr. 99 S. 175); dies geschieht nicht durch einen das Nachfolgeverhältnis andeutenden Zusatz zur alten Firma (was nicht bei auswärtigen, sondern bei ortsansässigen Firmen in Betracht fallen kann, Art. 946 Abs. 2 OR, HIS N 17 zu Art. 946 OR; a.M. BECKER N 5 zu Art. 181 OR).

Dies erfordert die Rechtssicherheit in diesem Dreiecksverhältnis, hier insbesondere in bezug auf den Gläubiger. Der Umstand, dass es ohne ihre Schuldenlast übertragbare und auch unbelastete Vermögen gibt (N 91 zu Art. 181 OR), erfordert die klare Bekanntgabe bezüglich der Passiven. Dies um so mehr, als daraus die Haftung des Übernehmers folgt (N 218 zu Art. 181 OR).

147 Die Mitteilung umschreibt Dritten gegenüber *quantitativ* das übergegangene Vermögen (OSER/SCHÖNENBERGER N 11 zu Art. 181 OR), was für die Bekanntgabe allgemein gilt.

148 Jede *Mehrdeutigkeit* geht zu Lasten des Übernehmers (BGE 79 II 292/93, BECKER N 19 zu Art. 181 OR, AGVE 1967 S. 64), welcher von Gesetzes wegen die Übernahme bekanntzugeben hat (a.M. BECKER N 19 zu Art. 181 OR: weil die Erklärung im Interesse des öffentlichen Kredits vorgeschrieben ist, dazu N 4 zu Art. 181 OR).

Eine *Auslegung* ist auch zuungunsten des Übernehmers zu treffen 149
bei Vorbehalten hinsichtlich der Übernahme der Passiven; sie müssen
aus der Mitteilung klar hervorgehen. Eine Folge davon ist die, dass
Vorbehalte nicht erst nachträglich mitgeteilt werden können (BECKER
N 19 zu Art. 181 OR, GUHL/MERZ/KOLLER S. 269, OR-TSCHÄNI N 11
zu Art. 181 OR, SJK Nr. 70 S. 16).

Die Gläubiger behalten – jedenfalls bei Mehrdeutigkeit oder Aus- 150
legungsbedürftigkeit – *ihre Rechte gegenüber dem bisherigen Schuldner*
(SJK Nr. 70 S. 16).

Eine Ausnahme besteht nur für die Schulden, welche in der Mit- 151
teilung *ausdrücklich abgelehnt* sind (BGE 60 II 105, AGVE 1967
S. 64, BGE 79 II 155: aucune incertitude de la communication).

Im einzelnen:
Vorausgesetzt ist bei Begrenzung des Gesamtbetrags der übernom- 152
menen Schulden, dass dem Gläubiger die *Einsicht in die bezügliche
Aufstellung* offensteht (BECKER N 26 zu Art. 181 OR, SJZ 32 S. 282
Nr. 202).

Ungenügend ist nach der Gerichtspraxis die Erklärung, das Ge- 153
schäft werde mit Aktiven und Passiven «gemäss Bilanz vom...» übernommen; nach dem Vertrauensprinzip können die Gläubiger auf den
Übergang aller Schulden schliessen und nach Treu und Glauben unter
der «Bilanz» die *Endbilanz des übernommenen Geschäftes* verstehen
(BGE 60 II 104/05, 79 II 292).

Die Angabe in einer Mitteilung, dass eine Milchbar «*übergeben*» 154
(remet) wurde, ist ungenügend, da sich dies auch auf eine Abtretung
nur der Aktiven (N 90 zu Art. 181 OR) beziehen könnte (BGE 79
II 154).

Zeigt ein *Geschäftsinhaber* durch Inserat in der Tagespresse an, 155
er habe sein Geschäft aufgegeben und fordert er die Gläubiger auf,
ihre *Forderungen ihm gegenüber geltend zu machen*, und gibt die
Ehefrau gleichzeitig bekannt, sie führe nunmehr das Geschäft, so liegt
darin keine Erklärung, die Ehefrau habe das Geschäft als Ganzes
übernommen und sei in jeder Beziehung in die Stellung ihres Ehemannes
eingetreten (SJ 78 S. 285/87).

Art. 181

156   Der *Beweis* des Ausschlusses von Passiven ist durch den Übernehmer zu erbringen (AGVE 1967 S. 64).

157   Zu den *Rechtswirkungen* der Bekanntgabe s. N 183 zu Art. 181 OR.

IV. Mitteilung

1. Begriff

158   Bei der Mitteilung handelt es sich um eine *Rechtshandlung*, d.h. eine erlaubte, Rechtsfolgen nach sich ziehende Handlung einer Person (GAUCH/SCHLUEP N 166, vgl. BECKER N 20 zu Art. 181 OR: Erklärung, KELLER/SCHÖBI IV S. 90: rechtsgeschäftsähnliche, KELLER/SCHÖBI I S. 6: Willenserklärung, an welche das Gesetz Wirkungen knüpft, VON TUHR/PETER S. 176: Äusserung einer Vorstellung in der Absicht, dieselbe bei anderen hervorzurufen, auch als Voraussetzung von Rechten vorkommend).

159   Die Mitteilung nach Art. 181 OR ist *keine Willenserklärung* (VON TUHR/ESCHER S. 397, OSER/SCHÖNENBERGER N 8 zu Art. 181 OR, ENGEL S. 608, BARANDUN S. 88). Sie enthält, im Gegensatz zu Art. 176 Abs. 2 OR, keine Vertragsofferte (VON TUHR/ESCHER S. 397, BÜHLER S. 25). Die Mitteilung braucht daher vom Gläubiger weder ausdrücklich noch stillschweigend angenommen zu werden (VON TUHR/ESCHER S. 397, VON TUHR/PETER S. 167 N 8, OSER/SCHÖNENBERGER N 8 zu Art. 181 OR, GUHL/MERZ/KOLLER S. 269, KELLER/SCHÖBI IV S. 91/92, VON BÜREN S. 352, ENGEL S. 606, OR-TSCHÄNI N 10 zu Art. 181 OR, BUCHLI S. 35, BGE 79 II 155 = JdT 98 I S. 380 = SJ 76 S. 290, BlZüR 59 Nr. 128 S. 321, vgl. SJ 78 S. 287), führt also nicht zum Vertrag mit diesem (vgl. BECKER N 20 zu Art. 181 OR, OR-TSCHÄNI N 10 zu Art. 181 OR).

160   Dass die Schuldübernahme *ohne Mitwirkung des Gläubigers* zustande kommt, wird in Art. 181 Abs. 1 OR mit dem unbestimmten und daher in der Gesetzessprache nicht empfehlenswerten Ausdruck «ohne weiteres» angedeutet (VON TUHR/ESCHER S. 397 N 122).

Die Mitteilung an die einzelnen Gläubiger ist eine *empfangsbe-* 161
dürftige Erklärung (BECKER N 17 zu Art. 181 OR, KELLER/SCHÖBI IV
S. 90, ENGEL S. 607). Es genügt, dass die Mitteilung dem Gläubiger
zugegangen ist (VON TUHR/ESCHER S. 397, OSER/SCHÖNENBERGER N 8
zu Art. 181 OR, BUCHLI S. 35, VON BÜREN S. 353, BGE 75 II 303).

2. Form der Mitteilung

Die Mitteilung ist vom Gesetz *nicht an eine bestimmte Form ge-* 162
knüpft (GUHL/MERZ/KOLLER S. 269, KELLER/SCHÖBI IV S. 90, BUCHER
S. 590, ENGEL S. 608, OR-TSCHÄNI N 10 zu Art. 181 OR, BARANDUN
S. 88, BGE 75 II 303); sie ist

– schriftlich (Briefe/Rundschreiben),
– mündlich/telefonisch,
– per Telefax (SPIRIG N 44 zu Art. 165 OR),
– im SWIFT-System (N 329 Vorbem. zu Art. 175–83 OR) oder
– konkludent möglich (VON BÜREN S. 353, SJK Nr. 70 S. 9; a.M.
  BBl 1909 III S. 737).

Dass die Mitteilung, wie in § 25 Abs. 3 D-HGB vorgeschrieben, 163
immer ausreiche, wenn sie dem *Ortsgebrauch* am Sitz des Geschäftes
oder Vermögens entspreche (BGE 75 II 303, BECKER N 17 zu Art. 181
OR), trifft nicht zu.

Die Mitteilung kann an die – auch einstweilig nur an einzelne 164
(BGE 75 II 303) – Gläubiger persönlich (VON BÜREN S. 353) gerichtet
werden, z.B. mittels *Zirkularschreiben* (VON TUHR/ESCHER S. 396
N 117, OSER/SCHÖNENBERGER N 12 zu Art. 181 OR); gemeint ist ein
vervielfältigtes Mitteilungsblatt, kaum bekannt ist im privaten Bereich
ausserhalb eines Betriebs ein zirkulierendes.

V. Auskündung

Dass die Auskündung «ohne Vorbehalt» erfolgen müsse, wurde im 165
Entwurf von 1909 fallengelassen (BBl 1905 II S. 129, 1909 III
S. 809); *Einschränkungen der Passiven in der Auskündung* sind
möglich (SJZ 20 S. 221).

Art. 181

166   *Öffentliche Blätter* (BGE 75 II 303 = JdT 108 S. 311) sind das Handelsamtsblatt, Zeitungen usw. (OSER/SCHÖNENBERGER N 12 zu Art. 181 OR). Die Auskündung geschieht vor allem im Schweizerischen Handelsamtsblatt (OR-TSCHÄNI N 10 zu Art. 181 OR, SJZ 49 S. 310) oder in einem andern «feuille d'avis officielle» (SJ 78 S. 285).

167   Ein *Anschlag* (so OSER/SCHÖNENBERGER N 12 zu Art. 181 OR, SJK Nr. 70 S. 10: z.B. im Polizeibüro) wie auch eine – wohl einmalige – *Bekanntgabe in Radio oder Fernsehen* (SJK Nr. 70 S. 10) fallen indessen nicht darunter, da sie die notwendige Publizitätswirkung wegen des einerseits meist wohl schon örtlich beschränkten Aushangs und anderseits wegen der punktuellen Ausstrahlung kaum je erreichen können.

168   Die Auskündung ist *nicht empfangsbedürftig*; es genügt, dass sie öffentlich ausgekündigt worden ist (vgl. VON TUHR/ESCHER S. 397, OSER/SCHÖNENBERGER N 8 zu Art. 181 OR, BUCHLI S. 35, VON BÜREN S. 353, SJK Nr. 70 S. 9, BGE 75 II 303).

169   Zur *Rechtswirkung* s. N 183 ff. zu Art. 181 OR.

C. Gläubiger

170   Zum Begriff s. N 41 ff. zu Art. 175 OR.
      Keine Bekanntgabe ist die Mitteilung an einzelne Personen, die keine direkte Beziehung zum Geschäft haben, wie z.B. Freunde und Verwandte des Inhabers (SJK Nr. 70 S. 9); sie muss an die *Gläubiger oder deren Vertreter* (Art. 32 OR) erfolgen.

171   Zur *nicht erforderlichen Mitwirkung* des Gläubigers bei der Übernahme eines Vermögens oder Geschäfts i.S. von Art. 181 OR s. N 152 zu Art. 181 OR,
      zur *möglichen Mitwirkung* s. N 34 zu Art. 181 OR.

172   Es kommt nicht darauf an, ob die Auskündung zur *Kenntnis der einzelnen Gläubiger* gekommen ist (VON TUHR/ESCHER S. 396, ENGEL

Art. 181

S. 607), da die Mitteilung dem Gläubiger nur zugehen muss (N 154 zu Art. 181 OR)

En *cas de fraude ou de cession clandestine*, les créditeurs ne sont 173 pas désarmés (ENGEL S. 607, SJK Nr. 70 S. 16, SJ 60 S. 614):
- séquestre (Art. 271 Abs. 1 Ziff. 2 SchKG),
- faillite sans poursuite préalable (Art. 190 Abs. 1 Ziff. 1 SchKG),
- action révocatoire (Art. 109 OR),
- responsabilité civile du mandataire (Art. 398 OR).

D. Rechtswirkungen der Übernahme

I. Allgemeines

Rechtswirkungen bezüglich der Passiven treten ein, wenn die *Ver-* 174 *mögens- oder Geschäftsübernahme gültig zustande gekommen und bekanntgegeben worden ist* (vgl. GAUCH/SCHLUEP N 3746).

Die Vollziehung des *Übergangs der einzelnen Vermögensstücke (auf* 175 *den Übernehmer*; N 127 ff. zu Art. 181 OR) ist nicht Voraussetzung der Haftung (OSER/SCHÖNENBERGER N 10 zu Art. 181 OR).

II. Rechtswirkung des Übernahmevertrags

Die Vermögensübernahme hat *obligatorische, keine dingliche Wir-* 176 *kung* (vgl. BECKER N 15 zu Art. 181 OR, SJK Nr. 70 S. 5), was auch für die Geschäftsübernahme gilt und sich insbesondere auf die Übertragung der Aktiven auswirkt (N 65 und 131 ff. zu Art. 181 OR).

Ein Recht (des Gläubigers gegenüber dem Übernehmer) kann nicht 177 entstehen, wenn der mitgeteilte *Vermögensübergang nicht gültig* zustande gekommen ist (VON TUHR/ESCHER S. 397, BECKER N 15 zu Art. 181 OR,

Art. 181

KELLER/SCHÖBI IV S. 91, BGE 60 II 107; a.M. BUCHER S. 590 N 75, der lediglich in Frage stellt, ob hier die Regel nicht zu allgemein gefasst sei). Dies ergibt sich zweifelsfrei aus den in Art. 181 Abs. 1 OR ausdrücklich genannten beiden Voraussetzungen.

Angesichts der in SJZ 74 S. 316/17 Nr. 63 festgestellten bloss beabsichtigten Übernahme weisen VON TUHR/ESCHER/PETER (Suppl. S. 107) zurecht darauf hin, dass hier ein Luzerner Gericht – abweichend von der herrschenden Lehre und Rechtsprechung – annahm, dass für die Gläubiger die an sie gerichtete Mitteilung oder öffentliche Verlautbarung massgeblich sei, auch wenn ein Übernahmevertrag nicht zustande gekommen ist.

178 Der *den Gläubigern nicht bekanntgegebene Übernahmevertrag* löst nur zwischen Veräusserer und Übernehmer Wirkungen aus (vgl. VON TUHR/ESCHER S. 399 N 136: voller Regress, SJK Nr. 70 S. 16, GUHL/ MERZ/KOLLER S. 269, allerdings nur für Diskrepanz zwischen Vertrag und Bekanntgabe).

179 Zur hier sich stellenden Frage der Anwendung von Art. 179 Abs. 3 OR betreffend den *Einredeausschluss* auf die Vermögens- oder Geschäftsübernahme s. N 298 ff. zu Art. 181 OR.

180 Wenn eine Partei eine Schuld zahlt, welche sie im Innenverhältnis nicht betraf, so besteht ein *Rückgriffsrecht* auf den tatsächlichen Schuldner (Art. 149 Abs. 1 OR, BECKER N 33 zu Art. 181 OR: auch bei gutgläubiger Zahlung durch den Altschuldner). Der Rückgriff ist ausgeschlossen, wenn es der Berechtigte unterlassen hat, bei der Bezahlung einer Schuld eine beiden Parteien zustehende Einrede geltend zu machen (Art. 149 Abs. 2 OR). Der Vertragspartner, der regressweise in Anspruch genommen wird, kann dem andern alle Einreden und Einwendungen aus dem Innenverhältnis entgegenhalten, namentlich die Verrechnung (Art. 120 OR, SJK Nr. 70 S. 13).

Art. 148 Abs. 2 OR ist aber nicht anwendbar (so wohl: SJK Nr. 70 S. 13 N 68: «Art. 149 Abs. 2 OR»), da nicht ein blosser Teil geschuldet wird.

181 Lediglich aufgrund einer Analogie zu Art. 149 OR besteht die Rückgriffsverpflichtung, wenn die *Bekanntgabe keine Rechtswirkung* der solidarischen Haftung zeitigte (N 183 zu Art. 181 OR).

Der Hinweis *im Übernahmevertrag* auf die datierte und aufgrund **182**
der Buchhaltung überprüfbare Jahresbilanz für die *Einschränkung
der Übernahme der Passiven* genügt (vgl. SJZ 58 S. 104 Nr. 89:
generell), indessen lediglich im Verhältnis zwischen Veräusserer/Schuldner und Übernehmer (BECKER N 4 zu Art. 181 OR, BGE 60 II
104/05), mangels Bekanntgabe (BGE 79 II 291; a.M. BGE 20 S. 443:
fehlender Verpflichtungsgrund).

Zur diesbezüglichen Stellung des Gläubigers s. N 183 ff. zu Art. 181
OR.

III. Rechtswirkung der Bekanntgabe

1. Voraussetzung

Das Gesetz verlangt für die Schuldübernahme – bei Übernahme **183**
eines Vermögens oder Geschäfts-Vertrag und Bekanntgabe. Ohne diese
kann keine Schuldübernahme eintreten (BGE 49 II 248 = JdT 82
S. 37). Ein Recht des Gläubigers kann sodann nicht entstehen, wenn
die *mitgeteilte Vermögensübernahme gar nicht stattgefunden* hat (vgl.
VON TUHR/ESCHER S. 397). Der Mitteilende (N 140 ff. zu Art. 181 OR)
braucht seine Mitteilung nicht gelten zu lassen, wenn ein Übernahmevertrag überhaupt nicht zustande gekommen (VON TUHR/ESCHER S. 398
N 132) oder ungültig ist (GAUCH/SCHLUEP N 3746, BUCHER S. 590).

Zur Voraussetzung für den Übergang der Aktiven s. N 66 zu
Art. 181 OR.

Allerdings ergibt sich bei dieser Auslegung eine Gefährdung des **184**
Gläubigers, der sich auf eine objektiv unrichtige Mitteilung verlassen
hat. Aber es ist zu erwägen, dass der *Gläubiger sich immer noch an
seinen früheren Schuldner halten kann* und bei Ungültigkeit der
Schuldübernahme nur einen Vorteil verliert, der ihm ohne sein Zutun
aus der Schuldübernahme erwachsen wäre, während es anderseits für
den Übernehmer eine grosse Härte bedeuten würde, wenn er z.B. bei
Ungültigkeit der Vermögensübernahme infolge eines Willensmangels an
seine Mitteilung gebunden wäre und die Schulden eines Vermögens
bezahlen müsste, welches er nicht erwirbt (VON TUHR/ESCHER S. 397).

Art. 181

185 Wenn die *Vermögensübernahme nicht mitgeteilt* wurde, so entsteht kein Recht des Gläubigers gegen den Übernehmer (von Tuhr/Escher S. 397, Becker N 16 zu Art. 181 OR, von Büren S. 353, Bucher S. 590, Engel S. 607/08, BGE 49 II 251, SJ 64 S. 475, BlZüR 35 Nr. 87 S. 209; a.M. SJK Nr. 70 S. 9: keine Übernahme).

2. Einzelne Rechtswirkungen der Bekanntgabe

186 Als *Übernehmer eines Geschäftes oder Vermögens* mit Aktiven und Passiven erscheint im Verkehr, nach aussen, wer dies ausdrücklich erklärt oder den Gläubigern anzeigt (Becker N 5 zu Art. 181 OR).

187 Weil es sich bei der Mitteilung um eine einseitige Erklärung des Übernehmers handelt (N 159 zu Art. 181 OR), kann dieser dadurch zwar *Verpflichtungen* gegen sich begründen, aber für sich allein *nicht auch Rechte* (Becker N 21 zu Art. 181 OR).

188 Auch die einstweilige *Mitteilung nur an einzelne Gläubiger* zeitigt Rechtswirkungen diesen gegenüber (von Büren S. 353, BGE 75 II 303; a.M. Becker N 17 zu Art. 181 OR), nicht jedoch gegenüber sämtlichen Gläubigern des übernommenen Geschäfts (SJZ 22 S. 120 Nr. 98) oder Vermögens.

189 *Durch die Auskündung wird die Vermutung begründet, sie sei allen Gläubigern zur Kenntnis gelangt*, so dass sie sich der neue Geschäftsinhaber (=Übernehmer) unter allen Umständen entgegenhalten lassen muss (Guhl/Merz/Koller S. 269/70, BGE 75 II 303), auch wenn er sie nicht gelesen hat (SJK Nr. 70 S. 9). Es gelten Auskündung oder Mitteilung, nicht das Internum (N 203 zu Art. 181 OR, von Büren S. 353; a.M. SJZ 58 S. 104 Nr. 98). Barandun (S. 87) möchte der Auskündung öffentlichen Glauben zukommen lassen (vgl. Art. 933 OR).

3. Zeitpunkt des Eintritts der Rechtswirkungen der Bekanntgabe

190 Dieser liegt beim *Empfang der Mitteilung* bzw. der *Herausgabe des Publikationsorgans* (vgl. N 249 ff. zu Art. 181 OR).

Art. 181

Es kommt nicht darauf an, wann die *Auskündung zur Kenntnis der* **191**
einzelnen Gläubiger gekommen ist (VON TUHR/ESCHER S. 396, vgl.
SJK Nr. 70 S. 9).

IV. Verhältnis der Rechtswirkungen von Übernahmevertrag und Bekanntgabe

Stimmt die Kundgabe im Blick auf den Umfang der übernommenen **192**
Passiven mit der internen Vereinbarung (zwischen Veräusserer und
Übernehmer) nicht überein, so ist den *Gläubigern gegenüber die Kundgabe massgeblich*; und zwar so, wie sie diese nach Treu und Glauben
(Vertrauensprinzip, GAUCH/SCHLUEP N 207 ff.) verstehen mussten und
durften (GAUCH/SCHLUEP N 3747, BECKER N 4 zu Art. 181 OR,
OR-TSCHÄNI N 11 zu Art. 181 OR, BGE 79 II 292, SJZ 74 Nr. 63
S. 316, Extraits 1986 S. 19), somit gleich wie bei der Stellvertretung
(Art. 33 Abs. 2 OR, SJK Nr. 70 S. 13 N 69).

Auch die *Rechtshandlung der Bekanntgabe* unterliegt dem Ver- **193**
trauensprinzip (VON TUHR/PETER S. 287 N 12); es wäre nicht einzusehen, weshalb derjenige, welcher legalerweise und mit Rechtswirkung
eine Vorstellung in einem Dritten zu erwecken trachtet (N 158 zu
Art. 181 OR), dies nicht wie ein rechtlich handelnder Bürger zu
bewerkstelligen hätte (a.M. ENGEL S. 608).

Für die Gläubiger ist hinsichtlich des Umfanges der Geschäfts- **194**
übernahme, d.h. des *Bestandes und Ausmasses übernommener Aktiven
und Passiven*, nicht der interne Übernahmevertrag massgeblich, sondern
die an sie gerichtete Mitteilung oder die öffentliche Verlautbarung
(BGE 79 II 291, SJZ 74 Nr. 63 S. 316). Den Gläubigern gegenüber
muss der Geschäftserwerber die Übernahme in dem Umfang gelten
lassen, wie er sie mitgeteilt hat (VON TUHR/ESCHER S. 398). Wollte
man anders entscheiden, so wäre der Gläubiger gezwungen, der internen Vereinbarung zwischen Schuldner und Übernehmer nachzuforschen
(KELLER/SCHÖBI IV S. 91).

Der *Übernehmer ist interessiert*, möglichst wenige Passiven als über- **195**
nommen bekanntzugeben, während dem *Schuldner näherliegt*, möglichst viele anzugeben. Ob der Gläubiger durch das Verhalten des

Art. 181

Übernehmers über den Umfang der Haftung getäuscht werde (BECKER N 4 zu Art. 181 OR), hängt deshalb in der Regel davon ab, ob allenfalls der Schuldner und Veräusserer als sein Stellvertreter die Übernahme bekanntgibt (N 143 zu Art. 181 OR).

196 Eine *Täuschung des Gläubigers über das Ausmass der Haftung*, die es zu vermeiden gilt (BECKER N 4 zu Art. 181 OR), kann einerseits darin liegen, dass der Schuldner in Überschreitung seiner Vollmacht (N 143 zu Art. 181 OR) wahrheitswidrig Schulden als übernommen bekanntgibt, womit seine eigene Haftung aber auch erst nach zwei Jahren entfällt (Art. 181 Abs. 2 OR). Anderseits entgeht dem Gläubiger die — allerdings ohne seine Mitwirkung zustande gekommene (N 33 zu Art. 181 OR) — Solidarhaftung des Übernehmers für die von diesem unkorrekt verschwiegenen, aber übernommenen Schulden.

197 Werden *Vorbehalte und Einschränkungen* — Hinweis auf die Bilanz für Aktiven und Passiven — zwar im Übernahmevertrag getroffen, ohne dass sie in der Mitteilung an die Gläubiger oder in der Auskündung erscheinen, so kann sich der Übernehmer gegenüber dem Gläubiger nicht darauf berufen (SJZ 74 S. 317 Nr. 63).

198 Ausgeschlossen sind Verpflichtungen, deren Übernahme *in der Mitteilung (bzw. Auskündung) abgelehnt* ist (VON TUHR/ESCHER S. 398), was nicht unerwähnt bleiben darf, ansonst im Zweifelsfall sämtliche Geschäftsschulden übergehen (BUCHER S. 589 N 65, ENGEL S. 607, BGE 60 II 105, 79 II 292: Vermutung, SJZ 20 S. 226, 32 S. 282 Nr. 202, 74 S. 316 Nr. 63).

Enthalten die Mitteilung oder die Auskündung keine solche Einschränkung, so sind auch die Schulden übernommen, welche nach dem Übernahmevertrag zu Lasten des Veräusserers bleiben sollen (VON TUHR/ESCHER S. 398, KELLER/SCHÖBI IV S. 91, OR-TSCHÄNI N 11 zu Art. 181 OR, BGE 60 II 104/05, 79 II 154, SJZ 20 S. 226).

199 In der Mitteilung müssen die von der Übernahme ausgeschlossenen Schulden *ausdrücklich und unmissverständlich abgelehnt* sein (BGE 60 II 104, 79 II 293). Dies gilt selbstverständlich sowohl für die Auskündung als auch für die Vermögensübernahme.

200 *Wer nach aussen die Stellung des Übernehmers eines Vermögens oder Geschäftes mit Aktiven und Passiven einnimmt, kann sich daher gegenüber den Gläubigern nicht auf Vorbehalte in dem mit dem Altschuld-*

ner geschlossenen Vertrag berufen, wenn er in der Auskündung diese Vorbehalte nicht deutlich erkennbar gemacht hat (BECKER N 4 zu Art. 181 OR).

Vorbehalten bleibt der Fall, wo die offene Forderung eines einzigen Gläubigers die mitgeteilte Passivensumme übersteigt, woraus sich ergibt, dass sie nicht darin enthalten ist (BGE 79 II 293, BlfSchKG 41 S. 126 Nr. 33). 201

Eine ausdrücklich *der Publikation widersprechende Einzelmitteilung* ist zu berücksichtigen (BGE 79 II 295). 202

1. Bekanntgabe enger als Übernahmevertrag

Bleibt die Bekanntgabe gegenüber der internen Übernahmevereinbarung zurück, indem *Auskündung oder Mitteilung die Haftung des Übernehmers für einzelne Schulden entgegen der internen Abmachung ausschliessen* (ENGEL S. 607), so gelten diese und nicht das Internum, denn ohne Kundbarmachung keine Übernahmewirkung. Die Gläubiger sind nicht gefährdet, da sie weiterhin den alten Schuldner, auf den sie zunächst allein hatten zählen dürfen, belangen können (VON BÜREN S. 353, BUCHER S. 590, ENGEL S. 607, BGE 60 II 108). 203

Ist die Übernahmemitteilung gegenüber der internen Übernahmevereinbarung zu eng, so finden im Verhältnis zwischen Veräusserer und Übernehmer die Vorschriften über das *Befreiungsversprechen* (Art. 175 OR) Anwendung (GUHL/MERZ/KOLLER S. 269). 204

2. Bekanntgabe weiter als Übernahmevertrag

Für den Umfang der Schuldübernahme ist die Mitteilung massgebend, auch wenn sie über den Vertrag mit dem Vermögensveräusserer hinausgeht (VON TUHR/ESCHER S. 397 N 125a/S. 398; a.M. ENGEL S. 608, VON BÜREN S. 353). 205

Hat als *Vertreter des Übernehmers* der alte Schuldner gehandelt, gelten im Falle der inhaltlichen Abweichung zwischen Mitteilung und 206

Art. 181

vom Übernehmer Gewolltem Grundsätze zivilrechtlicher, nicht handelsrechtlicher Vertretung (a.M. BUCHER S. 590 N 74), sofern dem Vertreter nicht die Stellung eines Prokuristen oder Handlungsbevollmächtigten zukommt, was keinen ermächtigenden Willen des Vertretenen voraussetzt (BUCHER S. 569/70, vgl. BARANDUN S. 86).

207 Es kommt dabei nicht darauf an, dass die Gläubiger sich an den bisherigen Schuldner halten können und daher (ihre Rechte) nicht verletzt sind (so ENGEL S. 608, VON BÜREN S. 353). Vielmehr stellt sich sowohl die Frage des Umfangs der aufgrund eines Rechtsgeschäfts erteilten *Vollmacht* (Art. 33 Abs. 2 OR) als auch allenfalls diejenige der Rechtswirkung einer *Stellvertretung ohne Ermächtigung* (Art. 38 Abs. 1 OR).

208 Eine *Duldung der falschen Mitteilung* durch den Dritten muss der Übernehmer – ohnehin – gegen sich gelten lassen (BUCHER S. 590 N 74).

3. Übereinstimmung von Übernahmevertrag und Bekanntgabe

209 Der bekanntgegebene Übernahmevertrag löst *drei Rechtsfolgen* aus (GAUCH/SCHLUEP N 3744):

1) Der Veräusserer wird verpflichtet, dem Erwerber die «übernommenen» *Aktiven zu übertragen* (GAUCH/SCHLUEP N 3745, LGVE 1987 Nr. 15 S. 45; N 65 zu Art. 181 OR).
2) Der *Übergang der Schulden* auf den Erwerber (=Übernehmer) findet *von Gesetzes wegen* statt (BECKER N 24 zu Art. 181 OR, GAUCH/SCHLUEP N 3746, BGE 60 II 107, 79 II 154).
3) Der bisherige *Schuldner haftet noch während zweier Jahre solidarisch* (GAUCH/SCHLUEP N 3750, N 258 ff. zu Art. 181 OR).

210 Aus der Sicht des Übernehmers ergeben sich *Verpflichtungen aus dem Rechtsgrundgeschäft* (N 25 zu Art. 181 OR), wie z.B. das Geschäft oder Vermögen in Empfang zu nehmen und Rügepflichten, den Preis zu bezahlen und ihn sicherzustellen (SJK Nr. 70 S. 12); dies gemäss den einschlägigen Rechtsnormen.

Art. 181

V. Haftung

1. Subjekte der Haftung

Der neue Vermögens- oder Geschäftsinhaber, d.h. der *Übernehmer*, 211
haftet neben dem früheren (vgl. N 17 zu Art. 181 OR).
Es genügt die Übertragung – von Vermögen oder Geschäft – auf den Namen des Dritten und bedarf *nicht der tatsächlichen Geschäftsführung* (vgl. BlZüR 60 Nr. 132 betr. Ehefrau eines Konkursiten).

Bei absichtlich unrichtiger Mitteilung haftet der *Mitteilende* (N 140 ff. 212
zu Art. 181 OR) nach Art. 41 Abs. 2 OR auf Schadenersatz (VON TUHR/ESCHER S. 397 N 126),
– gegenüber dem Übernehmer bei weiter als im Übernahmevertrag vorgesehen bekanntgegebenen Schulden (GUHL/MERZ/KOLLER S. 269),
– gegenüber dem Schuldner, wenn zu wenig weitgehende Übernahme der Schulden bekanntgegeben wird.

Geht der *Veräusserer* zu Lasten des solidarisch haftenden Über- 213
nehmers bis zu deren Bekanntgabe an die Gläubiger neue – gar nicht mit dem Geschäftsbetrieb zusammenhängende – Schulden ein, so wird er dem Übernehmer aus Vertragsverletzung hinsichtlich des Befreiungsversprechens haftbar.

Zum Wegfall der *Haftung des Schuldners* nach Ablauf der zwei- 214
jährigen Frist s. N 244 zu Art. 181 OR.

2. Art der Haftung

a) Haftung bei gültigem Übernahmevertrag

Die Kundgabe vom Übernahmevertrag begründet von Gesetzes we- 215
gen ein *Solidarschuldverhältnis* (GUHL/MERZ/KOLLER S. 269). Soweit die Schulden auf den Übernehmer übergehen, steht dieser den Gläubigern so gegenüber, wie wenn er mit ihnen eine kumulative Schuldübernahme abgeschlossen hätte (Art. 143 OR, N 278 ff. Vorbem. zu Art. 175–83 OR; vgl. GUHL/MERZ/KOLLER S. 270, aber unter Hinweis auf Art. 181 Abs. 3 OR).

Art. 181

216 Art. 181 OR hat *obligationenrechtlichen Charakter* (BECKER N 15 zu Art. 181 OR, DES GOUTTES S. 25).
Zur Bedeutung der sachenrechtlichen Tradition der Aktiven s. N 132 ff. zu Art. 181 OR.

217 Die *wechselmässige Haftung* des im Handelsregister eingetragenen Übernehmers eines Geschäftes mit Aktiven und Passiven aus dem vom bisherigen Schuldner unterzeichneten Wechsel ist gegeben (BGE 19 S. 262, 34 I 839, BlZüR 13 Nr. 46, BlfSchKG 37 S. 185 Nr. 57, vgl. schon Kreisschreiben des JPD vom 3. September 1895 in: ZBJV 69 S. 178), und zwar ohne Unterschrift auf dem Wechsel (BECKER N 8 Vorbem. zu Art. 175–83 OR).

b) *Haftung bei Auseinanderklaffen von Übernahmevertrag und Bekanntgabe*

218 *Deckt die Bekanntgabe den Umfang der im Übernahmevertrag übernommenen Schulden nicht*, so haftet dem Gläubiger nur der bisherige Schuldner, welcher seinerseits gegenüber dem Übernehmer über einen Befreiungsanspruch verfügt (Art. 175 OR, GUHL/MERZ/KOLLER S. 269).

219 Der Übernehmer hat, *falls die Auskündung weitergeht als der Übernahmevertrag*, ein Rückgriffsrecht gegen den Veräusserer für nicht übernommene Schulden (GUHL/MERZ/KOLLER S. 269).

220 Nun berücksichtigt unser Gesetz in Art. 181 OR den Fall, dass die Übernahme des Vermögens oder Geschäfts *in anderer Weise als durch ausdrückliche Erklärung bekanntgemacht* wird, nicht. Obschon gegenüber dem Übernehmer die Gleichstellung mit der ausdrücklichen Erklärung nicht unbillig wäre, lässt sich der Standpunkt des Gesetzgebers durch eine dem Gläubiger schuldige Rücksicht motivieren: der Gläubiger verliert, wenn der Tatbestand des Art. 181 OR vorliegt, nach der zerstörlichen Frist von zwei Jahren (Art. 181 Abs. 2 OR) das Recht, den bisherigen Schuldner haftbar zu machen. Die Gefahr, sich in der Beurteilung eines solchen Tatbestandes zu irren, soll nun nicht den Gläubiger treffen. Wenn aber ein solcher, nur mangels der ausdrücklichen Erklärung der Schuldübernahme dem Art. 181 OR nicht entsprechender Tatbestand einer Vermögens- oder Geschäftsübernahme vorliegt, so wird es sich jeweilen fragen, ob nicht wenigstens eine

gewöhnliche kumulative Schuldübernahme – *Schuldbeitritt* (N 278 ff. Vorbem. zu Art. 175–83 OR) – vorliege, die ja formlos gültig ist und auch durch konkludente Handlungen geschehen kann (BECKER N 5 zu Art. 181 OR).

c) Haftung bei Zurückbehaltung wesentlicher Vermögensteile

Diesfalls laufen die *Vertragsparteien* Gefahr, einem Gläubiger wegen absichtlicher Schädigung zu haften (vgl. SJK Nr. 70 S. 16). 221

3. Umfang der Haftung

Für die übernommenen Schulden haftet der Übernehmer in ihrem 222 *vollen Betrag* (dazu auch Art. 84 Abs. 2 OR, zu Nebenrechten s. N 294 zu Art. 181 OR), ohne Rücksicht darauf,

– ob sie *aus den übernommenen Aktiven gedeckt* werden können (VON TUHR/ESCHER S. 398, vgl. OSER/SCHÖNENBERGER N 2 zu Art. 181 OR, SJK Nr. 70 S. 14), auch wenn der Veräusserer die Passiven an den Kaufpreis angerechnet hat (SJK Nr. 70 S. 15 N 79); anders § 419 Abs. 2 BGB, nach welchem die Schuldenhaftung eine gesetzliche Folge des Vermögenserwerbs ist und daher nicht weiter reicht als der Erwerb;
– ob der Veräusserer seiner Verpflichtung zur *Übertragung der Aktiva* 223 nachgekommen ist (N 65 und 131 zu Art. 181 OR). Denn sobald der Vermögensübernehmer den Gläubigern die Übernahme mitgeteilt hat, ist er ihr Schuldner geworden und kann sich ihnen gegenüber nicht darauf berufen, dass ihm gegen den Veräusserer die Einrede des nichterfüllten Vertrags zusteht (VON TUHR/ESCHER S. 398, N 303 zu Art. 181 OR).

Wird ein *Nachlassvertrag* durchgeführt und das Geschäft in der 224 Folge mit Aktiven und Passiven übernommen, so wird der Übernehmer bezüglich der im Nachlassverfahren bereits existenten Schulden entsprechend dem Nachlass entlastet (vgl. SJZ 2 S. 287 Nr. 91), vorausgesetzt auch, dass der Bestätigungsentscheid erging (Art. 306 SchKG, AMONN S. 72).

Art. 181

4. Abweichende Vereinbarung über die Haftung

225 Selbst wenn die Mitteilung an die Gläubiger oder die Veröffentlichung der Übernahme erfolgt ist, können die *Parteien mit einzelnen Gläubigern abweichende Vereinbarungen* treffen (OR-Tschäni N 16 zu Art. 181 OR).

226 En vertu de la liberté des contrats, aliénateur et acquéreur peuvent expressément limiter la cession à l'actif et convenir que les créanciers qui produisent leurs créances après avis seront satisfaits *sur le montant de l'actif* par les soins, par exemple, d'un agent d'affaires qui agit alors comme mandataire du cédant, du reprenant et des créanciers (Engel S. 606, SJK Nr. 70 S. 16/17 und N 92, BGE 60 II 233 = JdT 85 S. 228 = SJ 83 S. 352).
Im ungedeckten Betrag haftet der bisherige Schuldner indessen weiter (Art. 181 Abs. 2/147 Abs. 1 OR).

IV. Prozessuale Folgen der Vermögens- oder Geschäftsübernahme

227 Prozessuale Folgen zeitigt die Übernahme eines Vermögens oder Geschäfts mit Aktiven und Passiven insoweit keine, als kantonale Prozessgesetze nur bei Universalsukzession einen automatischen Eintritt in die Parteistellung annehmen und sonst die *Zustimmung der Gegenpartei* fordern (z.B. §§ 47 und 49 Abs. 2 ZPO-ZH, Sträuli/Messmer N 11 zu § 49 ZPO-ZH unter Hinweis auf von Tuhr/Escher S. 395, BlZüR 74 Nr. 75 S. 231; a.M. Guldener S. 373, ZBJV 49 S. 24: analog Universalsukzession, RVJ 1984 S. 102/3 für § 148 ZPO VS).

228 Für die BZPO wird kurzerhand angenommen, bei Übernahme nach Art. 181 OR liege eine *Gesamtnachfolge* vor (BGE 106 II 348). Das bedeutet, dass die Zustimmung der bisherigen Parteien für den Parteiwechsel nicht notwendig ist (Art. 17 Abs. 3 BZPO).

229 Wenn ein Vermögen nur Aktiven aufweist, so muss der Übernehmer des Vermögens, der für eine angebliche Schuld des (Veräusserers und) Zedenten belangt wird, die – wie die Forderung – materiell-rechtliche *Passivlegitimation* (Sträuli/Messmer N 8 zu § 188 ZPO-ZH) *nebst der*

Art. 181

Forderung bestreiten (a.M. BECKER N 7 zu Art. 181 OR: prozessuale Einlassungspflicht).

Wenn die Gläubiger infolge einer Vermögensübergabe geschädigt werden, indem der Veräusserer nach Weggabe seines Vermögens nicht mehr im Stande ist, die ihm verbleibenden Schulden zu zahlen, kann die Vermögensübernahme nach Art. 285 ff. SchKG – *im Konkurs paulianisch* – *angefochten* werden (VON TUHR/ESCHER S. 396, BECKER N 3 zu Art. 181 OR, VON BÜREN S. 352, BUCHER S. 589, ENGEL S. 606, OR-TSCHÄNI N 9 zu Art. 181 OR, AcP 176 S. 501 ff. auch für deutsche und österreichische Regelung). 230

Kommentar zu Abs. 2

A. Allgemeines

Der *Wortlaut* «die Gläubiger behalten jedoch den bisherigen Schuldner, solange sie ihn nicht entlastet haben» (BBl 1905 II S. 129) bzw. «wenn sie ihn nicht früher entlassen haben» (BBl 1909 III S. 809), wurde durch den heutigen der «solidarischen Haftung des bisherigen Schuldners» ersetzt. 231

Eine – unter Hinweis auf Art. 832 Abs. 2 ZGB beantragte – *Verkürzung der Frist* auf ein Jahr wurde in der Expertenkommission abgelehnt (Prot. Exp. Komm. vom 13. Oktober 1908 S. 10/11). 232

Zum einen treten *Nachteile für die Gläubiger* frühestens nach zwei Jahren ein und zum andern wird deren Rechtsstellung während dieser zwei Jahre insofern verstärkt, als ihnen der Veräusserer mit dem Übernehmer solidarisch haftet (anders KELLER/SCHÖBI IV S. 92: Nachteile, die sich aus dem Verzicht auf die Mitwirkung der Gläubiger ergeben können). 233

Art. 181

234   In *§ 26 D-HGB* sind die Frist (Abs. 1: fünf Jahre) und der Fristbeginn je nachdem, ob das Geschäft weitergeführt wird (Handelsregistereintrag) oder nicht (Kundmachung bzw. Fälligkeit der Forderung: Abs. 2), anders geregelt.

B. Bisheriger Schuldner

235   Zum bisherigen Schuldner s. N 24 ff. zu Art. 175 OR.

236   Übernimmt eine *Aktiengesellschaft* Aktiven und Passiven einer anderen – weiterhin bestehen bleibenden – AG, so ist die Weiterhaftung der letzteren während zweier Jahre ohne weiteres zu bejahen (GAUCH/SCHLUEP N 3751, BlZüR 87 Nr. 51).
   Zum Fall, da die eine AG dabei liquidiert wird s. N 38 zu Art. 182 OR.

C. Solidarische Haftung

237   Diese Weiterhaftung ist von Gesetzes wegen nur bei Art. 181 Abs. 2 OR gegeben (SJZ 27 S. 49 Nr. 32), anders als bei Art. 176 OR (GAUCH/SCHLUEP N 3750).
   Es handelt sich um eine *gesetzliche Solidarität*, da sie weder auf dem Willen der Parteien noch auf der Zustimmung Dritter beruht.

238   Die *Art. 143 ff. OR* kommen zur Anwendung, besonders mit Bezug auf die befreiende Wirkung für einen der Solidarschuldner, wenn der andere zahlt, verrechnet, einen Vergleich schliesst usf. (Art. 147 OR, SJK Nr. 70 S. 15).

239   Art. 181 Abs. 2 OR gibt *dem Gläubiger ohne sein Dazutun* für zwei Jahre zwei Solidarschuldner (BUCHER S. 591).

D. Neuer Schuldner

Es handelt sich um den *Übernehmer* (N 12 ff. zu Art. 175 OR und N 14 zu Art. 176 OR). **240**

E. Frist

I. Allgemeines

Die Frage, *in wessen Interesse* die Frist des Art. 181 Abs. 2 OR gesetzt ist, wird verschieden beantwortet: **241**

- im Interesse und zum Schutze des *Gläubigers* (GAUCH/SCHLUEP N 3750, SJ 104 S. 61),
- im Interesse des *Geschäftsverkehrs*, für den eine baldige Abklärung der Haftungsverhältnisse erwünscht ist (BECKER N 28 zu Art. 181 OR, GAUCH/SCHLUEP N 3750: wohl auch im Verkehrsinteresse),
- da der *Veräusserer* ein berechtigtes Interesse an der Klarstellung der Sachlage hat, ohne dass er selbst diese Klärung herbeizuführen vermöchte (BÜHLER S. 50/51), bzw. im Interesse des ausscheidenden Gesellschafters, nicht mehr übermässig lange haften zu müssen, da er keinen Einfluss auf die Verwaltung des Geschäftsvermögens mehr besitzt (BlZüR 33 Nr. 105 S. 237).

In Wirklichkeit geht es um die Interessen des *Veräusserers und bisherigen Schuldners*, welcher einen Vermögens- oder insbesondere einen Geschäftskomplex auch mit den Aktiven zu übertragen hat, zwar in der Regel ein Entgelt – berechnet meist unter Berücksichtigung der Passiven – dafür erhielt, indessen nicht für die volle Dauer der ordentlichen – wohl oft fünf- oder zehnjährigen – Verjährungsfristen (Art. 127/28 OR) für die von ihm begründeten Forderungen einstehen muss. **242**

Art. 181

243 Die Interessen des *Gläubigers* bleiben dabei genügend gewahrt, weil der Altschuldner diesem während zweier Jahre weiterhaftet (GAUCH/ SCHLUEP N 3748). Man darf den Gläubigern – welche in ihren darüber hinausreichenden Rechten damit verkürzt werden, indessen den Übernehmer als neuen Schuldner erhalten – zumuten, dass sie gegen den alten Schuldner binnen einer kürzeren Frist auch vorgehen, wenn sie ihn behaften wollen (BBl 1905 II 22); dies ist nichts anderes, als was ein umsichtiger und sorgfältiger Gläubiger auch ohne gesetzlichen Druck vorkehren würde (BECKER N 28 zu Art. 181 OR).

Die *Verkehrssicherheit* würde nicht beeinträchtigt, bliebe die Haftung des Veräusserers bis zur ordentlichen Verjährung erhalten.

244 Die Frist von zwei Jahren, während welcher der bisherige Schuldner noch mit dem neuen solidarisch haftet, ist eine *Verwirkungsfrist* (VON TUHR/ESCHER S. 399 und S. 161/162 N 11, BECKER N 28 zu Art. 181, GAUCH/SCHLUEP N 3752, GUHL/MERZ/KOLLER S. 270, VON BÜREN S. 354, ENGEL S. 608, OR-TSCHÄNI N 14 zu Art. 181 OR, SJK Nr. 70 S. 15 und N 81, BÜHLER S. 50/51, BUCHLI S. 83, BUCHER S. 591 N 79: im Ergebnis wohl zutreffend; a.M. TREADWELL S. 75, BlZüR 33 Nr. 105 S. 239/40).

Aus Art. 181 Abs. 2 OR geht dies zwar nicht hervor und Art. 592 Abs. 2 OR gewährt keine Entscheidungshilfe. Der Ablauf der vom Gesetz bestimmten Zeit lässt aber die Rechte des Gläubigers gegenüber dem bisherigen Schuldner schlechthin untergehen, er verschafft nicht bloss eine Verteidigungsmöglichkeit in Gestalt einer Einrede. Es ist dieser Rechtsverlust, welcher die Frist von Art. 181 Abs. 2 OR als Verwirkungsfrist kennzeichnet (BGE 108 II 110 und Zit. = Pra 71 S. 375, vgl. ZBJV 120 S. 264, BGE 61 II 154 = JdT 84 I S. 78, BlZüR 37 Nr. 178 S. 358, 33 Nr. 105 S. 237, Max 1977 Nr. 354 S. 415).

245 Für die *Annahme einer Verjährungsfrist* sprächen die Analogie zu den als Vorbild des Gesetzgebers erscheinenden gesellschaftsrechtlichen Vorschriften von Art. 591 OR (=585 aOR, BlZüR 33 Nr. 105 S. 239) und der welsche Text der Verweisungsnorm von Art. 592 OR, ebenso der Umstand, dass eine Befristung einer Forderung, nicht eines Gestaltungsrechtes, in Frage steht (BUCHER S. 591). SPIRO (S. 760/61) sieht keinen Grund dafür gegeben, nicht Verjährung anzunehmen, was nicht zu unbilligen Ergebnissen führe. Der Hinweis darauf, dass kein Schutz vor Beweisschwierigkeiten gegeben sei, weil die Geschäftskorrespondenz usf. ohnehin über zwei Jahre hinaus aufbewahrt werden müsse (Art. 962 OR: zehn Jahre, BÜHLER S. 50/51), vermag die Annahme einer Verwirkungsfrist nicht zu stützen.

Auch auf die *Rückübertragung* (N 30 zu Art. 181 OR) ist Art. 181 **246** OR anwendbar, und es läuft daher für die kumulative Haftung eine neue zweijährige Frist (BECKER N 14 zu Art. 181 OR).

Zur *Verlängerung der Frist* des Art. 181 Abs. 2 OR s. N 259 zu **247** Art. 181 OR.

Zur Bestimmung der Frist bei *Übernahme des Gesamthandver-* **248** *mögens einer Kollektivgesellschaft* zu Mit-/Eigentum s. N 46 zu Art. 181 OR.

II. Fristbeginn

Die *Bekanntgabe* ist massgebend für den zeitlichen Beginn der **249** Haftung (BECKER N 16 zu Art. 181 OR, ENGEL S. 607, BGE 49 II 250/51).

Die zweijährige Haftungsfrist läuft nicht, wenn die empfangsbe- **250** dürftige (N 161 zu Art. 181 OR) *Mitteilung den betreffenden Gläubiger nicht erreicht* (BECKER N 17 zu Art. 181 OR; a.M. SJK Nr. 70 S. 15: Fristbeginn mit dem Datum der Absendung der Spezialanzeige). Die Mitteilung entfaltet ihre Wirkungen, sobald sie zur Kenntnis genommen werden kann, sie wirkt m.a.W. im Zeitpunkt des Eintreffens (z.B.) des Zirkularschreibens (KELLER/SCHÖBI IV S. 90 und I S. 17). Der *Empfang* der an den Gläubiger gerichteten Mitteilung fixiert den Zeitpunkt, mit dem die Haftung des Vermögensübernehmers beginnt (unscharf OSER/SCHÖNENBERGER N 10 zu Art. 181 OR: Mitteilung).

Der Gläubiger kann sich nicht darauf berufen, dass ihn die Mit- **251** teilung nicht erreicht hat, wenn er *sonstwie von der Anzeige Kenntnis* erhielt, und es läuft die Frist von der Kenntnisnahme an (BECKER N 17 zu Art. 181 OR, DES GOUTTES S. 42).

Der *Unterschied zur öffentlichen Publikation* besteht darin, dass **252** die Kenntnisnahme gezielt dem einzelnen Gläubiger zu ermöglichen ist (a.M. BECKER N 17 zu Art. 181 OR).

Art. 181

253   Die Frist von zwei Jahren beginnt mit der *Publikation*, d.h. am Tage der ersten Veröffentlichung (SJK Nr. 70 S. 15, vgl. KELLER/ SCHÖBI IV S. 90).

254   Sie wird auch gegenüber denjenigen Gläubigern voll wirksam, die davon *keine Kenntnis* erhalten haben (BECKER N 17 zu Art. 181 OR).

1. Fristbeginn für fällige Forderungen

255   Die Frist des Art. 181 Abs. 2 OR läuft für im Zeitpunkt der Schuldübernahme fällige (Art. 75 ff. OR) Forderungen bei richtiger Auslegung des Gesetzeswortlauts ab Empfang der Mitteilung (N 250 zu Art. 181 OR) bzw. ab erstem Erscheinen der Auskündung (N 253 zu Art. 181 OR).

2. Fristbeginn für später fällig werdende Forderungen

256   Bei später fällig werdenden Forderung (Art. 75 ff. OR) läuft die Frist des Art. 181 Abs. 2 OR *ab Eintritt der Fälligkeit* (VON BÜREN S. 354).

257   Bei auf Kündigung gestellten Forderungen (z.B. Art. 318 OR) läuft die Frist des Art. 181 Abs. 2 OR vom Zeitpunkt an, auf den nach Übergang der Schuld (N 186 zu Art. 181 OR) *erstmals hätte gekündigt werden können* (Art. 130 Abs. 2 OR, GUHL/MERZ/KOLLER S. 270, VON BÜREN S. 354, BUCHER S. 591 N 81, ENGEL S. 608, BGE 63 II 16).

III. Dauer der Frist

258   Das Solidarschuldverhältnis besteht *während zweier Jahre* (GUHL/ MERZ/KOLLER S. 270), nach deren unbenütztem Ablauf die Gläubiger nur noch den Übernehmer als ihren Schuldner haben. Die zwei Jahre, auf die Art. 1211 Abs. 1 E-OR diese Frist ansetzt, werden nicht unangemessen sein (BBl 1905 II 22); innerhalb der zweijährigen Frist

Art. 181

ist dem Gläubiger die Geltendmachung der Forderung wohl zumutbar (GAUCH/SCHLUEP N 3750, BBl 1905 II 22).

Il est loisible à toutes les parties intéressées *d'étendre le délai* 259 (ENGEL S. 608), womit insbesondere der bisherige Schuldner als der weiterhin Belastete sein Einverständnis erklären muss.

IV. Fristwahrung

Aus Art. 181 Abs. 2 OR ist nicht ersichtlich, mit welchen Vor- 260 kehrungen die Gläubiger verhindern können, dass der Altschuldner mit Ablauf von zwei Jahren frei wird (BUCHER S. 591). Die Verwirkungsfrist des Art. 181 Abs. 2 OR kann nicht – wie eine Verjährungsfrist (Art. 135 OR) – unterbrochen, *nur durch Klage gewahrt* werden (VON BÜREN S. 354; a.M. SJK Nr. 70 S. 15: Unterbrechung durch Betreibung oder Prozess gegen Veräusserer, wobei Art. 136 OR nicht anzuwenden ist).

Der Fristablauf wird – weil Verwirkungsfrist – durch Anerkennung 261 (Art. 135 Ziff. 1 OR) *nicht unterbrochen* (BECKER N 29 zu Art. 181 OR, GAUCH/SCHLUEP N 3509, vgl. BGE 110 II 389/90 = Pra 74 S. 34; a.M. SPIRO S. 760/61).

Die Gläubiger können sich gegen den Verlust ihres ursprünglichen 262 Schuldners (N 24 ff. zu Art. 175 OR) zur Wehr setzen, indem sie innert Frist erklären, ihn beibehalten zu wollen. Diese Erklärung hat nach Lehre und Rechtsprechung in *qualifizierter Form* zu geschehen (GUHL/MERZ/KOLLER S. 270, BGE 108 II 111), nämlich durch:

– *Vermittlungsbegehren* zwecks Vorladung zum Sühneversuch (z.B. 263 § 94 ZPO-ZH; dazu N 269 zu Art. 181 OR),
– *Klageanhebung* (BECKER N 29 zu Art. 181 OR, OSER/SCHÖNEN- 264 BERGER N 17 zu Art. 181 OR) beim Gericht oder vereinbarten Schiedsgericht (N 50 zu Art. 178 OR),
– *Einrede* vor Gericht oder Schiedsgericht (N 50 zu Art. 178 OR), 265
– *Betreibungsbegehren* zwecks Zustellung des Zahlungsbefehls (Art. 67 266 SchKG, BECKER N 29 zu Art. 181 OR, BGE 108 II 111 = Pra 71 S. 376, vgl. ZBJV 120 S. 264, BlZüR 37 Nr. 178; dazu N 270 zu Art. 181 OR),

Art. 181

267   – *Konkurseingabe* (Art. 232 Abs. 2 Ziff. 2 SchKG, OR-Tschäni N 14 zu Art. 181 OR, Spiro S. 760).

268   Die *blosse Mitteilung*, dass der Gläubiger sich der befreienden Wirkung der Schuldübernahme widersetzt, genügt damit nicht. Es sind diejenigen Vorkehren zu treffen, welche nötig sind, wenn der Gläubiger die *Hilfe der Staatsgewalt zur Wahrung oder Eintreibung seiner Forderung* erlangen will (BGE 108 II 111 = Pra 71 S. 376, vgl. ZBJV 120 S. 264). Dies wird aber nur erreicht, wenn

269   – nach dem Sühn-/Vermittlungsversuch *binnen Frist die Klage* vor den urteilenden Richter zu bringen ist (vgl. § 101 ZPO-ZH, Sträuli/Messmer N 1 zu § 101 ZPO, BGE 85 II 537; dazu auch Art. 79 SchKG),

270   – die *Rechtsöffnung* nach Erhebung des Rechtsvorschlags (Art. 74 SchKG) nach Art. 80 oder 81 SchKG entsprechend verlangt wird (angetönt in BGE 108 II 111 = Pra 71 S. 376, vgl. ZBJV 120 S. 264),

271   – die Abweisung von Konkursforderungen (Art. 248 SchKG) *angefochten* wird (Art. 250 Abs. 2 SchKG).

272   Bei einem bereits vor der Geschäftsübernahme aufgelösten *Arbeitsverhältnis* richtet sich die Haftung des bisherigen Arbeitgebers nach Art. 181 Abs. 2 OR – befristet auf zwei Jahre nach Auskündung –, bei einem in diesem Zeitpunkt noch bestehenden Arbeitsverhältnis nach Art. 333 Abs. 3 OR unbeschränkt, vorbehältlich der Verjährung (Art. 128 Ziff. 3 OR, PKG 1989 Nr. 21 S. 108).

F. Befreiung des bisherigen Schuldners

I. Gesetzlich durch Fristablauf

273   Zu unterscheiden sind der *Wegfall der Haftung* nach Art. 181 Abs. 2 OR und die *Verjährung der Forderung*, welche der übernommenen Schuld entspricht.

1. Befreiung des Schuldners nach Art. 181 Abs. 2 OR

Die privative Schuldübernahme (N 48 Vorbem. zu Art. 175–83 OR) **274** befreit sofort, bei Art. 181 Abs. 2 OR indessen *erst nach zwei Jahren* (SJ 104 S. 60). Nach Ablauf der Frist fällt das Solidarschuldverhältnis dahin. Es ist fortan *nur noch der Übernehmer verpflichtet* (GUHL/MERZ/ KOLLER S. 270).

Auf den Fristablauf kann sich der Altschuldner nicht berufen, **275** wenn ihm *Arglist* zur Last fällt: so wenn er den Gläubiger durch Täuschung veranlasste, die Frist unbenützt ablaufen zu lassen, z.B. durch die falsche Vorgabe, dass Mahnung bzw. blosse Mitteilung (N 268 zu Art. 181 OR) genüge oder dass die fünfjährige Frist des Art. 585 aOR (=Art. 591 OR) die kürzere des Art. 181 OR ausschliesse (BECKER N 30 zu Art. 181 OR, VON TUHR/ESCHER S. 162 N 14 und Zit., N 45 zu Art. 181 OR).

2. Befreiung des Schuldners nach Art. 127 ff. OR

Neben der Ausschlussfrist läuft die *gewöhnliche Verjährung* (VON TUHR/ **276** ESCHER S. 399 N 139). Die allgemeinen Bestimmungen über die Verjährung der Forderung, nicht Art. 181 Abs. 2 OR, sind auf diese selbst anwendbar (BGE 108 II 110/11 = Pra 71 S. 375 = SJ 104 S. 61; SPIRO S. 763).

Es laufen die *ordentlichen* zehn- und fünfjährigen (Art. 127/28 **277** OR), aber auch die kürzeren – einjährigen – *Fristen* bei unerlaubter Handlung und ungerechtfertigter Bereicherung (Art. 60/67 OR) sowie bei geltend zu machenden Ansprüchen aus Übervorteilung oder Willensmangel (Art. 21/31 OR, SJK Nr. 70 S. 15). Damit kann eine Forderung vor Ablauf der Haftung des bisherigen Schuldners nach Art. 181 OR erlöschen.

Es handelt sich um die gewöhnliche Verjährung, welche aber da- **278** durch *unterbrochen* ist, dass in der Schuldübernahme eine nach Art. 136 OR auch gegen den solidarisch haftenden Mitschuldner wirkende Anerkennung liegt (Art. 136 OR, VON TUHR/ESCHER S. 399 N 139).

Art. 181

279 Bei der Geschäftsübernahme liegt *kein Verzicht auf die Einrede* der ganz oder teilweise eingetretenen Verjährung einer Forderung vor, da das Bewusstsein von der Existenz der einzelnen Schuld, jede auf jenen Verzicht gerichtete Willensäusserung des Übernehmers fehlt (vgl. SJZ 35 S. 199/200).

280 Der Übergang des *Arbeitsverhältnisses* auf einen anderen Arbeitgeber unterbricht mangels anderer Abrede – mit dem Arbeitnehmer als dem Gläubiger – die für eine Abgangsentschädigung massgebende Dienstdauer nicht (JAR 1986 S. 163, 1987 S. 258).

II. Vertragliche Befreiung

281 Die solidarische Haftung des Veräusserers mit dem Übernehmer eines Geschäfts – oder Vermögens – ist *dispositiver Natur* (GAUCH/SCHLUEP N 3750, ENGEL S. 608, Pra 80 S. 958); il est loisible d'abréger le délai de deux ans (ENGEL S. 608).

282 Die solidarische Haftung des bisherigen Schuldners entfällt vorzeitig, wenn ein Gläubiger noch vor Ablauf des Fristenlaufs (auch stillschweigend) erklärt, den Erwerber anstelle des Veräusserers als Schuldner annehmen zu wollen. Eine solche Erklärung ist aber *nicht leichthin* anzunehmen (GUHL/MERZ/KOLLER S. 270). Sie stellt einen Erlassvertrag i.S. von Art. 115 OR dar (VON TUHR/ESCHER S. 399, GAUCH/SCHLUEP N 3750, OR-TSCHÄNI N 16 zu Art. 181 OR, SJK Nr. 70 S. 15, BGE 117 II 68 = Pra 80 S. 958, BlZüR 59 Nr. 128 S. 321; anders: KELLER/SCHÖBI IV S. 93: Entlassung aus Verpflichtung, ENGEL S. 608: décharger).

283 Dieser *Erlassvertrag* ist zwischen Gläubiger und bisherigem Schuldner zu schliessen. Eine dahingehende Abmachung zwischen altem Schuldner und Übernehmer wirkt dagegen nicht gegenüber dem Gläubiger (OSER/SCHÖNENBERGER N 17 zu Art. 181 OR, anders ENGEL S. 608: loisible à toutes les parties intéressées).

284 Die Haftung kann vor Ablauf der zwei Jahre erlöschen, wenn der Gläubiger mit dem Vermögens-Übernehmer eine *befreiende Schuldübernahme* (Art. 176 OR) verabredet (VON TUHR/ESCHER S. 399,

KELLER/SCHÖBI IV S. 93, BUCHLI S. 84, N 34 zu Art. 181 OR), was auch bezüglich der Geschäftsübernahme gilt.

Jedenfalls darf die Entlassung des Schuldners *nicht etwa vermutet* **285** werden (BGE 39 II 740), denn die Voraussetzungen der Vermutung des Art. 176 Abs. 3 OR sind nicht gegeben (dazu N 292 zu Art. 181 OR). Die vorzeitige Entlassung des bisherigen Schuldners aus der Schuldpflicht bedarf einer ausdrücklichen Erklärung des Gläubigers (SJ 63 S. 346).

Darin, dass der Gläubiger angesichts der in seinem Besitze befindlichen Faustpfänder sich an diese hielt oder gar vom bisherigen Schuldner – und damit von einem der Solidarschuldner – Befriedigung verlangt, liegt keine Entlassung des Übernehmers (Art. 144 Abs. 1 OR, BlZüR 59 Nr. 128 S. 318/321, vgl. VON TUHR/ESCHER S. 399).

III. Wiederaufleben der Haftung des bisherigen Schuldners

Die Gläubiger müssen sich bei *ungültigem Übernahmevertrag* (N 305 **286** zu Art. 181 OR) an den Altschuldner halten, welcher selbst dann wieder verpflichtet wird, wenn die in Art. 181 Abs. 2 OR erwähnte zweijährige Frist abgelaufen ist (OR-TSCHÄNI N 13 zu Art. 181 OR).

Kommentar zu Abs. 3

A. Allgemeines

Dieser Absatz lautete schon in den Gesetzesentwürfen stets gleich **287** (BBl 1905 II S. 129, 1909 III S. 809). Art. 181 Abs. 3 OR verweist mit den Worten «im übrigen» auf die vorrangige Geltung der ersten beiden Absätze dieses Artikels.

Art. 181

288   Dass Art. 181 Abs. 3 OR im Verhältnis des Übernehmers zu den Gläubigern gelte (GUHL/MERZ/KOLLER S. 270), erweist sich als zu eng (dazu N 291 ff. zu Art. 181 OR).

B. Wirkung

I. Allgemeines

289   Die Vermögens- bzw. Geschäftsübernahme zeitigt die *Wirkung gleich wie die Übernahme einer einzelnen Schuld* (Art. 181 Abs. 3 OR), nämlich grundsätzlich *mit dem Ende der Solidarität* (KELLER/SCHÖBI IV S. 92).

290   Auf welche *Artikel im einzelnen* Art. 181 Abs. 3 OR verweist, wird hier zu prüfen sein, ausgenommen Art. 182 OR (dazu: N 1 ff. zu Art. 182 OR).
In der Literatur werden die Art. 176 ff. (OR-TSCHÄNI N 15 zu Art. 181 OR), die Nebenrechte gemäss Marginale bei Art. 178 OR und die Einreden von Art. 179 OR (OSER/SCHÖNENBERGER N 18 zu Art. 181 OR, BARANDUN S. 99), die Art. 178 ff. OR (GAUCH/SCHLUEP N 3748) erwähnt.

II. Im einzelnen

1. Art 175 OR

291   Diese Bestimmung weicht der spezielleren von Art. 181 OR, welche die Vermögens-/Geschäftsübernahme im Gegensatz zur einfachen Schuldübernahme beschlägt, insoweit nicht, als im *internen Verhältnis der Übernehmer der Passiven dem Veräusserer diesbezüglich befreiungspflichtig* wird.

2. Art. 176 Abs. 3 OR

Fraglich ist, ob der Verweis des Art. 181 Abs. 3 OR auf die gewöhnliche Schuldübernahme auch Art. 176 Abs. 3 OR betrifft. Art. 181 Abs. 3 OR verweist nämlich nur auf die Wirkungen der gewöhnlichen Schuldübernahme, also auf Art. 178 OR (vgl. Marginale dazu, GAUCH/SCHLUEP N 3753). 292

Insbesondere genügt – für den Erlass der Schuldpflicht nach Art. 181 Abs. 2 OR – nicht schon die Entgegennahme von Zahlungen des Übernehmers oder dessen Betreibung durch den Gläubiger; die *Vermutung von Art. 176 Abs. 3 OR gilt somit nicht* (GUHL/MERZ/KOLLER S. 270).

3. Art. 177 OR

Bei Weiterveräusserung des Vermögens oder Geschäfts (Art. 177 Abs. 2 OR) bleibt der erste Übernehmer nur dann frei von der Haftung gegenüber den Gläubigern, wenn er keine Mitteilung gemacht hat – d.h. die Bekanntgabe (N 136 ff. zu Art. 181 OR) unterblieb. Andernfalls haftet er neben dem zweiten Übernehmer während zweier Jahre (VON TUHR/ESCHER S. 399, ENGEL S. 608, DES GOUTTES S. 14, SJK Nr. 70 S. 15, SJ 32 S. 421: dreifache Veräusserung, SJ 45 S. 513, 51 S. 425). 293

4. Art. 178 OR

Die mit der Forderung verbundenen *Nebenrechte bleiben bestehen*, solange der Schuldner verpflichtet bleibt (vgl. VON BÜREN S. 354: für die Pfänder). Es liegt in der Natur der Sache, dass die für das altschuldnerische Vermögen begründete Haftung fortbestehen muss, wenn das ganze haftbare Vermögen vom (recte:) Übernehmer übernommen wird, wie bei der Übernahme eines Geschäftes mit Aktiven und Passiven (BECKER N 4 zu Art. 178 OR) oder eines Vermögens. 294

Nach Ablauf der zwei Jahre kommt Art. 178 OR zur Anwendung (VON TUHR/ESCHER S. 399, GAUCH/SCHLUEP N 3750, VON BÜREN S. 354, BUCHER S. 591, ENGEL S. 608, vgl. GUHL/MERZ/KOLLER S. 270, KELLER/ 295

Art. 181

SCHÖBI IV S. 92), dans la mesure où ils ne sont inséparables de la personne du cédant (ENGEL S. 608), d.h. des Veräusserers.

296 Die *Zustimmung* nach Art. 178 Abs. 2 OR muss innert zweier Jahre erfolgen (BGE 63 II 16), vor Ablauf der Frist und bei der Bürgschaft schriftlich (Art. 493 Abs. 5 OR, VON BÜREN S. 354 N 156).

297 Art. 178 OR, wonach bei einer Schuldübernahme die *Bürgen* dem Gläubiger nur weiterhaften, wenn sie der Schuldübernahme zugestimmt haben, bezieht sich selbstverständlich nur auf die privative, nicht dagegen auf die kumulative Schuldübernahme. Mit Ablauf der zwei Jahre des Art. 181 OR wird die Schuldübernahme zur privativen, und insoweit gelangt Art. 178 OR zur Anwendung (BGE 63 II 15, SJK Nr. 70 S. 15 N 79).

5. Art. 179 OR

298 Insbesondere hat der Übernehmer dieselben *Einreden* nach Art. 179 Abs. 1 OR – welche Regel grundsätzlich gilt (BUCHER S. 591) – wie der Veräusserer (vgl. VON TUHR/ESCHER S. 399).

299 Hingegen kann der Übernehmer *Gegenforderungen des Schuldners* nicht zur Verrechnung bringen (Art. 179 Abs. 2 OR, VON TUHR/ESCHER S. 399, ENGEL S. 608), da eine persönliche Einrede vorliegt (VON TUHR/ESCHER S. 399, BECKER N 3 zu Art. 179, HASLER S. 97/98, unrichtig BUCHLI S. 77: höchstpersönliche Einrede).

300 Keine Einreden kann der Übernehmer grundsätzlich *aus dem Verhältnis des Übernehmers zum Veräusserer* erheben (Art. 179 Abs. 3 OR, VON TUHR/ESCHER S. 399 und S. 398 N 134, OSER/SCHÖNENBERGER N 18 zu Art. 181 OR, ENGEL S. 608: generell), vorbehältlich des Zustandekommens des Übernahmevertrags (N 62/63 zu Art. 181 OR, VON TUHR/ESCHER S. 397, KELLER/SCHÖBI IV S. 92, OR-TSCHÄNI N 13 zu Art. 181 OR, vgl. OSER/SCHÖNENBERGER N 18 zu Art. 181 OR, SJK Nr. 365 S. 7 N 31), z.B. wegen Willensmangels oder aus einem anderen Grund (GAUCH/SCHLUEP N 3748, dazu N 28 zu Art. 180 OR).

301 Der *Ausschluss der Einreden* nach Art. 179 Abs. 3 OR setzt einen Vertrag zwischen dem Übernehmer der Schuld und dem Gläubiger voraus. Er entbehrt der Berechtigung beim gesetzlichen Schuldübergang

und trifft daher nicht zu bei der Geschäfts- und Vermögensübernahme nach Art. 181 und 182 OR (Becker N 7 zu Art. 179 OR, Guhl/Merz/Koller S. 270, Keller/Schöbi IV S. 92, BGE 60 II 107 = Pra 23 S. 219 = JdT 81 S. 431). Die Erweiterung der zulässigen Einreden und Einwendungen ergibt sich aufgrund einer Interessenabwägung: Auf der einen Seite steht das Interesse des Übernehmers, nicht für eine infolge Unwirksamkeit des Übernahmevertrags überhaupt nicht übernommene Schuld einstehen zu müssen, auf der anderen Seite dasjenige des Gläubigers, sich an zwei solidarisch haftende Schuldner halten zu können. Das Interesse des Übernehmers überwiegt dasjenige des Gläubigers, der ja am Vermögens- bzw. Geschäftsübergang gar nicht mitgewirkt hat (Keller/Schöbi IV S. 93, BGE 60 II 108).

Der *bösgläubige Gläubiger* muss sich alle Einreden entgegenhalten lassen. In diesem Falle kommt Art. 179 Abs. 3 OR nicht zur Anwendung (BGE 60 II 106 = JdT 81 S. 438 = SJ 57 S. 144). 302

Der Übernehmer kann sich gegenüber dem Gläubiger nicht mehr darauf berufen, dass ihm gegen den Veräusserer die *Einrede des nichterfüllten Vertrags* zustehe (Art. 82 OR, von Tuhr/Escher S. 398). 303

6. Art. 180 OR

Das *Dahinfallen der Vermögensübernahme* hat im allgemeinen die gleiche Wirkung wie bei der privativen Schuldübernahme einer einzelnen Schuld: die Verpflichtung des Altschuldners besteht ohne die zeitliche Beschränkung von Art. 181 Abs. 2 OR weiter. Vorbehalten bleiben die Rechte gutgläubiger Dritter (Becker N 34 zu Art. 181 OR, Oser/Schönenberger N 18 zu Art. 181 OR, Keller/Schöbi IV S. 93, N 37 ff. zu Art. 180 OR), was auch für die Geschäftsübernahme gelten muss. 304

Beim Dahinfallen des Übernahmevertrags *erlischt die Verpflichtung des Übernehmers, und diejenige des Schuldners bleibt*, wenn sie noch nicht erloschen ist, ohne die zeitliche Schranke des Art. 181 Abs. 2 OR bestehen, *bzw. sie lebt wieder auf*, wenn sie infolge Ablaufes dieser Frist oder externer Schuldübernahme (N 34 zu Art. 181 OR) dahingefallen ist (Keller/Schöbi IV S. 93). 305

Art. 181

7. Art. 183 OR

306 Der *zu teilende Nachlass* stellt ein Vermögen dar, welches in aller Regel notgedrungen Passiven – die Beerdigungskosten – enthält. Die für die Erbteilung vorbehaltenen Regeln (N 18 ff. zu Art. 183 OR) sind dabei grundsätzlich anzuwenden.

307 Umfasst der Nachlass ein *Geschäft, welches von einem Erben übernommen wird*, so beurteilt sich dessen Übernahme nach der besonderen Regel von Art. 181 OR (Rep 1980 S. 110); der durch die Firma insbesondere, aber auch die Werbung und überhaupt die Geschäftstätigkeit, hervorgerufenen Publizität entspricht die Wirkung, welche diese Bestimmung der Bekanntgabe an die Gläubiger beilegt.

308 Die Regelungen des *Grundpfandrechts*, insbesondere auch die kürzeren und gegenteilig angesetzten Fristen (N 24 ff. zu Art. 183 OR), gehen derjenigen von Art. 181 OR über die Vermögens-/Geschäftsübernahme als speziellere Normen vor, ohne dass dabei von verpönter, bloss systematischer Auslegung (MEIER-HAYOZ N 191 zu Art. 1 OR) gesprochen werden müsste.

Art. 182

¹ Wird ein Geschäft mit einem andern durch wechselseitige Übernahme von Aktiven und Passiven vereinigt, so stehen die Gläubiger der beiden Geschäfte unter den Wirkungen der Vermögensübernahme, und es wird ihnen das vereinigte Geschäft für alle Schulden haftbar.
² Das gleiche gilt für den Fall der Bildung einer Kollektiv- oder Kommanditgesellschaft gegenüber den Passiven des Geschäftes, das bisher durch einen Einzelinhaber geführt worden ist.

VI. Vereinigung und Umwandlung von Geschäften

¹ Lorsque deux entreprises fusionnent en se transférant réciproquement leur actif et leur passif, les créanciers de l'une et de l'autre ont les droits dérivant de la cession d'un patrimoine, et l'entreprise nouvelle répond de tout le passif.
² Les mêmes effets s'attachent à la constitution d'une société en nom collectif ou en commandite, quant aux dettes de l'entreprise individuelle absorbée par la société.

VI. Fusion et transformation d'entreprises

¹ Qualora un'azienda venga fusa con un'altra mediante reciproca assunzione dell'attivo e del passivo, gli effetti dell'assunzione di un patrimonio si applicano ai creditori delle due aziende e l'azienda nuova è responsabile per tutti i debiti.
² Lo stesso vale pel caso della costituzione di una società in nome collettivo od in accomandita di fronte al passivo di una azienda appartenuta sin qui ad un singolo proprietario.

VI. Fusione e trasformazione di aziende

¹ Sch'ina interpresa vegn fusiunada cun in'autra tras la surpigliada vicendaivla dad activas e passivas, valan ils effects da la surpigliada da las facultads per ils crediturs da domaduas fatschentas e la nova interpresa fusiunada daventa responsabla per tuts daivets.
² Il medem vala en il cas da la constituziun d'ina societad collectiva u commanditara vers las passivas d'ina interpresa ch'è vegnida manada fin uss d'in singul proprietari.

VI. Fusiun e transfurmaziun d'interpresas

Inhaltsübersicht

                                                           Note

Allgemeines

A. Historisches 1

B. Normzweck und Begriffliches 2

C. Abgrenzung 8

D. Rechtsvergleichung 15

Art. 182

Note

Kommentar zu Abs. 1

A. Vereinigung	16
B. Geschäfte	17
C. Wechselseitige Übernahme von Aktiven und Passiven	19
D. Bekanntgabe	24
E. Gläubiger	29
F. Wirkung	32
I. Allgemeines	32
II. Aktiva	35
III. Schuldenhaftung	37
1. Schuldner	37
a) Vereinigte Geschäfte	37
b) Veräusserer	39
2. Passiven	41
3. Haftungsbeginn	44

Kommentar zu Abs. 2

A. Allgemeines	47
I. Zweck und Wesen der Bestimmung	47
II. Abgrenzung	50
B. Verweisung	54
I. Voraussetzungen	55
II. Wirkungen	57
C. Passiven	61

Allgemeines

A. Historisches

Art. 1212 E-OR wurde lediglich in der Formulierung in den heutigen Wortlaut abgeändert (BBl 1905 S. 129, 1909 S. 809), somit: 1

- Abs. 1: «... und ist das vereinigte Geschäft für alle Schulden haftbar» in: «... und es wird ihnen das vereinigte Geschäft für alle Schulden haftbar»,
- Abs. 2: «Die gleiche Folge verbindet sich...» in: «Das gleiche gilt für den Fall...».

Die *spärlichen Materialien* sind teils unergiebig (BBl 1909 S. 737 und Prot. Exp. Komm. vom 13. Oktober 1908 S. 11), im übrigen vgl. N 5, 15 und 26 zu Art. 182 OR. 2

B. Normzweck und Begriffliches

Der Zweck der Bestimmung besteht darin, die Übertragung der Schuldverhältnisse bei Vereinigungen und Umwandlungen von Geschäften unter angemessener Berücksichtigung der Gläubigerinteressen *rationeller* zu gestalten (OR-TSCHÄNI N 4 zu Art. 182 OR). 3

Der *Randtitel* zum Art. 182 OR «VI. Vereinigung und Umwandlung von Geschäften» ist insofern irreführend, als er zu weit geht; bloss der dabei stattfindende Schuldübergang wird geregelt (vgl. OR-TSCHÄNI N 1 und 3 zu Art. 182 OR; zur Übertragung der Aktiven s. N 65 und 131 ff. zu Art. 181 OR). 4

Art. 182 OR erweist sich als *Spezialfall des Art. 181 OR* (BECKER N 2 zu Art. 182 OR, KELLER/SCHÖBI IV S. 94, vgl. GUHL/MERZ/KOLLER S. 271: Sonderfall, BARANDUN S. 126: den Wirkungen der Vermögensübernahme unterstellt); dieser ist nicht durch Art. 182 OR ausgeschaltet 5

(VON BÜREN S. 355). Dessen gleiche Ordnung, nur nach zwei Richtungen wirksam, reicht dann auch aus für den Fall, wo mehrere Geschäfte sich vereinigen oder ein Gesellschaftsunternehmen das bisherige Einzelgeschäft übernimmt (BBl 1905 S. 22).

Der Fall des Art. 182 Abs. 1 OR verhält sich im allgemeinen zu demjenigen des Art. 181 OR wie der *Tausch zum Kauf*: jeder Geschäftsinhaber wird hier als Schuldner und als Schuldübernehmer angesehen und hat demgemäss eine doppelte Rechtsstellung (OSER/SCHÖNENBERGER N 1 zu Art. 182 OR).

6   Der *bisherige Inhaber* bleibt mitberechtigt (BECKER N 1 zu Art. 182 OR), er verschwindet nicht mit seinen ökonomischen Mitteln aus dem Verhältnis zum Gläubiger, sondern erscheint zugleich als Übernehmer (OSER/SCHÖNENBERGER N 2 zu Art. 182 OR; a.M. BECKER N 13 zu Art. 181 OR).

Zur kumulativen Schuldübernahme bzw. dem Eintritt der privativen s. N 33 zu Art. 182 OR.

7   Weil es sich um einen Spezialfall des Art. 181 OR handelt, *beruht die Haftung der Übernehmer auf Gesetz*, nicht auf Vertrag mit dem Gläubiger (BECKER N 4 zu Art. 182 OR).

C. Abgrenzung

8   Die Schuldübernahme nach Art. 182 OR unterscheidet sich von der *externen Schuldübernahme* gemäss Art. 176 ff. OR vor allem dadurch, dass die Zustimmung der Gläubiger für die Übertragung der Schuld auf das neue Geschäft bzw. auf die dieses Geschäft betreibende Personengesellschaft nicht notwendig ist, sondern von Gesetzes wegen erfolgt (OR-TSCHÄNI N 3 zu Art. 182 OR).

9   *Art. 181 OR* handelt von der Übernahme eines Geschäfts unter Ausscheiden des bisherigen Inhabers, Art. 182 betrifft Fälle, in denen der bisherige Inhaber mitberechtigt bleibt (BECKER N 1 zu Art. 182 OR, OR-TSCHÄNI N 2 zu Art. 182 OR, BARANDUN S. 126).

Art. 182

Die Vereinigung und Umwandlung nach Art. 182 OR unterscheidet 10
sich von der *Vertragsübernahme* (N 228 ff. Vorbem. zu Art. 175–83
OR) insofern, als dabei nur das Schuldverhältnis und nicht das gesamte
Vertragsverhältnis übergeht (OR-TSCHÄNI N 3 zu Art. 182).

Es kann sich nur um eine Personengesellschaft handeln, da sonst 11
die Geschäftsübertragungen, auch wenn alle Gesellschafter solche vornehmen, als *Sacheinlagen oder -übernahmen* zu behandeln sind, wenn
sie anlässlich der Gründung oder einer Kapitalerhöhung erfolgen
(Art. 628, 778 und 833 Ziff. 2 OR), oder dann als *Geschäftsübertragungen* im Sinne von Art. 181 OR, wenn sie später stattfinden (VON
TUHR/ESCHER S. 400 N 142b).

Tritt ein neuer Gesellschafter zu einer bestehenden Gesellschaft hinzu, 12
oder tritt ein Mitglied aus oder wird es ausgeschlossen, so gelten dafür
die besonderen Vorschriften des *Gesellschaftsrechtes* (Art. 565, 574–78,
594 OR, OSER/SCHÖNENBERGER N 3 zu Art. 182 OR).
Zur Neugründung einer Kollektivgesellschaft aus einer bestehenden
s. N 26 zu Art. 181 OR.

Die *Fusion von Körperschaften* hat gemäss den einschlägigen Vor- 13
schriften von Art. 748–50 OR (AG), Art. 770 Abs. 3 (Kommandit-AG),
Art. 914 OR (Genossenschaft) zu erfolgen (OR-TSCHÄNI N 4 zu Art. 181
OR und N 5 zu Art. 182 OR, BECKER N 3 zu Art. 182 OR, VON BÜREN
S. 355).
Zur unechten Fusion s. N 27 zu Art. 181 OR, vgl. BGE 57 II 528.

Die Interessen der beidseitigen Gläubiger sind besser gewahrt bei 14
der *Fusion von Aktiengesellschaften* durch die Vorschrift der Auskündung und getrennter Verwaltung (vgl. Art. 748 Ziff. 1 und 3 OR),
die als lex specialis der allgemeinen Vorschrift von Art. 182 Abs. 1,
die ja auch juristische Personen im Auge hat, vorgeht (OSER/SCHÖNENBERGER N 3 zu Art. 182 OR: zu Art. 669 aOR, KELLER/SCHÖBI IV
S. 94).
Diese Vorschriften gelten auch für die *Kommandit-AG* (Art. 77
Abs. 3 OR) und sind praktisch identisch im *Genossenschafts*recht
enthalten (Art. 914 Ziff. 1 und 2 OR).

Art. 182

D. Rechtsvergleichung

15 Eine etwas andere Ordnung trifft das *deutsche Handelsrecht* (Sten-Bull NR 1909 S. 558): Tritt jemand als persönlich haftender Gesellschafter oder Kommanditist (=Kommanditär) in das Geschäft eines Einzelkaufmanns ein, so haftet die Gesellschaft, auch wenn sie die frühere Firma nicht fortführt, für alle im Betrieb entstandenen Verbindlichkeiten des früheren Geschäftsinhabers. Die in dem Betriebe begründeten Forderungen gelten den Schuldnern gegenüber als für die Gesellschaft übergegangen (§ 28 Abs. 1 D-HGB). Eine abweichende Vereinbarung ist gegenüber Dritten nur gemäss Abs. 2 wirksam, wenn sie im Handelsregister bekanntgemacht oder mitgeteilt wird.

Kommentar zu Abs. 1

A. Vereinigung

16 Die Vereinigung nach Art. 182 Abs. 1 OR setzt zwar nicht die Schaffung einer Personengesellschaft voraus (a.M. OR-Tschäni N 5 zu Art. 182 OR); schliessen sich aber Geschäftsinhaber zum Zwecke, ein Handels-, ein Fabrikations- oder ein anderes nach kaufmännischer Art geführtes Gewerbe zu betreiben, zusammen, so stellt dies eine Kollektivgesellschaft dar (Art. 552 Abs. 1 OR) bzw. eine Kommanditgesellschaft bei mindestens einem mit einer bestimmten Summe haftenden (Art. 594 Abs. 1 OR).

B. Geschäfte

Praktisch werden kann die Verschmelzung (Fusion) nur in bezug auf Geschäftsvermögen, weshalb Art. 182 OR von der *Vereinigung von Geschäften* spricht (VON BÜREN S. 355); nicht die blosse Übernahme von Aktiven und Passiven (BECKER N 2 zu Art. 182 OR) ist vorausgesetzt, auch nicht lediglich eine Vermögensübernahme.

17

Denkbar sind:

18

- die *Vereinigung von Einzelfirmen zu einer Personengesellschaft* (OR-TSCHÄNI N 5 zu Art. 182 OR); zwei Geschäftsinhaber schliessen eine Gesellschaft, und jeder bringt sein Geschäft in diese ein (VON TUHR/ESCHER S. 400, VON BÜREN S. 355),
- die *Vereinigung einer Personengesellschaft und einer Einzelfirma zu einer Personengesellschaft* (OR-TSCHÄNI N 5 zu Art. 182 OR),
- die *Vereinigung von Personengesellschaften* (OR-TSCHÄNI N 5 zu Art. 182 OR); zwei Kollektivgesellschaften werden z.B. in einer neuen Kollektivgesellschaft vereinigt, an der alle bisherigen Gesellschafter mitbeteiligt sind (KELLER/SCHÖBI IV S. 94), d.h. Gründung einer *Kollektiv- oder Kommanditgesellschaft* (BARANDUN S. 126).

C. Wechselseitige Übernahme von Aktiven und Passiven

Vorausgesetzt ist ein *Übernahmevertrag über Geschäfte* als solche (nicht nur Aktiven und Passiven; vgl. BECKER N 2 zu Art. 182 OR, KELLER/SCHÖBI IV S. 94). Notwendig ist, dass die *Übernahme der Passiven* zwischen den Parteien i.S. von Art. 175 OR (N 104 zu Art. 181 OR) vereinbart ist (OR-TSCHÄNI N 9 zu Art. 182 OR, SJK Nr. 365 S. 1 N 2).

19

Die Anwendung von Abs. 1 ist bloss an die Voraussetzung geknüpft, dass ein *Geschäft mit einem anderen durch wechselseitige*

20

Art. 182

Übernahme der Aktiven und Passiven vereinigt werde (OR-Tschäni N 8 zu Art. 182 OR). Zwei Rechtssubjekte tauschen nicht ihre Vermögen aus (N 25 zu Art. 181 OR), sondern verschmelzen sie zu einem Vermögen (von Büren S. 355), dem neuen Geschäftsvermögen (Barandun S. 127).

21 Zur *Übertragung der Aktiven* s. N 65 und 131 ff. zu Art. 181 OR.

22 Es geht um *Schulden der Teilhaber, für welche das Gesamthandvermögen haftet* (von Tuhr/Escher S. 293).

23 Den Parteien ist freigestellt, in der Kundgebung an die Gläubiger (N 24 zu Art. 182 OR) bekanntzugeben, dass sie den Übergang von *bloss gewissen Passiven* verabredet haben (BGE 60 II 104). Zum auch hier geltenden Vertrauensprinzip (OR-Tschäni N 12 zu Art. 182 OR) s. N 192 zu Art. 181 OR.

D. Bekanntgabe

24 Art. 182 OR spricht nur von den Wirkungen der Vermögensübernahme und sagt nicht, ob jene im Moment der Vereinigung eintreten sollen oder, wie im Falle des Art. 181 OR, erst dann, wenn die *Übernahme der Passiven den Gläubigern mitgeteilt* ist (von Tuhr/Escher S. 400, BlZüR 35 Nr. 87 S. 209).

Die Frage ist kontrovers:

25 Dass eine *Mitteilung nicht erforderlich* sei zur Entstehung der Haftung des vereinigten Geschäfts, wird wie folgt begründet: Die Verhältnisse liegen anders als bei der Vermögensübernahme des Art. 181 OR. Wenn der Vermögensübernehmer die Mitteilung nicht macht, können sich die Gläubiger an den Schuldner halten, welcher in der Regel ein dem weggegebenen Vermögen entsprechendes Äquivalent besitzt. Wenn dagegen A sein Geschäft mit dem des B vereinigt, wird er oft ausserhalb des Geschäfts nur ein geringfügiges Vermögen haben. Die Gläubiger wären daher auf die in der Regel langwierige Liquidation seines Liquidationsanteils angewiesen (Art. 545 Ziff. 3, 572, 575, 613, 619 OR),

wenn man nicht annimmt, dass die in Art. 181 OR angeordnete Haftung des Gesellschaftsvermögens mit der Vereinigung beider Geschäfte ohne weiteres eintritt (VON TUHR/ESCHER S. 400, VON BÜREN S. 355).

Dass eine entsprechende Kundgabe an sie nicht erforderlich sei, wird auch damit begründet, dass die Lage der Gläubiger regelmässig verbessert werde (GAUCH/SCHLUEP N 3754, BUCHER S. 591, BARANDUN S. 128: unter Hinweis auf die kumulative Schuldübernahme) bzw. aufgrund des Umstands, dass im Gesetzestext davon nicht die Rede ist und der Verweis in Abs. 1 auf Art. 181 OR lediglich die Wirkungen, nicht die Voraussetzungen der Vermögensübernahme, betrifft (OR-TSCHÄNI N 8 zu Art. 182 OR, vgl. HASLER S. 139, TREADWELL S. 76, BlZüR 35 Nr. 87 S. 209 lässt offen).

Für das Erfordernis der Bekanntgabe treten ein: Aus den obwohl spärlichen (N 2 zu Art. 182 OR) Materialien ergibt sich, dass man in diesen Fällen – darunter die Vereinigung mehrerer Geschäfte und Umwandlung eines Einzelgeschäftes in eine Gesellschaft (Art. 1212 E-OR) – der öffentlichen Auskündung des betreffenden Vorganges gegenüber den zahlreichen Gläubigern, die ihre Forderung gegen einen der Beteiligten im allgemeinen besitzen, eine gewisse Wirkung beilegen muss in dem Sinne, dass die Gläubiger, die auf eine solche Auskündung hin während einer Frist von zwei Jahren den Schuldner nicht belangen, so behandelt werden, als hätten sie den neuen Übernehmer des Geschäfts als ihren Schuldner angenommen (StenBull NR XIX S. 557/58 unter Hinweis auf deutsches Handelsrecht, N 15 zu Art. 182 OR).

Das Bundesgericht hielt dem entsprechend – nicht nur anscheinend (a.M. OR-TSCHÄNI N 8 zu Art. 182 OR) – fest, dass Geschäftsschulden, die der frühere Inhaber begründet habe, mit der Mitteilung von der Übernahme oder mit der Auskündung der Übernahme auf die neugegründete Firma übergingen und zu Gesellschaftsschulden werden (BGE 60 II 104).

Nach BECKER (N 2 zu Art. 182 OR) ergibt die «Anlehnung» des Artikels an Art. 181 OR auch hier das Erfordernis der Bekanntmachung (vgl. OSER/SCHÖNENBERGER N 2 zu Art. 182 OR: nur öffentliche Auskündung, KELLER/SCHÖBI IV S. 94: nur Mitteilung).

Die Streitfrage ist dahingehend zu lösen, dass eine *Bekanntgabe verlangt* wird:

Die historische Auslegung ergibt, dass der Gesetzgeber durchaus die Bekanntgabe auch bei der Vereinigung und Umwandlung von Geschäften als vorausgesetzt betrachtete. Systematische Überlegungen können eben-

Art. 182

sowenig überzeugen, wie die strittige Frage nach dem beim Inhaber des bisher als Schuldner aufgetretenen Geschäfts übriggebliebenen Haftungssubstrat. Es besteht denn auch kein Anlass, bei der hier gegebenen wechselseitigen Geschäftsübernahme (N 20 zu Art. 182 OR) anders zu verfahren als bei deren einseitigem Vorkommen.

Die notwendige Gründung der Personengesellschaft (N 18 zu Art. 182 OR) bedarf zudem ohnehin der Eintragung ins Handelsregister (Art. 552 Abs. 2, Art. 594 Abs. 3 OR, Engel S. 609, Barandun S. 129), wobei dabei insbesondere die Übernahme der Passiven festgehalten werden kann.

28   Dass durch die Ehe eine Verbindung der beiden Vermögen ohne Anzeige an die Gläubiger mit Annahme des Güterstandes der *Gütergemeinschaft* erfolgte (Art. 219 ff. aZGB), kann angesichts der vorgeschriebenen Publikation des Ehevertrages (Art. 248 aZGB) nicht gesagt werden (a.M. Oser/Schönenberger N 3 zu Art. 182 OR).

E. Gläubiger

29   Zum Gläubiger s. N 41 ff. zu Art. 175 OR.

30   Angesprochen sind die *Gläubiger beider Geschäfte*, die beiderseitigen Gläubiger (von Tuhr/Escher S. 400).

31   In der Haftung nach Bekanntgabe der Übernahme liegt eine Gefahr für die Gläubiger des wirtschaftlich potenteren Schuldners, dass durch die *Verbindung mit einem überschuldeten Geschäft* dessen Gläubiger mit ihnen (recte:) die ihm haftenden Aktiven teilen können (Oser/Schönenberger N 2 zu Art. 182 OR, von Büren S. 355; a.M. Gauch/Schluep N 3745).

F. Wirkung

I. Allgemeines

Dass das Gesetz auf die *Vermögensübernahme* verweist, obwohl es 32 um die Geschäftsübernahme geht, ist angesichts der gleichartigen Regelung der beiden Institute in Art. 181 OR belanglos.

Gleich wie im Falle von Art. 181 OR resultiert hier für die Dauer 33 von zwei Jahren eine *kumulative Schuldübernahme*, weil während dieser Zeit der bisherige Geschäftsinhaber solidarisch neben dem neuen weiterhaftet. Danach wird die *Schuldübernahme zur privativen*, weil nur noch die übernehmende Gesellschaft in Anspruch genommen werden kann (OR-Tschäni N 3 zu Art. 182 OR; unrichtig: StenBull StR 1905 S. 186: Wirkungen der einfachen Schuldübernahme).

Der *Ausschluss der Einreden nach Art. 179 Abs. 3 OR* setzt – auch 34 hier (vgl. N 301 zu Art. 181 OR) – einen Vertrag zwischen dem Übernehmer der Schuld und dem Gläubiger voraus. Er entbehrt der Berechtigung beim gesetzlichen Schuldübergang und trifft daher nicht zu bei der Geschäfts- und Vermögensübernahme nach Art. 182 OR (Becker N 5 zu Art. 182 und Zit. sowie N 7 zu Art. 179 OR, BGE 60 II 107 = Pra 23 S. 218/19).

II. Aktiva

Die *Aktiven* müssen nach den für sie geltenden Vorschriften über- 35 tragen werden (vgl. N 131 ff. zu Art. 181 OR, OR-Tschäni N 1 zu Art. 182 OR).

Bis dann – *bis zur Vermischung der beiden Massen und der Be-* 36 *kanntgabe* (N 27 zu Art. 182 OR) – haften die Aktiven eines jeden Geschäfts ausschliesslich für die eigenen Gläubiger (Oser/Schönenberger N 2 zu Art. 182 OR, BGE 46 II 470).

Art. 182

III. Schuldenhaftung

1. Schuldner

a) Vereinigte Geschäfte

37   Es haftet die aus der Vereinigung hervorgehende Personengesellschaft (N 18 zu Art. 182 OR, OR-TSCHÄNI N 10 zu Art. 182 OR), allerdings nur gemäss Art. 568/604 ff. OR, somit – vorab – das *aus der Vereinigung der beiden Geschäfte entstandene Gesellschaftsvermögen* (VON TUHR/ESCHER S. 400, OR-TSCHÄNI N 10 zu Art. 182 OR), allerdings nur gemäss Art. 568 ff. OR, Art. 604 ff. OR; unscharf VON BÜREN S. 355, BUCHER S. 591, StenBull StR 1905 S. 186: neues Geschäft. Die alten Geschäfte bestehen nicht mehr, ihr *Haftungssubstrat* ist in dem neuen (VON BÜREN S. 355).

38   Vorbehalten bleibt der Fall, da *eine Gesellschaft mit der Liquidation beendigt* wird (GAUCH/SCHLUEP N 3754/51, BGE 87 I 304, 57 II 531). Eine Wiedereintragung der Gesellschaft ist nicht erwirkbar, wenn dies für die Rechte auf anderem Wege möglich ist (BGE 87 I 303, 78 I 454), wie eben aufgrund solidarischer Haftung.

b) Veräusserer

39   Neben der Personengesellschaft haften kraft des Verweises in Art. 182 Abs. 1 OR die bisherigen Geschäftsinhaber *während zweier Jahre solidarisch* (GAUCH/SCHLUEP N 3754, ENGEL S. 609) mit ihrem sonstigen Vermögen (BECKER N 2 zu Art. 182 OR).

40   Die Haftung des sonstigen Vermögens der bisherigen Schuldner reduziert sich *nach zwei Jahren* seit der Bekanntgabe (N 27 zu Art. 182 OR) für die aus ihrem Geschäftsbetrieb entstandenen Schulden auf das aus der Anwendung des Gesellschaftsrechtes sich ergebende Mass (Art. 543 Abs. 2/544, 568, 604, 608 OR, BARANDUN S. 127, vgl. VON TUHR/ESCHER S. 400, BUCHER S. 591, OR-TSCHÄNI N 10 zu Art. 182 OR: seit Vereinigung). Insoweit *perpetuiert die Haftung des alten Schuldners* und Übernehmers und wird effektiv – wenn es auch rechtlich nicht mehr dasselbe Haftungssubjekt ist – nicht auf zwei Jahre beschränkt (OSER/SCHÖNENBERGER N 2 zu Art. 182 OR).

2. Passiven

Die Schuldübernahme betrifft *alle mit den vereinigten Geschäften oder mit dem umgewandelten Geschäft verknüpften übertragbaren Schulden* (N 106 ff. Vorbem. zu Art. 175–83 OR, OR-TSCHÄNI N 7 zu Art. 182, VON BÜREN S. 355, BUCHER S. 591, StenBull StR 1905 S. 186). 41

Geschäftsschulden, die der frühere Inhaber begründet hatte, gehen auf die neugegründete Firma über und werden zu Gesellschaftsschulden (BGE 60 II 104). La société assume les dettes des deux entreprises (ENGEL S. 609). 42

Die *bisherigen Inhaber* haften nach Art. 181 OR mit ihrem übrigen Vermögen nur für ihre alten Geschäftsverbindlichkeiten mit (BECKER N 2 zu Art. 182 OR), indessen haften die *neuen Gesellschafter* für die nach Beginn der Gesellschaft von dieser eingegangenen Schulden (BECKER N 5 zu Art. 182 und Zit.; zur Haftung s. aber N 40 zu Art. 182 OR). 43

3. Haftungsbeginn

Der Beginn der Haftung ist von der hier bejahten strittigen Frage, ob die *Bekanntgabe notwendig* sei (N 27 zu Art. 182 OR), abhängig. 44

Die *zweijährige Frist beginnt bei Bekanntgabe der Übernahme* (OSER/ SCHÖNENBERGER N 2 zu Art. 182 OR). 45

Den Beginn mit der Geschäftsvereinigung eintreten zu lassen (BUCHER S. 592), geht angesichts der erforderlichen Publikation im Handelsregister (Art. 552 Abs. 2 und 594 Abs. 3 OR) weniger weit als die Verlegung des massgeblichen Zeitpunkts auf die wechselseitige Übernahme der Aktiven (OR-TSCHÄNI N 11 zu Art. 182 OR), welche für die Gläubiger kaum immer ersichtlich ist (dazu N 131 ff. zu Art. 181 OR).

Die in Art. 591 Abs. 1 OR festgesetzte Verjährung läuft zwei Jahre von der gehörig *bekanntgemachten* Neugründung an (vgl. OSER/SCHÖNENBERGER N 3 zu Art. 182 OR: zu Art. 585 Abs. 1 aOR). 46

Art. 182

Kommentar zu Abs. 2

A. Allgemeines

I. Zweck und Wesen der Bestimmung

47   Der Zweck der Bestimmung besteht darin, die Übertragung des Schuldverhältnisses bei Umwandlungen von Geschäften unter angemessener Berücksichtigung der Gläubigerinteressen *rationeller* zu gestalten (OR-TSCHÄNI N 4 zu Art. 182 OR).

48   Art. 182 Abs. 2 OR enthält eine *gesetzlich unterstellte Schuldübernahme* (SJZ 21 Nr. 54 S. 212).

49   Hier zeigt sich die Wirkung (des Umstands), dass die Gesellschaftsvermögen bei der Kollektiv- und bei der Kommanditgesellschaft im Gesamteigentum stehen. Da *Einzeleigentum in Gesamteigentum umgewandelt* wird, findet ein totaler Vermögensübergang statt: dem Gesamteigentum entspricht die Solidarhaftung der neuen Vermögensinhaber. Weil es sich um Gesamteigentum handelt, ist es hinsichtlich der Rechtsfolgen ohne Belang, ob der ursprüngliche Inhaber des Geschäfts eine Einzelperson oder eine Gesellschaft sei: in beiden Fällen treten die Besonderheiten des Gesamtrechtsverhältnisses ein, und es ist bloss die Zahl der mitverpflichteten Personen eine verschiedene (BECKER N 4 zu Art. 182 OR und Zit.).

Bestände Miteigentum, so fände ein partieller Übergang des Vermögens auf den neuen Teilhaber statt (BECKER N 4 zu Art. 182 OR).

II. Abgrenzung

50   Dass man den Fall auf die Kollektiv- und Kommanditgesellschaften beschränkt und *nicht auf die AG ausgedehnt* hat, rechtfertigt sich durch die Erwägung, dass eben nur bei den ersteren die Haftung der einzelnen Gesellschafter in Betracht kommt (StenBull StR 1905 S. 186).

Art. 182 Abs. 2 ist *nicht anwendbar* auf die Fälle (OR-Tschäni 51
N 6 zu Art. 182 OR):

- da ein Einzelkaufmann ein bisher von einer Gesellschaft geführtes Geschäft übernimmt (hier gilt Art. 181 OR),
- da das Geschäft einer aufgelösten Kollektivgesellschaft durch zwei der bisherigen Gesellschafter übernommen wird (auch hier gilt Art. 181 OR, BGE 46 II 468),
- da ein neuer Gesellschafter Mitglied einer bereits bestehenden Gesellschaft wird oder aus einer solchen austritt (Art. 569, 574 OR, BGE 60 II 106 zu Art. 565 aOR).

Der umgekehrte Fall, dass nach Auflösung der Gesellschaft bei der 52
Auseinandersetzung das Geschäft als Ganzes einem Gesellschafter, einer neuen Gesellschaft oder einem Dritten überlassen wird, ist *nach Art. 181 OR* zu beurteilen (vgl. Art. 592 Abs. 2 OR, von Tuhr/Escher S. 400 N 143a, Oser/Schönenberger N 3 zu Art. 182 OR, Siegwart, Komm. zum OR, Zürich 1938, N 46 zu Art. 548/50 OR und N 6 zu Art. 591/93 OR).

Anders wenn durch Ausscheiden von Gesellschaftern (Art. 576 53
OR), eventuell durch Ausscheiden aller Gesellschafter bis auf einen (Art. 579 OR), der Träger des Geschäftes sich verändert; dann wächst den Verbleibenden das Geschäftsvermögen an, und die Ausscheidenden haften *nach Art. 591 OR* weiter (von Tuhr/Escher S. 400 N 143a; Siegwart, Komm. zum OR, Zürich 1938, N 46 zu Art. 548/50 OR und N 6 zu Art. 191/93 OR; a.M. Barandun S. 129 N 10).

B. Verweisung

Mit der Anordnung der *«gleichen Geltung»* verweist das Gesetz 54
technisch gesprochen auf Art. 182 Abs. 1 OR und mittelbar auf Art. 181 OR.

Art. 182

I. Voraussetzungen

55   *Die Umwandlung nach Art. 182 Abs. 2 OR setzt die Bildung einer Kollektiv- (Art. 552 OR) oder Kommanditgesellschaft (Art. 594 OR) voraus, auf welche das Geschäft eines bisherigen Einzelinhabers übertragen wird* (OR-Tschäni N 6/8 zu Art. 182 OR, N 18 zu Art. 182 OR), unter Übernahme mit Aktiven und Passiven (SJZ 21 Nr. 54 S. 213).

56   Die Voraussetzungen, die dabei im Hinblick auf die Schuldübernahme erfüllt sein müssen – *Vertrag betreffend Umwandlung und Bekanntgabe der Umwandlung* (N 19 und 27 zu Art. 182 OR) – entsprechen denjenigen der Vermögens- (Keller/Schöbi IV S. 95) bzw. Geschäftsübernahme.

II. Wirkungen

57   Aus dem Sondervermögen des bisherigen Einzelinhabers wird Gesellschaftsvermögen (Barandun S. 130).
Den Gläubigern haftet das auf die Kollektiv- oder Kommanditgesellschaft übertragene «Geschäft», d.h. die *aus der Umwandlung hervorgehende Personengesellschaft* (OR-Tschäni N 10 zu Art. 182 OR, Engel S. 609, vgl. von Tuhr/Escher S. 400/01) bzw. *deren Geschäftsvermögen* (Barandun S. 130, vgl. N 37 zu Art. 182 OR).
Zur Übertragung der Aktiven s. aber N 131 zu Art. 181 OR.

58   Daneben bleibt der *bisherige Einzelinhaber des Geschäfts während zweier Jahre mit seinem sonstigen Vermögen* ohne die Einschränkung von Art. 568 Abs. 3 OR (von Büren S. 355 N 159a, Engel S. 609), welcher erst nach Ablauf der zweijährigen Frist in Betracht fällt, haftbar (SJK 70 S. 7 N 35, Engel S. 609, Barandun S. 130; a.M. von Tuhr/Escher S. 400/01).

59   Die Wirkung beginnt von dem Moment an, da die Bildung der Kollektiv- oder Kommanditgesellschaft *bekanntgegeben* worden ist (N 27 zu Art. 182 OR, vgl. Keller/Schöbi IV S. 95; a.M. von Tuhr/Escher

S. 401, ENGEL S. 609, OR-TSCHÄNI N 11 zu Art. 182 OR: nach Übernahme der Aktiven).

Wird eine Einzelfirma in eine Kommanditgesellschaft umgewandelt, so erlischt eine für die Schuld der Einzelfirma eingegangene *Bürgschaft* zwei Jahre nach der Umwandlung. Darüber hinaus bleibt sie nur wirksam, wenn ein Gesellschafter das Geschäft übernommen oder wenn der Gläubiger der Übernahme durch einen Dritten zugestimmt hat (SIEGWART, Komm. zum OR, Zürich 1938, N 6 zu Art. 591/93). 60

C. Passiven

Art. 182 Abs. 2 OR beschlägt die *Passiven des umgewandelten Geschäfts*, das bisher durch einen Einzelkaufmann geführt worden ist. 61

Die Schuldübernahme betrifft alle mit dem umgewandelten Geschäft verknüpften *übertragbaren Schulden* (N 106 ff. Vorbem. zu Art. 175–83 OR, N 41 zu Art. 181 OR, OR-TSCHÄNI N 7 zu Art. 182 OR). 62
Im übrigen vgl. N 41 ff. zu Art. 182 OR.

Beim Einzelinhaber wird es sich um eine *Einzelfirma* handeln (Art. 945 OR, OR-TSCHÄNI N 6 zu Art. 182 OR). 63

Art. 183

VII. Erbteilung und Grundstückkauf

Die besonderen Bestimmungen betreffend die Schuldübernahme bei Erbteilung und bei Veräusserung verpfändeter Grundstücke bleiben vorbehalten.

VII. En matière de partages et de ventes immobilières

Sont réservées les dispositions spéciales relatives à la reprise de dette en matière de partage successoral ou d'aliénation d'immeubles grevés de gages.

VII. Divisione ereditaria; vendita di fondi

Sono riservate le disposizioni speciali sull'assunzione dei debiti nella divisione ereditaria e nel caso di alienazione di fondi soggetti a pegno.

VII. Partiziun d'ierta e cumpra d'immobiglias

Re asalvadas restan las disposiziuns spezialas pertutgant la surpigliada da daivets en cas da partiziuns d'ierta ed en cas d'alienaziun d'immobiglias impegnadas.

Inhaltsübersicht

	Note
A. Historisches	1
B. Verhältnis zur Schuldübernahme im fünften Titel des OR	2
C. Rechtsvergleichung	7
D. Vorbehalt besonderer Bestimmungen	15
E. Erbteilung	18
F. Veräusserung eines verpfändeten Grundstücks	24
I. Allgemeines	24
II. Grundpfandverschreibung und Schuldbrief	31
1. Anwendbare Normen des ZGB und Geltungsbereich	31
2. Grundstückverkehr	35
3. Amtliche Mitteilung	37
4. Stellungnahme des Gläubigers	43
a) Ausdrückliche	43
b) Stillschweigen des Gläubigers	45
5. Wirkung der Stellungnahme des Gläubigers	51
a) Beibehaltung des Schuldners	51
b) Wirkung des Stillschweigens des Gläubigers	58
III. Gült	63
IV. Veräusserung pfandbelasteter Grundstücke nach SchKG	66

A. Historisches

Die *Entwürfe von 1905/09* enthielten keine der heutigen entspre- 1
chende Bestimmung (BBl 1905 II S. 20 und 809, 1909 III S. 129
und 737), welche aufgrund eines Antrags der nationalrätlichen Kommission, die sie als «nötig» bezeichnete, unter *Art. 1212bis E-OR* angenommen wurde (Sten Bull XIX NR S. 552/58, XX StR S. 186), sich
indessen von selbst versteht, da die spezielleren Bestimmungen des
Gesetzes den allgemeinen vorgehen (OSER/SCHÖNENBERGER N 1 zu
Art. 183).

B. Verhältnis zur Schuldübernahme im fünften Titel des OR

Der praktische Hauptfall der Schuldübernahme, die Übernahme 2
der persönlichen Schuld durch den Erwerber eines pfandrechtlich
belasteten Grundstücks (sog. *Hypothekenübernahme*), ist im Zivilgesetzbuch einer speziellen Regelung unterzogen worden, nämlich in Art. 832
Abs. 2, 833 Abs. 3, 834, 846 ZGB (ZSR 36 S. 1).

Dazu tritt Art. 639 ZGB bezüglich einer bei der Erbteilung *von einem Miterben übernommenen Schuld* (OSER/SCHÖNENBERGER N 2 zu
Art. 183 OR).

Die gesetzliche Regelung unterstützt einen internen Übernahmever- 3
trag – das *Befreiungsversprechen* (Art. 175 OR) –, welchen Verkäufer
(der Schuldner) und Käufer (der Übernehmer) der pfandbelasteten
Liegenschaft allenfalls getroffen haben (vgl. VON BÜREN S. 356).

Mit Art. 183 OR wird auf eine im *Unterschied zu Art. 176 OR* (VON 4
TUHR/ESCHER S. 402), insbesondere aber zu Art. 177 OR, getroffene
Regelung verwiesen.

In Übereinstimmung mit der Vermögensübernahme (Art. 181 Abs. 1 5
OR) wird vom Gesetz *kein Vertrag mit dem Gläubiger* verlangt (VON
TUHR/ESCHER S. 402).

Art. 183

6   Zur *Übertragbarkeit* der Schuld s. N 106 ff. Vorbem. zu Art. 175–83 OR.

C. Rechtsvergleichung

7   Das **BGB** regelt die *Nachlassverbindlichkeiten*, welche zunächst zu «berichtigen» (=bezahlen) bzw. für welche bei mangelnder Fälligkeit oder im Streitfall entsprechende Aktiven zurückzubehalten sind, in § 2046 (vgl. § 2042 i.V. m. 755 BGB).

Aufgrund zwingenden Rechts (§ 1153 Abs. 2 BGB, Palandt N 2 zu § 1153 BGB) kann die Forderung nicht ohne die *Hypothek* und diese nicht ohne die Forderung übertragen werden. Willigt der Gläubiger in den Schuldübergang bei Eigentümerwechsel des hypothekarisch belasteten Grundstücks nicht ein, so wird dessen Verzicht auf das Pfand angenommen (§ 418 Abs. 1 Satz 2 BGB). Der Zweck der Vorschrift ist es, den (automatischen) Übergang von Nebenrechten im Interesse des Haftenden, weil von dessen Bindungswillen nicht umfasst, zu verhindern (Staudinger N 6 zu § 418 BGB).

8   Nach **österreichischem Recht** sind die *Nachlassgläubiger* auf ihren Antrag zu befriedigen (§ 811 Satz 1 ABGB). Wird den Erben der Nachlass gerichtlich übergeben, so haften sie für die Schulden nur noch nach dem Verhältnis ihrer Erbteile (§ 550 i.V.m. 821 Satz 2 ABGB).

Übernimmt der Erwerber bei Veräusserung einer Liegenschaft ein auf ihr haftendes *Pfandrecht*, so ist dies im Zweifel als Schuldübernahme zu verstehen (§ 1408 Satz 1 ABGB). Der Hypothekargläubiger, welcher nicht spätestens acht Tage vor der Zwangsversteigerung Barzahlung verlangt, gilt als mit der Schuldübernahme durch den Ersteher (=Erwerber des Grundstücks) einverstanden (§ 171 Abs. 2/223 öEO).

9   Der **CCfr** regelt die Zahlung der *Nachlassschulden* in Art. 870 ff.; sie hat persönlich bis zum Erbanteil zu erfolgen unter Sicherstellung für das Ganze (Art. 873 CCfr), da bei Zahlungsunfähigkeit eines Miterben eine quotenmässige Haftung der übrigen Platz greift (Art. 876 CCfr: «au marc le franc», Doucet, Dictionnaire juridique et économique, Paris und München 1966).

Die *Hypothekar*gläubiger folgen dem Grundstück, in welche Hände es auch immer übergeht (Art. 2166 CCfr). Der Dritte (=Erwerber des Grundstücks) muss auch die Kapitalschuld begleichen (Art. 2168 CCfr) und hat seinerseits Rückgriff auf den ursprünglichen Schuldner (Art. 2178 CCfr).

Art. 754/55 CCit sehen die Haftung der Miterben für *Nachlass-* **10** *schulden* gleich wie das französische Recht vor (N 9 zu Art. 183 OR).

Der Dritte, welcher ein *belastetes Grundstück* erwirbt, kann nach Art. 2858 Satz 1 CCit, wenn er es nicht vorzieht, die eingetragenen Gläubiger zu bezahlen, die Gegenstände freigeben oder die Befreiung des Grundstücks von der Hypothek gemäss Art. 2889 ff. CCit betreiben, wobei er u.a. den Kaufpreis zu hinterlegen hat (Art. 2894 CCit).

Art. 1082 CCesp räumt anerkannten Gläubigern eine Einsprache **11** gegen den Vollzug der *Nachlass*teilung so lange ein, bis man ihnen den Betrag ihrer Forderung bezahlt oder verbürgt. Nachher ist die vollständige Zahlung ihrer Schuld von jedem Erben zu verlangen, wenn dieser die Erbschaft unter der Beschränkung der Erbenhaftung angenommen hat, soweit sein Nachlassanteil reicht (vgl. Art. 1084 Abs. 1 CCesp); sofern dieser Erbe nicht testamentarisch oder infolge der Erbauseinandersetzung als einziger zur Zahlung der Schuld verpflichtet ist, kann er die Miterben zum (gerichtlichen) Termin bestellen und vorladen lassen (Art. 1084 Abs. 2 CCesp).

Art. 1877 CCesp bestimmt den Inhalt der *Hypothek* auch für den Fall, dass das Grundstück in die Hände eines Dritten übergeht.

Im **englischen Recht** wird der verbleibende *Reinnachlass* an die **12** testamentarisch oder gesetzlich Berechtigten erst verteilt, wenn alle Nachlassverbindlichkeiten getilgt sind (HENRICH, Einführung in das englische Privatrecht, Darmstadt 1971, S. 111). Zu der in den USA ebenso angestrebten Tilgung der Nachlassschulden durch das Nachlassgericht s. FERID-FIRSCHING, Internationales Erbrecht, Bd. VI, München, S. 130 ff.

Eine Belastung (mortgage) die im register of land charges eingetragen ist, muss der Käufer (eines *Grundstücks*) gegen sich gelten lassen (HENRICH S. 96/97). Zahlt der Schuldner nicht, so hat der Gläubiger die Möglichkeit, die verpfändete Sache in Besitz zu nehmen, einen Verwalter zu bestellen oder die Pfandsache zu veräussern (a.a.O. S. 99).

Art. 183

13   Nach **US-Recht** bezweckt die *Nachlass*verwaltung u.a. die Bezahlung der Schulden des Erblassers (Parker S. 118).

Veräussert der *Hypothekar*schuldner sein Land, so befreit er sich nicht von der Bezahlung seiner Schuld. Der Gläubiger hat nach wie vor eine persönliche Forderung gegen seinen (bisherigen) Schuldner und dazu noch ein Grundpfandrecht an dem belasteten Grundstück (Parker S. 93, vgl. George F. Osborne, Handbook of the Law of Mortgages, 1952).

14   Daraus erhellt *zusammenfassend*, dass mit der Rechtsvergleichung angesichts der wesentlich anderen Lösungen dieser Gesetze hier kaum etwas gewonnen werden kann.

D. Vorbehalt besonderer Bestimmungen

15   Dass nur die *besonderen Vorschriften* vorbehalten sind, ist selbstverständlich (Oser/Schönenberger N 1 zu Art. 183 OR). Die Erbteilung (Oser/Schönenberger N 1 zu Art. 183) wie die Veräusserung von verpfändeten Grundstücken unterstehen in allen Punkten, soweit nicht etwas anderes ausdrücklich legiferiert ist, den allgemeinen obligationenrechtlichen Bestimmungen über die Schuldübernahme (SJZ 18 S. 178 Nr. 135, Becker N 11 Vorbem. zu Art. 175–83 OR, Oser/Schönenberger N 1 zu Art. 183, BGE 40 II 594 = Pra 4 S. 36, SJZ 12 S. 204 Nr. 47 und S. 235 Nr. 197).

16   Die in Art. 183 OR angesprochenen Vorschriften finden sich in *ZGB* (N 18 und 24 je ff. zu Art. 183 OR) und *SchKG* (N 66 ff. zu Art. 183 OR).

17   Gemäss *allgemeinem Vorbehalt* in Art. 6 ZGB steht es sodann den Kantonen frei, in öffentlich-rechtlichen Verhältnissen die Schuldübernahme anders zu regeln, z.B. den Übergang baurechtlicher Verpflichtungen (Becker N 4 zu Art. 183 OR).

E. Erbteilung

Der Vorbehalt bezieht sich auf – die *solidarische Haftung gegenüber Dritten* in – Art. 639 ZGB (VON TUHR/ESCHER S. 401, BECKER N 1 zu Art. 183 OR, OSER/SCHÖNENBERGER N 2 zu Art. 183 OR, GAUCH/SCHLUEP N 3761, KELLER/SCHÖBI IV S. 95, OR-TSCHÄNI N 2 zu Art. 183 OR), welcher teilweise – hinsichtlich einem Miterben überbundener Pfandschulden – eine Wirkung von Art. 615 ZGB darstellt (dazu N 168 Vorbem. zu Art. 175–83 OR). 18

Denkbar sind verschiedene Arten der Behandlung von Erbschaftsschulden, nämlich ein *Befreiungsversprechen* eines Miterben bezüglich einer einzelnen oder mehrerer Schulden (Art. 175 OR, OSER/SCHÖNENBERGER N 2 zu Art. 183 OR, GAUCH/SCHLUEP N 3762), ein auch *die Schulden umfassender Teilungsvertrag* der Erben (Art. 634 ZGB) oder eine *Überbindung durch gerichtliches Urteil* (vgl. Art. 615 ZGB, N 168 Vorbem. zu Art. 175–83 OR). 19

Entsprechend den allgemeinen Grundsätzen wirkt die Erbteilung – bzw. Zuweisung der Nachlassschulden – nur intern, d.h. zwischen den Erben, sofern der Gläubiger der Teilung oder der Schuldübernahme nicht zugestimmt hat; solange die Zustimmung nicht erfolgt ist, haften die *Erben solidarisch* (Art. 639 Abs. 1 ZGB: «solidare» Haftung, N 278 Vorbem. zu Art. 175–83 OR; OSER/SCHÖNENBERGER N 2 zu Art. 183 OR, GAUCH/SCHLUEP N 3762, KELLER/SCHÖBI IV S. 95, OR-TSCHÄNI N 2 zu Art. 183 OR). 20

Die Besonderheit der Regelung des ZGB besteht darin (KELLER/SCHÖBI IV S. 95), dass daraus eine eigentliche, nach aussen wirksame, *privative Schuldübernahme* wird, wenn der Gläubiger während fünf Jahren nach der Teilung oder bei späterer Fälligkeit nach dieser den Anspruch nicht gegen einen – oder auch mehrere – der Miterben des Schuldübernehmers geltend macht (OSER/SCHÖNENBERGER N 2 zu Art. 183 OR, OR-TSCHÄNI N 2 zu Art. 183 OR). 21

Die solidarische Haftung «verjährt» gemäss Gesetzeswortlaut (Art. 639 Abs. 2 ZGB), in Wirklichkeit liegt eine *Befristung* vor (VON TUHR/ESCHER S. 401 N 145, ESCHER N 12 zu Art. 639 ZGB, TUOR/PICENONI N 16 zu Art. 639 ZGB, wohl auch: KELLER/SCHÖBI IV S. 95, welche 22 die Frist «enden» lassen; bloss angetönt bei: Oser/Schönenberger N 2 zu Art. 183 OR).

23 Nach Ablauf dieser Frist ist nach Art. 639 Abs. 2 ZGB nur noch derjenige Erbe dem Gläubiger haftbar, welcher die Schuld intern übernommen hat (Gauch/Schluep N 3762, Keller/Schöbi IV S. 95, OR-Tschäni N 2 zu Art. 183 OR), oder die Miterben haften, wenn eine Nachlassschuld unter sie verteilt worden ist, nach (Massgabe) der Verteilung (von Tuhr/Escher S. 401). Dass die Miterben nun nach Erbteilen hafteten (so von Tuhr/Escher S. 401), ist nur dann denkbar, wenn sie die Teilung der Nachlassschulden in diesem Sinne vereinbart haben (vgl. Art. 876 CCfr und 755 CCit).

F. Veräusserung eines verpfändeten Grundstücks

I. Allgemeines

24 Das an sich erstrebenswerte Zusammenfallen der Schuld mit der Person des Eigentümers des Unterpfandes wird zu fördern (von Tuhr/Escher S. 401, Becker N 2 zu Art. 183 OR, SJZ 12 S. 204) bzw. durch Gesetz zu vermeiden gesucht und der *Übergang der Schuld auf den Erwerber des Grundstücks erleichtert* (von Tuhr/Escher S. 401). Das Gesetz unterstützt einen internen Übernahmevertrag, welchen Verkäufer (Pfandschuldner) und Käufer (Übernehmer der Pfandschuld) allenfalls getroffen haben (von Büren S. 356).

Die blosse Erklärung mit Vereinfachungstendenzen (von Büren S. 356) übersieht den dadurch verwirklichten Schutzgedanken für den nicht als persönlichen Schuldner angenommenen Pfandeigentümer, der an den alten Schuldner zahlt und damit der Gefahr ausgesetzt ist, dass der alte Schuldner die Zahlung nicht weiterleitet und der Gläubiger dann gleichwohl auf das Pfand greift (vgl. BGE 65 II 115 = Pra 28 S. 349/50 = JdT 87 I S. 616 = Rep 73 S. 246, ZSR 36 S. 2, weitergehend Oser/Schönenberger N 3 lit. b zu Art. 183 OR: regelmässig im Interesse der Beteiligten).

Zur Gült, wo dieser Gesichtspunkt entfällt, s. N 63 zu Art. 183 OR.

Die interne Schuldübernahme – das *gesetzlich vorausgesetzte Befrei- 25 ungsversprechen* (Art. 832 Abs. 2 ZGB, Oser/Schönenberger N 3 zu Art. 183 OR, ZSR 36 S. 8) – hat auch hier die ihr sonst zukommenden Wirkungen, wenn der Gläubiger nicht zustimmt (von Tuhr/Escher S. 401). Der Schuldübergang bei der Veräusserung pfandbelasteter Grundstücke ist als Vertrag zwischen dem Veräusserer (und Pfandschuldner) und dem Erwerber (und Übernehmer der Pfandschuld) konstruiert und kommt nur zustande, wenn diese *Verabredung gültig* getroffen ist (von Tuhr/Escher S. 384/402, BGE 60 II 111/12 betr. Täuschung/Irrtum).

Diese Verabredung unterliegt als Bestandteil des Grundstückkaufs 26 der *Form* des Art. 657 ZGB (von Tuhr/Escher S. 401, Oser/Schönenberger N 3 zu Art. 183 OR, Hasler S. 117, N 126 Vorbem. zu Art. 175–83 OR).

Dass vom Gesetz kein *Vertrag mit dem Gläubiger* verlangt werde, 27 sondern dass es sich damit begnüge, dass die zwischen Veräusserer (Pfandschuldner) und Erwerber (des Grundstücks, d.h. Übernehmer der Pfandschuld) verabredete Schuldübernahme zur Kenntnis des Gläubigers gebracht werde (von Tuhr/Escher S. 402, Gauch/Schluep N 3763, Knapp in: Vom Kauf nach schweizerischem Recht, Zürich 1950, S. 171), trifft in dieser Schärfe nicht zu. Immerhin hat der Gläubiger zwar nicht zuzustimmen wie beim Befreiungsversprechen (Art. 175 Abs. 1 OR), aber gegenteils *schriftlich zu erklären, dass er den Schuldner beibehalten wolle* (Art. 833 Abs. 3 ZGB).

Auch im Liegenschaftenverkehr kann der bisherige Schuldner von 28 demjenigen, der ihn von der grundpfändlich sichergestellten Forderung zu befreien verspricht, *Sicherheit* i.S. von Art. 175 Abs. 3 OR verlangen (SJZ 12 S. 235).

Die Schuldübernahme kann auch auf einem zwischen dem Erwerber 29 (des Grundstücks und Übernehmer der Pfandschuld) und dem Gläubiger nach Art. 176 ff. OR geschlossenen (*Schuldübernahme-*)*Vertrag* beruhen (von Tuhr/Escher S. 402, BGE 40 II 594 = JdT 63 S. 482, SJZ 12 S. 20 Nr. 3).

Art. 183

30   Ob beim Grundstückkauf in der Regel Schuldübernahme nach Art. 175 OR – ein Befreiungsversprechen – verabredet und die übernommene Schuld auf den Kaufpreis angerechnet wird (VON TUHR/ ESCHER S. 401, GAUCH/SCHLUEP N 3763) oder das Vorgehen nach Art. 176 OR üblich ist (BGE 40 II 599), hängt wesentlich von den beteiligten Parteien des Dreiecksverhältnisses ab (N 54 Vorbem. zu Art. 175–83 OR).

II. Grundpfandverschreibung und Schuldbrief

1. Anwendbare Normen des ZGB und Geltungsbereich

31   Art. 183 OR verweist auf die Art. 832–34 ZGB (BECKER N 2 zu Art. 183 OR, GAUCH/SCHLUEP N 3761, OR-TSCHÄNI N 3 zu Art. 183 OR, KELLER/SCHÖBI IV S. 95: 832 und 834 ZGB), vor allem auf die besonderen Vorschriften der *Art. 832 Abs. 2 ZGB* (VON BÜREN S. 356) und *Art. 833 Abs. 3 sowie Art. 834 Abs. 1 und 2 ZGB*.

32   Art. 832–34 ZGB sind für die *Grundpfandverschreibung* wie auch für den *Schuldbrief* gültig (OSER/SCHÖNENBERGER N 3 zu Art. 183 OR), letzteres gemäss Art. 846 ZGB (BECKER N 2 zu Art. 183 OR, GAUCH/ SCHLUEP N 3761, VON BÜREN S. 356, KELLER/SCHÖBI IV S. 95, OR-TSCHÄNI N 3 zu Art. 183 OR).

33   Analog gilt die Regelung bei *Zerstückelung* des mit einer Grundpfandverschreibung oder einem Schuldbrief belasteten Grundstücks (Art. 833 und 846 ZGB, OSER/SCHÖNENBERGER N 3 lit. c zu Art. 183 OR, KNAPP zit. in: N 27 zu Art. 183, S. 171).

34   Abgesehen davon vollzieht sich der Schuldnerwechsel ganz ausserhalb des Grundbuches, so dass sich der *öffentliche Glaube des Grundbuches und des Schuldbriefs nicht auf die Person des Schuldners* bezieht; denn Grundbuchwirkung kommt nach Art. 942 und 973 ZGB nur den Eintragungen über die dinglichen Rechte an den Grundstücken zu (SJZ 28 S. 313 Nr. 261 = ZBJV 68 S. 31, LEEMANN N 37 zu Art. 832 ZGB).

2. Grundstückverkehr

Bei Grundpfandverschreibung und Schuldbrief müssen *Eigentümer des belasteten Grundstücks und Schuldner der Forderung nicht identisch* sein. Daher kann auch ein Grundstück belastet sein, das nicht im Eigentum des Schuldners der durch die Grundpfandverschreibung oder den Schuldbrief sichergestellten Forderung steht, und es braucht bei der Übertragung des Eigentums am Grundstück nicht auch notwendigerweise die Schuld übertragen zu werden (Art. 824 Abs. 2 und 842 ZGB, KELLER/SCHÖBI IV S. 96, OSER/SCHÖNENBERGER N 3 lit. b zu Art. 183 OR). 35

Bei Veräusserung eines mit Grundpfandverschreibung oder Schuldbrief belasteten Grundstücks bleibt die persönliche Schuld am Veräusserer haften (Art. 832/846 ZGB), während die dingliche Belastung auf den Erwerber übergeht (VON TUHR/ESCHER S. 401).

Bei Übereignung eines mit einem *Eigentümerschuldbrief* (Art. 859 Abs. 2 ZGB, LEEMANN N 8 und 9 zu Art. 859 ZGB) belasteten Grundstücks wird der Erwerber dieses Grundpfandes Schuldner der Pfandforderung, und der bisherige Schuldner Pfandeigentümer, Schuldner und Gläubiger kann sich als nunmehriger Gläubiger der Pfandforderung nicht über eine «Beibehaltung» als Schuldner – die ihn ja selbst beträfe – äussern. 36

3. Amtliche Mitteilung

Die besondere Regelung des Art. 834 ZGB geht der allgemeinen des Art. 177 OR – betreffend den *Wegfall des Antrags* – vor (wohl ebenso, wenn auch unter Hinweis auf Art. 832 ZGB: BECKER N 6 zu Art. 177 OR, OSER/SCHÖNENBERGER N 2 zu Art. 177 OR, vgl. SJZ 12 S. 204 Nr. 47). 37

Im Grundpfandrecht wird der Antrag auf Schuldübernahme durch die *amtliche Mitteilung des Grundbuchverwalters an den Gläubiger* ersetzt (Art. 834 Abs. 1 ZGB, BGE 50 II 521 Erw. 2; a.M. SJZ 13 S. 253 Nr. 63: übermittelte Offerte), um den ersten Anstoss zur erwünschten Rechtsänderung (N 24 zu Art. 183 OR) zu geben (vgl. ZSR 36 S. 9). 38

Art. 183

39   Der Grundbuchverwalter ist weder *Vertreter* des Übernehmers (a.M. OSER/SCHÖNENBERGER N 3 zu Art. 183 OR, LEEMANN N 19 zu Art. 832 ZGB, HASLER S. 120/21) noch des Schuldners – noch gemeinsamer Vertreter von Schuldner und Übernehmer (a.M. OSER/SCHÖNENBERGER N 7 zu Art. 176 OR, BGE 50 II 521) –, sondern erfüllt eine ihm vom Gesetz auferlegte Pflicht, welche nicht darin besteht, eine Offerte zu stellen, sondern dem Gläubiger eine Mitteilung zu machen (VON TUHR/ESCHER S. 402 N 149, ZSR 36 S. 9).

40   Die Mitteilung findet statt, nachdem die Eintragung des Erwerbers im Grundbuch erfolgt ist. Der Schuldner ist also *vorleistungspflichtig* (VON TUHR/ESCHER S. 402 N 148a, BGE 57 II 322). Darin liegt der Schutz des Erwerbers, der aus dem Befreiungsversprechen keine Einwendungen gegenüber dem Gläubiger erheben kann (Art. 179 Abs. 3 OR, vgl. BECKER N 5 zu Art. 179 OR, LEEMANN N 19 zu Art. 832 ZGB).

41   Der Grundbuchverwalter kann die Mitteilung nicht nachholen, wenn inzwischen das *Grundstück schon wieder veräussert und die Schuld überbunden* worden ist (SJZ 12 S. 20 Nr. 3).

42   Die Mitteilung muss *an den richtigen Gläubiger* ergehen, nicht z.B. an den früheren Gläubiger, der seine Forderung bereits abgetreten hat (VON TUHR/ESCHER S. 402 N 151, LEEMANN N 8 zu Art. 834 ZGB, BGE 40 II 599 = Pra 4 S. 41).

4. Stellungnahme des Gläubigers

a) Ausdrückliche

43   Will der Gläubiger den Altschuldner beibehalten, so hat er es zu erklären, und zwar *bei jedem Handwechsel* von neuem (VON BÜREN S. 356, BlZüR 16 Nr. 3 und 219). Diese Erklärung ist bestimmt abzugeben (SJZ Nr. 17 S. 53).

44   Die Abgabe der Erklärung des Gläubigers ist schon *vor Abschluss des Kaufvertrags* zwischen Schuldner und Übernehmer möglich (KELLER/SCHÖBI IV S. 96); jedenfalls ist die Fristansetzung durch den Grundbuchverwalter nicht Voraussetzung (a.M. ZBJV 68 S. 31), vielmehr bedarf es ihrer in einem solchen Falle nicht mehr.

b) Stillschweigen des Gläubigers

Die Fiktion der Zustimmung, die nach Art. 832–34 ZGB Platz greift, 45
soll das an sich erstrebenswerte *Zusammenfallen der Schuld mit der Person des Eigentümers des Unterpfandes fördern* (BECKER N 2 zu Art. 183 OR, dazu N 24 zu Art. 183 OR); dabei wurde die vis inertiae (Paradoxon: Kraft der Trägheit) zur Erlangung dieses Ziels in Dienst gestellt (vgl. ZSR 36 S. 9).

Die Mitteilung muss *nur zugegangen* sein (VON TUHR/ESCHER S. 402 46
N 150 i.V.m. S. 397; a.M. VON BÜREN S. 356, unscharf: OR-TSCHÄNI N 4 zu Art. 183 OR und BGE 50 II 521 Erw. 2: von der Mitteilung an).

Die *Offerte gilt als angenommen* und der Veräusserer (und Schuld- 47
ner der Grundpfandforderung) wird frei, wenn nicht seitens des Gläubigers innert *Jahresfrist* die schriftliche Erklärung – und zwar in Abweichung von der allgemeinen Regel des Art. 176 OR an den Schuldner, nicht an den Übernehmer – erfolgt, er wolle den alten Schuldner beibehalten (Art. 832 Abs. 2 ZGB, OSER/SCHÖNENBERGER N 3 S. 777 zu Art. 183 OR).

Mit der verlangten *Schriftlichkeit* erschwert das Gesetz dem Gläu- 48
biger das Abweichen vom gewünschten Ziel (N 24 zu Art. 183 OR, ZSR 36 S. 10).

Die *Vermutung des Art. 176 Abs. 3 OR* – bei Annahme einer Zah- 49
lung oder Zustimmung zu einer anderen schuldnerischen Handlung des Übernehmers – greift auch bei der Schuldübernahme des Art. 832 ZGB trotz dem Wahlrecht (VON TUHR/ESCHER S. 402, SJZ 12 S. 204 Nr. 47, 33 S. 345 Nr. 65), wenn nicht sofort ein gegenteiliger Wille kundgegeben wird (ZBJV 79 S. 469).

Die *Anwendbarkeit von Art. 177 Abs. 2 OR* – bei weiterer Schuld- 50
übernahme – auf diejenige von Grundpfandschulden wird von der Doktrin einstimmig bejaht (vgl. LEEMANN N 35 zu Art. 832 ZGB, WIELAND, Komm. zum ZGB, Zürich 1909, N 2c zu Art. 832, BECKER N 5 zu Art. 177 OR, ZBJV 58 S. 47, SJZ 12 S. 20 e contrario). Erhält ein Hypothekengläubiger somit noch einen Antrag vom zweiten Erwerber des Grundstücks, so kann er den ersten, das heisst denjenigen

Art. 183

des ursprünglichen Erwerbers, nicht mehr annehmen (SJK Nr. 365 S. 3 N 11), sofern nicht schon geschehen.

5. Wirkung der Stellungnahme des Gläubigers

a) Beibehaltung des Schuldners

51   Der *neue Eigentümer* wird nicht verpflichtet und haftet nur mit seinem Grundstück (KELLER/SCHÖBI IV S. 96).

52   Hat der Gläubiger im Sinne von Art. 832 ZGB dem *bisherigen Schuldner* erklärt, ihn beibehalten zu wollen, so wird dieser auch dann nicht frei, wenn der Gläubiger später den Erwerber des Pfandobjektes zur Zahlung der Schuldbriefzinsen auffordert (SJZ 36 S. 112 = ZBGR 20 S. 230).

53   Bei *Weiterveräusserung* des pfandbelasteten Grundstücks an einen Dritten hat der Gläubiger nur noch die Wahl zwischen dem neuen Übernehmer und dem beibehaltenen Schuldner (vgl. ZBJV 50 S. 463).

54   Der vom Grundpfandgläubiger beibehaltene Schuldner *tritt im Umfang seiner Zahlung in die Gläubigerrechte ein,* unter Fortbestand der Pfandsicherheit (BGE 60 II 190) einschliesslich Verzugszinsen, wenn der Schuldner nach Veräusserung des Grundstücks noch die Grundpfandschuld abzahlt (Art. 818 Ziff. 2 ZGB, 105 und 104 Abs. 2 OR, BlZüR 33 Nr. 131 S. 292).

55   Für das Verhältnis zwischen dem Schuldner und dem Übernehmer hat eine Beibehaltungserklärung zur Folge, dass der *Tilgungsmodus der Kaufpreisschuld entsprechend anzupassen* ist (KELLER/SCHÖBI IV S. 96), die Vereinbarung deren – auch nur teilweisen – Tilgung durch die Übernahme des Grundpfandes vorausgesetzt, d.h. dass der Veräusserer gegenüber dem Erwerber des Grundstücks angesichts des Scheiterns dieser Schuldübernahme an Zahlungsstatt (ZSR 36 S. 15, vgl. SPIRIG N 14 zu Art. 172 OR) die gänzliche Erfüllung der Kaufpreisforderung beanspruchen kann (Art. 68 OR).

56   Wenn der Gläubiger den Übernehmer nicht annimmt und das Grundpfand sich betreibungsrechtlich verwerten lässt, so besteht keine

Haftung des bisherigen Schuldners für Entwehrung. Der Steigerungserlös wird an die Schuld des Übernehmers angerechnet, und dieser ist zur Befreiung des alten Schuldners von der Haftung für den ungedeckt gebliebenen Betrag verpflichtet (SJZ 24 S. 137 Nr. 123). Dazu kann ihn aber der Gläubiger nicht zwingen und der Schuldner nur – allenfalls zur Sicherstellung – anhalten (Art. 175 Abs. 3 OR, N 70 ff. zu Art. 175 OR).

Die Beibehaltungserklärung schliesst einen *späteren Schuldnerwechsel* nicht aus (BGE 44 II 128), nämlich nach Art. 176 OR. 57

b) Wirkung des Stillschweigens des Gläubigers

Das Stillschweigen des Gläubigers während eines Jahres von der Mitteilung an gilt *von Gesetzes wegen als Annahme* (Art. 832 Abs. 2 ZGB e contrario). 58
Eine gleiche Wirkung hat eine *ausdrückliche Erklärung* des Gläubigers, mit welcher er der Schuldübernahme zustimmt (ZSR 36 S. 14).

Zur damit eintretenden *Befreiung des Schuldners* s. N 71 zu Art. 175 OR. 59

Den gleichwohl den bisherigen Schuldner in Anspruch nehmenden Gläubiger trifft die *Beweislast* dafür, dass er mit schriftlicher Erklärung innert Jahresfrist ab Zustellung der Mitteilung des Grundbuchverwalters den bisherigen Schuldner beibehalten hat (SJZ 17 S. 53 Nr. 11; a.M. ZSR 36 S. 14). Der bisherige Schuldner hat den Gegenbeweis; mangels Zahlung konnte er keine Quittung, indessen die Vormerkung der Befreiung auf dem Schuldschein verlangen (Art. 88 Abs. 1/2 OR, ZSR 36 S. 12/13). 60

Die für die grundpfandgesicherte Forderung bestellten *Bürgschaften* fallen ohne weiteres dahin, wenn der Gläubiger nicht erklärt, den alten Schuldner beibehalten zu wollen (BECKER N 2 zu Art. 183 OR unter Hinweis auf STROHAL, Schuldübernahme, in: Jahrbuch für Dogmatik, 57, S. 259 ff.). 61

Eine Klage des Schuldners gegen den Übernehmer auf Leistung an ihn wird ausnahmsweise gutgeheissen, wenn die *Grundpfandverwertung bereits mit negativem Ergebnis* erfolgt ist (BGE 65 II 115 = 62

Art. 183

Pra 28 S. 350 = JdT 87 I S. 616 = Rep 73 S. 246, N 73 zu Art. 175 OR).

III. Gült

63 Die Natur der Gült (als Grundlast) bringt es mit sich, dass *kein besonderes Verfahren notwendig* ist. Die Vermeidung des Auseinanderfallens von persönlicher Schuld und dinglicher Belastung wird durch den zwingenden Rechtssatz von Art. 851 ZGB erreicht (VON TUHR/ESCHER S. 401), wobei keine persönliche Haftbarkeit des Schuldners besteht (Art. 847 Abs. 3 ZGB). Die Schuld geht mit dem belasteten Grundstück über (SJK Nr. 365 S. 2 N 5: Übertragung ipso iure), dessen neuer Eigentümer zwar Schuldner wird (Art. 851 Abs. 2 ZGB), indessen nur mit dem Grundstück haftet. Insoweit liegt für den bisherigen Schuldner ein *befreiender direkter Schuldübergang* vor (OSER/SCHÖNENBERGER N 4 Vorbem. zu Art. 175–83 OR, KELLER/SCHÖBI IV S. 95/96: Übertragung der Verpflichtung, vgl. N 166 ff. Vorbem. zu Art. 175–83 OR), indessen keine eigentliche privative Schuldübernahme (a.M. LEEMANN N 1 zu Art. 846 ZGB i.V.m. N 42 zu Art. 832).

64 Dies gilt auch bei der *Zerstückelung* des Grundstücks (Art. 852 ZGB, BECKER N 2 zu Art. 183 OR, OSER/SCHÖNENBERGER N 3 S. 777 zu Art. 183 OR), wobei für die Verlegung der Forderung auf die Teilstücke das Verfahren nach Art. 833 ZGB anzuwenden ist (Art. 852 Abs. 2 ZGB).

65 Gemäss Art. 818 i.V.m. Art. 851 ZGB gehen auch bei der Gült *drei verfallene Jahreszinse* mit über, da diese dingliche Sicherheit geniessen (OSER/SCHÖNENBERGER N 3 zu Art. 178 und 183 OR, vgl. HASLER S. 126).
Gültzinsen werden von dem Zeitpunkte an, wo das Grundstück nicht mehr für sie haftet, zu persönlichen Schulden des bisherigen Eigentümers des Grundstücks (vgl. Art. 851 Abs. 3 ZGB, KELLER/SCHÖBI IV S. 96).

Art. 183

IV. Veräusserung pfandbelasteter Grundstücke nach SchKG

Art. 135 und 259 SchKG beziehen sich auf den Erwerb verpfändeter Grundstücke *in der Zwangsvollstreckung* (KELLER/SCHÖBI IV S. 95, OR-TSCHÄNI N 3 zu Art. 183 OR). 66

Besonderes gilt nach Art. 135 SchKG, wenn ein mit Grundpfandverschreibung oder Schuldbrief belastetes Grundstück in der Betreibung oder im Konkurs (Art. 259 i.V.m. Art. 135 SchKG) veräussert wird. Mit dem Zuschlag erfolgt Überbindung der persönlichen Schuld auf den Erwerber. Neben ihm bleibt der Schuldner verpflichtet. Wenn der *Gläubiger binnen eines Jahres* seit dem Zuschlag nicht dem Schuldner erklärt, dass er ihn beibehalten will, wird der Schuldner frei. Erfolgt diese Erklärung des Gläubigers, so ist der Erwerber aus der persönlichen Schuldpflicht entlassen (VON TUHR/ESCHER S. 402/03, LEEMANN, N 55 zu Art. 832 ZGB, JAEGER N 4 zu Art. 135 SchKG). 67

Die *Weiterhaftung des Schuldners ist ausgeschlossen, wenn er sich im Konkurs befindet* (Art. 130 Abs. 4 VZG), weil alle seine Verpflichtungen im Konkurs zu liquidieren sind (VON TUHR/ESCHER S. 402/03, LEEMANN N 56 zu Art. 832 SchKG, BGE 47 III 145, RO 1915 Nr. 199). 68

Bürgen haften für die übernommene Schuldpflicht weiter, ohne dass deren Zustimmung zum Übergang der Schuldpflicht eingeholt werden müsste (BGE 47 III 141). Beim Erwerb der Liegenschaft an einer betreibungs- oder konkursrechtlichen Versteigerung bleiben für die grundpfandversicherte Forderung bestellte Bürgschaften und Pfänder, auch von Dritten bestellte Pfänder, in Kraft, weil hier der Schuldnerwechsel dem Gläubiger aufgezwungen wird (BECKER N 3 zu Art. 183 OR). 69

Sachregister

Die fett gedruckten Hauptstichworte sind alphabetisch geordnet. Die kursiv gedruckten Ziffern verweisen auf die Artikel und die Randnoten.

A

Abgeschwächte Schuldübernahme *Vorbem. Art. 175–183 N 140*
Abstraktheit
- Begriff *Vorbem. Art. 175–183 N 69*
- der Schuldübernahme *Vorbem. Art. 175–183 N 82, 89*
- deutsches Recht *Vorbem. Art. 175–183 N 344*
- oder Kausalität *Vorbem. Art. 175–183 N 59 ff.*
- österreichisches Recht *Vorbem. Art. 175–183 N 348*

Abtretung *Vorbem. Art. 175–183 N 2, 9, 64, 87, 102, 235, 327; Art. 175 N 63; Art. 178 N 5, 9, 19; Art. 181 N 9, 74, 90, 134, 154*
- im Konkurs *Vorbem. Art. 175–183 N 93, 203*

Adelstitel *Art. 181 N 98*
Äquivalentenverfügung *Art. 176 N 48*
Agenturvertrag *Art. 178 N 65*
Akkreditiv *Vorbem. Art. 175–183 N 86; Art. 175 N 100*
Aktienbuch *Art. 176 N 35*
Aktiengesellschaft
- Gründungsschulden durch Geschäftsumwandlung *Art. 182 N 50*
- Umwandlung in GmbH *Vorbem. Art. 175–183 N 223*

Aktienkauf *Art. 181 N 47*
Aktienrecht *Vorbem. Art. 175–183 N 364*
Aktiven
- Begriff *Art. 181 N 96*
- Übertragung *Art. 182 N 35*

Akzessorische Schuld *Vorbem. Art. 175–183 N 153; Art. 181 N 115*
Alternativ
- antrag *Art. 176 N 65, 80*
- schuld *Vorbem. Art. 175–183 N 158*

Altschuldner s. Schuldner

Amtliche Schuldübertragung s. auch Richterliche Schuldübertragung *Vorbem. Art. 175–183 N 215*
Angebotstheorie *Vorbem. Art. 175–183 N 13*
Anleihensobligation *Vorbem. Art. 175–183 N 120*
Anspruch des Schuldners auf Schuldbefreiung *Art. 175 N 70 ff.*
Anwachsung *Art. 181 N 44*
Arbeits
- gericht *Art. 178 N 71*
- vertrag *Vorbem. Art. 175–183 N 234, 249, 254; Art. 176 N 16; Art. 181 N 41, 98, 272, 280*

Architekt *Art. 176 N 60*
Arglist *Art. 179 N 86*
Arrest *Art. 180 N 59*
Arztforderung *Art. 178 N 64 ff.*
Aufhebung einer juristischen Person *Vorbem. Art. 175–183 N 219*
Auflösung einer Gesellschaft *Art. 182 N 52*
Auftrag *Vorbem. Art. 175–183 N 250; Art. 175 N 68; Art. 181 N 98*
Aufwendungen *Art. 175 N 88*
Auskündung, öffentliche *Art. 181 N 136, 165 ff., 252 ff.*
- Bei aktienrechtlicher Fusion *Art. 182 N 14*
- eingeschränkte *Art. 181 N 203 ff.*
- fehlende *Art. 181 N 203 ff.*
- Kenntnisvermutung *Art. 181 N 189*
- und Einzelmitteilung *Art. 181 N 202, 225*
- und teilweise Passivenübertragung *Art. 182 N 23*
- unrichtige *Art. 181 N 219*

Auskunftpflicht *Art. 178 N 23*
Auslegung
- des Befreiungsversprechens *Art. 175 N 29*

Sachregister

- des Übernahmevertrages nach österreichischem Recht *Vorbem. Art. 175–183 N 349*

Ausscheidender Gesellschafter *Art. 181 N 44*

Ausschluss durch Vertrag *Vorbem. Art. 175–183 N 119*

B

Bauhandwerkerpfandrecht *Art. 178 N 81*
Baurecht, öffentliches *Art. 183 N 17*
Bedingte(s)
- Befreiungsversprechen *Vorbem. Art. 175–183 N 134*
- Schuld *Vorbem. Art. 175–183 N 155; Art. 179 N 55*
- Schuldübernahme *Art. 180 N 9, 14, 22*

Bedingung *Vorbem. Art. 175–183 N 134*
Befreiende Schuldübernahme *Art. 181 N 284*
Befreiung
- Begriff *Art. 175 N 2, 27 ff.*
- bei Nichtannahme durch den Gläubiger *Art. 177 N 64 f.*
- bei nichtpublizierter Vermögens-/Geschäftsübernahme *Art. 181 N 203*
- des Schuldners *Vorbem. Art. 175–183 N 51; Art. 175 N 110*

Befreiungs-
- angebot *Art. 175 N 16*
- klage *Art. 175 N 49, 73*
- versprechen *Vorbem. Art. 175–183 N 1, 17, 33, 42*
  - Abstraktheit oder Kausalität *Vorbem. Art. 175–183 N 59 ff., 82, 86*
  - angemessene Frist zur Erfüllung *Art. 175 N 97*
  - Anspruch des Schuldners *Vorbem. Art. 175–183 N 199*
  - Begriff *Vorbem. Art. 175–183 N 54 ff.*
  - deutsches Recht *Vorbem. Art. 175–183 N 340*
  - Einreden *Art. 179 N 89 ff.*
  - Erbschaftsschulden *Art. 183 N 19*
  - Erfüllung *Art. 175 N 97*
  - Form *Vorbem. Art. 175–183 N 121 ff., 126, 130*
  - Gültigkeit *Vorbem. Art. 175–183 N 108; Art. 180 N 27*
  - Haftung *Art. 181 N 213*
  - Inhalt *Art. 175 N 36 ff., 65 ff.*
  - italienisches Recht *Vorbem. Art. 175–183 N 354*
  - Kausalität *Vorbem. Art. 175–183 N 76 ff.*
    - im Konkurs *Vorbem. Art. 175–183 N 201*
  - präparatorisches *Vorbem. Art. 175–183 N 88*
  - Rechtsgeschäft *Vorbem. Art. 175–183 N 59*
  - Rechtsgrundgeschäft *Vorbem. Art. 175–183 N 76, 80*
  - Rechtsnatur *Vorbem. Art. 175–183 N 46 ff., 76; Art. 175 N 2 ff., 88*
  - schenkungshalber *Vorbem. Art. 175–183 N 61*
  - Schuldinhalt *Vorbem. Art. 175–183 N 145 ff., 154*
  - und Schuldübernahme *Art. 176 N 7*
  - ungültigkeit *Art. 180 N 21*
  - Verhältnis zur Schuldübernahme *Vorbem. Art. 175–183 N 1 ff., 205; Art. 175 N 8*
  - Vertragsmängel *Vorbem. Art. 175–183 N 89*
  - Verzug *Art. 175 N 84, 109*
  - Vollstreckung *Art. 175 N 78*
  - Voraussetzungen *Art. 175 N 51*
  - Wirkung *Vorbem. Art. 175–183 N 272, 342; Art. 175 N 3 ff., 70 ff., 102*
    - für den Gläubiger *Art. 175 N 61 ff.*
    - bei Beibehaltungserklärung *Art. 183 N 54*
  - Zahlungsannahme *Vorbem. Art. 175–183 N 107*
  - zahlunghalber *Vorbem. Art. 175–183 N 137*
  - Zeitpunkt *Art. 175 N 91 ff., 95*
  - Zustandekommen *Art. 175 N 7, 28, 33*

Befriedigungsverpflichtung (dt. Recht) *Vorbem. Art. 175–183 N 340*
Beibehaltungserklärung s. auch Vermögens-, Geschäftsübernahme des Gläubigers *Art. 183 N 36, 43 ff.*

Sachregister

- Wirkung *Art. 183 N 51 ff.*

Beiordnung eines Schuldners durch den Richter *Vorbem. Art. 175–183 N 210, 251*

Beschlagnahme *Art. 176 N 29*

Besondere Natur des Geschäfts *Art. 177 N 7*

Bestärkende Schuldübernahme s. Schuldbeitritt

Bestechung *Vorbem. Art. 175–183 N 188; Art. 176 N 27*

Betreibung *Vorbem. Art. 175–183 N 190 ff.; Art. 175 N 118; Art. 176 N 61, 64, 84; Art. 180 N 59; Art. 181 N 260, 266; Art. 183 N 67*
- des Schuldners *Vorbem. Art. 175–183 N 169; Art. 176 N 19; Art. 180 N 56; Art. 183 N 56*

Betreibungs-
- und Konkursbeamter *Vorbem. Art. 175–183 N 113, 215; Art. 179 N 57, 93*
- kosten *Art. 181 N 100*

Beweislast
- für Mitteilung an den Gläubiger *Art. 183 N 60*
- mittel
  - Übergabepflicht *Art. 178 N 23*

Bilanzierungspflicht *Art. 181 N 92*

Bilanzverweis im Übernahmevertrag *Art. 181 N 120, 182, 197*

Bisheriger Schuldner s. Schuldner

Blanko
- abtretung *Art. 175 N 16, 20*
- befreiungsversprechen *Art. 175 N 15 ff., 20*
- schuldübernahme *Vorbem. Art. 175–183 N 163; Art. 176 N 51*

Bösgläubiger Gläubiger *Art. 180 N 28; Art. 181 N 302*

Bote *Art. 176 N 66*

Bürgschaft *Vorbem. Art. 175–183 N 197, 303 ff.; Art. 178 N 9, 23, 75 ff., 82 ff.*
- bei Grundpfandübernahme *Art. 183 N 61*
- formgültige Übertragung *Art. 178 N 103*
- in der Zwangsvollstreckung *Art. 183 N 69*
- Umwandlung einer Einzelfirma in eine Kommanditgesellschaft *Art. 182 N 60*

Bürgschafts-
- versprechen *Vorbem. Art. 175–183 N 127*

- vertrag
  - Auslegung *Vorbem. Art. 175–183 N 305 ff., 310*

Busse *Vorbem. Art. 175–183 N 114*

C

Cessio necessaria *Vorbem. Art. 175–183 N 261*

Constitutum debiti alieni s. Schuldbeitritt

Culpa in contrahendo *Art. 180 N 64*

D

Darlehen *Vorbem. Art. 175–183 N 63*

Dauerschuldverhältnis *Vorbem. Art. 175–183 N 117; Art. 181 N 41*

Dienstvorschrift *Art. 175 N 14, 45*

Dispositives Recht *Vorbem. Art. 175–183 N 4*

Drittpfand *Art. 178 N 13*

Drohung *Art. 180 N 17*

E

Ehegüterrecht
- intertemporales Recht *Vorbem. Art. 175–183 N 361*
- Gütergemeinschaft *Vorbem. Art. 175–183 N 178, 210; Art. 182 N 28*

Ehemalige Forderung *Vorbem. Art. 175–183 N 102*

Eigenschaft des Schuldners *Art. 178 N 57*

Eigentümerschuldbrief *Art. 183 N 36*

Eigentumsvorbehalt *Art. 180 N 40, 42*

Einredebeschränkung *Art. 179 N 4*

Einrede
- der Erfüllung *Art. 180 N 51*
- der Zahlungsunfähigkeit *Art. 179 N 42*
  - im spanischen Recht *Art. 180 N 11*
- des nichterfüllten Vertrages *Art. 175 N 108*
- aus dem
  - Befreiungsversprechen *Art. 179 N 4, 7(6), 8 , 12 ff., 90 ff.*
  - Schuldübernahmevertrag *Art. 179 N 7(4), 23 ff.*

Sachregister

- Schuldverhältnis *Art. 179 N 7(3), 32 ff., 65 ff., 80 ff.*
- zugrundeliegenden Rechtsgeschäft
  - des Befreiungsversprechens *Art. 179 N 7(7), 8, 83 ff.*
  - des Schuldübernahmevertrags *Art. 179 N 7(5), 8, 89 ff.*
  - weiteren Rechtsverhältnissen *Art. 179 N 26 ff.*
- des Übernehmers *Vorbem. Art. 175–183 N 82, 89, 95; Art. 175 N 67*
  - bei Vermögens-/Geschäftsübernahme *Art. 181 N 223, 298, 300, 303*
- persönliche
  - des Schuldners *Art. 179 N 7(1), 27, 72 ff.*
  - des Übernehmers *Art. 179 N 7(2), 19 ff., 30*
  - Übergang *Art. 179 N 30 ff.*
- ausschluss *Art. 179 N 84 ff.; Art. 181 N 301*
  - im Konkurs *Vorbem. Art. 175–183 N 201*
  - nicht bei der Vereinigung von Geschäften *Art. 182 N 34*
- der Unzuständigkeit *Art. 179 N 22*
- verzicht *Art. 179 N 64*

Einwendung s. auch Einreden *Art. 179 N 5*

Einzelfirma *Art. 182 N 18, 63*
- Übernahme eines bisherigen Gesellschaftsbetriebes *Art. 182 N 51*

Empfangsbedürftigkeit *Art. 176 N 81*
- der Mitteilung an den Gläubiger *Art. 183 N 46*

Englisches Recht *Vorbem. Art. 175–183 N 25*

Entlassungserklärung *Art. 176 N 74*

Entwehrung *Art. 183 N 56*

Erbschaft *Vorbem. Art. 175–183 N 220, 244*
- Schuldbeitritt *Vorbem. Art. 175–183 N 299*
- Stiftung *Art. 175 N 23*

Erbteilung *Vorbem. Art. 175–183 N 212; Art. 176 N 42; Art. 181 N 306; Art. 183 N 2, 18 ff.*
- durch Vertrag/Urteil *Vorbem. Art. 175–183 N 15; Art. 183 N 19*

Erfüllbarkeit *Vorbem. Art. 175–183 N 108*

Erfüllung(s)
- des Befreiungsversprechens *Vorbem. Art. 175–183 N 1*
- bei Vermögens-/Geschäftsübernahme *Art. 181 N 238*
- erwartung *Vorbem. Art. 175–183 N 50; Art. 176 N 8*
- ort *Art. 176 N 49*
- übernahme
  - anglo-amerikanisches Recht *Vorbem. Art. 175–183 N 357*
  - bedingte *Vorbem. Art. 175–183 N 85*
  - Begriff *Art. 175 N 46*
  - österreichisches Recht *Vorbem. Art. 175–183 N 347*
- versprechen s. Befreiungsversprechen
- deutsches Recht *Vorbem. Art. 175–183 N 340*

Ergänzende Willensäusserung *Art. 175 N 50*

Erlassvertrag *Art. 175 N 54; Art. 176 N 21, 24; Art. 179 N 51, 94; Art. 181 N 282 ff.*

Ermächtigung zur Einrede *Art. 179 N 43*

Ertragsgarantie *Art. 176 N 102*

Erwerbsgeschäft *Vorbem. Art. 175–183 N 50*

Exceptio de iure tertii *Art. 179 N 9*

Exkulpation *Art. 180 N 61 ff., 66*

Externe Schuldübernahme s. Schuldübernahme

F

Factoring *Vorbem. Art. 175–183 N 136*

Fälligkeit *Vorbem. Art. 175–183 N 156, 182; Art. 175 N 92 ff., 118*

Familienrechtliche Pflicht
- Unterhalt *Vorbem. Art. 175–183 N 109*
- andere *Vorbem. Art. 175–183 N 112*

Faustpfand
- Gläubigerwechsel *Art. 180 N 39, 42*
- Verkauf der Pfandsache *Art. 180 N 38, 42*
- Vermögens-/Geschäftsübernahme *Art. 181 N 285*
- Voraussetzungen *Art. 180 N 35, 38 ff.*

Fiduziarische Abtretung *Vorbem. Art. 175–183 N 102*

Sachregister

Firmenübertragung *Art. 181 N 67, 135*
Forderung
- künftige *Art. 176 N 36*

Form
- der Übertragung von Aktiven *Art. 181 N 131 ff.*
- des Schuldübernahmevertrages *Art. 181 N 126 ff.*
- freiheit *Vorbem. Art. 175–183 N 121*
- gültigkeit *Art. 179 N 46*
  - im internationalen Verhältnis *Vorbem. Art. 175–183 N 328*
  - Bürgschaft *Vorbem. Art. 175–183 N 124*
  - Schuldübernahme *Vorbem. Art. 175–183 N 124*
- vorbehalt, vertraglicher *Vorbem. Art. 175–183 N 330*
- vorschrift bei Grundpfandübernahme *Art. 183 N 26*

Frist(ansetzung)
- für Annahme *Art. 177 N 7 ff., 16, 20, 27, 33 ff.*
  - durch den Schuldner *Art. 177 N 26 ff., 46*
  - durch den Übernehmer *Art. 177 N 12, 46*
  - durch beide *Art. 177 N 48 ff.*
- Genehmigungsfrist bei Willensmängeln *Art. 179 N 25, 38, 40; Art. 180 N 19*
- Solidarfrist bei Übernahme eines Vermögens oder Geschäfts *Art. 181 N 6, 14, 139, 220, 231 ff., 241 ff.*
- zur Ablehnung des Grundpfandübernehmers *Art. 183 N 47*
- zur Befreiung des Schuldners *Art. 175 N 96, 98*
- für Widerspruch des Gläubigers *Vorbem. Art. 175–183 N 223; Art. 175 N 79*

Früchte *Art. 178 N 23; Art. 180 N 41, 42*
Furchterregung *Art. 180 N 18*
Fusion *Art. 182 N 13 f.*
- unechte *Art. 181 N 27*

G

Garantie *Art. 175 N 120*
- versprechen *Art. 178 N 82*
- vertrag *Vorbem. Art. 175–183 N 278*

Gefährdung des Übernehmers *Vorbem. Art. 175–183 N 266*
Genehmigungstheorie *Vorbem. Art. 175–183 N 343; Art. 179 N 2*
Genossenschaft *Art. 182 N 13 f.*
Gerichtsstand(s) *Vorbem. Art. 175–183 N 83; Art. 179 N 77*
- klausel *Art. 178 N 46, 51, 72*

Germanischer Rechtskreis *Vorbem. Art. 175–183 N 341 ff.*
- Befreiungsversprechen *Art. 175 N 10*

Gesamt
- eigentum
  - Kollektiv-/Kommanditgesellschaft *Art. 182 N 49*
- handsverhältnis *Vorbem. Art. 175–183 N 211*
- rechtsnachfolge *Vorbem. Art. 175–183 N 29, 173, 217 ff., 243 ff.; Art. 181 N 38, 228*

Geschäft(s) *Art. 181 N 76 ff., 93; Art. 182 N 17 f.*
- führung ohne Auftrag *Vorbem. Art. 175–183 N 263; Art. 175 N 68, 88*
- teil *Art. 181 N 78*
- übernahme *Vorbem. Art. 175–183 N 30, 144*
  - Aktienkauf *Art. 181 N 47*
  - Anwendungsfälle *Art. 181 N 24 ff.*
  - Auflösung im Handelsregister *Art. 181 N 88*
  - Beibehaltungserklärung *Art. 181 N 262 ff.*
  - durch öffentlich-rechtliche Körperschaft *Art. 181 N 48*
  - Frist bei solidarischer Haftung *Art. 181 N 232, 241 ff., 244, 258*
    - Unterbrechung *Art. 181 N 260 ff.*
  - Gegenstand *Art. 181 N 90 ff.*
  - Haftung des Uebernehmers *Art. 181 N 222 ff., 226*
  - internationales Privatrecht *Vorbem. Art. 175–183 N 335*
  - Kausalität *Vorbem. Art. 175–183 N 94*
  - Mitteilung s. Mitteilung an den Gläubiger
  - Publizitätsvorschriften *Vorbem. Art. 175–183 N 74*
  - Rechtsnatur *Art. 181 N 9*
  - Täuschung des Gläubigers *Art. 181 N 196*

Sachregister

- Umfang *Art. 181 N 96 ff., 201*
- ungültige *Art. 181 N 286*
- Voraussetzungen *Art. 181 N 183*
- Wirkungen *Art. 181 N 11, 18, 67 ff., 174 ff., 209*
  - prozessuale *Art. 181 N 227 ff.*
  - Zeitpunkt *Art. 181 N 190 ff.*
- übertragung *Art. 182 N 11*

Gesellschafterwechsel *Art. 182 N 12, 51, 53*
Gesellschaftseintritt *Art. 181 N 25*
Gesetzessystematik *Vorbem. Art. 175–183 N 1 ff.*
Gesetzlicher Schuldübergang *Art. 181 N 6, 8; Art. 182 N 48*
Gestaltungsrecht *Art. 176 N 16; Art. 178 N 22, 52 ff.*
- Einbusse durch Schuldübernahme *Art. 180 N 53*

Gläubiger
- Stellung beim Befreiungsversprechen *Art. 175 N 38, 41 ff.*
- begünstigung *Vorbem. Art. 175–183 N 183*
- schutz
  - bei Vermögens-/Geschäftsübernahme *Art. 181 N 3 ff.*
- verzug *Art. 175 N 48, 110*

Global(e)
- abtretung *Art. 181 N 134*
- Schuldübernahme *Vorbem. Art. 175–183 N 144*
- Zustimmung des Gläubigers *Art. 175 N 59*

Grund
- buch *Art. 181 N 133; Art. 183 N 34, 38 ff.*
- pfand *Vorbem. Art. 175–183 N 65, 74; Art. 176 N 88*
  - gesetzliches *Art. 178 N 23*
  - Gläubigerwechsel *Art. 180 N 39, 42*
  - und Vermögens-/Geschäftsübernahme *Art. 181 N 308*
  - Verkauf der Pfandsache *Art. 180 N 38, 42*
  - Voraussetzungen *Art. 180 N 35*
  - übernahme s. auch Hypothekenübernahme *Art. 183 N 2 f., 7, 24 ff.*
    - in der Zwangsvollstreckung *Art. 183 N 66 ff.*
    - Parteien *Art. 183 N 35*

- Rechtsnatur *Art. 183 N 27, 29*
- verschreibung s. auch Grundpfandübernahme *Vorbem. Art. 175–183 N 169, 197; Art. 175 N 36; Art. 183 N 32, 35*
- verwertung *Art. 183 N 62*

Grundstück
- handel *Art. 175 N 102*
- kauf *Vorbem. Art. 175–183 N 126, 328*
- verkehr *Art. 183 N 28, 35*

Gründungsschulden *Vorbem. Art. 175–183 N 179, 267*
Gült *Vorbem. Art. 175–183 N 172; Art. 183 N 63 ff.*
Gute Sitten *Vorbem. Art. 175–183 N 111*
Gütergemeinschaft (Ehe) *Vorbem. Art. 175–183 N 178; Art. 182 N 28*
Gutgläubiger Dritter *Art. 180 N 1, 37 ff., 45, 55; Art. 181 N 304*

H

Haftung
- ehemaliger Gesellschafter/Inhaber *Art. 182 N 43*
- im Konkurs des Schuldners *Art. 183 N 68*
- nach einer Vereinigung von Geschäften *Art. 182 N 37*
- von Gesellschaftern *Art. 182 N 40*

Handelsgericht *Art. 178 N 71*
Handlungsfähigkeit *Vorbem. Art. 175–183 N 99; Art. 179 N 45*
Haustürgeschäfte *Vorbem. Art. 175–183 N 363*
Hinterlage *Vorbem. Art. 175–183 N 266*
Hinterlegung *Vorbem. Art. 175–183 N 81, 92; Art. 175 N 48; Art. 176 N 28, 35*
Hotelbetrieb *Art. 181 N 84*
Hypothek *Art. 175 N 97*
Hypothekenübernahme *Vorbem. Art. 175–183 N 3; Art. 183 N 2*

I

Immaterialgüterrecht *Art. 181 N 135*
Internationales Privatrecht *Vorbem. Art. 175–183 N 323 ff.*

Sachregister

Interne
- Rechnungsverhältnisse *Art. 175 N 14, 45*
- Schuldübernahme s. auch Befreiungsversprechen *Vorbem. Art. 175–183 N 210, 212*

Intertemporales Recht *Vorbem. Art. 175–183 N 359*
- bei internationalem Privatrecht *Vorbem. Art. 175–183 N 365*

Inter-
- venient *Vorbem. Art. 175–183 N 21*
- vention *Art. 175 N 34*
- zedent *Vorbem. Art. 175–183 N 21*
- zession *Art. 175 N 34*
- zessionsgeschäft *Vorbem. Art. 175–183 N 288*

Irrtum *Art. 180 N 17*
- des Übernehmers *Art. 179 N 86, 91*
- im Motiv *Art. 180 N 23*
- über die Gültigkeit der Schuldübernahme *Art. 180 N 61, 65*

Italienisches Recht *Vorbem. Art. 175–183 N 24, 354 ff.*

J

Juristische Person *Art. 175 N 12 ff., 43 ff.*

K

Kannvorschrift
- Antrag auf Schuldübernahme *Art. 176 N 65*
- Annahme des Antrags *Art. 176 N 80*

Kauf *Vorbem. Art. 175–183 N 65 ff., 86; Art. 176 N 16; Art. 181 N 25*
- Mängelhaftung *Art. 179 N 57*
- Minderung *Art. 179 N 57*
- preisschuld *Art. 179 N 37*
- Wandelung *Art. 179 N 37*

Kausalität
- Befreiungsversprechen *Vorbem. Art. 175–183 N 76 ff.*
- Begriff *Vorbem. Art. 175–183 N 69*
- der Vermögens-/Geschäftsübernahme *Art. 181 N 28*
- und Gläubigerstellung *Vorbem. Art. 175–183 N 78*
- und Schuldnerstellung *Vorbem. Art. 175–183 N 77*
- Schuldübernahme *Vorbem. Art. 175–183 N 90*
  - vereinbarte *Vorbem. Art. 175–183 N 91*
- Wirkungen *Art. 180 N 6, 26*

Ketten
- befreiungsversprechen *Art. 177 N 55 ff.*
- schuldübernahme *Vorbem. Art. 175–183 N 143; Art. 175 N 60; Art. 177 N 57; Art. 180 N 25*
  - beim Grundpfand *Art. 183 N 50, 53*
  - Vermögen oder Geschäft *Art. 181 N 293*

Klage
- auf Schuldübernahme *Vorbem. Art. 175–183 N 269*
- auf Zahlung an Dritte *Art. 175 N 75*
- des Gläubigers *Art. 176 N 86*

Kollektivgesellschaft *Vorbem. Art. 175–183 N 292; Art. 179 N 17; Art. 181 N 45 ff.; Art. 182 N 16, 18*
- aufgelöste *Art. 182 N 51*
- Gesamteigentum *Art. 182 N 49, 57*

Kollokationsplan *Vorbem. Art. 175–183 N 202*

Kommanditaktiengesellschaft *Vorbem. Art. 175–183 N 293; Art. 182 N 13 ff.*
- gesellschaft *Art. 182 N 16, 18*
  - Gesamteigentum *Art. 182 N 57*

Kompensationsvertrag *Art. 175 N 55*

Konkurrenzverbot *Art. 178 N 23, 43; Art. 181 N 116, 124*

Konkurs *Vorbem. Art. 175–183 N 104*
- des Schuldners bei Vermögensübernahme *Art. 181 N 230*
- betrügerischer *Vorbem. Art. 175–183 N 186*
- des Bürgen *Art. 180 N 55*
- des Schuldners *Vorbem. Art. 175–183 N 199*
- des Übernehmers *Vorbem. Art. 175–183 N 200; Art. 176 N 89*
- eingabe *Art. 176 N 84*

Konsumationsschuld *Art. 176 N 26*

Konventionalstrafe *Vorbem. Art. 175–183 N 38, 135, 153; Art. 178 N 20, 23, 31 ff.; Art. 181 N 100*
- nicht verfallene *Art. 178 N 31 ff.*

Kreditvertrag *Art. 181 N 98 ff.*

313

Sachregister

Kumulationsstatut *Vorbem. Art. 175–183 N 323*
Kumulative Schuldübernahme s. Schuldbeitritt
Kündigung *Art. 176 N 84, 105*
Künftige
- Forderung *Art. 176 N 36*
- Schuld *Vorbem. Art. 175–183 N 156; Art. 181 N 114*

L

Leasingvertrag *Vorbem. Art. 175–183 N 234*
Legalabtretung *Vorbem. Art. 175–183 N 250; Art. 181 N 65*
Leibrente *Art. 181 N 25*
Letztwillige Verfügung *Vorbem. Art. 175–183 N 125*
Liberierungspflicht *Vorbem. Art. 175–183 N 166 ff.*
Lieferung *Art. 176 N 58*
Liefervertrag *Vorbem. Art. 175–183 N 232*
Liquidation *Art. 182 N 38*
Lizenzvertrag *Vorbem. Art. 175–183 N 232, 234*
Lohn
- forderung *Art. 178 N 64 ff.*
- schuld *Vorbem. Art. 175–183 N 37; Art. 176 N 20*

Löschung des Schuldners im Handelsregister *Art. 181 N 21*

M

Mahnung *Art. 176 N 84*
Marginale *Vorbem. Art. 175–183 N 1*
Markenübertragung *Art. 181 N 69*
Matronatserklärung *Vorbem. Art. 175–183 N 289*
Mehrfachübernahme *Vorbem. Art. 175–183 N 142*
Mehrheit von Gläubigern *Art. 175 N 42*
Miet(e) *Vorbem. Art. 175–183 N 232, 234, 245, 252*
- abtretung *Vorbem. Art. 175–183 N 362*
- französisches Recht *Vorbem. Art. 175–183 N 353*

- vertrag *Art. 181 N 41*
Miteigentum *Vorbem. Art. 175–183 N 211*
Miterbenhaftung *Art. 178 N 81*
Mitgliedschaftsrechte *Art. 181 N 98*
Mitteilung an den Gläubiger *Art. 176 N 55, 57*
- amtliche des Grundbuchverwalters *Art. 183 N 38, 40 ff.*
- an den Schuldner *Art. 175 N 53; Art. 176 N 111*
- Auslegung *Art. 181 N 148 ff., 153 ff., 192 ff.*
- der Vereinigung von Geschäften *Art. 182 N 24 ff., 44 ff.*
- der Vermögens-/Geschäftsübernahme *Art. 181 N 10, 13, 136 ff., 158 ff., 249 ff.*
- durch den Übernehmer *Art. 181 N 140 ff.*
- Empfangsbedürftigkeit *Art. 181 N 161, 168*
- fehlende oder eingeschränkte *Art. 181 N 178, 185*
- Form *Art. 181 N 162*
- Grundpfandübernahme *Art. 183 N 24*
- Inhalt *Art. 181 N 143, 154 ff.*
- Klage *Art. 181 N 139*
- Rechtswirkungen *Art. 181 N 187 ff.*
- unrichtige *Art. 181 N 212*
  - bei Vermögens-/Geschäftsübernahme *Art. 181 N 192 ff., 218 ff.*
Motivirrtum *Art. 180 N 23*

N

Nachlass
- dividende *Art. 176 N 101*
- verbindlichkeit (dt. Recht) *Art. 183 N 7*
- vertrag *Art. 181 N 4, 25, 224*
Natural
- obligation *Vorbem. Art. 175–183 N 149*
- teilung *Vorbem. Art. 175–183 N 212*
Nebenrechte *Vorbem. Art. 175–183 N 38*
- Arten *Art. 180 N 38 ff.*
- bei Grundpfandübernahme *Art. 183 N 7 ff.*
- bei Schuldbeitritt *Vorbem. Art. 175–183 N 298*
- bei Schuldübernahme *Art. 178 N 87*

Sachregister

- Bestand *Art. 180 N 35*
- im engeren Sinne *Art. 178 N 23 ff.*
- im Konkurs *Art. 178 N 99*
- im weiteren Sinne *Art. 178 N 22 ff., 56*
- Übergang von Gesetzes wegen *Art. 178 N 27*
- Verknüpfung mit Schuldner *Art. 178 N 56 ff.*
  - Konkursprivilegien *Art. 178 N 66 ff.*
  - bei Vermögens-/Geschäftsübernahme *Art. 181 N 294 ff.*
- Wiederaufleben *Art. 180 N 33 ff., 36*

Negotia pendentia *Vorbem. Art. 175–183 N 359*

Neuerung *Vorbem. Art. 175–183 N 7, 35, 274; Art. 175 N 6, 36, 54; Art. 176 N 106; Art. 178 N 3, 40; Art. 179 N 52*
- anglo-amerikanisches Recht *Vorbem. Art. 175–183 N 357*
- französisches Recht *Vorbem. Art. 175–183 N 352*
- italienisches Recht *Vorbem. Art. 175–183 N 354*
- österreichisches Recht *Vorbem. Art. 175–183 N 350*
- spanisches Recht *Vorbem. Art. 175–183 N 356*

Nicht
- schuldner *Art. 175 N 26*
- erfüllung *Vorbem. Art. 175–183 N 152*

Nichtigkeit
- des Befreiungsversprechens *Vorbem. Art. 175–183 N 118*
- der Schuld *Vorbem. Art. 175–183 N 41, 111*
- der Schuldübernahme *Art. 180 N 16*
- des Vertrages *Art. 179 N 46*

Notbedarf *Art. 180 N 59*

Notwendige Schuldübernahme *Vorbem. Art. 175–183 N 171, 213, 261 ff.*

Novation s. Neuerung

Nutzniessung *Vorbem. Art. 175–183 N 103, 161; Art. 181 N 49*

O

Öffentlich(er)
- -rechtliche Schuld *Vorbem. Art. 175–183 N 110*
- Kredit *Art. 181 N 4*

Ortsgebrauch *Art. 181 N 163*

P

Pacht *Vorbem. Art. 175–183 N 253*

Parteiwechsel im Prozess *Vorbem. Art. 175–183 N 205; Art. 180 N 60; Art. 181 N 227 ff.*

Passiven
- Übergang *Art. 181 N 209(2)*
- Einschränkung der Übernahme *Art. 181 N 118 ff., 182*
- übernahme
  - Auslegung des Vertrages *Art. 181 N 104 ff.*
- Umfang *Art. 181 N 109 ff.*

Patronatserklärung *Vorbem. Art. 175–183 N 289*

Paulianische Anfechtung *Vorbem. Art. 175–183 N 180*

Persönlich(e)
- zu erfüllende Schuld *Art. 181 N 123*
- Leistungspflicht *Vorbem. Art. 175–183 N 108, 117, 148; Art. 176 N 9*
- keitsrechte *Art. 181 N 98*

Pfand
- haftung *Art. 178 N 9*
- recht *Art. 178 N 23, 75 ff.*
  - formgültige Übertragung *Art. 178 N 100 ff.*
  - gesetzliches *Art. 178 N 41, 81*
  - im Konkurs *Art. 178 N 99*
  - vertragliches *Art. 178 N 39*
- schuld *Vorbem. Art. 175–183 N 103, 161*
  - bei Erbschaft *Vorbem. Art. 175–183 N 168*
- verwertung *Art. 175 N 81*

Pfändungs
- betrug *Vorbem. Art. 175–183 N 186*
- privilegien *Art. 178 N 63 ff.*

Präparatorische(s)
- Befreiungsversprechen *Art. 175 N 6, 8*
- Schuldübernahme *Art. 181 N 12*

Privative s. bei Schuldübernahme

Privilegien des Schuldners *Art. 179 N 65, 78*

Procurator in rem suam *Vorbem. Art. 175–183 N 8*

Sachregister

R

Rangprivileg *Art. 180 N 59*
Rechnungslegung, Pflicht zur *Art. 178 N 23*
Rechts
- fähigkeit *Vorbem. Art. 175–183 N 98; Art. 179 N 44*
- grundgeschäft *Art. 175 N 100*
- hängigkeit *Vorbem. Art. 175–183 N 206*
- kraft *Art. 179 N 60*
- kreise *Vorbem. Art. 175–183 N 340 ff.*
- natur der Schuldübernahme *Vorbem. Art. 175–183 N 46 ff., 145 ff.*
- öffnung *Vorbem. Art. 175–183 N 192*
- vorschlag *Art. 176 N 61*
- wahl *Vorbem. Art. 175–183 N 324*

Regress s. Rückgriff
Retentionsrecht *Art. 178 N 23, 41, 62, 79*
Richterliche
- Ermächtigung zur Drittleistung *Art. 175 N 77*
- Schuldübertragung *Vorbem. Art. 175–183 N 210 ff.*
- Vertragsübertragung *Vorbem. Art. 175–183 N 214, 256*

Römisches Recht *Vorbem. Art. 175–183 N 7*
Rück
- gängigmachung *Art. 180 N 8*
- griff *Vorbem. Art. 175–183 N 132; Art. 175 N 83, 99*
  - auf den Schuldner *Art. 181 N 180 f., 184*
- tritt vom Schuldübernahmevertrag *Art. 180 N 9, 21, 55*
- trittsrecht *Art. 180 N 14*
- übernahme s. Schuldrückübernahme
- übertragung *Art. 181 N 102*
  - bei Vermögens-/Geschäftsübernahme *Art. 181 N 246*
- wirkung *Art. 176 N 37 ff.*

S

Sach
- einlage/-übernahme *Art. 182 N 11*
- zusammenhang *Vorbem. Art. 175–183 N 325*

Schaden *Art. 180 N 50*
- ersatz *Art. 175 N 85; Art. 178 N 36*
  - bei Dahinfallen des Übernahmevertrages *Art. 180 N 46 ff.*

Schenkung(s) *Vorbem. Art. 175–183 N 64, 328; Art. 176 N 21, 26 ff.; Art. 179 N 15; Art. 181 N 25, 128*
- Anfechtung *Art. 179 N 76*
- Auflage *Art. 179 N 62*
- versprechen *Vorbem. Art. 175–183 N 127*

Schiedsklausel *Art. 178 N 46, 50*
Schriftform *Art. 181 N 130*
- bei Abtretung *Art. 181 N 134*
- der Ablehnung der Grundpfandübernahme *Art. 183 N 48*

Schuld *Art. 175 N 31 ff.*
- Bestimmbarkeit *Vorbem. Art. 175–183 N 163*
- anerkennung *Vorbem. Art. 175–183 N 315*
- befreiungsvertrag s. Befreiungsversprechen
- beitritt *Vorbem. Art. 175–183 N 45, 140, 174, 278 ff.; Art. 181 N 37*
  - anglo-amerikanisches Recht *Vorbem. Art. 175–183 N 357*
  - und Bürgschaft/Pfand *Art. 178 N 77*
  - deutsches Recht *Vorbem. Art. 175–183 N 345*
  - Form *Vorbem. Art. 175–183 N 123, 296 ff., 304*
  - italienisches Recht *Vorbem. Art. 175–183 N 354*
  - nachfolgender *Vorbem. Art. 175–183 N 290*
  - Nebenrechte *Art. 178 N 14*
  - österreichisches Recht *Vorbem. Art. 175–183 N 349*
  - Rechtsnatur *Vorbem. Art. 175–183 N 281*
  - simultaner *Vorbem. Art. 175–183 N 290*
  - bei Vereinigung von Geschäften *Art. 182 N 33*
  - Verhältnis
    - zur Bürgschaft *Vorbem. Art. 175–183 N 303 ff.*
    - zur Schuldübernahme *Vorbem. Art. 175–183 N 285, 291, 300*
  - bei Vermögens-/Geschäftsübernahme *Art. 181 N 7, 215, 220*

Sachregister

- Wirkung *Vorbem. Art. 175–183 N 298 f.*
- Zweck *Vorbem. Art. 175–183 N 284*
- brief s. auch Grundpfandübernahme *Vorbem. Art. 175–183 N 169; Art. 183 N 32, 35*
- eintritt *Vorbem. Art. 175–183 N 115*
- erlass *Vorbem. Art. 175–183 N 49*
- mitübernahme s. Schuldbeitritt
- nachlass *Art. 179 N 74*
- rückübernahme *Vorbem. Art. 175–183 N 139; Art. 178 N 87*
- streitige *Vorbem. Art. 175–183 N 157*
- übergang, gesetzlicher *Vorbem. Art. 175–183 N 165 ff., 175; Art. 181 N 6, 8*
- übernahme
  - abgeschwächte *Vorbem. Art. 175–183 N 140*
  - Abstraktheit
    - für den Übernehmer *Vorbem. Art. 175–183 N 82, 89*
    - oder Kausalität *Vorbem. Art. 175–183 N 59 ff.*
  - an Zahlungs Statt *Vorbem. Art. 175–183 N 64*
  - Annahme *Art. 177 N 15, 19*
  - Antrag *Art. 176 N 52*
  - Auslegung *Art. 176 N 46 ff.*
  - bedingte *Vorbem. Art. 175–183 N 134*
  - Befreiung des Schuldners *Art. 181 N 274*
  - und Bürgschaft *Vorbem. Art. 175–183 N 189*
  - Definition *Vorbem. Art. 175–183 N 34, 54 ff.*
  - deutsches Recht *Vorbem. Art. 175–183 N 342*
  - Form *Vorbem. Art. 175–183 N 121 ff., 126, 131; Art. 181 N 126 ff.*
  - gegenüber sich selbst *Art. 175 N 12*
  - Historisches *Vorbem. Art. 175–183 N 7 ff.*
  - im Konkurs *Vorbem. Art. 175–183 N 93, 95*
  - Inhalt *Vorbem. Art. 175–183 N 278 f., 286 f.; Art. 176 N 43*
  - Interessenlage *Vorbem. Art. 175–183 N 71 ff.*
  - Kausalität *Vorbem. Art. 175–183 N 90; Art. 176 N 24*
- österreichisches Recht *Vorbem. Art. 175–183 N 348*
- Rechtsgrund *Vorbem. Art. 175–183 N 88*
- Rechtsnatur *Vorbem. Art. 175–183 N 46 ff., 88; Art. 176 N 44; Art. 180 N 4, 29*
- Schuldinhalt *Vorbem. Art. 175–183 N 145 ff., 154*
- translative *Vorbem. Art. 175–183 N 30*
- uneigentliche s. Befreiungsversprechen
- unentgeltliche *Vorbem. Art. 175–183 N 181*
- Ungültigkeit *Art. 180 N 7*
- unter Anwesenden *Art. 177 N 8*
- unter Ehegatten *Art. 178 N 73 f.*
- Verhältnis zu
  - Befreiungsversprechen *Vorbem. Art. 175–176 N 1 ff.*
  - Garantievertrag *Vorbem. Art. 175–183 N 277*
  - Neuerung *Vorbem. Art. 175–183 N 274*
  - Schuldbeitritt *Vorbem. Art. 175–183 N 285, 291, 300*
  - Vertrag
    - auf Leistung an einen Dritten *Vorbem. Art. 175–183 N 273*
    - zugunsten Dritter *Vorbem. Art. 175–183 N 270*
- Voraussetzungen *Vorbem. Art. 175–183 N 97, 154*
- Wirkungen *Vorbem. Art. 175–183 N 38 ff.; Art. 176 N 14, 31 ff.*
  - auf Nebenrechte *Art. 178 N 16 ff.*
  - auf Bürgen *Art. 178 N 85*
- wirtschaftliches Motiv *Vorbem. Art. 175–183 N 57*
- zahlungshalber *Vorbem. Art. 175–183 N 64, 137*
- Zustandekommen *Art. 175 N 33; Art. 177 N 17*
- übertragung *Vorbem. Art. 175–183 N 33*
- verjährte *Vorbem. Art. 175–183 N 162*

Schuldner
- mehrheit *Art. 175 N 25*
- und Verpflichtung aus der Schuldübernahme *Art. 175 N 66*

Sachregister

- als Vertreter des Übernehmers *Art. 176 N 66*
- wechsel *Art. 176 N 3 ff., 13 ff.*

Selbstkontrahieren *Vorbem. Art. 175–183 N 101*

Sicherheit *Art. 175 N 99; Art. 176 N 85*
- aus Befreiungsversprechen im Liegenschaftenhandel *Art. 183 N 27*
- Verlust durch Schuldübernahme *Art. 180 N 46 ff., 54, 67*

Sicherstellung(s) *Art. 175 N 78, 96, 102, 106 ff., 114 ff.*
- bei der Erbteilung *Vorbem. Art. 175–183 N 212*
- anspruch *Vorbem. Art. 175–183 N 190; Art. 178 N 23*

Sicherung *Art. 178 N 13, 38, 68*
- der Schuld *Vorbem. Art. 175–183 N 312*

Simulation *Art. 177 N 61; Art. 179 N 46; Art. 181 N 183 f.*

Sittenwidrigkeit *Art. 179 N 46*

Sittliche Pflicht *Vorbem. Art. 175–183 N 129*

Solidarbürgschaft *Art. 178 N 84*

Solidarität *Vorbem. Art. 175–183 N 241, 308; Art. 175 N 83, 87, 89*
- Befristung *Art. 180 N 7; Art. 181 N 209; Art. 183 N 22 f.*
- bei Erbteilung *Vorbem. Art. 175–183 N 168, 212; Art. 183 N 18 ff.*
- bei Umwandlung in eine Aktiengesellschaft *Art. 182 N 50*
- bei Vermögens-/Geschäftsübernahme *Vorbem. Art. 175–183 N 254; Art. 181 N 58, 114, 142, 181, 196, 209(3), 211, 215, 237*
  - Beginn *Art. 181 N 249 ff., 255 ff.*
  - internes Verhältnis *Art. 181 N 291*
  - Wegbedingung *Art. 181 N 281 f.*
  - Wegfall *Art. 181 N 274 f.*
- Kollektivgesellschaft *Vorbem. Art. 175–183 N 292*
- Kommanditaktiengesellschaft *Vorbem. Art. 175–183 N 293*
- bei Schuldbeitritt *Vorbem. Art. 175–183 N 281 ff., 298*
- bei Vereinigung von Geschäften *Art. 182 N 39*
- beim Versicherungsvertrag *Vorbem. Art. 175–183 N 294*

Solidarschuld *Vorbem. Art. 175–183 N 141, 160, 241, 275; Art. 175 N 69, 89; Art. 178 N 83; Art. 179 N 10*
- bei Geschäft unter Lebenden *Art. 181 N 50*
- bei Vermögens-/Geschäftsübernahme *Art. 181 N 7, 18*

Staatsverträge *Vorbem. Art. 175–183 N 330*

Stellvertretung *Vorbem. Art. 175–183 N 101, 262; Art. 181 N 207*

Steuerschuld *Vorbem. Art. 175–183 N 110*

Stiftung *Art. 175 N 23*

Still(e)
- schweigen *Art. 177 N 44*
  - des Gläubigers *Art. 177 N 8, 42*
    - bei Grundpfandübernahme *Art. 183 N 45, 58*
- Zahlung bei Befreiungsversprechen *Vorbem. Art. 175–183 N 115, 138, 302*

Stundung *Vorbem. Art. 175–183 N 194, 205; Art. 176 N 84, 105; Art. 179 N 20, 49*

Subrogation *Art. 176 N 40*

Sukzession(s) *Vorbem. Art. 175–183 N 35, 56*
- vertrag *Vorbem. Art. 175–183 N 18*

SWIFT-System *Vorbem. Art. 175–183 N 330*

Synallagmatischer Vertrag *Art. 175 N 102*

T

Täuschung, absichtliche *Art. 180 N 17 ff.*
Tausch *Art. 181 N 25*
Teil
- schuld *Vorbem. Art. 175–183 N 159; Art. 175 N 52*
- schuldübernahme *Art. 178 N 21*
- zahlung *Art. 176 N 59, 97*

Teilung von Gemeinschaftsvermögen *Vorbem. Art. 175–183 N 209*

Theorie der Kollektivofferte *Art. 179 N 2*

Sachregister

U

Übernahme von Aktiven und Passiven
s. auch Aktiven, Passiven, Geschäftsbetrieb
Übervorteilung *Art. 179 N 36*
Übernahme
- einer Aktiengesellschaft *Vorbem. Art. 175–183 N 221 ff.*
- einer Genossenschaft *Vorbem. Art. 175–183 N 221, 224 f.*
- mit Aktiven und Passiven *Vorbem. Art. 175–183 N 14*

Übernehmer *Art. 175 N 12 ff.*
- Begriff *Art. 176 N 63*
- bei Geschäfts-/Vermögensübernahme *Art. 181 N 186 ff.*
- Bestimmbarkeit *Art. 175 N 17, 21*

Übertragbarkeit einer Schuld *Vorbem. Art. 175–183 N 287*
Umstände *Art. 177 N 7*
Umwandlung
- einer Aktiengesellschaft *Vorbem. Art. 175–183 N 223, 248*
- von Geschäften *Vorbem. Art. 175–183 N 144*

Uneigentliche Schuldübernahme s. Befreiungsversprechen
Unentgeltliche Schuldübernahme *Vorbem. Art. 175–183 N 181*
Unerlaubte Handlung *Vorbem. Art. 175–183 N 150*
Ungerechtfertigte Bereicherung *Vorbem. Art. 175–183 N 151; Art. 175 N 86; Art. 176 N 39; Art. 179 N 92*
Ungetreue Geschäftsführung *Vorbem. Art. 175–183 N 185*
Ungültigkeit der Schuldübernahme
- Wirkungen *Art. 180 N 29 ff.*

Universalsukzession s. Gesamtrechtsnachfolge
Unklagbarkeit *Art. 179 N 59*
Unmöglichkeit der Erfüllung *Art. 179 N 46; Art. 180 N 20*
Unterbrechung der Verjährung *Vorbem. Art. 175–183 N 320*
Unterlassungspflicht *Vorbem. Art. 175–183 N 147*
Unternehmenskauf *Art. 181 N 24*
Unverbindlichkeit, einseitige *Art. 179 N 47*
Unzuständigkeitseinrede *Art. 179 N 22*

Urkundenfälschung *Vorbem. Art. 175–183 N 187*
Urteil *Vorbem. Art. 175–183 N 207*

V

Vereinigung *Art. 179 N 53*
- von Geschäften
  - Begriff *Art. 182 N 16 ff.*
  - Einreden *Art. 182 N 34*
  - und Geschäftsübernahme *Art. 182 N 5, 9, 32*
  - Gesellschafterwechsel *Art. 182 N 43*
  - Umfang der Schuldübernahme *Art. 182 N 41 ff.*
  - und Vermögensübernahme *Art. 182 N 32*
  - und Vertragsübernahme *Art. 182 N 10*
  - Voraussetzungen *Art. 182 N 9*
  - Zeitpunkt des Übergangs *Art. 182 N 24 ff., 44 f.*

Verfügungsgeschäft *Art. 176 N 5*
Verfügungsmacht *Vorbem. Art. 175–183 N 102; Art. 175 N 56*
- beschränkte *Vorbem. Art. 175–183 N 103 f.*

Verfügungstheorie *Vorbem. Art. 175–183 N 11*
Vergleich *Art. 176 N 41 Art. 181; N 25*
Verjährung *Vorbem. Art. 175–183 N 319 ff.; Art. 179 N 55; Art. 181 N 273, 276 ff.*
- Frist *Art. 181 N 242, 245*
- Schuld *Vorbem. Art. 175–183 N 162*

Verkehrssicherheit *Vorbem. Art. 175–183 N 74; Art. 181 N 243*
Verlagsvertrag *Vorbem. Art. 175–183 N 214*
Vermögen(s)
- abtretung *Art. 181 N 29*
  - Anwendungsfälle *Art. 181 N 24 ff.*
    - einer Körperschaft *Art. 181 N 43*
- Begriff *Art. 181 N 71 ff., 90, 93*
- Beibehaltungserklärung *Art. 181 N 262 ff.*
- Frist solidarischer Haftung *Art. 181 N 232, 241 ff., 244, 258*
  - Unterbrechung *Art. 181 N 260 ff.*
- gegenseitige *Art. 181 N 23*
- Gegenstand *Art. 181 N 90*

Sachregister

- Haftung des Übernehmers *Art. 181 N 222 ff., 226*
- internationale Zuständigkeit *Vorbem. Art. 175–183 N 328*
- Kausalität *Vorbem. Art. 175–183 N 94*
- Mitteilung s. Mitteilung an den Gläubiger
- prozessuale Wirkungen *Art. 181 N 227 ff.*
- Rechtsfolgen *Art. 181 N 209*
- Rechtsnatur *Art. 181 N 9*
- Täuschung des Gläubigers *Art. 181 N 196, 221*
- Uebernahme *Vorbem. Art. 175–183 N 30, 144; Art. 181 N 90 ff.*
- Umfang *Art. 181 N 201*
- Ungültigkeit *Art. 181 N 286, 304 ff.*
- Voraussetzungen *Art. 181 N 183*
- Wirkung *Art. 181 N 11, 18, 174 ff.*
- Zeitpunkt *Art. 181 N 190 ff.*
- zeitweilige *Art. 181 N 29, 102*

Verpflichtungsgeschäft *Art. 175 N 27; Art. 176 N 6*

Verpfründung *Art. 181 N 25, 129*

Verrechnung *Vorbem. Art. 175–183 N 37, 62; Art. 175 N 36, 54 f.; Art. 176 N 32, 35, 107; Art. 179 N 18, 22, 31, 54, 75, 81; Art. 181 N 180*
- bei Vermögens-/Geschäftsübernahme *Art. 181 N 299*

Versicherungsvertrag *Vorbem. Art. 175–183 N 234, 247, 255, 294; Art. 176 N 100*

Versprechen *Art. 175 N 21, 28, 33*

Vertrag(s)
- auf Leistung an einen Dritten *Vorbem. Art. 175–183 N 273*
- zugunsten Dritter *Vorbem. Art. 175–183 N 10, 270 ff.; Art. 175 N 5, 39, 62*
- beitritt *Vorbem. Art. 175–183 N 226 ff., 301*
  - Gestaltungsrechte *Vorbem. Art. 175–183 N 240*
  - Inhalt *Vorbem. Art. 175–183 N 242*
  - Rechtsnatur *Vorbem. Art. 175–183 N 239*
- rechte *Art. 179 N 41*
- theorie *Vorbem. Art. 175–183 N 12, 342; Art. 181 N 3*
- übergang, gesetzlicher *Vorbem. Art. 175–183 N 243 ff.*
- übernahme *Vorbem. Art. 175–183 N 31; Art. 182 N 10*
- Arbeitsvertrag *Vorbem. Art. 175–183 N 249*
- Begriff *Vorbem. Art. 175–183 N 226 ff.*
- deutsches Recht *Vorbem. Art. 175–183 N 346*
- Einheitstheorie *Vorbem. Art. 175–183 N 230*
- Form *Vorbem. Art. 175–183 N 236*
- und Geschäftsübernahme *Art. 181 N 40*
- internationale Zuständigkeit *Vorbem. Art. 175–183 N 328*
- italienisches Recht *Vorbem. Art. 175–183 N 355*
- Rechtsnatur *Vorbem. Art. 175–183 N 229*
- Zerlegungstheorie *Vorbem. Art. 175–183 N 231*
- übertragung *Vorbem. Art. 175–183 N 32, 214, 256*

Vertrauensprinzip *Vorbem. Art. 175–183 N 300; Art. 176 N 91; Art. 177 N 36*

Vertretung
- mittelbare *Vorbem. Art. 175–183 N 116*
- Vertretungsbefugnis *Vorbem. Art. 175–183 N 101*

Verweigerung der Befreiung *Art. 175 N 100 ff.*

Verwertung
- von Grundstücken *Vorbem. Art. 175–183 N 197*

Verzug(s)
- Schadenersatzpflicht *Art. 181 N 100*
- zins *Art. 178 N 61*

Viehverpfändung *Art. 180 N 35*

Vollstreckungstitel *Vorbem. Art. 175–183 N 207*

Vormerkung von Befreiungsversprechen *Vorbem. Art. 175–183 N 210*

Vormundschaftsbehörde *Vorbem. Art. 175–183 N 100*

Vorzugsrecht *Art. 178 N 22, 44 ff.*

W

Wahlobligation s. Alternativschuld

Sachregister

Wechsel *Vorbem. Art. 175–183 N 318*
- haftung *Art. 181 N 217*
- zins *Art. 178 N 29*

Weisungen *Art. 175 N 19*
- des Gläubigers *Art. 175 N 66*

Werkvertrag *Art. 176 N 60*

Wertpapier *Art. 181 N 135*

Widerrechtlicher Vertragsinhalt *Art. 179 N 46*

Widerruf *Art. 176 N 67*

Wiederaufleben von Rechten *Art. 180 N 32*

Willensmangel *Vorbem. Art. 175–183 N 105; Art. 180 N 17*
- des Schuldners *Art. 179 N 37, 73*
- des Übernehmers *Art. 179 N 91*

Z

Zahlung(s) *Art. 175 N 64*
- an Betreibungsamt *Vorbem. Art. 175–183 N 193*
- an Dritten *Vorbem. Art. 175–183 N 191*
- annahme *Art. 175 N 47; Art. 176 N 96 ff.*
- anweisung *Vorbem. Art. 175–183 N 316 ff.*
- durch Dritten *Vorbem. Art. 175–183 N 195*
- durch Schuldner *Art. 177 N 82; Art. 176 N 39, 41*
- mittel *Vorbem. Art. 175–183 N 182*
- unfähigkeit *Art. 180 N 24*
  - des Schuldners *Art. 180 N 61*
- versprechen s. auch Befreiungsversprechen *Vorbem. Art. 175–183 N 192, 257; Art. 175 N 35, 75*

Zerstückelung pfandbelasteter Grundstücke *Art. 183 N 33, 64*

Zins *Vorbem. Art. 175–183 N 38, 153; Art. 175 N 88; Art. 176 N 59; Art. 178 N 20, 23, 25 ff.; Art. 180 N 41, 42; Art. 181 N 100*
- bei Schuldbrief und Gült *Art. 183 N 52, 65*
- verfallener *Art. 178 N 26*
- zahlung *Art. 176 N 97*

Zuständigkeitsvermutung *Vorbem. Art. 175–183 N 326*

Zustimmung des Gläubigers *Vorbem. Art. 175–183 N 79, 119; Art. 175 N 6, 35, 50, 56 ff., 90; Art. 176 N 30, 75 ff., 103 ff.*
- Ausnahme *Vorbem. Art. 175–183 N 198*
- bei Vermögens-/Geschäftsübernahme *Art. 181 N 4*
- Bestimmbarkeit *Art. 175 N 52*
- des Bürgen *Art. 178 N 82, 89 ff., 106; Art. 181 N 296*
  - nachträglich *Art. 178 N 94*
  - zum voraus *Art. 178 N 91 ff.*
- nach Drittofferte *Art. 177 N 59*
- bei Erbteilung *Art. 183 N 5*
  - zur Schuldtilgung *Vorbem. Art. 175–183 N 212*
- bei Grundpfand *Art. 183 N 24 f., 27, 45 ff.*
- im Konkurs des Übernehmers *Art. 176 N 89*
- des Mieters *Vorbem. Art. 175–183 N 245*
- des Pfandeigentümers *Art. 178 N 80, 89 ff., 104 ff.*
- Form *Art. 178 N 100 ff.*
- des Schuldners *Art. 176 N 17, 125*
  - trotz Willensmangels *Art. 179 N 40; Art. 180 N 19*
  - fehlende *Art. 178 N 104 ff., 106*
- zu Vertragsbeitritt *Vorbem. Art. 175–183 N 301 ff.*
- VE-OR *Art. 175 N 1*
- zu Vereinigung von Geschäften *Art. 182 N 8*
- zu Vermögens-/Geschäftsübernahme *Art. 181 N 33 ff.*
- des Verpfänders *Art. 181 N 296*
- Verweigerung *Art. 175 N 97*
  - wider Treu und Glauben *Art. 175 N 58*
- der Vormundschaftsbehörde *Vorbem. Art. 175–183 N 100, 361*
- Wirkung *Vorbem. Art. 175–183 N 194*
- bei Zwangsverwertung von verpfändeten Grundstücken *Vorbem. Art. 175–183 N 197, 198*
- zur Zahlung eines Dritten *Vorbem. Art. 175–183 N 195*

Zuwendung *Vorbem. Art. 175–183 N 302*

Sachregister

Zwangs
- übernahme *Vorbem. Art. 175–183 N 165*
- versteigerung *Art. 179 N 77, 93*
- vollstreckung des Befreiungsversprechens *Vorbem. Art. 175–183 N 191*
- vollstreckungsverbot zwischen Ehegatten *Vorbem. Art. 175–183 N 361*

Zweig
- betrieb *Art. 181 N 52, 112*
- niederlassung *Art. 181 N 83*

Zweiseitig(er)
- oneroses Verhältnis *Art. 179 N 34, 38*
- Vertrag *Vorbem. Art. 175–183 N 40, 46*

9783725532049.3